आज़ादी का
अमृत महोत्सव

लाल किले की प्राचीर से
भारत के प्रधानमंत्री

भाग-1

(1947 से 1975)

डॉ. रमेश पोखरियाल 'निशंक'

डायमंड बुक्स
www.diamondbook.in

प्रकाशक : डायमंड पॉकेट बुक्स (प्रा.) लि.

X-30, ओखला इंडस्ट्रियल एरिया, फेज–II
नई दिल्ली – 110 020
फोन : 011-40712200
ई–मेल : sales@dpb.in
वेबसाइट : www.diamondbook.in
संस्करण : 2023

Lal Kile Ki Pracheer Se **Bharat Ke Pradhanmantri**
by : *Ramesh Pokhriyal 'Nishank'*

अमित शाह

गृह मंत्री एवं सहकारिता मंत्री
भारत सरकार

सत्यमेव जयते

संदेश

मुझे यह जानकर अत्यंत प्रसन्नता हो रही है कि आज़ादी के अमृत महोत्सव के अवसर पर देश की आज़ादी से लेकर आज तक लाल किले की प्राचीर से स्वतंत्रता दिवस के उपलक्ष्य पर भारत के माननीय प्रधानमंत्रियों के राष्ट्र के नाम संबोधित सभी अभिभाषणों का संग्रह (तीन भागों में) **'लाल किले की प्राचीर से भारत के प्रधानमंत्री'** नामक पुस्तक का प्रकाशन किया जा रहा है, जो सराहनीय है।

भारत के प्रथम प्रधानमंत्री पंडित जवाहर लाल नेहरू जी से लेकर भारत के यशस्वी प्रधानमंत्री श्री नरेन्द्र मोदी जी द्वारा हर वर्ष 15 अगस्त को स्वतंत्रता दिवस के अवसर पर लाल किले की प्राचीर से दिए गए अब तक के समस्त भाषण स्वाधीन भारत की यात्रा की महान गाथा के अनेक सूत्रों को समेटे हुए हैं। तत्कालीन प्रधानमंत्रियों के इन भाषणों में राष्ट्र की चिंताओं, चुनौतियों, उनसे निपटने के लिए बनाई जाने वाली नीतियों व योजनाओं, जनता की भागीदारी और उनसे सहयोग का आह्वान सब कुछ समाहित है। आर्थिक, सामाजिक, सांस्कृतिक, कूटनीतिक सभी मोर्चों पर भारत के पक्ष और एक राष्ट्र के रूप में उनके संकल्पों को लाल किले की प्राचीर से अपने संबोधनों में सभी प्रधानमंत्रियों ने अपने-अपने ढंग से अभिव्यक्त किया है। यही कारण है कि लाल किले से प्रधानमंत्री जी के भाषण को सुनने के लिए लोग हमेशा उत्साहित रहते हैं।

आजादी के अमृत महोत्सव वर्ष में इस संकलन का प्रकाशन अत्यन्त प्रासंगिक भी है और उपयोगी भी। मुझे विश्वास है कि इस पुस्तक में संकलित संबोधनों से आज की युवा पीढ़ी को विभिन्न कालखण्डों में देश की उत्तरोत्तर प्रगति एवं विकास तथा विभिन्न विचारधाराओं को जानने और समझने का एक अवसर प्राप्त होगा और देश के प्रति योगदान देने के लिए प्रेरणा भी प्राप्त होगी।

मैं,**'लाल किले की प्राचीर से भारत के प्रधानमंत्री'** पुस्तक के सफल प्रकाशन हेतु डॉ. रमेश पोखरियाल 'निशंक' जी को बधाई देता हूँ एवं अपनी शुभकामनाएं प्रेषित करता हूँ।

(अमित शाह)

डॉ. रमेश पोखरियाल 'निशंक'
संसद सदस्य (लोक सभा)

कार्यालय : गृह मंत्रालय, नॉर्थ ब्लाक, नई दिल्ली-110001
दूरभाष : 23092462, 23094686, फैक्स : 23094221
ई-मेल : hm@nic.in

अपनी बात

'आजादी का अमृत वर्ष' के उपलक्ष्य में आज जब पूरे भारत में अपने अतीत के गौरव का स्मरण, इतिहास के वास्तविक पक्ष से परिचय, गुलामी के सभी अवशेषों की समाप्ति, भारतीय लोकतंत्र की महान परंपरा का रेखांकन, विकास की हमारी अभूतपूर्व यात्रा आदि से सम्बंधित विविध परियोजनाएं उभर रही हैं तो इस दिशा में अलग-अलग तरह से सरकारी और गैर सरकारी प्रयास, प्रयोग एवं पहल देखने को मिल रही हैं। 2047 तक भारत को विकसित राष्ट्र बनाने के संकल्प और उसकी सिद्धि की दिशा में अनेकानेक प्रयत्न किए जा रहे हैं। ऐसे में जबकि एक राष्ट्र के रूप में सामूहिक प्रयासों, संकल्पों से युक्त 'अमृत काल' का एक विशिष्ट परिदृश्य उभरा रहा है, हम सबका यह दायित्व है कि अपने-अपने स्तर से इस महान यज्ञ में अपनी-अपनी आहुति डालें।

1991 से 2011 तक पाँच बार मुझे उत्तर प्रदेश और उत्तराखंड की विधानसभा के सदस्य के रूप में चुने जाने और कार्य करने का अवसर मिला है। उत्तर प्रदेश में कैबिनेट मंत्री और फिर बाद में नवोदित उत्तराखंड में अनेक बार अनेकानेक विभागों के मंत्री के रूप में भी मैंने दायित्व संभाला है साथ ही उत्तराखंड के पाँचवें मुख्यमंत्री के रूप का भी मुझे कार्य करने का सौभाग्य मिला। भारतीय जनता पार्टी के राष्ट्रीय उपाध्यक्ष तथा संसद सदस्य के रूप में और फिर भारत के शिक्षा मंत्री के रूप में भी लोगों की सेवा का मुझे अवसर मिला है। भारत के शिक्षा मंत्री के रूप में माननीय प्रधानमंत्री जी के मार्गदर्शन में 'राष्ट्रीय शिक्षा नीति 2020' को राष्ट्र के समक्ष प्रस्तुत करने का भी मुझे सौभाग्य प्राप्त है। यह एक ऐसी शिक्षा नीति है जो स्वाधीन भारत में दशकों से लंबित शिक्षा संबंधी अनेक निर्णयों और नीतियों को समेटे हुए है। यह भविष्य

के भारत का मूल आधार सिद्ध होने वाला है। अपने तीन दशक से भी अधिक के राजनीतिक और दीर्घ संसदीय अनुभव के आधार पर मैं यह कह सकता हूँ कि लाल किले के प्राचीर से विगत 75 वर्षों में अलग-अलग प्रधानमंत्रियों के द्वारा दिए गए भाषण स्वाधीन भारत की आशाओं, आकांक्षाओं, स्वप्नों, संकल्पों की अनवरत यात्रा का जीवंत दस्तावेज है। देश में विगत 75 वर्षों में बनने वाली सरकारों की नीतियों, उसके द्वारा देश की प्रगति और जनकल्याण के लिए चलाई जाने वाली योजनाओं का एक व्यापक खाका इन सम्बोधनों में प्रकट हुआ है।

भारत के प्रथम प्रधानमंत्री पंडित जवाहर लाल नेहरू से लेकर भारत के यशस्वी प्रधानमंत्री श्री नरेन्द्र मोदी जी तक हर वर्ष 15 अगस्त को स्वतंत्रता दिवस के अवसर पर लाल किले के प्राचीर से दिए गए समस्त भाषण स्वाधीन भारत की अब तक की यात्रा की महान गाथा के अनेक सूत्रों को समेटे हुए है। तत्कालीन प्रधानमंत्रियों के इन भाषणों में राष्ट्र की चिंताओं, चुनौतियों, उससे निबटने के लिए बनाई जाने वाली नीतियों, जनता की भागीदारी और उनसे सहयोग का आह्वान सब कुछ समाविष्ट है। आर्थिक, सामाजिक, सांस्कृतिक, कूटनीतिक आदि सभी मोर्चों पर भारत के पक्ष और उसके संकल्पों को लाल किले से अपने सम्बोधनों में सभी प्रधानमंत्रियों ने अपने-अपने ढंग से अभिव्यक्त किया है। इसके माध्यम से उन्होंने सीधे-सीधे अपनी-अपनी सरकारों की नीतियों को, योजनाओं को, उसके कार्यान्वयन के विविध आयामों को देश के नागरिकों के समक्ष रखने का कार्य किया। यही कारण है कि लाल किला से प्रधानमंत्री के भाषण को सुनने के लिए लोगों में हमेशा से विशेष उत्सुकता का भाव रहा है, ये भाषण समाचार पत्रों, टीवी चैनलों, राजनीतिक परिचर्चाओं और आम जनता के बीच विशेष चर्चा और विमर्श के बिंदु बनते रहे हैं। लाल किले से दिए जाने वाले ये भाषण सरकार की भावी दिशा और गति को सूचित करने की दृष्टि से भी बेहद अहम् माने जाते रहे हैं।

ऐसे में मुझे सहज ही यह प्रतीत हुआ कि विगत 75 वर्ज़ों में, भिन्न-भिन्न कालखंडों में भारत के अलग-अलग प्रधानमंत्रियों के द्वारा लाल किले के प्राचीर से जो संबोधन हुए हैं, उनका संकलन कर 'आजादी के अमृत महोत्सव' के अवसर पर इसे आम लोगों के समक्ष

लाना अत्यंत ही सार्थक और ऐतिहासिक महत्त्व का अकादमिक कार्य होगा। एक साथ पुस्तक रूप में इन भाष्णों की उपलब्धता न केवल देश की राजनीति और संसदीय प्रणाली में रूचि रखने वाले लोगों, पत्रकारों, बुद्धिजीवियों, शोधार्थियों आदि के लिए लाभप्रद होगा बल्कि यह आम जनमानस की रूचि और उनकी अनेक प्रकार की जिज्ञासाओं के शमन की दृष्टि से भी बेहद उपयोगी साबित होगा।

एक कवि, लेखक, विचारक के रूप में अलग-अलग विषयों पर मैं लगातार अपनी लेखनी चलाता रहा हूँ। मेरी रचनाओं में मनुष्य, प्रकृति, पहाड़ तो रहे ही हैं, इस महान देश की सांस्कृतिक चेतना के उन सभी उपादानों और उपक्रमों को अलग-अलग ढंग से मैंने अभिव्यक्ति दी है, जो इससे अनुस्यूत हैं। एक महान राष्ट्र के रूप में भारत की महान परम्परा, 'वसुधैव कुटम्बकम' तथा 'सर्वे भवन्तु सुखिनः' की संस्कृति और उसकी ऐतिहासिकता, हमारी विरासत ये सब निरंतर मेरी चेतना और चिंतन की निर्मिति के आधार बिंदु रहे हैं। अपने देश को विश्व गुरु के रूप में अधिष्ठित करने की ललक मेरे मन के भीतर बचपन से ही बहुत गहरे पैठी हुई है। मैंने देश के अमर बलिदानियों, भूले-बिसरे स्वाधीनता सेनानियों के त्याग और उत्सर्ग को रेखांकित करने वाले साहित्य की भी रचना की है। मेरा प्यारा देश भारत मेरी धड़कनों में हमेशा धड़कता रहा है। स्वाभाविक है स्वाधीनता के अमृत वर्ष में भी भारत राष्ट्र, हमारा महान लोकतंत्र, इसकी महान परंपराएं, हमारी संसदीय प्रणाली और उसके उत्कर्ष की अनेकानेक कथाएँ मेरे मन में अनवरत उमड़ती-घुमड़ती रही हैं। इस पर केन्द्रित होकर मैंने कुछ साहित्यिक, अकादमिक योगदान की दिशा में भी कुछ कार्य करना प्रारंभ किया है और उसी क्रम में स्वाधीनता के इस 75वें वर्ष में मेरे मन में 'लाल किले के प्राचीर से प्रधानमंत्रियों के सम्बोधनों' को संकलित करने का शुभ संकल्प पैदा हुआ।

मुझे प्रसन्नता है कि उस संकल्प को साकार करते हुए उन सभी भाषणों को संकलित करने के स्वदायित्व को पूरा करने का कार्य मैंने किया। इस कार्य को करते हुए मैं स्वयं बेहद सम्वर्द्धित हुआ और स्वाधीन भारत के इतिहास के अनेक ऐसे रोचक और महत्त्वपूर्ण पहलुओं और पक्षों से परिचित हुआ जो पहले मेरे संज्ञान में नहीं थे। इन सभी भाषणों की व्यापकता और इसके विस्तार को देखते हुए इसे एक पुस्तक

के रूप में समेटने से बहुत मोटा ग्रंथ हो जाने की जटिलता से बचने के लिए और पुस्तक की सुगमता और प्रकाशन एवं लोगों की सहजता और सुविधा को ध्यान में रखते हुए इसे तीन खण्डों में प्रकाशित किया गया है।

यहाँ अपनी ओर से मैं यह भी स्पष्ट करना चाहूँगा कि ये भाषण और इन भाषणों के संकलन के प्रयास के रूप में जो तीन खंड आपके सामने प्रस्तुत हैं, उनके समेकित अध्ययन से हम स्वाधीन भारत की अब तक की यात्रा को मोटे तौर पर समग्रता में समझ पाने की दृष्टि से युक्त हो सकेंगे। यदि ऐसा होता है तो मैं स्वयं को इस कार्य को संपादित करने के कारण धन्य समझूंगा। मैं लोकसभा सचिवालय का आभारी हूँ जिन्होंने इस कार्य में मेरी पूरी मदद की तथा इस ऐतिहासिक ग्रन्थ की भूमिका/आर्शवचन देने के लिए मैं भारत के गृह मंत्री श्री अमित शाह जी का विनम्र भाव और हृदय की गहराइयों से आभार प्रकट करता हूँ।

जय हिंद!

–डॉ. रमेश पोखरियाल 'निशंक'

हिमालय भवन
20 तुगलक क्रीसेन्ट रोड़
नई दिल्ली

विषय सूची

जवाहर लाल नेहरू

जन्म:14 नवम्बर, 1889 – अवसान: 27 मई, 1964

(कार्यकाल)

15 अगस्त, 1947 से 27 मई, 1964

15 अगस्त, 1947 को लाल किले की प्राचीर से प्रधानमंत्री जवाहर लाल नेहरू

भाइयों और बहनों,

आज एक शुभ और मुबारक दिन है। जो स्वप्न हमने बरसों से देखा था वह कुछ हमारे आँखों के सामने आ गया। यह चीज हमारे कब्जे में आयी। दिल हमारा खुश होता है, एक मंजिल पर हम पहुँचे। यह हम जानते हैं कि हमारा सफर खत्म नहीं हुआ, अभी बहुत मंजिलें बाकी हैं। लेकिन फिर भी एक बड़ी मंजिल हमने पार की और यह बात तय हो गई कि हिन्दुस्तान के ऊपर कोई गैर हुकूमत अब नहीं रहेगी। आज हम एक आजाद लोग हैं, आजाद मुल्क हैं।

मैं आपसे आज जो बोल रहा हूँ एक हैसियत, एक सरकारी हैसियत मुझे मिली है, जिसका असली नाम यह होना चाहिए कि- मैं हिन्दुस्तान की जनता का प्रथम सेवक हूँ। इस हैसियत से मैं बोल रहा हूँ, वह हैसियत मुझे किसी शख्स ने नहीं दी, लेकिन आपने दी और जब तक आपका भरोसा मेरे ऊपर है, मैं इस हैसियत पर रहूँगा और उस खिदमत को करूँगा।

हमारा मुल्क आजाद हुआ। सियासी तौर पर एक बोझा जो बाहरी हुकूमत का था वो हटा, लेकिन आजादी भी अजीब-अजीब जिम्मेदारियाँ लाती हैं और बोझे लाती है। अब उन जिम्मेदारियों का सामना हमें करना है और एक आजाद हैसियत से हमें आगे बढ़ना है। अपने बड़े-बड़े सवालों को हल करना है। सवाल बहुत बड़े हैं। सवाल हमारी सारी जनता के उद्धार करने के हैं। सवाल है गरीबी को दूर करना, बीमारी को दूर करना और आप जानते हैं कितनी और मुसीबतें हैं, जिनको हमें दूर करना है।

आजादी महज एक सियासी चीज नहीं है। आजादी तभी एक ठीक पोशाक पहनती है जब उससे जनता को फायदा हो। आजकल हमारे सामने यह आर्थिक और इख्तसादी सवाल बहुत सारे हैं, बहुत काफी जमा हुए हैं। इस हमारे गुलामी के जमाने में बहुत कुछ इस लड़ाई की वजह से, बड़ी लड़ाई जो हुई है, दुनिया में और उसके बाद जो हालत दुनिया में है, उसकी वजह से यह सवाल जमा हैं। खाने की कमी है, कपड़े की कमी है और जरूरी चीजों की कमी है। ऊपर से चीजों के दाम बढ़ते जाते हैं, जिससे जनता की मुसीबतें बढ़ रही हैं। हम कोई इन सब बातों को जादू से तो दूर नहीं कर सकते, लेकिन फिर भी हमारा पहला फर्ज है कि हम इन सवालों को हल करने की भी कोशिश करें।

लेकिन इसके पहले एक और सवाल है और वह यह है कि हमारे सारे देश में अमन हो, शान्ति हो, आपस के लड़ाई-झगड़े बिलकुल बन्द हों, क्योंकि जब तक लड़ाई-झगड़े होते हैं उस वक्त तक कोई काम माकूल तरीके से नहीं हो सकता।

तो यह मेरी आपसे पहली दरख्वास्त है और जो हमारी नई गवर्नमेंट बनी है उसमें भी आज यह पहली दरख्वास्त हिन्दुस्तान से की है। जो आप शायद कल सुबह के अखबारों में पढ़ेंगे, वह यह है कि फौरन यह जो आपस की नाइत्तेफाकी, आपस के झगड़े हैं, वह बन्द किए जाएं। क्योंकि आखिर अगर नाइत्तफाकी है भी तो किस तरह से वह हल होगी, इन झगड़ों से और मारपीट से। आपने देख लिया कि एक जगह झगड़ा होता है, दूसरी जगह उसका बदला होता है। उसका कोई अन्त नहीं है और यह बातें कुछ आजाद लोगों को जेब नहीं देती है। ये गुलामी की बातें हैं, हमने कहा कि हम प्रजातंत्रवाद इस देश में चाहते हैं। प्रजातंत्र में फिर डैमोक्रेसी में इस तरह की बातें नहीं होती। हमें जो सवाल हों आपस में सलाह मशवरा करके, एक दूसरे का ख्याल करके उनको हल करना है, और उन पर अमल करना है अपने फैसले पर। इसलिए पहली बात तो यही है कि हमें फौरन अपने सारे क़िस्म के झगड़े बन्द करने हैं। फिर फौरन ही हमें वह बड़े आर्थिक सवाल उठाने हैं जिनका अभी मैंने आपसे जिक्र किया। हमारी जमीन बहुत सारे प्रान्तों में है। जो जमीन का कानून है, आप जानते हैं वह कितना पुराना है।

कितना बोझा हमारे किसानों पर रहा है और इसलिए अरसे से हम उसको बदलने की कोशिश कर रहे हैं और यह जो जमीदारी प्रथा है, उसको भी हटाने की कोशिश कर रहे हैं। उसको भी जल्दी हमें समाप्त करना है और फिर सारे देश में बहुत कुछ आर्थिक तरक्की करनी है, कारखाने खोलने हैं, घरेलू धन्धे बढ़ाने हैं, जिससे देश की धन-दौलत बढ़े और इस तरह से नहीं कि थोड़े से जेबों में जाए, बल्कि आम जनता को उससे फायदा हो। आप शायद जानते हो कि हमारे बड़े-बड़े स्कीम हैं, बड़े-बड़े नक्शे हैं। हिन्दुस्तान में बहुत सारी जो नदियां हैं, जो दरिया हैं उनके पानी की ताकत से फायदा उठाकर हम नई-नई ताकतें पैदा करें, बड़ी-बड़ी नहरें बनाएँ और बिजली पैदा करें, जिस ताकत से फिर हम और बहुत काम कर सकेंगे। इन सब बातों को हमें चलाना है, तेजी से चलाना है, क्योंकि आखिर में देश की धन-दौलत इसी से बढ़ेगी और उसके बाद जनता का उद्धार होगा। बहुत सारी बातें मुझे आपसे कहनी हैं और बहुत सारी बातें मैं आपसे करूँगा, लेकिन आज सिर्फ दो-चार बातें मैं आपके सामने रखना चाहता हूँ।

मैं आशा करता हूँ कि मुझे आइन्दा मौके होंगे कि आपसे बात करता रहूँगा ज्यों-ज्यों हम काम कर रहे हैं ज्यों-ज्यों हमारे दिमाग में है, वह मैं पेश करूँ, क्योंकि प्रजातंत्रवाद हमेशा जनता को मालूम होना चाहिए कि क्या हम करते हैं, क्या हम सोचते हैं, उसको पसन्द करना चाहिए। इसलिए यह जरूरी है कि आपसे हमारा सम्बंध बहुत करीब का रहे।

आज मैं अधिक नहीं कहना चाहता, लेकिन यह मैं जरूर चाहता था कि आज एक शुभ दिन कुछ न कुछ आपसे मैं कहूँ। कुछ न कुछ आपसे एक सम्बंध, पुराना सम्बंध ताजा करूँ। इसलिए मैं आज आपके सामने हाजिर हुआ। फिर से मैं आपको इस शुभ दिन की मुबारकबाद देता हूँ, लेकिन उसी के साथ आपको याद दिलाता हूँ कि हमारी जिम्मेदारियाँ जो हैं इसके माने हैं कि हमें आइन्दा आराम नहीं करना है, बल्कि मेहनत करनी है, काम करना है। एक दूसरे के सहयोग के साथ, तभी हम अपने बड़े सवालों को हल कर सकेंगे।

जय हिन्द!

15 अगस्त, 1948 को लालकिले की प्राचीर से प्रधानमंत्री जवाहर लाल नेहरू

बहनों और भाइयों,

जयहिन्द! याद है आपको सालभर हुआ जब हम यहाँ आए थे, इकट्ठा हुए थे। एक साल गुजरा और इस साल में क्या-क्या वाक्यात हुए, क्या-क्या हम पर बीती। बड़े-बड़े तूफान आए और उस तूफानी समुन्दर में बहुतों ने गोता खाया, लेकिन फिर भी हिन्दुस्तान ने उसका सामना करके अपने मजबूत बाजू से, उसको भी बहुत कुछ पार किया। बहुत कुछ उस साल में बातें हुई अच्छी और बुरी, लेकिन सबसे बड़ी बात जो इस साल हुई है, सबसे बड़ा सदमा जो हमको पहुँचा, वो है हमारे राष्ट्रपिता का गुजर जाना। पर साल जब इसी मौके पर मैं आपसे कुछ कह रहा था तो मेरा दिल हलका था और मैंने आपसे भी कहा था कि जो भी कुछ मुसीबतें या दिक्कतें हमारे सामने आएँ, हमारा एक जबरदस्त सहारा मौजूद है, जो हमेशा हमें सही रास्ता दिखाएगा और हमारी हिम्मत बढ़ाएगा। इसलिए हम बेफिकर थे, लेकिन वो सहारा गया और हमें अपनी अक्ल पर और अपनी ताकत पर ही भरोसा करना है।

मुनासिब था कि आज सवेरे हममें से बहुत से लोग राजघाट पर जाएँ और अपनी श्रद्धांजलि उस पवित्र मुकाम पर पेश करें। मुनासिब है, खाली आज नहीं कि हम ऐसे चुने हुए दिनों पर वहाँ जाएं और कुछ उनकी याद करें। मुनासिब तो तब हो कि अगर उनका सबक, उनका उपदेश हमारे दिल में खिंच जाए और उसी के ऊपर हम चलें और हिन्दुस्तान को चलाएं।

30 बरस के करीब उन्होंने हिन्दुस्तान को आजादी का रास्ता दिखाया और हल्के-हल्के कदम-ब-कदम उन्होंने हिन्दुस्तान की ताकत बढ़ाई। हिन्दुस्तान की जनता के दिल में से डर निकाला और आखिर में हिन्दुस्तान को आजाद किया। उन्होंने अपना काम पूरा किया। हमने और आपने अपना फर्ज कितना अदा किया और पूरा किया। हमारे ऊपर बड़े-बड़े खतरे और मुसीबतें आईं, लेकिन मेरा यह ख़्याल है और यकीन है कि अगर हम उनके रास्ते पर पक्की तौर से रहते तो खतरे भी नहीं आते और आते भी तो जल्दी से खत्म हो जाते।

इसलिए पहली बात जो मैं आपसे कहना चाहता हूँ वह यह है कि आज के दिन ख़ास तौर से और यों रोज आप याद करें क्या वो उसूल, क्या वो सिद्धांत हैं, जिन पर चलकर हमने हिन्दुस्तान को आजाद किया, आपने और हमने। और हम उन पर कायम हैं या हम किसी और रास्ते पर चलना चाहते हैं। जहाँ तक मेरा ताल्लुक है उस पर मैं आपसे कहना चाहता हूँ कि जितना ज्यादा मैंने इस पर सोचा है उतना ही मुझे यकीन हुआ है कि हिन्दुस्तान की आजादी कायम रखने का, हिन्दुस्तान की तरक्की के लिए, हिन्दुस्तान को दुनिया में बड़ा मुल्क बनाने के लिए बड़ा खाली लम्बान और चौड़ान में नहीं, बल्कि ऐसे मुल्क जो बड़े काम करता है और जिसकी इज्जत एक दुनिया में होती है। इन बातों को करने के लिए हमें खुद बड़ा होना पड़ेगा, हमें खुद उस रास्ते पर चलना पड़ेगा जो महात्मा जी ने हमें दिखाया था।

क्या चीज़ है हिन्दुस्तान? हिन्दुस्तान एक बहुत जबरदस्त चीज़ है जो कि हजारों बरस पुरानी है, लेकिन आखिर में हिन्दुस्तान आज क्या है सिवाय इसके कि जो आप हैं और मैं हूँ और जो लाखों और करोड़ों आदमी इस मुल्क में बसते हैं। अगर हम भले हैं, मजबूत हैं तो हिन्दुस्तान मजबूत है और अगर हम कमजोर हैं तो हिन्दुस्तान कमजोर है। अगर हमारे दिल में ताकत है और हिम्मत है और कुव्वत है, तो हिन्दुस्तान की वो ताकत हो जाती है। अगर हममें फूट है, लड़ाई है, कमजोरी है तो हिन्दुस्तान कमजोर है। कोई अलग चीज हमसे हिन्दुस्तान

नहीं है, हम एक हिन्दुस्तान के छोटे टुकड़े हैं, उसकी औलाद हैं और उसी के साथ याद रखिए, कि जो हम आज सोचें और जो कार्यवाही करें उससे कल का हिन्दुस्तान बनता है। बड़ी जिम्मेदारी आप पर और हम पर है, 'जयहिन्द' हम पुकारते हैं, और भारत माता की जय, लेकिन जयहिन्द तो तब हो जब हम सही रास्ते पर चलें, सही खिदमत करें और हिन्दुस्तान में ऐसी बातें न करें जिससे इसकी शान कम हो, वो कमजोर हो।

इस पिछले साल में हमने बड़ी मुसीबतों पर हम हावी हुए, इसमें कोई शक नहीं कि बड़ी-बड़ी गलतियाँ हमसें हुई, बहुत कमजोरियाँ हमने दिखाईं और बहुत हम बहक गए अपने सही रास्ते से। हम हिन्दुस्तान को भूल गए, अपने-अपने फिरके का, अपने-अपने सूबे की बातें सोचने लगे, अब खुदगर्जी में पड़ गए और अगर हम खुदगर्जी में और नफरत में और लड़ाई-झगड़े में पड़े तो मुल्क गिरता है, लेकिन फिर भी इन बातों की हमने बहरित की और हम इस सालभर के बाद खाली नई आजादी के साथ जिन्दा नहीं है, मजबूती से जिन्दा हैं, तगड़े हैं और हमारी हिम्मत काफी है।

तो इस वक्त आजकल की दुनिया में और हिन्दुस्तान में जब कि फिर भी लड़ाई का चर्चा है, कहीं लड़ाई हो रही हैं, कहीं लड़ाई का जिक्र है आइन्दा का, हम किधर देखें और क्यों करें? आज के दिन खासतौर से मैं कोई आपसे लड़ाई-झगड़े की बात नहीं कहना चाहता। हाँ, इतना कहूँगा, जो लोग आजादी चाहते हैं, उनको हमेशा अपनी आजादी की हिफाजत करने के लिए, अपनी आजादी को बचाने का और उसके लिए अपने को न्यौछावर करने के लिए तैयार रहना चाहिए। जहाँ कोई कौम गफलत खाती है, वो कमजोर होती है, और वह गिर जाती है इसलिए हमें हमेशा तैयार रहना है। लेकिन यह कह कर, यह भी मैं आपसे कहना चाहता हूँ कि हमारा मुल्क इसलिए अपनी फौज को लड़ाई के लिए नहीं तैयार करती कि किसी को गुलाम बनाए, बल्कि अपनी आजादी को बचाने के लिए और अगर जरूरत हो तो दुनिया की आजादी में मदद करने को।

बहुत दिन तक हम गुलाम रहे, हमें गुलामी से नफरत हुई तो हम औरों को गुलाम कैसे बना सकते हैं। इसलिए आज के दिन मैं खासतौर से आपको अमन की बात कहना चाहता हूँ, क्योंकि बुनियादी सबक जो महात्मा जी ने हमें सिखाया वो अमन की ओर, वो शांति का, वो अहिंसा का है, मुमकिन है कि हम अपनी कमजोरी से पूरी तौर से उस रास्ते पर नहीं चल सके, लेकिन फिर भी बहुत कुछ हम चले और दुनिया में हिन्दुस्तान की एक जबरदस्त इज्जत है इस वक्त, क्यों है? कभी आपने सोचा? आपने और हमने कुछ काम किए, कभी भले, कभी बुरे, लेकिन दुनिया अगर हिन्दुस्तान के सामने झुकती है, इज्जत करती है तो वो एक आदमी की वजह से, वो बड़ा आदमी जिसने हमें आजादी तक पहुँचाया, उसने दुनिया का सिर झुकाया तो फिर दुनिया तो उसके सामने झुकी, और हम उसके सबक को भूल जाएं? यह कहाँ तक मुनासिब है? और उनके सबकी बुनियाद यह थी कि हम मिलकर काम करें, बाअमन तरीकों से रहें, आपस में इत्तिहाद हो, मजहबी झगड़े न हों अपने मुल्क में और दुनिया में।

मालूम है आपको इस हिन्दुस्तान की हजारों बरस की तारीख में और इतिहास में क्या चीज उभरती है, क्या चीज बुनियादी भारत की सभ्यता है? वो यह कि बर्दाश्त करना, वो यह है कि मजहबी लड़ाइयाँ न लड़ना, वो यह कि जो कोई आए उससे प्रेम से बर्ताव करना, उसको अपनाना। तो ऐसे मौके पर, जबकि हम आजाद हुए हैं, क्या हम अपने देश का हजारों बरस का सबक भूल जाएँ और अगर भूलें तो फिर हिन्दुस्तान बड़ा मुल्क नहीं रहेगा, छोटा होगा।

हमने और आपने ख़्वाब देखे हिन्दुस्तान की आजादी के उन ख्वाबों में क्या था? यह तो नहीं था खाली कि अंग्रेज कौम यहाँ से चली जाए और हम फिर एक गिरी हुई हालत में रहें। वो स्वप्न जो थे, वो थे कि हिन्दुस्तान में करोड़ों आदमियों की हालत अच्छी हो, उनकी गरीबी दूर हो, घर मिले रहने को, कपड़ा मिले पहनने को, खाना मिले, पढ़ाई मिले सब बच्चों को और मौका मिले हर एक शख्स को

हिन्दुस्तान में वो तरक्की कर सके, मुल्क की खिदमत करे, अपनी देखभाल कर सके और इस तरह से सारा मुल्क उठे। मुल्क उठते नहीं हैं थोड़े आदमियों की ऊँची हुकूमत की कुर्सी पर बैठने से, मुल्क उठते हैं जब करोड़ों आदमी खुशहाल होते हैं और तरक्की कर सकते हैं। हमने ऐसा स्वप्न देखा और उसी के साथ जब यह दरवाजे खुलेंगे हिन्दुस्तान के करोड़ों आदमियों के लिए तो उसमें लाखों ऐसे निकलेंगे ऊँचे दर्जे के लोग, जो कि नाम हासिल करेंगे और दुनिया पर असर पैदा करेंगे।

वो बातें अभी दूर हैं, क्योंकि हम उन झगड़ों-फसादों में मुबतिला हो जाएं, फँस गए, लेकिन उस काम को हमें पूरा करना है, जब तक हमारा वो काम पूरा नहीं हुआ, उस समय तक हमारी आजादी भी पूरी नहीं हुई, उस वक्त तक दिल खोलकर हम जय हिन्द भी नहीं कह सकते।

इसलिए आप और हम जो इस वक्त अपनी मुसीबतों में गिरफ्तार हुए इस दिल्ली शहर में और कहाँ-कहाँ हिन्दुस्तान के कितने हमारे शरणार्थी भाई और बहिन मुसीबत में हैं। कुछ का इन्तजाम हुआ और कितने और आजकल हैं मुसीबत में। जो हर चीज की कीमत बढ़ जाने की वजह से मुसीबत फैली है आम जनता उनमें फँसी है। यह सब बड़े-बड़े सवाल हैं। हम जो एक हुकूमत की कुर्सी पर बैठे हैं, जिम्मेदारी हमारी है, लेकिन यह भी आप याद रखें एक आजाद मुल्क में कोई बड़े-बड़े सवाल हल नहीं हो सकते, जब तक कि आम जनता का उसमें पूरा हल करने का सहयोग न हो और मदद न हो। खाली आपको हक है कि आप नुक्ताचीनी करें और आप एतराज करें। कोई खामोशी से मुल्क नहीं चलते हैं कि हर एक आँखें बन्द करके हर बात मंजूर कर लें। लेकिन अगर आप आजाद कौम हैं तो खाली ऐतराज करने से काम नहीं चलता। उस बोझे को उठाना है, सहयोग करना है मदद करनी है और अगर हम सब इस तरह से करें, तो बड़े से बड़े मसले हल होंगे। आप यहाँ लाखों की तादाद में जमा हैं। आप अपने से पूछें एक-एक मर्द, औरत, लड़का और लड़की क्या आपने हिन्दुस्तान की खिदमत की। रोज-रोज क्या छोटी और बड़ी बातें आपने की?

क्योंकि पहला फर्ज आपका यह है कि हमारा और आपका काम कि हिन्दुस्तान की खिदमत कुछ न कुछ करें। अगर कुछ न कुछ हम करें तो वो मिलकर एक बहुत बड़ी ताकत हो जाती है, बहुत आदमी करें, लेकिन अगर हम यह समझें कि यह सारी जिम्मेदारी कुछ अफसरों की है, हुकूमत की कुर्सी पर जो लोग बैठे हैं उनकी है, तो यह गलत बात है। आजाद मुल्क इस तरह से नहीं चलते, गुलाम मुल्क इस तरह से सोचते हैं और इस तरह से चलाए जाते हैं। जब गैर मुल्क के लोग हुकूमत करें, वो जो चाहे करें, लेकिन आजाद मुल्कों में, आजादी अगर आप चाहते हैं, आजादी के फायदे चाहते हैं तो आजादी की जिम्मेदारियाँ भी ओढ़नी पड़ती हैं। आजादी के बोझे भी ओढ़ने पड़ते हैं, आजादी का निजाम और डिसिप्लिन भी आपको उठाना चाहिए।

हम अभी तक इस बात को पूरी तौर से भूले नहीं, पुरानी अपनी आदतें जो गुलामी के जमाने की थी और हम समझते हैं बगैर हमारे कुछ किए ऊपर से सब बातें हो जानी चाहिए, तो मैं चाहता हूँ कि आप इस बात को समझें कि आप अगर आजाद हुए तो फिर एक आजाद कौम की तरह से हर एक को चलना है और उस जिम्मेदारी को ओढ़ना है, उस बोझे को उठाना है। हमारे अफसर हैं हुकूमत के, पुराने हैं नए हैं। उनसे भी मैं कुछ कहना चाहता हूँ। वो जो पुराने थे बहुत कुछ उनमें अच्छाई थी वो हमें रखनी है। और बहुत कुछ उनमें बुराई थी वो उन्हें छोड़नी है। अब पुराने ढंग से काम नहीं कर सकते, क्योंकि उन्हें इस मुल्क को बनाने में मदद करनी है। उन्हें जनता के साथ सहयोग करने में मदद करनी है, उनको जनता का सहयोग अपनी तरफ खींचना है। इसलिए अब आजकल आप जानते हैं एक बदनामी भी है हमारे गवर्नमेंट के काम की हर तरफ। तो जो हमारे बड़े अफसर और छोटे अफसर हैं, मैं चाहता हूँ वो सोचें और समझें कि एक इम्तेहान का वक्त है उनका, जैसे हमारा और हर एक का और खासकर के हरेक शख्स का जो कि एक जिम्मेदारी की जगह है, और वो अपने काम को एक सच्चाई से, ईमानदारी से और जिम्मेदारी से करे और बगैर किसी की तरफदारी किए, क्योंकि जहाँ कोई अफसर या जिम्मेदार शख्स तरफदारी

करता है तो वो अपने जगह के काबिल नहीं रहता। हमें काबिल आदमी चाहिए बड़े-बड़े काम करने के लिए, लेकिन काबिलियत से भी ज्यादा जरूरी बात है सच्चाई, इमानदारी और एक सेवा का भाव। अगर हम खिदमत ठीक नहीं करते और अगर हममें सच्चाई नहीं तो फिर हमारी काबिलियत हमें किधर ले जाएगी। वही काबिलियत से मुल्क में और नुकसान हो सकता है, इसलिए अव्वल सबक है, जो हमें याद करना है वो यह है कि हमें इस मुल्क को चलाना है सच्चाई के रास्ते पर और सच्चाई का रास्ता एक बुनियादी सबक था, जो महात्मा जी ने हमें सिखाया था। जिस पर कमोवेश और इत्ते बरसों चले, जिससे हिन्दुस्तान की तरफ देखते हैं। क्योंकि हमने अपनी सियासत में एक ढंग दिखाया। आमतौर से समझा जाता था कि सियासत एक फरेब की चीज है एक झूठ बोलने की, लेकिन हिन्दुस्तान की सियासत जो गाँधी जी ने हमें सिखायी उसमें झूठ और फरेब उन्होंने नहीं रखा था। लोग अब भी समझते हैं कि चालबाजी से मुल्क बढ़ते हैं। चालबाजी से न इन्सान बढ़ते हैं, न मुल्क बढ़ते हैं, शायद थोड़ा उससे कभी फायदा हो जाए। खासकर जो मुल्क बड़े होने की जुर्रत रखते हैं दुनिया में, वह धोखा देकर चाल देकर इस तरह से आगे बहुत नहीं बढ़ सकते। वो अपनी हिम्मत से और सच्चाई और बहादुरी से और खिदमत से बढ़ते हैं। इसलिए यह सबके आम-खास गौर से हमें याद रखना है इस वक्त और हमारे दिल में जो एक रंजिश है, जो एक अदावत है, उसको भी निकालना है। ठीक है कोई खतरा आए और अगर कोई हमारा दुश्मन है तो उसका सामना हम करेंगे। लेकिन अगर दिल में हम रंजिश रखें और अदावत रखें, हसद रखें और गुस्सा रखें तो हमारी ताकत जाया हो सकती है और हम बहुत काम नहीं कर सकते।

राजनीति क्या चीज है और देश का काम क्या चीज है? राजनीति एक नीति है, लेकिन आखिर में देश चलता है उस तरफ जिधर लाखों और करोड़ों आदमी काम करते हैं, काम करके चलाते हैं। देश का सब काम होता है, उन करोड़ों आदमियों के छोटे-मोटे काम को

मिलाकर। देश की दौलत क्या है? जो आप लोग सब और देश के लोग अपनी मेहनत से कमाते हैं। कोई दौलत ऊपर से तो नहीं आती है। यानी देश का काम मजमूया है करोड़ों आदमियों के कामों का। अगर हम देश की गरीबी निकालेंगे तो हमें अपनी मेहनत से काम करके दौलत पैदा करके उसको कर सकते हैं। लोग समझते हैं कि कहीं बाहर से दौलत आए, उसका हम बँटवारा करें। चारों तरफ से माँगे आएँ चाहे प्रान्त हो, चाहे संस्था हो, वह पैसा कहाँ से आता है? जनता की मेहनत से आता है। जो मेहनत से जनता कमाती है जो खेत में जमींदार किसान कमाता है, जो कारखाने में कमाता है, जो दुकान में कमाता है, इस तरह से देश की दौलत बढ़ती है और देश तरक्की करता है। इसलिए हमें हमारे और आपके लिए अगर हम चाहते हैं देश तरक्की करें तो औरों को सलाह देने से काम नहीं चलता, बल्कि यह देखने से कि हम क्या कर रहे हैं इस देश को आगे बढ़ाने में, हम अपने काम से और सेवा से इस देश को कितना बढ़ाते हैं और उसकी दौलत को कितना जमा करते हैं और अगर इस ढंग से हम देखें तो हम अपने देश को तेजी से बढ़ाएंगे मजबूत करेंगे और दुनिया में एक आलीशान देश बनाएंगे और अगर खाली होंगे लड़ाई-झगड़ा आपसी और औरों के साथ, तब हम कमजोर रहेंगे और दुनिया जो हमारी कदर करती थी महात्मा जी की वजह से, वो भी कदर कम करने लगेगा।

इसलिए आज का दिन ठीक है कि हम सोचें कि किस तरह से अक्सर हम मुसीबतों पर हावी हो आए पिछले साल। ठीक है वो बड़े-बड़े काम इस साल हुए उनको हम सोचें और समझें और सोचें और गुरूर भी करें उस पर, कौमी गुरूर, कोई इन्सानी गुरूर नहीं। लेकिन और भी ज्यादा ठीक है कि अगर हम अपनी कमजोरी की तरफ और जो-जो बातें रह गई उनकी तरफ देखें जो गलत बातें हुई पिछले जमाने में, उनको देखें और देखकर उनको दूर करने की कोशिश करें और खासतौर से जो सिद्धान्त और उसूल हमारे सामने रहे हैं उनको फिर साफ करें, धुंधला न होने दें और उस रास्ते पर जो कि हमारे राष्ट्रपिता

ने हमारे सामने रखा उस रास्ते पर चलें। वो बड़ा जहर जिसने आकर हिन्दुस्तान को इतना तबाह किया, हिन्दुस्तान के टुकड़े किए और हिन्दुस्तान में फैला, उसको इस मुल्क में नहीं बढ़ने दें और मैं चाहता हूँ आपको आगाह करना इस बात से पूरी तौर से, क्योंकि हम एक दफे गफ्लत में पड़े और उस जहर ने फैलकर काफी हिन्दुस्तान को नुकसान पहुँचाया और आखिर में वो जबरदस्त सदमा हमको पहुँचाया कि हमारे देश के राष्ट्रपिता, उनको खत्म किया। उसका एक जबरदस्त असर देश पर हुआ, और होना ही था, लेकिन लोगों की यादें बहुत दूर तक नहीं चलती हैं और जल्दी भूल जाते हैं वो, और मैं देख रहा हूँ फिर से कुछ लोग भटक रहे हैं, मैं देख रहा हूँ फिर से कुछ गलत लोग सिर उठा रहे हैं, मैं देख रहा हूँ फिर से उनकी आवाजें उठ रही हैं जो कि जनता को धोखा दे सकती हैं।

तो मैं चाहता हूँ आप इस पर सोचें और समझें क्योंकि यह खतरनाक बात है। मुझे आज नहीं जब से मैं हिन्दुस्तान की खिदमत करता हूँ, मुझे एक भरोसा था, मुझे यकीन था, इत्तेफाक था कि हिन्दुस्तान एक जबरदस्त आजाद मुल्क होगा। कोई ताकत आखिर में इसको रोक नहीं सकती। क्योंकि जिस ताकत को हम बना रहे हैं वो एक अन्दर ही हमारे दिल की ताकत थी। वो कोई एक महज ऊपरी हथियार की खाली नहीं थी। मुझे भरोसा रहा और इस भरोसे और यकीन पर मैंने काम किया और इस भरोसे और यकीन पर मैं आज काम करता हूँ, लेकिन जब मैं देखता हूँ, इस तरह के गलत रास्ते दिखाना लोगों को, गलत ख्याल पैदा करना, तंगख्याली पैदा करना और इस तरह साम्प्रदायिकता को फैलाना, तब मुझे दुख होता है और रंज होता है, शक होता है कि हमारे बाजू भाई और बहिन कहाँ भूले-भटके फिरते हैं। कहते हैं कि वो भारत को बढ़ाएंगे और लेकिन भारत की जड़ को खोदते हैं और भारत की शान पर धब्बा डालते हैं। इसलिए आप अगाह होइये इस बात से कि अगर कोई चीज भारत को नुकसान पहुँचा सकती है तो हमारे दिल की कमजोरी और हमारे दिल का छोटापन, कोई बाहर का दुश्मन नहीं पहुँचा सकता है। हमारी काफी ताकत है और काफी

हमारी ताकत बढ़ेगी। लेकिन अगर हम अपने को ही भूल जाएं, अपने बड़े बुजुर्गों के सबक को भूल जाएं और अपने इतिहास को भूल जाएं तब बाहर के दुश्मन की क्या जरूरत हुई। फिर तो हम खुद ही खुदकुशी करते हैं। इसलिए इस बात को आप याद रखें और इस जहर को जिसने हिन्दुस्तान को इतना कमजोर किया है, उसको अपने पास न आने दें। उस जहर ने एक तरफ से बढ़कर हिन्दुस्तान के टुकड़े किए, उस जहर ने फिर इस हिन्दुस्तान में फैलकर हमें कमजोर किया और एक ऐसा ध क्का लगाया और इतना जलील किया कि दुनिया के सामने हमें सर झुकाना पड़ा। फिर अगर आज के दिन हम इन बातों को सोचें और इन बातों को सोचकर हम अपने दिल को साफ करें, दिल को मजबूत करें और फिर से अपनी पुरानी प्रतिज्ञा लें, देश की खिदमत करने की, सच्चाई से और महात्मा जी के रास्ते पर चल के। तब आज का दिन भला है और तब हमें हक है 'जयहिन्द' करने का, लेकिन अगर हम इस बात को नहीं समझते और अपने झगड़ों में और तंगहाली में पड़े हैं, तब आज का दिन मुबारक आपको नहीं होगा।

तो मैं आशा करता हूँ कि आप और हम घर जाएंगे यहाँ से और अपने काम-धन्धों में लगेंगे, लेकिन उस काम-धन्धे के साथ हम सोचेंगे कि आखिर में हम जिस देश में पैदा हुए, तो क्या हमारा कर्तव्य है? क्या इस पिछले जमाने में एक महापुरुष हमारे देश में आया था? जिसने दुनिया को जगाया हिन्दुस्तान को तो आजाद किया और आगे बढ़ाया, क्या उसने किया, क्या सबक सिखाया, क्या हम उसके रास्ते पर चलते हैं कि नहीं? इन बातों को आप पूछिए अपने दिल से और इस बात का आप इरादा कर लीजिए कि आप कुछ भी करेंगे कोई बुरी बात नहीं होगी, कोई इंसान या कोई मुल्क़ कीचड़ में से हो के अपने को ऊँचा नहीं करता है। घुटने के बल चलके और सिर झुका के हम आगे नहीं जाना चाहते। हम तन के, शान से जो सच्ची बात है उसको कहकर और सच्चाई के रास्ते पर चलकर आगे बढ़ें तो हमारी ताकत भी बढ़ेगी और दुनिया में हमारी इज़्ज़त भी बढ़ेगी। उस वक्त किसी दुश्मन की हिम्मत

ही नहीं होगी कि हमारा सामना करें। इन बातों को आप याद रखें और उनको याद रख के आज का दिन मनाएं और फिर से जब एक साल गुजरेगा और हम और आप यहाँ या कहीं मिलें तो उस वक्त में उम्मीद करता हूँ कि हम हिन्दुस्तान को ही ज्यादा ऊँचा पाएँगे। हिन्दुस्तान के सवाल सब हल तो नहीं हो जाएंगे, लेकिन हल होने के रास्ते पर होंगे और हमारे आम जनता की मुसीबतें कम होंगी।

आखिर में यह आप याद करें कि हम लोग एक जमाने से, जहाँ तक हममें ताक़त थी और कुव्वत थी हमने हिन्दुस्तान की आजादी की मशाल को उठाया, हमारे बुजुर्गों ने उसको हमें दी थी। हमने अपने ताकत के बमूजिब उसको उठाया, लेकिन हमारा जमाना भी अब हल्के-हल्के खत्म होता है। आपके ऊपर उस मशाल को उठाने का और जलाए रखने का बोझ होगा। आप जो कि हिन्दुस्तान की औलाद हैं, हिन्दुस्तान के रहने वाले हैं, चाहे आपका मज़हब कुछ हो, चाहे आपका सूबा या प्रान्त कुछ हो, आखिर में आपका फर्ज है कि उस मशाल को जला के रखने का शान से और वह मशाल आजादी की है और अमन की और सच्चाई की।

याद रखिए लोग आते हैं, जाते हैं और गुजरते हैं, लेकिन मुल्क और कौमें अमर होती हैं, वह कभी गुजरती नहीं है जब तक कि उनमें जान है, जब तक कि उनमें हिम्मत है। इसलिए इस मशाल को आप कायम रखिए और जलाए रखिए। अगर एक हाथ कमजोरी से हटता है, तो हजार हाथ उसको उठाकर जलाए रखने को हर वक्त हाजिर हों।

'जय हिन्द'

15 अगस्त, 1949 को लाल किले की प्राचीर से प्रधानमंत्री जवाहर लाल नेहरू

बहनों और भाइयों,

जरा आप शांत हो जाइये। दो वर्ष हुए मैंने यहां लाल किले पर इस झण्डे को फहराया था। दो बरस गुजरे, हमारी और आपकी जिन्दगी में, और दो बरस हिन्दुस्तान के, भारत की हजारों वर्ष की कहानी में दो वर्ष और जोड़ दिये गये। इन हजारों वर्षों में दो वर्ष का वक्त कुछ बहुत नहीं है, कीमत नहीं है, लेकिन इन दो वर्षों में हमने और आपने और सारे देश ने बहुत कुछ ऊँच और नीच देखा, बहुत खुशियां मनाई और बहुत रंज और दुःख भी हुआ। हम और आप चंद दिन के मेहमान हैं, अपना काम कर के आगे बढ़ेंगे, लेकिन जिस काम को हम करते हैं अगर वह अच्छा है और मजबूत है तो वह काम चलता जाएगा, वह काम कायम रहेगा और चलता जाएगा, चाहे कितने ही लोग आएं और कितने ही जाएँ।

हमारे सामने बड़े-बड़े प्रश्न हैं, बड़े-बड़े सवाल हैं और उनमें हम बंधे हैं, हमें वह दबाते हैं और ठीक है कि हम उनका सामना करें और समझें, क्योंकि हमारा काम पूरा नहीं होता, जब तक कि हम उन सवालों को हल नहीं करते हमारे देश के करोड़ों आदमियों के जीवन का ठीक-ठीक बसर नहीं हो सकता, लेकिन फिर भी कभी-कभी मुनासिब है, उचित है कि हम अपने वक्ती सवालों को छोड़कर जरा दूर से देखें कि हमारे देश में और दुनिया में क्या हो रहा है, क्या बड़ी बातें हो रही हैं, जरा कुछ अपने व्यक्तिगत तकलीफों को भूलकर देश को याद करें। एक जमाना था आप को याद होगा कि जब एक बड़ी व्यक्ति की रोशनी से हमारे दिलों में भी कुछ एक गर्मी आई थी और महात्मा

जी का सबक सुनकर उनकी आवाज़ हमारे कान में और दिल में गूंजी थी। हम लोग लाखों और करोड़ों की तादाद में देश में अपनी मामूली घर की बातों, झगड़ों को भूल कर अपने परिवारों तक को भूल कर खाली अगर कोई मुकाबला था तो इस बात का कि किस तरह से हम देश की सेवा में मुकाबला करें, किस तरह से हम देश को आजादी की तरफ ले जाएं। एक ख्वाब था, एक स्वप्न था हमने देखा और किसी कदर कभी-कभी पागलों की तरह से हम उस स्वप्न के पीछे दौड़े उसको पकड़ने की कोशिश की। देश की आजादी और देश की आजादी के साथ सारे देश के करोड़ों आदमियों की, जनता की आजादी और उनका दुःख से और गरीबी से दूर होना। बड़ा भारी सवाल था, इस देश के लिए। खैर हमने देश को आजाद किया एक राजनैतिक रूप से, लेकिन एक बड़ा भारी सवाल और बाकी रह गया कि सारी जनता उस आजादी से पूरी तौर से फायदा उठाए और इस बीच में और मुसीबतें आईं। आप जानते हैं वही मुसीबतें जिससे 50-60 लाख शरणार्थी हमारे देश में आए और हजारों उनके ऊपर मुसीबतें आईं। यह बड़े-बड़े सवाल आए। कैसे हमने उनका सामना किया, वह आप जानते हैं, अच्छा किया, बुरा किया, गलती हुई, कामयाबी हुई, इस तरह से ठोकर खाते-खाते हम बढ़े। लेकिन बढ़े आखिर में, क्योंकि हमारी ताकत इतनी थी कि हमें रोक नहीं सकती थी। मेरा ख्याल है कि अगर आप इन दो बर्षों की तरफ देखें, तो बहुत कुछ खराबियां आपको दिखेंगी, लेकिन आखिर में आप देखेंगे कि यह बड़ा देश मजबूती से आगे बढ़ता जाता है और अपनी आजादी को पक्का करता जाता है, और बावजूद हजार कमजोरियों के, हजार गलतियों के फिर भी जो असली इसकी ताकत है जो अपने ऊपर भरोसा है, वह आगे उसको खींचते जाता है। क्या ताकत भी हमारी जिसने हमें आजादी की तरफ खींचा और हमें लाई? किस पर हमने भरोसा किया था? उस जमाने में जब हम एक बड़े साम्राज्य के खिलाफ खड़े हुए थे? हमने किसी और देश की तरफ नहीं देखा था कि हमारी मदद करें, हमने हथियारों की तरफ नहीं देखा था। हमने अपने ऊपर भरोसा किया, अपने दिल की ताकत पर अपनी हिम्मत पर, उस पर भरोसा करके और एक अपने बड़े नेता पर भरोसा करके और आखिर

में हिन्दुस्तान के ऊपर भरोसा करके हम आगे बढ़े थे। तो फिर आगे बढ़े हम और इन बड़ी-बड़ी ताकतों का सामना किया, उनको गिराया और चित किया। तो फिर आज-कल हम और आप क्यों डरें किसी बात से, क्यों घबरायें, क्यों परेशान हों? माना कि हमारे सामने सवाल हैं, आर्थिक सवाल हैं, बड़े-बड़े सवाल हैं, माना कि अभी तक हमारे लाखों भाई और बहिन हैं शरणार्थी, वह ठीक-ठीक तौर से जमाए नहीं गए, बसाए नहीं गये हैं, सवाल, इनको सम्भालना है और हल करना है, लेकिन वह जो पुरानी ताकत थी जो हमें आगे ले जाती थी और कभी-कभी एक मुट्ठी भर आदमियों को आगे ले जाती थी। वह मुट्ठी भर आदमी मुल्क़, सारे मुल्क़ पर असर करते थे और मुल्क़ की किस्मत को बदलते थे। तो फिर क्या वह आजाद हिन्दुस्तान में वह ताकत कम है, जो पहले हममें थी और जिसने इस मुल्क़ में इंकलाब किया और उलट-पलट की है। मैं तो समझता हूँ कि हममें वह ताकत है और वह ताकत पहले से भी ज्यादा है। खाली, कुछ हमारे दिमाग, तबीयत और आँखें इधर-उधर भटक जाती हैं और हम छोटी बातों में पड़ जाते हैं, बड़ी बातों को भूल के। इस वक्त हमारा यह देश भारत एक दुनिया के मैदान में, बड़े देशों में एक बड़ा खेल, खेल रहा है। तो फिर अगर आप बड़े देश के बड़े नागरिक हैं तो आपको और हमको भी एक बड़े दिल और बड़े दिमाग का होना है। छोटे आदमी बड़े काम नहीं करते, छोटे आदमी बड़े सवालों को हल नहीं कर सकते, न हम गुलजोर मचा के हल कर सकते हैं। न नारों से, न शिकायतों से न एतराज से, न दूसरे को बुरा-भला कहने से। अगर हम एक आदमी और औरत अपना कर्तव्य पूरा करें, अपना फर्ज अदा करें तो फिर हमारे लिए भला है और देश के लिए भला है। अगर हर एक आदमी समझे कि दूसरे का काम है कुछ करना और हमारा खाली देखना है, तब यह देश चल नहीं सकता है। हर एक का काम है अपना काम करना। हमारी फौज है, हिम्मत से बहादुरी से वह अपना काम करें, और वह करती हैं। हमारे हवाई जहाज में नौजवान हैं, हिम्मत से वह अपना काम करें, हमारे समुन्दरी जहाजों के हैं, वह करें, हमारे यहाँ जो और बहुत सारे सरकारी नौकरी करते हैं, ऊँचे ओहदों के, छोटे ओहदों के अलग-अलग उनके

फ़र्ज है, उन फ़र्ज को अगर पूरा करें और आम जनता अगर अपना फ़र्ज अदा करें, अपने-अपने रास्ते पर चलें हम एक-दूसरे से सहयोग करें, हिम्मत से तब आप देखें कितनी तेजी से भारत आगे बढ़ता है, लेकिन कभी-कभी हर एक दूसरे के काम की तरफ देखता है, अपने काम की तरफ नहीं और इसमें न अपना काम होता है न दूसरे का काम होता है। तो फिर मैं आपसे आज के दिन एक प्रार्थना करना चाहता हूँ, याद दिलाना चाहता हूँ, और उस जमाने की जब बगैर फौज के, बगैर हथियार के, बगैर किसी बाहरी सहारे के, बगैर पैसे के इस मुल्क़ की आजादी की लड़ाई लड़ी गई थी। किस ने लड़ी थी? इस मुल्क़ में बड़े-बड़े नेता थे, बड़े भारी हमारे नेता थे महात्मा जी, लेकिन आखिर में इस मुल्क़ की लड़ाई हमने, हमारे किसानों ने, हमारे बेचारे अदना से अदना गरीब से गरीब आदमियों ने लड़ी थी। उनके ऊपर बोझा पड़ा था इसका, कैसे जीते? अपनी हिम्मत से, अपने दम से और भरोसे से, अपने देश पर और अपने नेता पर। आज आप मुकाबला करें उससे कितनी ज्यादा हमारी ताकत बढ़ी है इस आजाद हिन्दुस्तान की हर तरह की ताकत, बाहर के दुश्मन का मुकाबला करने की और अंदर के दुश्मन का मुकाबला करने की। तो अजीब हालत है कि ऐसे मौके पर भी हमारे दिल बैठे, हम शिकायतें करें और हमें अपने ऊपर भरोसा कम हो। तो आप भरोसा कीजिए, अपने पर यकीन कीजिए, अपने देश पर भरोसा कीजिए, अगर मुझे अपने देश पर और अपने देश के भविष्य पर भरोसा नहीं होता, तो आप क्या समझते हैं, इस 30-40 बरस में हम लोग इस काम को कर सकते हैं जो कुछ छोटा या बड़ा काम हमने किया। हमारे सामने एक रोशनी थी एक बड़े जबदस्त व्यक्ति की, महात्मा जी की। हमारे दिलों को भी रोशन करती थी और हमारे आगे एक सितारा था एक भविष्य का, हिन्दुस्तान के भविष्य का, आजाद भारत के भविष्य का, वह हमें खींचता था, और उसको देखकर हमारी ताकत बढ़ती थी, हमारी हिम्मत बढ़ती थी, और जो भी कुछ मुसीबत आए वह हल्की मालूम होती थी। तो फिर आजकल जो हमारी बढ़ी हुई ताकत है उसमें हम क्यों कमजोरी दिखायें और आपस में क्यों झगड़ा करें? असल बात यह है। बाहर की कोई ताकत से घबराने का सवाल नहीं अगर हमारे

दिल खुद गवाही ठीक न दें तो हम कमजोर पड़ते हैं। अगर हम आपस में फूट करें तो हम कमजोर होते हैं, तो इस सबक को आप सीखें क्योंकि हमारे और आपके और सारे देश के बड़े इम्तहान का समय है। हमेशा ही इम्तहान का समय रहता है, खासकर आजकल की दुनिया में। एक काम हमने बड़ा पूरा किया, लेकिन वह एक आधा काम था, दूसरा बड़ा काम अभी बाकी है। दूसरा काम है, आर्थिक स्थिति को, इस देश को सम्हालना। हमारे मुल्क की जो मुसीबतें हैं, आम जनता की उसको हटाना छोटी बात नहीं है, मुमकिन है कि हमारे सब करने से भी यह काम पूरा न हो। खैर हम अपना कर्तव्य करेंगे, और लोग हमारे बाद में आएंगे उस काम को चालू रखेंगे, क्योंकि देश के काम कभी खत्म नहीं होते और देश के लोग आते हैं और जाते हैं, लेकिन देश अमर होता है और कौम अमर रहती है। वह बड़ा काम बाकी है, उसको पूरा करना है, उसके करने में दो-तीन बातें आप याद रखें। एक तो यह कि कोई नीति हो, आपकी कोई पॉलिसी हो, लेकिन उस नीति को आप चला नहीं सकते जब तक कि देश में शान्ति नहीं हो, जब तक कि देश में एक काम करने का मौका न हो। इसलिए मैं आपसे कहता हूँ कि कुछ भूले-भटके हमारे नौजवान दस देश में हुल्लड़बाजी करते हैं, दंगा-फसाद करते हैं, मारते हैं, कभी-कभी बम फेंक देते हैं। मैं हैरान होता हूँ कि कोई आदमी जिसको जरा भी अक्ल है, समझ है, वह इस तरह से देशद्रोही बातें कैसे कर सकता है, क्योंकि आपकी कोई भी नीति हो, पॉलिसी हो, आप उसको पूरा नहीं कर सकते अगर देश में हुल्लड़वाजी हो, मार-पीट हो, क्योंकि उस हुल्लड़वाजी और मार-पीट का नतीजा सिर्फ देश को गिरना है। हाँ, एक आजाद देश में तरीके होते हैं कानून बदलने के, गवर्नमेंट तक को बदलने के। आपको अधिकार है देश को अधिकार है कि उन तरीकों से जो चाहे आप करें। लेकिन अगर कुछ लोग दूसरे रास्ते पर चलते हैं, अशांति के, तो कई बातें उससे साबित होती हैं, एक तो यह कि वह जिसको प्रजातंत्रवाद कहते हैं, जिसको जमहूरियत कहते हैं, जिसको डेमोक्रेसी कहते हैं, उसमें उनका विश्वास नहीं है, यह पहली बात साबित होती है। दूसरे यह कि उनको यह स्वीकार है मंजूर है कि देश और जनता की स्थिति गिरे और गिरती जाए,

उसकी मुसीबतें बढ़ती जाएं, शायद इस विश्वास से कि हां, 10–20 वर्ष बाद कुछ उसमें उन्नति हो, तरक्की हो। क्योंकि यह निश्चय है कि इस समय उसका नतीजा और मुसीबत बढ़ने का है। मुझे आश्चर्य होता है, हैरान हूँ कि आज हमारे नवयुवक इस विचार में पड़ते हैं इस तरह के झगड़े और हुल्लड़बाजी से वह देश की सेवा कर सकते हैं और मुझे भी ज्यादा आश्चर्य होता है कि और लोग जो कहते हैं कि हम उसकी बदनामी के विरोध में हैं, फिर भी वह जा कर, राजनैतिक क्षेत्र में जाकर उन लोगों का साथ देते हैं, जो यह हुल्लड़बाजी और झगड़ा करते हैं, क्यों? इसलिए कोई छोटा सा फायदा मिल जाए, इसलिए कि कोई चुनाव है, कोई इलेक्शन है उसमें जीत हो, या हार हो। इलेक्शन होते हैं, चुनाव होते हैं और उसमें हार होती है, जीत भी होती है, लेकिन हमारे आपके सामने जो सवाल हैं, वह इलेक्शन से भी बड़े हैं और हमारे एक–दूसरे की हार और जीत से बड़े हैं। वह भारत का सवाल है। हिन्दुस्तान का सवाल है और अगर हम अपने व्यक्तिगत फायदे के लिए, लाभ के लिए या अपनी पार्टी के या दल के लाभ के लिए भारत को भूल जाते हैं, तो फिर किसके सामने हम जवाब देंगे अपने गुनाह का कि हम इन छोटी बातों में पड़ के बड़े सवाल को भूले, देश को भूले। इसलिए मैं चाहता हूँ कि आप समझें, क्योंकि पहली बात यह समझने की है, इस देश में, यह देश तरक्की उसी समय कर सकता है जब देश में लोग झगड़ा न करें, हुल्लड़बाजी न करें और शान्तिमय तरीके से काम करें। पहली बात यह है।

दूसरी बात यह है कि हम बड़े सवालों को अपने सामने रखें, और छोटी बातों में इतना फंसे नहीं, क्योंकि अगर हम छोटी बातों में फंसते हैं तो बड़े सवाल छिप जाते हैं और अगर आप बड़ी बातों को सामने न रखें तो फिर वह बड़ी बातें, बड़ा सैलाब बन कर हमें बहा देता है, हम उसके लिए तैयार नहीं होते हैं। तीसरी बात यह है कि हमें अपने आप भरोसा करना है औरों पर नहीं। हम दुनिया की दोस्ती चाहते है। हम अपने मुल्क में जितने लोग रहते हैं करोड़ों आदमी, चाहे किसी जाति के हों, किसी धर्म के हों, किसी पेशे के हों, किसी तबके के हों, हम उन सभी की दोस्ती चाहते हैं, प्रेम चाहते हैं, सहयोग चाहते हैं। हम

सारी दुनिया से सहयोग चाहते हैं, सारे देशों में हम प्रेम से, मोहब्बत से और सहयोग से रहना चाहते हैं, जो हमारी किसी बात में मदद करें, बड़ी खुशी से मदद स्वीकार है। लेकिन आखिर में हमारा भरोसा अपने ऊपर है, किसी दुनियां के और देशों पर नहीं। इस बात को आप को याद रखना हैं, क्योंकि जो लोग औरों पर भरोसा करते हैं वह खुद कमजोर हो जाते हैं, वह दुर्बल हो जाते हैं और कुछ कर नहीं सकते। असल आजादी वह नहीं है, असली स्वतंत्रता नहीं है जो और देशों की तरफ और ताकतों की तरफ, और फौजों की तरफ, और पैसे की तरफ अपने देश को बचाने के लिए कोशिश करे। जैसे मैंने आपसे कहा कि हमें किसी देश से दुश्मनी नहीं, हम किसी देश की जिन्दगी में उसके कारोबार में, हम कोई दखल नहीं देना चाहते। हर एक देश को अधिकार है कि जिस रास्ते पर वह चलना चाहे, जो उसकी आर्थिक या कोई स्थिति हो, जैसा वह पसन्द करे, उस रास्ते पर चले। हमारा काम नहीं है दखल देना और उनके काम को बिगाड़ना, यह समझ के कि हम उसको सम्भाल रहे हैं। जैसे हम और देशों से यह बात की चाहते हैं कि पूरी स्वतंत्रता हो और आजादी हो, कि अपने-अपने रास्ते पर चलें, वैसे ही हम अपने देश को चाहते हैं। अगर हम उनके कामों में दखल नहीं देना चाहते, तो हमें यह बात भी बर्दाशत नहीं है कि कोई हमारे काम में दखल दे और हमारी आजादी में दखल डाले। इसलिए हमने एक अपनी नीति बनाई कि हम दुनिया में जो बड़े-बड़े गिरोह बने हैं, एक-दूसरे के विरोध में मालूम होते हैं, हम किसी गिरोह में शरीक नहीं होंगे, हम अलग रह के सभी से दोस्ती रखेंगे और जिस तरह से हम अपने देश की तरक्की कर सकते हैं, वैसे करेंगे और उस नीति पर हम कायम हैं, उस नीति पर हम कायम रहेंगे। इसलिए कि हमारे देश के लिए यह एक ठीक नीति है, लेकिन इसलिए भी कि वह ही एक नीति है जिससे हम दुनिया में शान्ति की सेवा कर सकें। क्योंकि दुनिया में अगर अशान्ति हुई, दुनिया में अगर लड़ाई हुई तो सारी दुनियां तबाह होगी और हमारा देश भी काफी तबाह होगा। लड़ाई दुनिया की आजकल कोई छोटी चीज नहीं है, सारी दुनिया को वह तबाह कर देगा। इसलिए हमारी नीति है कि जहाँ तक हम हो सके इस लड़ाई को रोकने की

तरफ अपना बोझा डालें। यह जो हमने नीति बनाई कि हम दुनिया में किसी एक बड़े गिरोह के तरफ नहीं शरीक हो जायेंगे। दूसरे के विरोध में, यह समझ कर कि इससे हम दुनिया की शान्ति की सेवा कर सकेंगे और दुनिया में जो एक दूसरे देश के खिलाफ दुश्मनी है आपस में, शायद उस को भी हम कुछ कम कर सकें।

आपने शायद सुना हो कि थोड़े दिनों में मैं एक विदेश की यात्रा करने वाला हूं और एक दुनिया के बहुत बड़े, बहुत ताकतवर, बहुत प्रसिद्ध देश में जाने वाला हूं। मैं वहाँ जाऊँगा आपकी तरफ से, अपने देश की तरफ से एक प्रेम का, दोस्ती का पैगाम लेकर, क्योंकि हम उससे दोस्ती चाहते हैं। हम अपनी आजादी रख के हर तरह से और देशों से दोस्ती चाहते हैं। वहाँ जाना मेरा उनसे दोस्ती करना है, किसी और देश से अदावत करना तो नहीं है। हम और देशों से भी दोस्ती करना चाहते हैं। आजकल एशिया में काफी इंकलाब हुए हैं। हमारे देश का इंक्लाब जो हुआ वह हुआ, दो-तीन तरह हुए एशिया भर में बड़े-बड़े इंकलाब हो रहे हैं। आज के अखबार में आप पढ़ेंगे कि एक एशिया के छोटे लेकिन प्रसिद्ध देश में एक उपद्रव हुआ। मैं उनसे कोई राय नहीं देता, लेकिन मैं आपको दिखाता हूँ कि जहाँ इस तरह से ढ़ील हो जाए देश के काम में और अशान्ति का रास्ता छूटता है तब वहां कोई काम बन के नहीं हो सकता, वह देश गिरता है और कमजोर होता है। और एशिया के एक बड़े भारी देश में, बड़े प्रसिद्ध और बड़े पुराने देश में भी बड़े-बड़े इंकलाब हुए हैं और हो रहे हैं। हमारी राय उसमें क्या? हमारी राय यह कि जो उस देश के रहने वाले चाहते हैं वह उस रास्ते पे चलें। हमारा कोई काम नहीं है और देशों के काम में, आजादी में, उनकी हुकूमत के तरीकों में, उनके आर्थिक तरीकों में दखल देने का, यह वह खुद निश्चय करें। हम हर एक से दोस्ती करना चाहते हैं जो देश की जनता अपने देश के लिए तय करेंगी, वह उस के लिए उचित है और मुनासिब है। आजादी कोई दूसरा नहीं देता है जबरदस्ती, वह अपने मन की होनी चाहिए। तो फिर आज के दिन हम और आप इन बातों को, इस दुनिया को, देश को देखें और इससे सबक सीखें और सबक अपने बड़े देश को देखें और उससे सबक सीखें। आजकल यहाँ

एक विधान-परिषद है, हमारी कांस्टीट्यूट असेम्बली है जो विधान और आईन भारत के आईन्दा भारत का बना रही है। चन्द महीने में हमारा देश एक नई पोशाक, नए कपड़े पहनेगा, नया जमाना एक रिपब्लिक का, और एक नया यह विधान आएगा। ठीक है उसको उचित बनाना हैं, लेकिन आखिर में यह कायदे और कानूनों से और जो कागज पर लिखा जाए उससे देश नहीं बनता। देश बनता है देश की जनता के दिल से और हिम्मत से और काम करने की शक्ति से, इस तरह से देश बनते हैं। कानूनदान लोग कानून लिखते जाते हैं और विधान बनाने वाले विधान बनाते हैं, लेकिन असल में इतिहास लिखा जाता है बहादुर आदमियों के हाथों से और दिलों से और दिमागों से। सवाल यह है कि आप में और हम में कितनी हिम्मत है इस भारत के इतिहास को अपने खून से और अपने आसुंओं से और अपनी मेहनत से और दिमाग से लिखने की। अगर हममें वह है तो विधान भी ठीक होंगे और सब ठीक होगा। अगर हममें वो ताकत व शक्ति नहीं है, हम कमजोर हैं और छोटी-छोटी बातों में पड़ते हैं और आपस में सहयोग नहीं कर सकते तो हम निकम्मे लोग हैं, तो फिर क्या विधान हमको बचाएगा या कोई और कागज पर लिखा कानून? लेकिन मुझे यकीन है और भरोसा है हिन्दुस्तान में, इस भारत के भविष्य में। मुझे यकीन है कि आईन्दा इसकी शक्ति बढ़ेगी, और शक्ति खाली इस तरह से नहीं जो कि एक शक्ति एक फौजी शक्ति वगैरह होती है। ठीक है एक बड़े देश की फौजी शक्ति भी होनी चाहिए, लेकिन असल ताकत उसकी होती है उसके काम करने की शक्ति, उसमें मेहनत करने की। अगर हम इस देश की गरीबी को दूर करेंगें तो कनूनों से नहीं, शोरगुल मचा के नहीं, शिकायत कर के नहीं, बल्कि मेहनत करके। एक-एक आदमी एक एक बड़ा और छोटा, एक-एक मर्द और औरत और बच्चा मेहनत कर के हमारे सामने आराम नहीं है। स्वराज आया, आजादी आई तो यह न समझिए कि हमें-आपको आराम करने का समय आया, बल्कि मेहनत करने का समय आया, लेकिन उस मेहनत में और दूसरी मेहनत में बड़ा एक फर्क है, एक मेहनत है एक गुलाम की मेहनत, अपने घर को बनाना, अपने देश को बनाना और आने वाली नसलों के लिए बड़ी

मजबूत एक इमारत खड़ी करना। वह मेहनत एक शुभ मेहनत है, अच्छी मेहनत है, जो दिल को भाती है और फिर इस मेहनत में एक-एक ईंट और एक एक पत्थर जो हम रखते हैं। याद रखिए हम और आप गुजरेंगे लेकिन वह ईंट और पत्थर कायम रहेंगे और आने वाले सैकड़ों वर्षो बाद वह भी एक यादगार रहेंगे और दुनिया के सामने और हमारी आने वाली नस्लों के सामने होंगे। एक जमाना आया था जब कि आजाद हिन्दुस्तान की बुनियाद इस तरह से पड़ी और जब इस तरह मेहनत से, पसीने से, खून बहा के यह इमारत भारत की बनी। तो हमारा और आपका काम है मेहनत करना, काम करना, इस बड़े काम में इस आजाद भारत की इमारत को खड़ा करना। हमारा आपका काम है इस वक्त जो बड़े सवाल हैं, खाने का सवाल है, खाने का पैदा करना, खाने को नहीं जाया करना, जो आदमी इसको जाया करता है, जो आदमी इस वक्त एक दिखावे की हेर-फेर में दावत वगैरह में जाया करता है वह अपने देश के खिलाफ गुनाह करता है। इससे ज्यादा निक्कमी बात क्या हो सकती है कि जब लोग भूखे हो उस वक्त आप में से या हममें से कोई आदमी दावत करे और खाने को जाया करें। तो इस तरह से हमें अपने को काबू में लाना है। आजाद इंसानों की तरह से आगे बढ़ना है, माथा ऊँचा कर के, सीना खोल के बगैर शोरगुल मचाए और कदम-से-कदम मिला कर आगे बढ़ना है, इस तरह से हम बढ़ेंगे और इस तरह से काम करेंगे तो फिर हिन्दुस्तान के मसले भी जल्दी हल होंगे। हमारे और आपके मसले तो हल हो ही जाएँगे, और किसी तरह से नहीं तो हमारा वक्त पूरा होगा, लेकिन असली चीज जिसको हमें याद रखना है, वह भारत को याद रखना है। भारत एक चीज है जो अमर है, जो कभी खत्म नहीं होगी। तो हम इस जमाने में जो हम और आप पैदा हुए, क्या हम कारनामें दिखाएंगे? इस भारत की खिदमत में और भारत को बढ़ाने के लिए, यह सवाल जाइए, पूछिए और उस काम को कीजिए।

जय हिंद!

15 अगस्त 1950 को लाल किले की प्राचीर से प्रधानमंत्री जवाहर लाल नेहरू

बहनों और भाइयों,

जयहिन्द! आज आजाद हिन्द की तीसरी सालगिरह है। यह वर्षगांठ आपको मुबारक हो। इन तीन वर्षों में कई मंजिलें हमने पार की। बहुत दफे ठोकर खाई और गिरे और फिर अपने को उठा कर आगे बढ़े। तो फिर जो-जो बातें इन सालों में हुई अच्छी या बुरी, उन सब बातों के लिए आपको मुबारकबाद मैं देता हूं। क्यों मैंने यह कहा? बुरी बातें भी क्यों शामिल कीं? शायद गलत था वो कहना, लेकिन मेरे मायने यह थे कि जो आपको इन वर्षों में खुशी हुई वह मुबारक हो, और आपने आंसू बहाये और तकलीफ उठाई, वह भी मुबारक हो, क्योंकि कौमें बढ़ती हैं, खुश होकर और आंसू बहाकर और दोनों तरह से। जब कोई कौम कमजोर हो जाती है, जब किसी कौम की आजमाईश नहीं होती हर वक्त, तो ढीली हो जाती है और इन तीन वर्षों में काफी हमारी आजमाईश हुई। इन तीन वर्षों के पहले भी एक जमाने में इस मुल्क की और इस देश के रहने वालों की बहुत काफी आजमाइशें हुई थी, इम्तहानों में कामयाब होने का नतीजा था वो। अब हमारे और आपके और सारे मुल्क के सामने और सख्त इम्तहान और आजमाईशें आई हैं और जिस दर्जे हम उनका सामना कर सकते हैं, हिम्मत से। उस दर्जे हम कुछ कामयाब होते हैं। इसलिए खुशी भी आपको मुबारक, और तकलीफ भी आपको मुबारक, हंसना भी आपको मुबारक और रोना भी, आपको मुबारक। लेकिन एक चीज मुबारक आपको नहीं और वो बुजदिली वो तंगख्याली, वह आपस में झगड़ा करना यह बात मुबारक नहीं। क्योंकि वह कमजोर करती है आपको, और गिराती है मुल्क को

और जिस ताकत की एक आजाद मुल्क को जरूरत है वह कम करती है। इन तीन वर्ष में कई मंजिलें तय हुईं। अभी पिछली 26 जनवरी को एक बड़ी मंजिल हमने पूरी की और जिस चीज का ख्वाब हमने वर्षों से देखा था इसको पूरा होते देखा। बहुत हमारे स्वप्न हमने देखे पूरे होते, बहुत अभी तक ख्वाब रहे गये हैं। 26 जनवरी आई, और चन्द महीने में इस मुल्क में लाखों करोड़ों आदमी अपनी राय देंगे चुनाव में और एक नई हुकूमत के अफसर चुनेंगे और यह काम जो हमने अपना हमने नया विधान, नया कंस्टीटूशन शुरू किया है वह पूरा होगा। इस तरह से एक-एक कदम हम आगे बढ़ते जाते हैं, आसानी से नहीं मुश्किल से मुसीबत से, तकलीफ से, परेशानी से, लेकिन एक एक कदम आगे बढ़ते जाते हैं। जरा दुनिया की तरफ देखिए। चारों तरफ क्या हाल है। और मुल्कों की क्या दशा है आजकल, किस-किस मुसीबत में पड़े हैं। फिर से लड़ाई के, बड़ी लड़ाईयों के चर्चे हैं, और फिर अपने मुल्क की तरफ ध्यान कीजिए। काफी हममें कमजोरियां और खराबियाँ, लेकिन फिर भी हम हल्के-हल्के आगे ही बढ़ते हैं पीछे नहीं हटते। इस दुनिया के नक्शें में हमें अपने मुल्क को समझना और खासतौर से इस बात को याद करना है कि ऐसे मौके पर जब सारी दुनिया में जलजले आएँ, भूकम्प आएँ, खतरे आएँ तो हमारा क्या कर्तव्य है और क्या फर्ज है? कौन मुसीबत के वक्त आपके मुल्क को और हमको कौन दूर से और देशों से आकर मदद करेंगे? जो कौमें दूसरे को देखती हैं मदद के लिए वह कमजोर हो जाती हैं। हमने अपनी आजादी की लड़ाई लड़ी किसी और के भरोसे पे नहीं, किसी हथियार के भरोसे पे भी नहीं। अपने दिल के और दिमाग के और हिम्मत के भरोसे पे लड़ी थी और हम कामयाब हुए। तो अब जो और खतरे आए हम अपनी ताकत से बच सकते हैं, किसी और की ताकत से नहीं। हम किसी और से दुश्मनी नहीं करना चाहते। दोस्ती करना चाहते हैं और सब मुल्कों से, लेकिन ऑखिर में हमें अपनी ताकत पे रहना है। एक आजाद मुल्क में यह जरूरी बात है कि ख्यालात की आजादी हो, विचारों की, जो लोग चाहें अपने ख्यालों का इजहार कर सकें, जो लोग चाहें जिस रास्ते पर चलना चाहे राजनैतिक उस पर चलें चाहे दल बनाएं, पार्टी मनाएं सब कुछ करें,

ठीक है, क्योंकि अगर वह आजादी न हो तो वो आजाद मुल्क नहीं रहता वह एक गुलाम हो जाता है, दबा हुआ हो जाता है, यह बात सही है लेकिन उसी के साथ जो लोग उस मुल्क की आजादी के खिलाफ काम करें या जो लोग कोई ऐसा काम करें, जिससे वो आजादी मिले और कमजोर हो, वे लोग कौन हैं और कैसे हैं और किस नाम से वो पुकारे जाएं? इसलिए मैं आपको याद दिलाता हूँ कि दो बातों को अलग करना है। एक ख्यालात की आजादी, एक अमल की आजादी, लेकिन हमेशा इस बात को देख कर कि मुल्क की आजादी को और मुल्क की एकता को और मुल्क की मजबूती को वह बात कमजोर तो नहीं करती। क्योंकि अगर वह कमजोर करती है तो वह बात मुल्क के साथ गद्दारी हो जाती है। इन दोनों बातों में लोग अक्सर फक्र नहीं समझते। आजादी के मायने यह नहीं हैं कि हर एक आदमी बुरा फील करे आजादी के नाम से। आजादी से आप अपने ख्यालातों का इजहार कीजिए आजादी से उसके ये माने नहीं कि सड़क पर चलें या अखबारों में हर एक से गालियां दीजिए। क्योंकि फिर यह तो सारी हमारी जिन्दगी घिर जाएगी ऐसी बातों से। खास तौर से आजादी के ये मायने नहीं हैं कि लोग उस आजादी के नाम से उसी आजादी की जड़ खोदें। अगर कोई ऐसा करें तो जाहिर है कि उसका मुकाबला करना होता है उसको रोकना होता है और ऐसे लोग मुल्क में है, जो आजादी के नाम से काफी झगड़ा-फसाद करते हैं, काफी उपद्रव किया है, उन्होंने काफी मुल्क को कमजोर करने की कोशिश की है। उनका मुकाबला हुआ और चूंकि मुल्क का दिल मजबूत है, बावजूद कमजोरियों के इसलिए हम कामयाब हुए और मुल्क आगे बढ़ता जाता है। आज कुछ लोग हैं जिन्होंने एलान किया आज के दिन कि आज के दिन में कोई हिस्सा न लें। एक और कदम वे लोग बढ़े कि कहाँ इसमें रुकावटें डालनी चाहिए। गौर करें आप कि किसके दिमाग से यह ख्याल निकलता है? किस दिल से यह जज्बा पैदा होता है? किस किस्म का है वो? यह कोई एक ख्यालात की आजादी का सवाल है या कोई यह है कि कोई पार्टी को राय रखें कोई और यह बात एक ऐसी है कि जड़ और बुनियाद से हिन्दुस्तान की आजादी पर हमला है। और जो लोग ऐसा करते हैं चाहे वह कोई हो और किसी दल में

हों, हमारा फर्ज हो जाता है कि हम उसका मुकाबला करें, और पूरी तौर से करें, और उनको झाड़ू से हटा दें। इसके मायने क्या हैं? एक मुल्क में इस तरह से लोग हैं जो हर वक्त आवाज उठाते हैं फूट की, आपस में लड़ाई और झगड़े की, और हर वक्त यह कहते हैं कि जो आजादी मिली काफी नहीं है, काफी नहीं है इसलिए उसको भी तोड़ना चाहते हैं। अजीब हालात है, या तो उनके दिमाग में कमी है या उनके दिल में कमी है या कोई और फितूर उनमें है, यह बात हमें समझना है। इसके मायने क्या हैं कि हम ऐसे नाजुक वक्त पर दुनिया के, जब दुनिया हिल रही है, जब दुनिया में मालूम नहीं क्या-क्या मुसीबतें आएँ जब आपका और मेरा और हर एक हिन्दुस्तानी का फर्ज है जो भी हममें एक-दूसरे में फर्क हो, फर्क है, फर्क रखें अगर जी चाहे मुझ से आप लड़े मैं आपसे लड़ूँ, लेकिन जब हिन्दुस्तान का मामला उठता है तो आप हिन्दुस्तानी और मैं हिन्दुस्तानी और हर एक शख्स हिन्दुस्तान का हिन्दुस्तानी है, और अगर नहीं मानता इस बात को तो वह हिन्दुस्तानी नहीं है, वह किसी और मुल्क में जा कर रहे वो फिर। इस बात की जड़ और बुनियाद पर हम खड़े हुए, पिछले जमाने में इत्तिहाद की, एकता की जो इस देश में अलग-अलग कौमें हैं अलग-अलग सूबे और प्रान्त के रहने वाले हैं, उनकी एकता पर फिर मैं देखता हूँ आवाजें उठती हैं आज लोगों की, आज दलों की आपस में लड़ाई पैदा करने की, झगड़े पैदा करने की, मजहबी झगड़े मजहबी तो होते नहीं धार्मिक तो होते नहीं, वह तो धर्म का नाम लेकर सियासी होते हैं, राजनैतिक होते है। फूट पैदा करना, झगड़ा पैदा करना, और हर एक-एक प्रान्त में प्रान्तीयता बढ़ना, सोचिए आप विचार कीजिए कि इससे मुल्क तगड़ा होता है, मजबूत होता है कि कमजोर होता है? इसीलिए हम, हमारे और आपमें और हिन्दुस्तान के रहने वालों में कितने ही आपस में मुबारात हो, हममें और आपमें राय का फर्क होना, अलग-अलग रायें हों, अलग-अलग रायों का इजहार हो, मैं चाहता हूँ। यह मैं नहीं चाहता कि हिन्दुस्तान के लोग आँखें बंद करके, कान बंद करके एक आवाज उठाएं, एक ही बात कहें। गोया कि उनको कोई दिमाग नहीं, दिल नहीं। हमें हक है अपनी-अपनी आवाजें उठाने का, लेकिन किसी हिन्दुस्तानी को हक

नहीं है कि वह हिन्दुस्तान के आजादी के खिलाफ आवाज उठाएँ। किसी हिन्दुस्तानी को हक नहीं है कि ऐसी बुनियादी बातों के खिलाफ आवाज उठाएँ जो हिन्दुस्तान की एकता को, हिन्दुस्तान के इतिहास को कमजोर करें। क्योंकि अगर वो ये करता है, तो फिर वह चाहे या न चाहे, चाहे वह समझे या न समझे वह हिन्दुस्तान के और हिन्दुस्तानी आजादी के खिलाफ गद्दारी करता है। इसलिए इन बुनियादी बातों को हमें समझना है, क्योंकि जमाना नाजुक है और हम इस दुनिया में आगे तरक्की नहीं कर सकते अगर हम अपने मुल्क में मजबूती से कायम नहीं हैं। काफी हमारे सामने दिक्कतें हैं आप जानते हैं। दुनिया में अजीब हाल है आजकल आप जानते हैं कि इस एशिया के एक कोने में लड़ाई हो रही है। हालांकि छोटे मुल्क में लड़ाई है फिर भी भयानक लड़ाई है। मालूम नहीं कब तक चले, वो मालूम नहीं वह बढ़े या वहीं रहे, हमारी कोशिश है कि बढ़े नहीं, दुनिया भर में आग न लगे, हमारी कोशिश है कि जल्दी से जल्दी वो रुक जाए, लेकिन आखिर हमारी कोशिश तो दुनिया पर हावी नहीं हो सकती।

मालूम नहीं क्या हो? लेकिन एक बात तो हम कर सकते है अगर हमारी हिम्मत है कि अपने मुल्क को सम्भालें, अपने मुल्क की ताकत बांधी रखें कि हम अच्छे रास्तों पर उसको ले जा सकें और अगर दुनिया में आग भी लगे तो अपने मुल्क को बचाएं और मुमकिन हो तो हम दुनिया को बचाने में भी मदद करें। लेकिन अगर हममें इत्तिहाद है तो यह बड़ी बात है।

मुल्क की तरफ आप देखें काफी बड़े सवाल हैं, अव्वल सवाल रखने का सवाल हर एक इंसान के लिए होता है और पिछले दो तीन बरस से इस बारे में हमन काफी कोशिश की, काफी बातें की, कभी-कभी लम्बी चौड़ी भी बातें कीं। क्या हाल है इस वक्त? आजकल आप सुनते हैं कि आज हमारे प्रान्त में मद्रास के बिहार के काफी परेशानी हैं, अजीब-अजीब खबरें आती हैं, जिनको पढ़कर दिल दहलता है। तो बात यह है कि फिक्र की बात काफी है लेकिन जिस दर्ज वह बात बढ़ाई गई है, वह भी एक गैर-जरूरी है और उससे और दहशत होती है। तो यह खाने का मामला हमारा अव्वल मामला है। क्यों

है यह क्या बात हुई है। मुख्तलिफ वजूहात से मुल्क में खाना काफी सब लोगों के लिए पैदा नहीं होता कई बातें उसमें हैं, पिछली लड़ाई हुई, पाकिस्तान हुआ, खाना के पैदा करने के हिस्से चले गये मुल्क से। आबादी बढ़ी बहुत सारी बातें हैं। अब कोई मुल्क और खासकर हमारा ऐसा मुल्क हिन्दुस्तान अगर वह काफी अपना खाना पैदा न करे तब फिर वो एक औरों के मातहत हो जाता है, क्योंकि उसे और तरफ देखना पड़ता है। अलावा इसके कि हमें बहुत पैसा खर्चना पड़ता है और जगह से खाना लाने में, लेकिन उससे भी ज्यादा यह बात होती है कि हम कमजोर हो जाते हैं और लोग हमें दबा सकते हैं हमारी आजादी में खलल पड़ जाता है और अगर कल बदकिस्मती से, दुर्भाग्य से एक बड़ी लड़ाई दुनिया में हो तब तो कहीं और से हमारे मुल्क में खाना नहीं आएगा या बहुत कम आयेगा तब हम कैसे काम चलाएंगे? जाहिर है हमें अपने घर में अपना इंतजाम पूरा करना है। हमें अपना खाना पैदा करना है और अगर एक किस्म का खाना हमें नहीं मिलता तो हमें तो दूसरे तरह का खाना खाना है। यह वक्त ऐसा नहीं है, कि आप मुझ से कहें या मैं आपसे कहूँ कि मैं तो आदी हूँ एक चीज खाने का दूसरा नहीं खाता। जो चीज मिलेगी हमें खानी पड़ेगी अगर दुनिया से नहीं आ सकती और रास्ते बंद हैं। इसलिए हमें अपने को आदी करना है, इसलिए हमें अपने घर में काफी पैदा करना है। इसलिए हमने खाने का एक जर्रा भर भी जाया नहीं करना है। काफी इसकी चर्चा हो चुकी है और भी चर्चा होने वाली है और सख्ती से होने वाली है। आप इस बात को समझ लें कि इस वक्त हमने कहा था कि हम दो वर्ष के अंदर बाहर से खाना लाना रोक देंगे और जो अंदर काफी हम पैदा करेंगे और कुछ कमी भी हुई तो उस कमी को बरदास्त करेंगे। याद रखिए कि वह जो बात हमने कही थी वह हमारा जो प्रोग्राम था नीति थी, वह कायम है और उस पर हम चलेंगे बावजूद दिक्कतों के।

दूसरी बात यह कि इस वक्त एक अजीब हिन्दुस्तान का खाने के मामले में हाल है। एक तरफ से आप देखें तो इसमें कोई शक नहीं है कि हमारा सिलसिला ज्यादा खाना पैदा करने का जो था उसमें कामयाबी हो रही है। मुल्क में ज्यादा पैदा हो रहा है। और इस

सालभर के बाद कुछ ड़ेढ वर्ष में और पैदा होगा। तो वह सिलसिला अच्छी तरह से चल रहा है, लेकिन उसी के साथ यह भी हुआ है कि मद्रास में और बिहार में खास-खास मौकों पर एक बिलफेल एक मुसीबत आई है। कहीं सैलाब आया, कहीं बारिश नहीं हुई, सौराष्ट्र में भी यह हुआ, यह आई और हम अभी इससे पक्की तौर में जुमें नहीं हैं कि जहां मुसीबत आये उसके लिए हमारे पास खजाने में बहुत जमा हो फौरन हम फेंक दें। इसलिए दिक्कतें हुई, लेकिन फिर भी इस वक्त बिहार हो, चाहे मद्रास हो, चाहे बंगाल हो, हर जगह इस वक्त काफी खाना पहुँचाया गया है। कुछ दिक्कतें उनको दो चार रोज उसको गाँव-गाँव पहुँचवाने में हो, लेकिन हर सूबे में हर प्रान्त में काफी है। आज के लिए महीने भर के लिए, दो महीने के लिए, तीन महीने के लिए, तो कोई एक परेशानी की खास बात नहीं। हाँ परेशानी की बातें हैं, दूसरी एक तो यह कि कोई भी कहीं ऐसी तकलीफ हो तो हमारी वो एक बदइंतजामी की निशानी है। मैं तसलीम करता हूँ कि हमारी कहिए प्रान्त की हुकूमत की कहिए उसकी बदइंतजामी है और हमें तसलीम करनी है और उससे बचना नहीं है और छुपाना नहीं है। उससे सबक सीखने हैं। और दूसरी परेशानी की बात यह है कि हमारे मुल्क में काफी लोग ऐसे हैं जो अब तक पैसा बनाने की कोशिश करते हैं दूसरे की मुसीबत से। चाहे वो व्यापारी हो, चाहे दुकानदार हो या और हों खुदगर्जी में जमा करते हैं खाने का सामान, ताकि ज्यादा दाम मिलें या कभी साल दो साल बाद उन्हें जरूरत हो तो उसको काम में ला सकें। सोचें आप यह किस किस्म की चीजें है जो कि औरों की मुसीबत से फायदा उठाएं और पैसा बनाएं। किस तरह की चीज है? किस तरह से आप और हम इस बात को बर्दाश्त कर सकते हैं? आप जवाब देंगे लम्बी चौड़ी बातें हैं कि जवाहरलाल ने कहा था दो-तीन वर्ष हुए कि जो यह करता है, उसको सख्त सजायें होनी चाहिए। वो बातें तो बहुत होती हैं, उस पर अमल कब होगा और अगर आप यह सवाल करें तो दुरुस्त है आपका कहना। मैं खुद शर्मिन्दा हूं कि हम ऐसे बेबस कैसे हो गए कि ऐसे लोग जो इस तरह से जमा करें खाने का सामान, और दाम बढ़ायें। खाली खाने के

सामान के नहीं और चीजों के भी और हम मजबूर हो जायें, कुछ कर न सके। क्या बात है हम दिल्ली शहर में सरे बाजार ऐसी बातें होती हैं? क्या वजह है इसकी क्यों हम बर्दाश्त करें और क्यों आप बर्दाश्त करें या कोई इस बात की बर्दाश्त क्यों करें। इस तरह से हर वक्त हर कोई खतरे के मौके से फायदा उठा कर लोग पैसा बनाएँ और वो लखपति हों। चाहें और लोग मरे चाहें जिएं। तो फिर कैसे हम उसका सामना करें। जाहिर है पहला फर्ज गवर्नमेंट का है। इसका सामना करने का, लेकिन गवर्नमेंट कितने ही लम्बे चौड़े कायदे-कानून बनाए उस पर अमल नहीं हो सकता, जब तक आम जनता की उसमें पूरी मदद नहीं है और वह सहमत नहीं है। और अगर आप और कर लें कि इस बात को हमें खत्म करना है। चाहे वह काला बाजार कहलाए, होडिंग कहलाए, जमा करना खाने को जो भी उसका नाम आप लें, या दाम बढ़ावा चीजों का बेचना, तो उसको हम रोकेंगे। अगर हमने और आपने मिलकर इरादा किया तो यकीनन वह रुकेगा और जो नहीं रोकेगा वह काफी सजा पाएगा।

आपने शायद देखा हो या अखबारों में पढ़ा हो कि अभी पिछले दो चार दिन में हमारी पार्लियामेंट में यह सवाल पेश हुआ था। वहाँ एक प्रस्ताव पास हुआ। तीन दिन हुए, और कल रात को करीब सात बजे की सांय को एक कानून बना है इन्हीं बातों की रोकथाम करने के लिए। आप अखबारों में पढ़ें और समझें और चन्द रोज बाद इस कानून पर अमल होगा और कायदे बनेंगे तफसील के साथ कि क्या-क्या कार्यवाहियाँ हम करेंगे, किस तरह से हम इन चीजों के दाम बढ़ने को रोकेंगे? यह आपके सामने आएंगे और उसमें यहां की केन्द्रीय हुकूमत ने कुछ कायदे बताए हैं कुछ ताकत ली है कि अगर किसी सूबे में कमजोरी भी हो तो हम वहाँ कुछ काम कर सकें और ये ताकि सारे हिन्दुस्तान में एक तरह का काम हो यह नहीं कि एक तरफ ढील हो चाहे दूसरी तरफ जोरों से काम हा। लेकिन यह बात तो मैंने आपसे कही, लेकिन इसमें आपकी मदद की जरूरत है। क्योंकि अगर आपकी मदद आम जनता की राय और आम जनता की मदद न हो तब यह बात चल नहीं सकती। आपकी शिकायत होती है और ठीक शिकायत हो कि जो लोग

इस काम के करने वाले हैं, सरकारी मुलाजिम वगैरह, वह ठीक काम नहीं करते हैं, वह खुद कभी गिर जाते हैं। बात ठीक होगी तो उसको सम्भालना है, अगर ठीक काम नहीं करते तो उसको अलग करना है और लोगों को रखना है। तो यह खाने के सिलसिले में मैंने आपसे कहा। क्योंकि यह एक अव्वल सवाल है। हमेशा हर मुल्क के लिए खाने का सवाल अववल होता है, खाने का नहीं बात ठीक होती तो और कैसे? उसी से बंधी हुई बातें मैंने आपसे जिक्र किया और जरूरी चीजों के दाम बढ़ने है यह बेजा बात है। कोरिया में लड़ाई की चर्चा हो यहां फौरन मौका देखकर लोग फौरन चीजों के दाम बढ़ा दें इसके मायने क्या हैं तो इसको भी रोकना है।

और सवाल तो हमारे काफी बड़े हैं। सारे हिन्दुस्तान के लिए दिल्ली शहर के लिए हमारे शरणार्थियों का सवाल है। हल्के-हल्के कुछ इन सवालों को हल करने की कोशिश हुई। हल्के-हल्के हल हुआ, हल्के-हल्के हल होगा, लेकिन अफसोस यह है कि काफी लोग परेशानी में पड़े हैं इस बरसात के जमाने में, उसके पहले गर्मी में और वक्त गुजरता जाता है और उनकी सारी मुश्किलें हल नहीं होती। इसमें भी मैं आपसे कहूँगा कि आप सोचें। यह सवाल पूरी तौर से गवर्नमेंट के भरोसे हल नहीं हो सकता। आप के हमारे और सारे मुल्क की मदद से और खासकर वो शरणार्थी भाई और बहिन उनकी मदद से हल हो सकता है। गवर्नमेंट की तरफ देखना कि वह सब बातें कर दे यह एक नामुमकिन सी बात हो जाती है कि वह कर सकें। शरणार्थियों का सवाल हमने इधर-उधर उठाया। यहाँ कुछ हल किया उधर बंगाल की तरफ यह सवाल उठा और काफी भयानक रूप से उठा। आपने देखा कि चार महीने हुए एक समझौता हुआ था, पाकिस्तान में और हम में और उस पर बहुत बहस हुई है उस समझौते पर और बाज लोग अब तक कहते है कि गलती हुई कामयाबी नहीं हुई। ये सब बातें कहते हैं उसमें, लेकिन यह एक फिजूल सी बहस है। हम इस बात का इरादा करें कि हम उस सवाल को भी हल करेंगे तो यकीनन होगा और मैं आपको तकसील में तो नहीं जा सकता इस वक्त लेकिन एक ईमानदारी से अपने दिल और दिमाग की बात आपको बताना चाहता हूँ और वह यह

है कि वो बंगाल का भी हालांकि निहायत पेचीदा है, निहायत तकलीफ देह है फिर भी मेरी राय में वह हल होता जाता है। हाँ आइंदा का मैं कैसे इकरार करूँ, क्या होगा क्या नहीं? वह तो हमारे और आपके और लोगों के तगड़ेपन पर, ताकत पर और कमजोरी पर है, लेकिन मैं इस बात को तसलीम करने को एक मिनट के लिए तैयार नहीं, कोई बात वहाँ हो नहीं सकती इसलिए नाउम्मीद हो जाएँ हम और बजाए इसके कि उसको सम्हालने की कोशिश करें ऐसे रास्तों पर न चलें जिसमें यकीनन बंगाल के लिए मुसीबत और हिन्दुस्तान के लिए तबाही हो।

तो ये बड़े-बड़े बड़े सवाल हमारे सामने हैं। शरणार्थियों के, बंगाल के, और असल सवाल इन सबके पीछे मुल्क का आर्थिक रूप से बढ़ना है। कैसे हम इन्हें हल करेंगे? हम और आप मिल कर ही कर सकते हैं। आप कुछ कर सकते हैं, आपको हक है कि गवर्नमेंट के जो एब हैं और कमजोरियाँ हैं उनकी तरफ आप तवज्जो दिलाइए। उनकी आप निन्दा कीजिए और वक्त आने पर आप गवर्नमेंट को निकाल बदलिए। पूरा आपको हक है मुबारक हो आपको यह करना, लेकिन यह बात आप याद रखिए। दो बातों को नहीं चाहिए धोखा नहीं खाना चाहिए। आपको गवर्नमेंट की नीति की निन्दा करने में या ऐतराज करने में आप कोई ऐसा काम न करें, जिससे हिन्दुस्तान की जड़ कमजोर हो जाती है, बुनियाद कमजोर होती है, इसका ख्याल आपको रखना है। क्योंकि आमतौर से लोग नहीं रखते हैं इस बात का ख्याल। गवर्नमेंट आती है और जाती है। हम लोग आते हैं और जोते हैं। थोड़े दिन बाद मैंने आपको याद दिलाया आप चुनाव करेंगे। लेकिन चुनाव करें या न करें हम तो हमेशा कुर्सी पर नहीं बैठे रहेंगे हुकूमत की और जब कोई और साहब तशरीफ लाएंगे बैठने को बहुत खुशी से और इतमीनान से उससे कहना होगा, लेकिन जब तक वह जिम्मेदारी हाथ में है वह लगाम हाथ में है, तो कमजोरी नहीं हम दिखा सकते हैं। जहाँ तक हमारी अक्ल है जहाँ तक दिमाग है, जहाँ तक हमारे बाजू में ताकत है हम उसको इस्तेमाल करेंगे। उस रास्ते पर चलने में, चाहे खतरा बाहर का हो या अंदर का हो, लेकिन फिर मैं आप से कहता हूं आजाद हिन्दुस्तान है आजाद हिन्दुस्तान की सालगिरह हम मनाते हैं। लेकिन आजादी के साथ

जिम्मेदारी होती है। जिम्मेदारी हुकूमत की खाली नहीं जिम्मेदारी हर एक आजाद शख्स की और अगर आप उस जिम्मेदारी को महसूस नहीं करते अगर आप समझते नहीं हिन्दुस्तान की जनता तब पूरी तौर से आप आजादी के माने नहीं समझे और आप आजादी को पूरी तौर से बचा नहीं सकते है। तब खतरा आए, क्योंकि आखिर में जब आजादी को बचाते हैं ठीक है। अगर कोई बाहर का हमला हो और फौजी हमला हो तो हमारी फौज है, हमारी हवाई जहाज और हमारे समुन्दरी जहाज हैं, और हमारे बहादुर नौजवान हैं जो उनमें काम करते हैं, वह उससे बचाएंगे हिन्दुस्तान को। हमारी शानदार फौज है, बहादुर फौज है। हमारी शानदार और बहादुर हवाई जहाज के और समुन्दरी जहाज के नौजवान हैं और अफसर हैं ठीक है, लेकिन आखिर में फौज नहीं बचाती है किसी मुल्क को, न हवाई जहाज बचाते हैं, आखिर में मुल्क की हिम्मत बचाती है। मुल्क का तगड़ापन बचाता है। आखिर में मुल्क का एक-एक आदमी मर्द और औरत जब तक अपने को एक उस हिन्दुस्तान का सिपाही न समझे तो मुल्क पूरी तौर से महफूज नहीं है। जब हम आजादी के लिए लड़ते थे। तीस वर्ष हुए उन तीस वर्ष में तो हमने कोई खास एक सिपाही की वर्दी तो नहीं पहनी थी। लेकिन हम अपने को हिन्दुस्तान की आजादी के सिपाही समझते थे और निडर हो के बड़ी ताकत से मुकाबला करते थे। एक साम्राज्य का, एक एम्पायर का मुकाबला हम करते थे, बड़ी ताकत का हम और लोग हैरान होते थे, और कभी हम पर हंसते थे और कभी-कभी उन्हें ताज्जुब होता था कि बात क्या है? ये कुछ लोग कमजोर आदमी व इनके पास हथियार न कुछ और बैठे हैं मुकाबला करने एक बड़ी हुकूमत का बड़े साम्राज्य का, लेकिन अजीब बात यह थी कि उस वक्त भी हमारे दिल में कोई डर नहीं था। क्योंकि हमने कुछ थोड़ा बहुत उस अपने बड़े बुजुर्ग और लीडर का सबक सीखा था कि डरने से काम नहीं चलता और हमने मुकाबला किया अपनी हिम्मत से और अपने को भी एक सिपाही हिन्दुस्तान की आजादी का समझ के। तो फिर जरा उस हवा को फिर लाईये, उस रंग को फिर लाईये, तो फिर अगर हम ले आए तो हमें अंदर की किसी बात से डर है न, बाहर की किसी बात से डर है।

तो आज के दिन इस हिन्दुस्तान की आजादी की वर्षगांठ के दिन, इन बातों को हमें याद करना है कि जो बुनियादी बातें देश की है, उनको याद रखना और छोटी बातों में बहक न जाना। बुनियादी बात मुल्क का इतिहास है। बुनियादी बात यह है कि हिन्दुस्तान अगर मजबूत देश होगा, तगड़ा देश होगा अगर इसमें तरक्की होगी तो एक ही तरह से कि यहां जितनी कौमें हैं, जितने मजहब के लोग हैं, सबों को पूरा अधिकार हो पूरा अख्तियार हो सभी के लिए, सब दरवाजे खुले हों तरक्की के सब पूरे हिस्सेदार हों इस आजादी में, और अगर एक दूसरे से लड़ेंगे तो एक दूसरे को कमजोर करेंगे, यकीन मानिए आप कमजोर करेंगे और आजादी को कमजोर करेंगे। इस तरह से हम चलें सब मिल के, जो सवाल हैं चाहे जो भी सवाल हों उनका मुकाबला करें, और उनको हल करें हर सूरत में। अपने दिल में घबराहट और डर नहीं आने दें। डरा हुआ आदमी और घबराया हुआ आदमी निकम्मा और बेकार आदमी होता है। अगर मुसीबत ज्यादा होती है तो हिम्मत ज्यादा होनी चाहिए उसका मुकाबला करने के लिए, न कि उस वक्त कमजोर हो और हाय-हाय करके हम घबरा जायें।

तो फिर मैं आपको इस तीसरी सालगिरह की मुबारक देता हूं और उम्मीद करता हूं कि यह जो साल आता है इसमें हम हिम्मत से निडर हो के जो-जो मुसीबतें आयेंगी उनका सामना करेंगे और मुसीबत से घबराएंगे नहीं उसका स्वागत करेंगे और सामना करेंगे और उसको कुचलेंगे।

जय हिन्द!

15 अगस्त, 1951 को
लाल किले की प्राचीर से
प्रधानमंत्री जवाहर लाल नेहरू

बहनों और भाइयों,

जय हिन्द! जरा मुझे आपकी आवाज भी तो सुनाई दे, मेरे साथ कहिए, जयहिन्द। आज पाँचवीं बार मैं यहाँ इस लालकिले की दीवार पर आया हूँ, इस प्यारे झंडे को फहराने के लिए। चार वर्ष हुए जब पहले दफे मैं आया था और आप आये थे, चार वर्ष हुए पहले दफे यहाँ आया था मैं। आप लाखों की तादात में यहां जमा हुए थे, और हमने इस अपने पुराने और नये झंडे को यहाँ उठाया था और ये दिल्ली शहर जो कि सैकड़ों और हजारों वर्ष से अजीब-अजीब नजारे देख चुका है, जिसके सामने हिन्दुस्तान की तारीख और इतिहास एक किताब की तरह से लिखा गया है और उसने देखा है, और पढ़ा है। इस दिल्ली शहर ने ये एक नयी तस्वीर देखी, एक नयी बात उसके सामने आयी, एक नयी कौम की करवट उसने देखी। चार वर्ष हुए और मुनासिब था कि आप और हम उस मौके को मानने के लिए यहाँ जमा हुए, यहाँ इस साल लालकिले की दीवार पर या इसके करीब क्योंकि इस किले की एक-एक ईट और पत्थर जैसे कि इस दिल्ली का एक-एक ईट और पत्थर हिन्दुस्तान की तारीख से भरा है। इस शहर ने हिन्दुस्तान की शान देखी, और हिन्दुस्तान का गिरना देखा। हिन्दुस्तान का आगे बढ़ना देखा और उसका पतन देखा। सब बातें, पुरानी तस्वीरें सब कुछ हैं। तो इसलिए मुनासिब था कि हम इस वक्त जब कि एक नयी करवट कौम ने ली, दिल्ली शहर और दिल्ली का यह लाल किला इस बात को देखता, और उससे इसका भी कोई सम्बन्ध लिया जाता। आप और हम चार वर्ष हुए यहाँ जमा हुए हैं, और शहर में, इस शहर में और हिन्दुस्तान

के हर एक गाँव और शहर में खुशी मनाई गयी थी, क्योंकि एक हमारे बड़े सफर का एक मंजिल पर हम पहुँचे थे। जो हमारी पुरानी आरजू थी जिसके लिए जद्दोजहद किया था, जिसके लिए एक बड़ी सहनशीलता, एक साम्राज्य के खिलाफ का हमने मुकाबला किया था और उसमें हमारी कामयाबी हुई और उसमें हम आखिर में मंजिल पे पहुँचे तो मुनासिब था कि इस बात को हम खुशी से मनाते हैं। खुशी हमने मनाई लेकिन हमारी खुशी हम मना रहे थे कि ऐसे वाकयात हुए जिससे आँसू हमें आ गये। खाली हमें नहीं लेकिन लाखों को आंसू आये, करोड़ों को आये क्योंकि हमारे लाखों भाई और बहन मुसीबत में पड़े और उसकी निशानी आजकल तक है। यहाँ कितने हमारे भाई विधार्थी अपने-अपने घर बार से निकाले हुए दिल्ली में या और हिन्दुस्तान के हिस्सों में हैं। हमें आंसू आये उनकी मुसीबत पर, लेकिन उसने ज्यादा हमें आंसू आये और हम शर्मिंदा हुए इस बात से कि हमारे मुल्क में भाई-भाई की लड़ाई हुई और हम अपने ऊँचे उसूल को भूल गये और हमने हाथ उठाया अपने पड़ोसी पर, और हम सब अपने जो कुछ हमने बुनियादी बातें सीखी थी पिछले जमाने में, वह हमारे दिमाग से हट गयी थीं। रंज हुआ इस बात का कि आखिर एक हिन्दुस्तान की शान थी, जिसको हमारे बड़े नेता ने महात्मा ने दुनिया के सामने रखा था, वो ही शान एकदम से गिर गयी, हमारे पड़ोसी लोग क्या करें? हमारे पास के मुल्क वाले क्या करें, अफसोस था। खैर उनकी जिम्मेदारी, लेकिन रंज हमारे दिल में यही था कि वह अपने उसूलों से गिरे। खैर वह सब बातें याद आती हैं, उस चार वर्ष हुए की। जब तस्वीर सामने आती है। चार बरस हुए कोई बड़ा वक्त नहीं है, बड़ा जमाना नहीं है। खासकर एक मुल्क की जिंदगी में, लेकिन करीब-करीब एक उम्र बीत गयी, क्योंकि इन चार बरसों में जो हमारे तजुर्बे हुए, जो मुसीबतों का सामना करना पड़ा, आपको, मुल्क वालों को, हमको, उन्होंने इन चार बरसों को बहुत लम्बा कर दिया है, लेकिन फिर मैं सोचता हूँ कि अगर हमारे सामने कोई बड़ी आजमाइश और न होती, कोई मुसीबत के तराजू पर हम नहीं तोले गये होते, तब क्या बात होती? आजकल भी जब मैं देखता हूँ, तो हममें से काफी लोग गफलत में पड़ जाते हैं। जो आजकल की दुनिया के हाल

हैं, हिन्दुस्तान का हाल है, उसको भूल जाते हैं। अपनी आराम तलवी में या, अपनी खुदगर्जी में पड़ जाते हैं। चाहे कौम का फायदा हो या नुकसान। अगर आजकल की हालात में यह है तो कहीं हमारे सामने यह बातें आजमाइश की न होतीं तो सारी कौम गफलत में पड़ जाती। इससे ज्यादा खतरनाक बात कोई नहीं है कि कौम आराम तलवी और खुदगर्जी में पड़ जाए और भूल जायें कि क्या उसके फर्ज हैं? और भूल जायें कि क्या उसके उसूल और सिद्धान्त हैं, भूल जायें कि क्या-क्या खतरे उसके चारों तरफ हैं? क्योंकि असल कमजोरी वह होती है और तब कमजोरियाँ उसके सामने कुछ नहीं हैं। हमने आजादी हासिल की, किस तरह से कौन-सी ताकत थी जो हमने पैदा की? वह ताकत थी एक दिन की, एक रूहानी ताकत और एक दिल की ताकत, जो कि कभी दुश्मन के सामने झुकती नहीं थी जो कि कोई भी मुसीबत आये फिर भी उनसे घबराती नहीं थी। यह ताकत महात्मा जी ने हमारे दिलों में डाली। हम तो मामूली आदमी थे, एक कमजोर दिल के, आपस में लड़ने वाले, लेकिन उन्होंने यह सबक हमें सिखाया और अपनी मिसाल से अपने लफ्जों से, अपनी बात से, कि हमें ऊँचे रास्ते पर चलना है, हमें आपस में मिलकर रहना है, क्योंकि मिलकर ताकत होती है हमें इस देश को एक जबरदस्त मजबूत देश बनाना है।

जिसके चालीस करोड़ आदमी मिलकर इस तरफ देखते हैं, एक दूसरे की मदद करते हैं, और अगर कोई दुश्मन हो तो उसका मुकाबला करते हैं। इस तरह से हमारी ताकत बढ़ी। किसकी ताकत थी वो किसी बड़े हथियार की नहीं, बल्कि हमारे करोड़ों आदमियों के दिलों की ताकत थी, और दिलों का मेल था। अब अगर वह ताकत कम हो हमारी तो कोई आपकी ऊपर की हो तो ताकत वह दूर तक हमें नहीं ले जायेगी। इसलिए आज के दिन खास तौर से यह जरूरी है कि जरा हम पीछे देखें कि क्या चीजें हमें कमजोर करती थी, जिन्होंने हिन्दुस्तान को गिराया था, और गुलाम बनाया। और क्या चीजें ऐसी थी जिन्होंने फिर हिन्दुस्तान को उठाया। हमने हमारी ताकत बढ़ाई और आखिर में आजाद किया। यह याद रखने की बात है, क्योंकि आज लोग समझते हैं कि हम आजाद हो गये तो यह काम पूरा हुआ, और फिर अब हम

आपस में जो चाहे करें, जो चाहें हम आपस में लड़ाई भी लड़ें या और तरह से अपनी ताकत को जाया करें।

गल्त बात है, याद रखिए कि आजादी एक ऐसी चीज है कि जिस वक्त गफलत में आप पड़ें तो फिसल जायेगी। वह जा सकती है, वह खतरे में पड़ जाती है, और खासकर आजकल की दुनिया में ड्रामा है, आजकल की दुनिया एक खतरनाक दुनिया है, बड़ी सख्त और बेरहम दुनिया है। रहम नहीं करती, दुनिया कमजोर की तरफ, जो कमजोर है कौम और मुल्क, वह गिरता है उसके सामने। लेकिन आखिर में ताकत क्या चीज है? ताकत एक मुल्क की होती है उसकी फौज है, उसका सम्मान उसके हवाई जहाज हैं, उसके समुन्दरी जहाज हैं और हमें इस बात की खुशी और इस बात का गुरूर है कि हमारी फौज, हमारे नौजवान जो फौज में हैं या हवाई जहाजों को ऊँचे आसमान पर उठाते हैं या समुन्दर की लहरों पर घूमते हैं। वह बहादुर नौजवान हैं, तगड़े हैं, और हिन्दुस्तान की माकूल हिफाजत कर सकते हैं, लेकिन आखिर में हिफाजत बड़ी-से-बड़ी और बहादुर से बहादुर फौज मुल्क की नहीं करती है, आखिर में उस मुल्क के लोगों के दिल करते हैं, वो तगड़े हैं कि नहीं, वो छोटी बातों में पड़ते हैं, या बड़ी बातों की तरफ देखते हैं, वह आपस में मिलते हैं या आपस में लड़ाई करते हैं। ये आखिर ताकत होती है, फौज के पीछे भी और यूँ भी जो मुल्क को मजबूत करती है। लोग मुल्क के काम करने वाले हैं, या एक आराम करने वाले हैं। अजीब हालत है मैंने देखा बहुत एक पुराने जमाने में अक्सर बड़े जोरों से काम होते थे, मुकाबला होता था, इस आजादी की लड़ाई में और फिर मैं देखने लगा अक्सर लोग जो पहले काम भी करते थे और आराम भी करते हैं। काम की बजाय आराम ज्यादा हुआ यहाँ कौम कमजोर हुई। यहाँ जो हिम्मत थी, हमारी आदत में सुस्ती आ गयी तो कौम कमजोर हुई। इसलिए जरा हमें उन बुनियादी बातों की तरफ देखना है। आज सबेरे हमारे राष्ट्रपति प्रैसीडेन्ट साहब राजघाट गये, मैं भी गया कुछ और लोग भी गये, महज एक फर्ज अदा करने नहीं, बल्कि कुछ ताकत लेने अपने दिमागों को, अपने दिल को उस पुरानी याद से। यह याद तो हमेशा हरी रहती है, लेकिन फिर भी मुनासिब है

कि हम बार-बार अपने सामने लायें उन उसूलों को, उस सबक को। तो मैं वहां गया और गये। वह तस्वीर मेरे सामने आई, और वह लफ्ज मेरे कानों में गूँजे, जो वर्षों हुए हम सुना करते थे, और अब उनके सुनने से महरूम हो गये। तो वहाँ मैं गया, वहाँ से यहाँ आपके सामने हाजिर हुआ और मेरा ख्याल दौड़ा आजकल हिन्दुस्तान की हालत की तरफ, किस तरह से हम सब आप और हम इस मुल्क के रहने वाले एक किस्ती पर हैं और अगर वह किस्ती हिलती है तो हम हिलते हैं अगर वह डूबती है तो हम सब डूबते हैं। वह न कोई समझे कि कोई लोग अगर मुल्क गिरे तो लोग वहाँ जाते हैं। अगर मुल्क आगे बड़े तो फिर आगे बढ़ते हैं। तो हमें यह समझना है कि हमारा नाता क्या है और रिश्ता क्या है? आपस में आप बहस कर लें अलग-अलग दल और पार्टी और आप लोग चुनाव में जायें यह सब बातें अलग हैं, लेकिन हमारा एक नाता और रिश्ता जबरदस्त हर वक्त का है। खासकर उस वक्त जब दुनिया में खतरे हमारे मुल्क के तरह-तरह के बाहरी खतरे और अंदरूनी खतरे तब और भी जरूरी हो जाता है कि हम अपनी छोटी बातों को दबायें और गिरायें और अपने को तगड़ा करें, मजबूत करें, और आपस में एकता करें।

याद रखिए चालीस करोड़ लोग हैं जाहिर सी बात है कि कोई चालीस करोड़ हिन्दुस्तान में फरिश्ते नहीं, कमजोर दिल के हैं, डरपोक दिल के हैं। कई लोग ऐसे हैं जो मुल्क के साथ गद्दारी भी करें, सब तरह के लोग मुल्क में होते हैं। तो हमें इस बात से घबरा ना नहीं है, बाहर के मुल्कों से लोग आ सकते हैं झगड़ा-फसाद पैदा करने। क्योंकि हर एक जानता है कि आखिर में ताकत मुल्क की एक अमन और एकता कायम करने से होती है। इसलिए कुछ लोग तो बेवकूफी से झगड़ा पैदा करते हैं, अपनी जहालत से लेकिन कुछ लोग समझ-बूझ कर पैदा करते हैं, ताकि मुल्क कमजोर हो, चाहे वह बाहर से आ जायें, या अंदर के हों। मैंने सुना है कि आज ही सुबह आज ही किसी वक्त आज सुबह या रात को दिल्ली शहर में एक ऐसा झगड़ा करने की किसी आदमी ने कोशिश की, ऐसी बात की। तो आपको इस बात से आगाह होना है कि आप किसी ऐसे झगड़ालू के बातों में न आ

जायें और कोई वाक्या भी ऐसा हो जिससे आपको गुस्सा आए और आ सकता है। बहुत सारी बातें होती हैं, जो नागवार गुजरती हैं गुस्सा आता है, तो फौरन समझिए कि यह किसी गलत आदमी ने, किसी बुरे आदमी ने किसी ऐसे आदमी ने जो झगड़ा कराना चाहता है, उसने कराया है और आप उसमें न पड़िए बल्कि कोशिश हमारी हो कि शान्ति से और इतमीनान से उसको वहीं दबा दें। यह सब में बड़ा मुकाबला है, उन लोगों का जो झगड़ा कराते हैं। तो वर्ष की इस हमारी चौथी सालगिरह के दिन हमें किस ढ़ंग से इसे नये साल का सामना करना है। हमारे मुल्क के अंदर काफी बड़े-बड़े सवाल हैं। हमारी उम्मीदें थी, हमने तरह-तरह के नक्शे बनाये थे कि हम हमने एक काम पूरा किया।

हिन्दुस्तान आजाद हुआ उसके बाद दूसरी लड़ाई हमें लड़नी है और वो जो लड़ाई है असली लड़ाई हिन्दुस्तान की गरीबी से लड़ाई हिन्दुस्तानी की बेकारी से लड़ाई और उसमें एक दफे आगे बढ़ें और जीतें सारी कौम तीस चालीस करोड़ आदमी हिन्दुस्तान के हल्के-हल्के उठेंगें और उनकी मुसीबतें कम होंगी, यह असली लड़ाई थी जो हम लड़ना चाहते थे। बदकिस्मती से हम फंस गये, किस-किस मुसीबत में, किस-किस परेशानी में, और उधर आगे न बढ़ सके, और सब में बड़ी रंज की बात की कि यह हुई कि आजादी आई, सियासी आजादी आई, लेकिन जो आजादी का फायदा कौम को मिलना चाहिए था कुछ मिला जरूर इसमें कोई शक नहीं, लेकिन पूरी तौर से नहीं मिला, और काफी परेशानियाँ आप लोगों के और हिन्दुस्तान के रहने वालों की रहीं। काफी परेशानियाँ आप जानते हैं मैं आपको क्या बताऊँ किस तरह से चीजों के दाम बढ़े उसका असर सारी कौम पर पड़ता है, चाहे आप तनख्वाह लेते हैं या कुछ और तरह से रहते हैं, दाम बढ़ते जाते हैं, खाने का सवाल खाने की कमी, और क्या-क्या बातें आईं। आप परेशान हुए और आप लोगों ने और मुल्क ने अक्सर शिकायत की क्योंकि परेशानी की शिकायत करनी है, लेकिन ऐसे फंस गये हम उसमें कि कुछ तो दुनिया के वाकयात हैं, अगर वहां कोरिया में लड़ाई हो तो उसका असर यहां पड़ जाता है, चीजों के भाव पर। तो यह हमारे काबू के बाहर की बात है। अगर अमेरिका में कोई बात हो, उसका असर यहां की चीजों के

दामों पर पड़ जाता है, लेकिन उसी के साथ यह भी बात है और यह हमारे काबू की बात है कि हमारे मुल्क ही में आज लोग ऐसे हैं, जो अपनी खुदगर्जी के लिए अपनी लालच में ऐसी बातें उन्होंने की कि खुद का फायदा हो, चाहे कौम को नुकसान हो। यह गलत बात है। जाहिर है, और हर हूकूमत को इसको रोकना चाहिए और काबू में लाना चाहिए। मुमकिन है कि जिस ताकत से जिस पूरी कामयाबी से उसको करना चाहिए नहीं हुआ, लेकिन यह भी याद रखिए कि हुकूमत कुछ करें, आखिर में ऐसे मामले में किसी बड़े मामले में, जब तक आम जनता का साथ न हो, और आम जनता का सहयोग और पूरी मद्द न हो, वह बात पूरी चलती नहीं है। यह फिर काला बाजारी और इस तरह से चीजें बढ़ती हैं जरूर गवर्नमेंन्ट उसको काबू कर सकती है, कानून से जो अपने अखरात से, लेकिन आखिर में जनता की मदद से यह हो सकती है। तो हमें और आपको तरीके निकालने हैं, कि किस तरह से इसको रोकें, जो चीज दबाती है। इस वक्त कौम को और मुसीबत में डालती है।

आप शायद जानते हो कि अभी कुछ दिन हुए एक योजना एक पांच वर्ष की योजना या प्लान, नेशनल, प्लान, राष्ट्रीय योजना निकाली गयी है, जिसका मतलब यह है कि वो किस तरह से हम इस बड़ी लड़ाई को जीतें, बड़ी यानी हिन्दुस्तान की गरीबी के खिलाफ लड़ाई और बेकारी के खिलाफ किस तरह से हिन्दुस्तान में ज्यादा काम हो, ज्यादा पैदावार हो, और ज्यादा धन और दौलत निकले जो कि आम लोगों में जाये। बड़ा काम है, थोड़े से आदमियों का नहीं, चालीस करोड़ आदमियों के लिए, तो एक बड़ी योजना बहुत सोच-विचार के बाद बनी। अभी तक यह आखिर नहीं है, वह पी है, और आप भी उसको देख सकते हैं और पढ़ सकते हैं और अपनी सलाह दे सकते हैं, उस पर गौर करके सब सलाहों पर, दो महीने बाद उसको पक्का करेंगे। अब उसमें बहुत सारी बातें ऐसी हैं जो कि सरकारी तौर से करनी हैं, गवर्नमेन्ट को करनी है, चाहे वह गवर्नमेन्ट यहां दिल्ली की हो या हमारे एक-एक प्रान्त और प्रदेश की हो। लेकिन उसमें यह बात लिखी है विशेषकर कि उसकी जड़ और बुनियाद जो जनता के सहयोग से है।

हम अगर जनता न करें, करोड़ों आदमी उसमें न लगें, चाहे वह एक-एक आदमी थोड़ी बात करें, लेकिन जब वह न लगें तो महज गवर्नमेन्ट के काम करने से बातें नहीं पूरी नहीं होती, आज लोग कहते हैं कि बाहर से मदद लेकर इस काम को करो। हम बाहर से मदद लेने को तैयार हैं बशर्ते कि उसमें कोई बंधन न हो, किसी किस्म का। बाहर की मदद कुछ-कुछ हमें मिली है, लेकिन आप याद रखें कि बहुत ज्यादा बाहर की तरफ देखना मदद के लिए, भरोसा करना पैसे के लिए या किसी और बात के लिए कौम को कमजोर करता है। वह अपाहिज हो जाती है। दूसरों की तरफ देखती है, आपका सरकारी अफसरों की तरफ देखना और हर बात कर दें वह भी गलत है, गवर्नमेन्ट का तो फर्ज और कर्तव्य है कि उन बातों का करना, लेकिन यह पुराना रिवाज अंग्रेजी राज्य के जमाने से अंग्रेजी राज्य आप जानते हैं एक जमाने में मशहूर था कि जो अंग्रेजी अफसर थे, उनके खुशामदी लोग उनसे कहते थे, आप माँ-बाप हैं, माँ-बाप मिल के हो जाते थे उनके खैर अब कोई माँ-बाप यहाँ नहीं रहा। मैं आपसे कह देता हूँ इस तरह का। हम नहीं चाहते, हम नहीं चाहते कि आपका या हमारे लोगों का ध्यान हर वक्त यह रहे ऊपर रहे, दाँये या बायें रहे कि कोई और आदमी हर एक कुछ कर दें, या कोई हुकूमत या म्युनिसिपैलिटी। अगर हुकूमत या म्यूनिसिपैलिटी या जो कुछ हो वो अपना फर्ज नहीं ठीक करती आप आवाज उठाइये। ठीक है आपका हक है, आवाज उठाइये, अपनी राय दीजिए वो वाजिब है लेकिन जो बात आपकी समझने की है वो यह है कि हम खुद काम कर सकते हैं। पड़ोसी की नुक्ताचीनी तो सब कर सकते हैं, लेकिन खुद क्या कर सकते हैं। हमारे सामने, हम इस वक्त बड़ी-बडी योजनायें बनाते हैं, और योजनाओं में बेशुमार रूपया खर्च होता है, कहां से रुपया आये, आखिर रूपया आप देते हैं, टैक्स में, कहीं आसमान से तो नहीं टपकता, और अगर हम और मुल्कों से कर्जा लें, रुपया तो उस कर्जे को बोझा होता है कर्जा अदा करना होता है। तो फिर कैसे हम यह बाते करें, बड़ी-बड़ी चीजें जो करनी हैं? खैर, बहुत तरीके हैं, लेकिन एक बात अगर कुछ बड़ी बातों को छोड़कर एक-एक गांव में और एक-एक शहर में अगर एक-एक इंसान थोड़ी बात भी करें, मैं आपको मिसाल

देता हूँ, कई हमारे प्रदेशों में, प्रान्तों में, खासकर देहातों में हमने प्रोग्राम बनाया कि लोग अपनी मेहनत से सड़कें बनाएं, सड़के बहुत कम है देहातों में मकान बनाएं, पंचायत घर बनायें कहीं-कहीं छोटी-मोटी नहरें खोदें कहीं-कहीं छोटे स्कूल विद्यालय बनायें। अपनी मेहनत से सरकारी तौर से नहीं सरकारी तौर से कुछ मदद मिल जाये, कुछ सामान मिल जाए अपनी मेहनत से हजारों मील सड़के मुफ्त में उन लोगों ने बनवाई। अपने फायदे के लिए तो बड़े-बड़े लक्ष्य बनाते, प्लान बनाते कि चलो भाई यहाँ सड़के बनाने में पचास लाख रूपये या एक करोड़ खर्च होंगे, एक करोड़ रूपया लाओं, और इस तरह से नक्शे बनते रहते हमारे दफ्तरों में बड़े-बड़े फाइल बनते ऊँचे और उस पर बड़े-बड़े नोट लिखे जाते, लेकिन वो सड़कें और विद्यालय वो नहीं बनते या अरसे बाद बनते, यह तरीका है, गवर्नमेंट जरा हल्के चलती है मुश्किल यह है कि गवर्नमेंट की तरफ से मदद हो कुछ न कुछ तो आप देखें कि थोड़े दिन में हम सारे इस हिन्दुस्तान के नक्शे को बदल सकते हैं और मुल्कों से आप देखें, मैं आपको मिसाल दे सकता हूँ यूरोप के मुल्कों की, मैं आपको मिसाल देता हूँ, चीन की, जहाँ लोगों ने अपनी मेहनत से यानी कोई मैं इस वक्त नहीं कह रहा हूँ कि सरकारी तौर से हो या मजदूरी से हो, लेकिन अपने गाँव वालों ने कहा हम अपने गाँव की सड़कें बना देंगे। हम यहाँ एक स्कूल बनाएंगे, पंचायत घर बनवायें और उन्होंने खड़ा कर दिया और जब गाँव का मुकाबला हुआ इनमें, कि हम ज्यादा आगे बढें कि तुम बढ़ो तो सब लोग बढ़ने लगे आगे एक दोस्ती के मुकाबले में, तो इस तरह से जो यह हमारी पांच वर्ष की योजना बनी है, यह न समझिए कि यह कोई सरकारी चीज है, ऊपर से करने की। यह तो है ही। लेकिन यह एक-एक आदमी की चीज है, और उसमें सब लोग मिलें तो फिर हमें बाहर के न पैसे की जरूरत है न मदद की। याद रखिए यह आखिर यह जो पैसे का बड़ा चर्चा होता है, इससे दिमाग कुछ फिर गये है। बहुत ज्यादा दुकानदारी के दिमाग हो गये हैं, और कुछ गलत हम समझने लगे हैं कि पैसा क्या चीज हैं अफसोस यह है कि पैसा एक जरूरी चीज हैं आजकल की जिन्दगी में। लेकिन आखिर में जो दौलत है इंसान के पास वो उसकी मेहनत है और दिमाग की

काबिलियत है, और हाथ-पैर की ताकत है, मेहनत करने की आप और हम अपनी मेहनत से दौलत पैदा करते हैं कोई सोना-चाँदी, बच्चे नहीं पैदा करता हैं। हालांकि आजकल के हिसाब से लोग यह समझते हैं और कुछ रवैया भी ऐसा है। इसलिए जो असल दौलत है, वो इंसान की मेहनत है, और हमारे पास अगर मुल्क में सोना-चाँदी काफी नहीं है तो इंसान तो काफी हैं, तगड़े काम करने वाले। क्यों न हम उनके उस काम से और मेहनत से हम नई दौलत पैदा करें, जो उनके पास जाये और मुल्क आगे बढ़े? इस तरह से आजकल चीन का मुल्क बढ़ रहा है और मुल्क उस की कौम मदद करने वाली है? लेकिन एक जोश से मेहनत करते हैं वो लोग। अमेरिका एक देश है। बड़ा दौलतमंद देश है, लेकिन यह न आप भूलिए कि उनकी दौलत आती कहाँ से है? उनकी मेहनत से आती है, कोई बाहर से नहीं टपक पड़ती है। अपनी मेहनत से काबिलियत से आती है, क्योंकि आखिर में कोई देश अपनी मेहनत से अपने बाजूबल से चल सकता है औरों के नहीं। इसलिए कभी-कभी में देखता हूँ हिन्दुस्तान में तो मुझे ख्याल आता है कि कुछ पुराने गुलामी के तर्ज और ख्यालात हमसे दूर नहीं हुए और हम फिर हर वक्त ऊपर देखते हैं सरकार की तरफ और कुछ इंतजार करते हैं, या नाराज होते हैं या अपने को बदकिस्मत समझकर बैठ जाते हैं। यह नहीं और कुछ काम नहीं है, बजाए इसके कि दरवाजे-दरवाजे दफ्तरों के टकराने के हम एक फड़वा लेकर जाकर कुछ खोदें, कुछ काम करें, और अपना शरीर को अच्छा करें, और कुछ पैदा करें उससे। मुश्किल तो यह है हर एक हमारे लोग अब शायद पहले से कम, लेकिन अब भी काफी सब लोग समझते हैं कि इज्जत बाबू होने में हैं और बाबूओं के काम करने में हैं, खैर बाबू लोग अच्छे होते हैं यानी बाबू से मेरा मतलब है जो दप्तरों में काम करें, या बड़े अफसर हों या छोटे अफसर हों, वो सब एक तरह से, उस किस्म का काम करते हैं। वह जरूरी काम हैं, लेकिन मुल्क बढ़ता है, हजारों बातों से, हजार कामों से और हर एक आदमी कलम रखकर दफ्तरों में बैठे अगर जगह न हो तो उसको हम भर्ती तो नहीं कर सकते, लेकिन मुल्क में बहुत काफी काम है अगर वह मिलकर उसे करें, खुद कुछ पैदा करें, बजाय इसके कि हर एक आदमी

नौकरी की तरफ देखे। अभी कुछ दिनों में एक बड़ा चुनाव होने वाला है और आपके पास तरह-तरह की बातें रखी जाएंगी, कही जाएंगी। मैं उसमें नहीं जाता। मुनासिब है कि मैं न जाऊँ, बजाए इसके कि ऐसे मौके पर मैं उम्मीद करता हूं कि आप सारे मुल्क शान्ति से, सहयोग से और अक्ल से काम लेगें। कोई झगड़ा फसाद नहीं, कोई झूठ-फरेब नहीं, क्योंकि चुनाव के वक्त पर झूठ फरेब बहुत चलता है, धोखाधड़ी, उसमें आप नहीं पड़ेंगे न औरों को पड़ने देंगे। यह दुनिया के इतिहास में एक जबरदस्त चीज है जो यहाँ चुनाव होने वाला है, क्योंकि इतने लोग 17-18 करोड़ लोग आजकल दुनिया के किसी देश में एक प्रजातंत्रवादी चुनाव में नहीं पड़े हैं तो इतनी बड़ी बात है, एक बड़ा इम्तहान हमारे लिए है, उस इम्तहान में अगर हम कामयाब हुए तो हमारी शक्ति बहुत बढ़ती है, नहीं हुए तो हम कुछ कमजोर होंगे। और ऐसे मौके पर कमजोर होंगे जब काफी खतरे हैं। जरा दुनिया की तरफ आप देखें खतरनाक दुनिया है। एक छोटा देश कोरिया साल भर से ऊपर से वहां लड़ाई ऐसी हुई कि वह देश तो करीब-करीब नेस्तानाबूत हो गया, तबाह हो गया। लोग कहते हैं कि हम उनको कोरिया को बचाने को और आजाद करने को गये हैं, लेकिन आखिर में शायद कोरिया में कोई इन्सान न रहे, जिसको आजादी की जरूरत हो, ज्यादातर लोग खत्म हो गये हों, उस लड़ाई में। यह तो आजकल की एक विदेश नीति पर चले कि लड़ाई-झगड़ों में न पड़े और दुनियां के देशों में अमन रखें, हमारा देश लम्बा-चौड़ा है, हम कोई गरूर नहीं करते, हम अपनी राय थोपे और लोगों को मजबूर करें ये हम नहीं चाहते। अपने-अपने रास्ते लोग चलें और हम अपने रास्ते पर चलें, लेकिन आजकल की दुनिया बंटी हुई है कि उसको आप अलग नहीं कर सकते, टुकड़े नहीं कर सकते, और मजबूरी दर्जे हमें भी और दुनिया के सवालों में पड़ना पड़ता है और अपनी राय देनी होती है। हमेशा हमने कोशिश की कि इस बात को सामने रखें कि दुनिया में अमन कैसे होता है, क्योंकि आजकल लड़ाई से ज्यादा खतरनाक और तबाह करने वाली चीज कोई नहीं है और अगर दुनिया भर में लड़ाई हुई एक नयी किस्म की लड़ाई तो यकीनन दुनिया में जो कुछ तरक्की हुई है जो कुछ दुनिया की कौमें बनी हैं वो सब

खत्म हो जाएंगी और एक बर्बादी की तरफ दुनिया फिर बढ़ने लगेगी, तो ये बड़ी खतरनाक बात है। हम चाहते हैं दुनिया को रोकें, क्योंकि जो कुछ दुनिया में होगा, उसका असर हम पर पड़ेगा, चाहे हम उसमें ज्यादा हिस्सा ले या ना लें असर हर मुल्क पर उसका पड़े इसलिए हमने विदेशी नीति रखी। हमने कोशिश की है कि इन हर मुल्क से दोस्ती करें और अपने रास्ते पर चलते जायें। हमारी ख्वाहिश थी कि हम हमारा जो पड़ोसी मुल्क है जो कि कल या परसों या चार वर्ष तक एक-एक हिन्दुस्तान का एक अंग था, लेकिन उस दिन से आज के दिन चार वर्ष हुए वह अलग हो गया और पाकिस्तान बन गया, हमारी कोशिश है कि उससे भी हम दोस्ती करें, हमें अफसोस हुआ कि हिन्दुस्तान का टुकड़ा अलग हुआ, लेकिन हमारे आखिर में मंजूरी से हुआ, हमारी रजामंदी से हुआ वह सोच कर हुआ कि इससे शायद हम फिर ज्यादा दोस्ती में रह सकें, आइंदा मिल सकें और यह जो अंदरूनी झगड़े जो रोज हो रहे थे उनको किसी तरह कम करना था, क्योंकि वह हमारी आजादी के रास्ते में आते थे। खैर, गलत या सही हमने उस बात को मंजूर किया और उस बात पर हमें कायम रहना हैं और यह बात साफ समझ लें कि जो लोग इस बात पर कायम नहीं हैं और जो लोग कहते हैं कि नहीं उखाड़-पछाड़ करनी है, वह लोग न हमारे मुल्क की खिदमत करते हैं न किसी और बात की, क्योंकि इसके माने लड़ाई-झगड़ा फसाद आपस में, हर जगह चुनाव इस बात को तो पक्का समझना है तो हमने कोशिश की, लेकिन बदकिस्मती से आप जानते हैं कि काफी इन चार वर्ष में कशमकश रहा, पाकिस्तान की हूकुमत में और हमारी हूकुमत में, काफी बड़े-बड़े सवाल उठे। उन सवालों में यह मौका नहीं है कि मैं जाऊं, लेकिन इस वक्त, इस काम में कुछ आवाजें आती हैं लड़ाई के ढ़ोलों की, ललकारों की और लोक कुछ डरकर, कुछ जोश में गरम कि कोई भी उनका जज्बा हो, उनके दिमागों में लड़ाई का चर्चा बहुत हो गया है। पाकिस्तान में वहां से आवाजें आती हैं और जब हमने बहुत कुछ सुना तो जाहिर है हम नहीं लड़ाई चाहते लेकिन हमारा फर्ज कि हम मुल्क को तैयार करें और इस तरह से मुल्क तैयार रहे, किसी खतरे में न पड़े। और हमने यह सोचा कि हमारा मुल्क अगर पूरी तौर से तैयार है

तब यह बहुत ज्यादा मुमकिन है कोई लड़ाई न हो। क्योंकि जो लोग तैयार नहीं होते उनके ऊपर हमले होते हैं, जो तैयार हों, हमले रूक जाते हैं। इसलिए यह समझकर लड़ाई रुक जायेगी हमने अपनी तरफ से जो कुछ मुनासिब तैयारी करनी थी वह की। उसी के साथ आप जानते हैं कि बार-बार मैंने आपसे और मुल्क से दरख्वास्त की कोई शहर में या और ऐसी कार्रवाई न हो जैसा कि पाकिस्तान के शहरों में हुई है जिससे लोग समझें कि लड़ाई आने वाली है कि जिससे एक दहशत फैले और परेशानी फैले और हमारा काम-काज में हर्ज हो। हम नहीं चाहते ऐसी फिजा पैदा करना। और मैं मशगूर हूँ आपका और लोगों का हिन्दुस्तान में कि आपने हमारी सलाह को माना और कोई ऐसी फिजा नहीं पैदा की और इतमीनान से ठंडे दिल से अपने काम को करते रहे और यहां नहीं खाली दिल्ली शहर में बल्कि पंजाब में, पूर्वी पंजाब में सरहद तक अगर आप आये तो आप देखेंगे कि हमारे भाई और बहिन इत्मीनान से बगैर जरा भी परेशान हुए अपना काम-काज या शहर में या कारखाने में या जमीन पर करते जाते हैं। ऐन हिन्दुस्तान की सरहद तक। तो ये खुशी की बात है, यह ताकत की निशानी है और यह हमारी अमन पसंदी की निशानी है।

तो इस बात को आप कायम रखें, लेकिन मैं चाहता हूँ खास आज के दिन और इस मौके पर इस बात को दोहराना, और साफ करना कि हमारा मुल्क किसी किस्म की लड़ाई कहीं नहीं चाहता दुनिया में, लेकिन खासतौर से विशेषकर हम नहीं चाहते कि पाकिस्तान से हमारी अनबन रहे, लड़ाई हो, या कोई भी अनबन हो क्योंकि आखिर में कुछ भी जोश आपको या पाकिस्तान वालों को हो जाये, आखिर में पाकिस्तान के रहने वाले कल हमारे भाई थे और हमारे इस मुल्क के रहने वाले थे। हजारों रिश्ते, हजार नाते, हजार ताल्लुक तो वह कैसे टूट जाये, जो चार-पांच वर्ष में और क्यों टूटे? हमारी एक बोली, हमारा रहन-सहन एक। हमारा इतिहास तारीख बहुत कुछ एक तो फिर क्यों वो लोग और हम लोग इस गफलत में पड़ें और झगड़े में जायें और एक-दूसरे को तबाह करने की कोशिश करें?

मैं तो हैरान होता हूँ, जब मैं सोचता हूँ कि कैसे हमारी ताकत जाया हो रही है इस तरह से और किस गलत रास्ते पर पाकिस्तान

अक्सर चलता है और ताकत जाया होती है। इसलिए मैं बहुत सफाई आपसे इस वक्त कह रहा हूँ और मैं उम्मीद करता हूँ मेरी आवाज पाकिस्तान के लोगों तक जायेगी और दुनिया भी सुनेगी कि हमारा यह पक्का वसूल यह है और हमारी पूरी कोशिश यह है कि हम अमन से रहे हम पाकिस्तान से अमन से रहे और हम पाकिस्तान के लोगों से दोस्ती करें। हाँ और कभी किसी बात में आपको जोश चढ़ आये और तैश हो तो उसको आप यह समझें कि एक कौम के खिलाफ जोश है। अगर पाकिस्तान के किसी एक आदमी ने गलती की या सौ में दस ने या हजार ने तो इसके क्या मायने हैं कि आप करोड़ों आदमियों को अपना दुश्मन समझें। क्या आपके हिन्दुस्तान में लोग गलती नहीं करते हैं। गलत रास्ते पर चलने वाले, काफी गलत रास्ते पर चलने वाले हिन्दुस्तान में भी होंगे। इसलिए हम एक तरफ से पूरी पर तौर तैयार हैं, क्योंकि तैयारी से हम अपने को महफूज रखते हैं और लड़ाईयों को रोकते हैं। दूसरी तरफ से हमेशा हमारा हाथ बढ़ा रहेगा और कौमों से हाथ मिलने के लिए। हम किसी को धमकी नहीं देना चाहते। किसी को मुक्का नहीं दिखाना चाहते, हम हाथ बढ़ाते हैं, हाथ मिलाने के लिए और वो हाथ बढ़ा है पाकिस्तान के लोगों से हाथ मिलाने के लिए भी, आज और कल भी रहेगा और चाहे जोश या चाहे कुछ हो, उस उसूल पर हम कायम रहेगें हाँ, अगर हमारे मुल्क पर कोई हमला हो, तो हमारा फर्ज है कि हिफाजत करें, पूरी तौर से और उसके लिए तैयार हैं। आज के दिन खासतौर से हमें कुछ इन पुराने उसूलों को याद रखना है, जो महात्मा जी ने हमारे सामने रखे, जिस रास्ते पर चलकर हमने मुल्क को आजाद किया। आखिरकार उस रास्ते को हम छोड़ दें फिर क्या हमारा हस्र होगा खैर, मुझे तो इतमीनान है कि क्या-क्या उसमें मुसीबतें आएंगी और मुझे इतमीनान है कि हमारे लिए बुनियादी तौर से वही एक रास्ता है जो गांधी जी ने दिखाया था, उस पर हमें चलना है। इस झंडे के नीचे मैं खड़ा हूँ और आप भी इस झंडे को देख रहे हैं, एक प्यारा झंडा है, एक तो यह है कि यह एक निशानी है हमारी आजादी की लड़ाई की इसके नीचे खड़े होकर कितनी बार हमने प्रतिज्ञा ली, इकरार किए और

हम उन उसूलों पर कायम रहेंगे, और हम हिन्दुस्तान की हिफाजत करेंगे, और आजाद रखेंगे और हम हिन्दुस्तान में एकता करेंगे और मिलकर रहेंगे। हम कभी नीच बात नहीं करेंगे, यह हमने प्रतिज्ञा की। तो एक पुरानी निशानी है जो याद दिलाती है हमारा आजादी की लड़ाई को और उसमें कुर्बानियों को, उसी के साथ उसमें एक आजकल की निशानी है और उसमें देखेंगे कि पुराना जो झंडा था उसमें उसको हमने रखा, और उसमें थोड़ा सा फर्क भी कर दिया, वो फर्क क्या था वो इसके बीच में एक चक्र आ गया और एक चक्र ने आकर क्या किया? सारे हिन्दुस्तान के पिछले कई हजार वर्ष की तारीख को इस झंडे में लाकर रख दिया। क्योंकि यह चक्र हिन्दुस्तान की हजारों वर्ष पुरानी निशानी है। और यह चक्र निशानी है हिन्दुस्तान के लड़ने की नहीं बल्कि हिन्दुस्तान के शान्तिप्रिय होने की, अमन पंसद होने की, यह निशानी है कि हिन्दुस्तान के लोग हमेशा याद रखें कि हम सच्चाई और धर्म के रास्ते पर चलें। यह निशानी पुरानी है, सम्राट अशोक के पहले, की है, लेकिन सम्राट अशोक के नाम से खास तौर से यह बंधी है तो इसलिए इसके रखने से झंडे में हमारे हजारों वर्ष की तारीख इस झंडे से बंध गयी है और हजारों वर्ष से जो हमारे सामने ध्येय था, जिस तरफ हिन्दुस्तान के ऊँचे लोगों की निगाहें थी, वह बात इसमें आ गयी। तो इसमें पुराना जमाना आया हजारों वर्ष का, इसमें पिछला जमाना आया, चालीस-पचास बरस का, आजादी की लड़ाई का और इसमें आज आई और आखिर में इसमें आने वाला कल आया, जो हमें दिखाता है कि हम किधर जाएंगे। पुराना जमाना हुआ उससे हम सबक सीखें, उसकी अच्छी बातें याद रखें, लेकिन आखिर में हमारी निगाहें आगे होनी हैं, भविष्य की तरफ होनी हैं, जो आने वाला जमाना है, उधर होनी है और उसके लिए हमें तैयार होना है, तगड़ा होना है, मजबूत होना है और जो-जो तकलीफें और मुसीबतें आईं उनका हिम्मत हार के नहीं, बल्कि उसको मजबूती से सामना करना है। क्योंकि मुझे इतमीनान है कि हिन्दुस्तान का भविष्य एक जबरदस्त भविष्य है। इस मायने में नहीं है। कि हम और मुल्कों को फतह करें, और हरायें, वो जमाने गये, मुल्कों

के लिए और जो कोई बड़े से बड़ा मुल्क दूसरे मुल्कों को दबाना चाहे और अपनी हूकुमत में लाना चाहे, यह आजकल के जमाने में बदनाम होता है, और आखिर में उसे हार माननी होती है।

तो इसलिए, हमारा बड़प्पन यह नहीं है कि हम और कौमों को दबायें। बड़प्पन यह है कि हम अपने मुल्क को ऊँचा करें, और कौमों से दोस्ती करें। और अपना फायदा करें और दुनिया का फायदा करें। इस रास्ते पर हमें चलना है और इस नाजुक मौके पर आजकल की दुनिया के और हिन्दुस्तान के हमें हर बात के लिए, तैयार रहना है, और आपस में मिल के आगे बढ़ना है, क्योंकि हम सब हम सफर हैं एक यात्रा पर हमें जाना है और अगर हम रास्ते पर ही एक दूसरे से लड़े तो आगे कैसे बढ़ सकते हैं?

बस अब मैं आपसे जय हिन्द! करके खत्म करता हूँ और उसके बाद मैं चाहता हूँ कि आप भी मेरे साथ तीन बार जय हिन्द करें।

जय हिन्द– जनता: जय हिन्द

जरा जोर से कहिए: जय हिन्द–जनता:जय हिन्द

एक और दफे: जय हिन्द–जनता: जय हिन्द।।

15 अगस्त, 1952 को लाल किले की प्राचीर से प्रधानमंत्री जवाहर लाल नेहरू

बहिनों और भाइयों,

आज आजाद हिन्द की पाँचवी सालगिरह है, पाँच वर्ष हुए, इस मुकाम पर, इस पुराने शहर दिल्ली में हम जमा हुए थे, और इसी लाल किले की दीवार पर हमने इस झंडे को उठाया था। एक निशानी थी हिन्दुस्तान के एक नये जमाने की। उसको पाँच बरस हुये और इस पाँच वर्ष में बहुत ऊँच-नीच हुई, बहुत कुछ हमने किया और बहुत कुछ हमने नहीं किया, और करना रह गया। तो फिर आज जो हम यहाँ जमा हुए हैं, फिर से, क्या हमारा फर्ज है? एक जबरदस्त हमें विरासत मिली, पाँच वर्ष हुए हमको हिन्दुस्तान के करोड़ों को हम, एक वारिस हुए एक शानदार विरासत के जिसका कि नाम हिन्दुस्तान, भारत, इंडिया है। लंबी चौड़ी चीज है। हिमालय से लेकर नीचे कन्याकुमारी तक, लेकिन उससे वो बहुत ज्यादा है क्योंकि उसकी पहुँच हजारों वर्ष पीछे जाती है, तो यह हजारों बरस की कहानी, और हजारों वर्ष की शान और हजारों बरसों की मुसीबतें सभी हमें मिली ओढ़ने को और फिर इस लंबी कहानी में सवाल यह था कि हम लोग जो इस जमाने के रहने वाले हैं, हमारा क्या फर्ज है इस कहानी का क्या हिस्सा हम करेंगे और क्या लिखेंगे? ताकि इस शानदार विरासत को हम बढ़ाएं, ताकि बाद में जब हमारे बच्चे और बच्चों के बच्चे आयें तो इस जमाने को किस तरह वो देखें। पाँच वर्ष एक बड़ा जमाना नहीं है, किसी मुल्क के इतिहास में, लेकिन इस 5 वर्ष में भी दुनिया में और हमारे देश में बड़ी-बड़ी बातें हुई हैं, बड़ी-बड़ी मुसीबतें भी हमने उठाई हैं और यह तो इतिहास लिखने वाले

बाद में लिखेंगे कि क्या हमने किया और क्या नहीं किया। हमारा फर्ज पीछे देखने का नहीं है, बल्कि आगे देखने के लिए है। क्योंकि आखिर में जो बात, जो आवाज हमारे काम आती है कि अधूरे काम की पुकार है कि वो काम अधूरा रह गया है और उसे पूरा करना है, काम तो देश का कभी पूरा नहीं होता। क्योंकि आपका और हमारा काम क्या है, इस देश में हजारों काम हैं, हम हजार काम करेंगे, फिर भी हजारों बाकी रहेंगे। काम का हम अंदाजा करें हमने कोई नयी इमारत बनायी, क्या स्कूल बनाया क्या कोई बड़ा काम किया, लेकिन आखिर में काम का अंदाजा यह है कि इस मुल्क में कितने लोग हैं, जिनकी के आँखों में आँसू बहते हैं। कितने आँसू हमने पोंछे, कितने आँसू हमने कम किये, वो अंदाजा है। इस मुल्क में तरक्की का, न कि इमारतें हम बनाएं न कोई शानदार बात हम और करें, क्योंकि आखिर में यह मुल्क क्या है, न हिमालय पहाड़ है, न कन्याकुमारी है, यह मुल्क 36 करोड़ आदमियों मर्द औरत, बच्चे और आखिर में उनकी भलाई और बुराई है और आखिर में मुल्क हैं हमारे छोटी उम्र के लड़के-लड़कियाँ और बच्चे। क्योंकि हम और आप, हमारे उम्र के लोग उनका, जमाना तो गुजरता है। अपना हमने फर्ज किया, बुरा या भला, हमारा जमाना गुजरता है, और औरों को सामने आना है, जहाँ तक हममें ताकत है हमारे बाजू में और हाथों में हमने आजादी के मशाल को उठाया और कभी उसको गिरने नहीं दिया, कभी उसको जलील होने नहीं दिया।

अब सवाल यह है कि आप में और हिन्दुस्तान के करोड़ों आदमियों में नौजवानों में और बच्चों में कितनी ताकत है, उनके बाजुओं में वो भी उसको शान से उठाये रखें और वो भी इस मुल्क की खिदमत करें, और उसकी तरक्की करें और खासकर हमेशा ध्यान इस बात पर दें कि किस तरह से इस मुल्क के लाखों करोड़ों मुसीबतजदा आदमियों के आँसू कैसे पोंछे, कैसे उनकी तकलीफे दूर करें, किस तरह वो तरक्की करें? आजकल किस तरह से हमारी नई फौजें-बच्चे उनको मौका मिले कि वो ठीक तौर से सीखें, पढ़े-लिखें उनका शरीर ठीक हो, मन ठीक हो, और दिमाग ठीक हो, और बढ़कर फिर वो इस मुल्क का बोझा अच्छी तरह से उठाएं। ये काम हैं बड़े काम हैं, जबरदस्त काम

हैं। यह काम कोई खाली कायदे और कानून से गवर्नमेंट के, हुकूम से तो नहीं होते। हाँ गवर्नमेंट की सब में बड़ी जिम्मेदारी है, लेकिन वो जिम्मेदारी वो अदा नहीं कर सकती जब तक कि मुल्क के सब रहने वाले, उसमें हिस्सा न लें, भाग न लें और उसमें चाहे आपकी कोई राय हो अलग-अलग भी राय हों किसी बात पर, किसी आर्थिक बात पर किसी राजनैतिक बात पर, तब भी वो बुनियादी काम हमारा और आपका है और साथ मिलकर करना है। हाँ आज बातें ऐसी हैं, जो नहीं मिल सकती हैं जब तक हमारे उनके बीच में दीवारें हैं। कौन बातें है वो हम हर एक मिलकर काम कर सकते हैं, करना चाहिए, क्योंकि आखिर हम सब इस मुल्क के बच्चे हैं, चाहे हमारा कोई धर्म हो, कोई सूबा हो, कोई पेशा हो, कोई काम हो, सभी के ऊपर यह फर्ज है। सब इस आजादी के हिस्सेदार हैं और इसलिए सब उस आजादी के जिम्मेदार हैं, उसको कायम रखने के और बढ़ाने के। तो हम सब हैं, कौन-कौन नहीं हैं, यह तो मैं नहीं कह सकता हूँ कि कोई नहीं है, लेकिन आज रास्ते ऐसे हैं, जो गलत तरफ हमें ले जाते हैं, वो रास्ते आपस में झगड़े के तशहूद के वॉयलेंस के क्योंकि आजकल फिर से कहीं-कहीं आवाजें उठती हैं, कि आपस में झगड़ा करके लड़ाई लड़कर एक ऊधम मचाकर मुल्क की तरक्की करेंगे, कौम की तरक्की। एक अनजान पन्ने की आवाज है, या जानबूझकर मुल्क को तबाह करने की आवाज है। हमें और आपको आगाह होना है कि आपस के झगड़े से चाहे कितना ही ऊँचा नाम उसका क्यों न हो, चाहे यह क्यों न कहा जाए कि यह मुल्क के कायदे के लिए है, आपस के झगड़े से यह मुल्क तबाह होता है। झगड़े भी कई तरह-तरह के हैं, ऊँचे-ऊँचे नाम हैं कि हम किसानों के लाभ के लिए झगड़ा करते हैं, हम यहाँ के जो क्या मजदूर भाई हैं, उनके लिए, लेकिन न मजदूर न किसान, झगड़े और फिसाद से और खून बहाने से खाली मुल्क तबाह होगा। दूसरे लोग हैं जो आप जानते हैं जो मजहब और धर्म के नाम से इस किस्म का झगड़ा फसाद करते हैं जो कि फिरकापरस्ती करते हैं आपने काफी इस सबक को सीखा और समझा कि एक इस तरह से मुल्क तरक्की नहीं कर सकता, इस तरह से कमजोरी और बढ़ेगी। सारी हमारी ताकत और गिरेगी बजाए

इसके, आगे बढ़ने के। इन बातों से हमें आगाह रहना है और तीसरी कौम जो उनकी है और खुदगर्ज लोगों की, जो कि अपने पैसे की लालच में कालाबाजरी करें या किसी तरह से धोखेबाजी से पैसा बनायें या किसी तरह से धोखेबाजी से झूठ से पैसा बनायें और मुल्क का और औरों का नुकसान करें। तीन यह रास्ते हैं जो मुल्क को तबाह करते हैं, इन तीन से आपको सम्भलना है। हम एक बड़े मुल्क के रहने वाले हैं, जबरदस्त मुल्क है, जबरदस्त उसका इतिहास है। बड़े मुल्क के रहने वाले, बड़े दिल के होने चाहिए, बड़े रास्ते पर हमें चलना है झुक के नहीं, गलत बातों पर नहीं, चालबाजी से नहीं। शान से हमने हिन्दुस्तान को आजाद किया, शान से हमें आगे बढ़ना है। उसको लेकर, शान से हमें यह जो हिन्दुस्तान की आजादी की मसाल है। उनको, औरों को देनी है, जब हमारे हाथ कमजोर हो जाएं, तब नौजवान हाथ उसको उठायें, हम तो अपना काम पूरा करें फिर हम फिक्र नहीं चाहे हम खाक में मिल जायें। लेकिन जब तक ताकत है हाथ में तब तक जिस्म में शरीर में ताकत और बल है उस वक्त तक उस ताकत को इस्तेमाल करें, काम में लायें, इस मुल्क को आगे बढ़ाने में, इस मुल्क के करोड़ों आदमियों की खिदमत करने में और जब ताकत खत्म हो गयी तो हमारा काम भी खत्म हुआ, तब फिर फिक्र नहीं हमारा क्या होता है और लोग आएंगे।

इसलिए हमें बड़े काम को देखना है इस तरह से, एक सूबे के लिए नहीं, एक फिरके के लिए नहीं, एक जाति के लिए नहीं, मजहब के लिए नहीं, अपने पेशे में रहे, अपने-अपने धर्म पर लोग रहें, मजहब पर रहें, लेकिन सब में बड़ा पेशा, सब में बड़ा धर्म और सब में बड़ा फर्ज हर एक का है, हिन्दुस्तान इस बड़े खानदान के 36 करोड़ के, इसकी खिदमत करना, उसको बढ़ाना और हमेशा इस तरह से देखना उसको हमेशा कि हमें जो मुसीबत जदाँ है, जो गिरे हुए हैं, दबे हुए हैं, उनको उठाना। हमेशा यह सोचना कि हमारा फर्ज है कि हर शख्स जिसके आँखों में आँसू हैं, हिन्दुस्तान में आँसू हो उस आँसू को पोंछना, उस आँसू को किसी तरह से सूखाना। मुसीबतें गुजरी इस जमाने में हमारे मुल्क में, प्रकृति ने भी मुसीबत भेजी, बारिस नहीं हुई बहुत इन वर्षों में, जलजले आये, भूकम्प आये, क्या-क्या हुआ आप जानते हैं खैर कुछ

पलटा हमने खाया इन बातों पर काबू किया हमने और, और इस साल और सालों के मुकाबले में, जरा हाल हमारा अच्छा हुआ बारिश भी अच्छी हुई। कुछ इस वक्त मुल्क में खाने का सवाल भी अच्छा है, कपड़े का भी अच्छा है, अच्छा तो है लेकिन फिर भी आप याद रखें कि यह बड़ा मुल्क है और इस बड़े मुल्क में कोई न कोई हिस्सा ऐसा रहता है जहाँ कोई न कोई मुसीबत आती है। आजकल ज्यादातर मुल्क में पानी बरसा, ज्यादातर खेती अच्छी हो रही है, खाने के सामान की पैदावार अच्छी है। लेकिन बाकी जिले हैं उत्तर प्रदेश के गोरखपुर और आजमगढ़ और देवरिया और बस्ती, कुछ उधर जिले हैं, बिहार के, कुछ बंगाल में है सुंदरवन का इलाका, रायलसीमा है मद्रास की तरफ, मैसूर के कुछ जिले हैं, कुछ राजस्थान में, कुछ सौराष्ट्र में जहाँ काफी मुश्किल है, काफी फाकेमस्ती है, काफी गरीबी है, काफी खाने की कमी है और हमारा फर्ज होता है उनकी मदद करें, हर तरह से और खाली मदद इस तरह से न करें, आरजी गदद लेकिन इस तरह से इंतजाम करें, कि वो अपनी टांगों पर खड़े हो सकें और हम सब मिलकर आगे बढ़ें। क्योंकि आखिर में इस हिन्दुस्तान का बड़ा खानदान जो है 36 करोड़ का हम सब उसके हमसफर हैं, हमकदम होके हमें आगे बढ़ना है, एक तरफ हमें जाना है, अगर कुछ लोग समझें कि वो उनको छोड़कर आगे बढ़ जाएगी तो वो लोग धोखे में हैं, क्योंकि जो लोग पीछे हैं उनका पीछे रहना औरों को भी रोकेगा इस तरह से हमें करना है।

मैंने अभी आपसे कहा, तीन खतरनाक बातें हैं एक तो तशद्दुद पैदा करने वाले जो लोग होते हैं दूसरे वो लोग जो कि खुदगर्जी से, चाहे तिजारत में हों चाहे कहीं हों, पैसा बनाते हैं, काले बाजार में और-और तरह से। बेईमानी से, घूस दे के, रिश्वत दे के, और लेकर। तीसरे फिरकापरस्ती का। अजब हालत है, कि इतना हमने इसका सबक सीखा और उस तरह से सोचते हैं, और समझते हैं इस बात में शान कि वो दूसरे मजहब, दूसरे धर्म वालों को नीचा दिखायें, उनको बुरा-भला कहें और इस तरह से वो अपनी धर्म और मजहब को उठायेंगे। मुझे अभी चन्द रोज हुए एक वाकया हुआ, एक अखबार ने इलाहाबाद में कुछ छापा, एक बदतमीजी की, बेहूदी बात थी, जिसको पढ़कर गुस्सा मालूम होता था, गुस्सा इसलिए कि इतनी है किसी आदमी में हिन्दुस्तान की

कद्र कि ऐसी बात करें और फिर उसका जवाब क्या और जहालत का बाज लोगों ने दिया। बजाए इसे देखकर कि एक आदमी ने गलती की, वो उसको जो कुछ सजा दी जाये, इसका जवाब अनजान लोगों ने यह दिया कि अच्छा हम आज 15 अगस्त के इस जलसे में शरीक नहीं होंगे, अपनी नाराजगी दिखाएंगे। यह कौन-सा जवाब है, किसी हिन्दुस्तानी के लिए किसी मौके पर भी। सोचने की बात है पहला फर्ज इस जलसे में शरीक होना न होना, किसी का खास फर्ज नहीं, लेकिन कोई बात करना, जिससे कि हिन्दुस्तान के आजादी को धब्बा लगे, जिससे इस झंडे की शान कम हो, जिससे, जिसलिए आज के दिन, यह आज का मुबारक दिन कोई एक रंज का इजहार करे, यह बात बेजा है यह जो नहीं है किसी के लिए भी चाहे उसके दिल में कितना ही किसी बात का दर्द हो। क्योंकि आखिर में हमें याद रखना है कि हम मिलकर आगे बढ़ते हैं और करोड़ों में हजारों खराब आदमी, गलत आदमी, अनजान आदमी, लाखों जिनकी एक-एक गलती पर हम अपना रास्ता छोड़ दें तो सारा मुल्क बह जाए। याद रखिये कि हिन्दुस्तान की पुरानी संस्कृति क्या है, हिन्दुस्तान की पुरानी तहजीब क्या है याद रखिये कि आज से सवा दो हजार वर्ष हुए एक बड़े हिन्दुस्तानी ने क्या कहा, और खाली कहा नहीं बल्कि बड़े पत्थर में मीनारों पर गोद के लिख दिया। याद है आपको, सम्राट अशोक ने क्या कहा, सम्राट अशोक ने बताया था अपने सारे साम्राज्य को इस भारत के लोगों को जो दूसरे के धर्म का, दूसरे के मजहब का आदर करते हैं, वो अपने धर्म का आदर करते हैं, वो दूसरे के धर्म का अनादर करते हैं, जो अपने धर्म को भी नीचा करते हैं। इसलिए अगर आप, उन्होंने लिखा था, अगर कोई आदमी अपने धर्म की इज्जत बढ़ाना चाहता है, तो अपने बर्ताव से कैसे वो अपने पड़ोसी के धर्म की इज्जत करता है। यह हिन्दुस्तान की हजारों वर्ष की संस्कृति रही है, न कि यह जो आजकल कुछ अनजान लोग कहते हैं कि नफरत की, झगड़े की, और लड़ाई की, जरा आजकल दुनिया की आप देखें, लड़ाई का चर्चा, लड़ाई की तैयारी, अजीब हालत है, मालूम नहीं किस वक्त एक मुसीबत इस दुनिया पर आये। और आधी दुनिया नेस्तानाबूत हो जाये। हम एक कमजोर मुल्क हैं, हमने अपनी आवाज अमन के शान्ति के तरफ उठाई, कोशिश की और आखिर दम तक हम

कोशिश करेंगे, लेकिन अभी हम कर सकते हैं कुछ ताकत से जब हम अपने मुल्क में मिलकर आगे बढ़ें। लड़ाई का चर्चा सारी दुनिया में है। लेकिन एक नये किस्म की लड़ाई नयी तो नहीं, लेकिन और दुनिया के तरफ नयी लड़ाई की तरफ मैं आपका ध्यान दिलाऊँगा वो इस वक्त दक्षिण अफ्रीका में हो रही है क्योंकि वो कुछ इस हिन्दुस्तान से संबंध रखती है। क्योंकि जो तरीका वहाँ के रहने वालों ने उठाया है वो तरीका इस मुल्क के एक महापुरुष ने हमको सिखाया था, और सहयोग का सत्याग्रह का और इस वक्त वहाँ एक बड़े सिद्धांत की, बड़े उसूल की लड़ाई है कि इंसान-इंसान बराबर है कि नहीं, या उसके बीच में दीवारें हैं और एक कौम दूसरे कौम पर, एक जाति दूसरी जाति को दबाये यह वहाँ एक रंगवाले दूसरे रंगवाले को दबाये। यह बड़ा सवाल है और वहाँ इस वक्त हिन्दुस्तान नहीं वो तो थोड़े हैं बल्कि अफ्रीका के रहने वालों ने, उस महात्मा जी से सबक को सीखकर वो आगे बढ़े हैं और शान्ति से उनके पुरुष और स्त्री इस काम को उठा रहे हैं और मुझे खुशी है इस बात की कि वहाँ के जो भारत के रहने वाले भारत से गये हुए लोग वहाँ हैं, उनका भी अफ्रीका के रहने वालों के साथ पूरा सहयोग है। और मुझे यकीन है कि आप सब और हिन्दुस्तान का एक-एक दिमाग और एक-एक दिल उधर देखेगा और उन लोगों से हमदर्दी रखेगा। यह हमारे तरीके हैं काम करने के, जिस तरह से हमने आजादी हासिल की और जिस तरह से मैं उम्मीद करता हूँ कि हमें आइंदा भी कोई आपस में नाइत्तफाकी हो हम न करें और झगड़े-फसाद इसलिए इस बात को याद रखें। आप और आज के दिन, हम फिर से एक बात का इकरार करते है कि हम लोग इस मुल्क को आगे बढ़ाएंगे और इसके माने अपने को बढ़ाएंगे किसी दूसरे को तो नहीं यह तो एक खुदगर्जी का सवाल है। और इस तरह से हम यह हिन्दुस्तान की पुरानी संस्कृति है, उसको बढ़ायेंगे और इस दुनिया में अमन कायम करने में हम पूरी मदद करेंगे। खासतौर से जो हिन्दुस्तान का बड़ा मसला है, यानी यहाँ की गरीबी और दरिद्रता को दूर करने में पूरी शक्ति से करेंगे, पूरा तो हम काम कर नहीं सकते, बहुत बड़ा काम है, लेकिन कम से कम जितना हम अपने जमाने में कर सकते हैं, उसको करेंगे। फिर और हमारे यहाँ नौजवान आयेंगे इस काम को और बढ़ाने के लिए।

तो इस समय मैं आपसे इतना ही कहना चाहता हूँ कि हम आज के दिन जरा अपने दिल को साफ करके सोचें याद करें क्या हम में कमजोरियां हैं और औरों की कमजोरियों की तरफ न देखें औरों की नुक्ताचीनी न करें, अपनी तरफ देखें, अगर हर एक आदमी अपना-अपना कर्तव्य करते हैं, अपना-अपना फर्ज अदा करते हैं, तो दुनिया का काम बहुत आगे जाएगा। लेकिन हमारा कुछ पेशा हो गया है औरों के काम की नुक्ताचीनी करनी, निंदा करना, और चाहे अपना काम हम करे न करें। हर एक को अपने पड़ोसी के काम की फिक्र है अपने काम की नहीं, और इससे न पड़ोसी काम कर सकता है, न हम कर सकते हैं, इसलिए हमें मिलकर काम करना है। हम सबक आप सीखें, हमारी फौज एक खास काम के लिए मुल्क की खिदमत करने के लिए होती है। उसमें एक निजाम आता है, डिसिप्लिन आता है, सिखाया जाता है और उसमें हमारी फौज में, हमारे देश के हर प्रान्त के हर सूबे के रहने वाले फौज में, हमारे, नेवी में, एयरफोर्स में हर प्रांत के लोग हैं, हर धर्म मजहब के लोग हैं, सब मिलकर काम करते हैं। आपस में झगड़ा तो नहीं करते, हिम्मत से बहादुरी से, वो एक नमूना है, हिन्दुस्तान के एकता के इतिहाद के, इस तरह से कुछ हममें भी एकता और फौजीपन सारे करोड़ों आदमियों में पैदा करना है, किसी से लड़ाई लड़ने को नहीं, लेकिन एक हिन्दुस्तान के बड़े कामों को करने के लिए, इस इरादे से हम चलें, कुछ अपना काम करेंगे, खाली औरों की या गवर्नमेंट तक पर भरोसा नहीं करेंगे, बस हम कर दें, तभी इस मुल्क के बड़े काम होते हैं। फिर से मैं आपको कहना चाहूंगा आज का दिन, आपको मुबारक हो। आज की पांचवी आजाद हिन्दुस्तान की सालगिरह आपको मुबारक हो, हमें मुबारक हो, लेकिन मुबारक तो जभी हो जब उसमें हम इस बड़े काम को उठायें और जोरों से करें इस आने वाले साल में।

आइये, मेरे साथ जरा जोर से जय हिन्द तीन बार कहिये। जयहिन्द, जरा जोर से कहिए, जय हिन्द। जनता जय हिन्द करती है फिर से जय हिन्द........ जय हिन्द!

15 अगस्त, 1953 को लाल किले की प्राचीर से प्रधानमंत्री जवाहर लाल नेहरू

बहनों और भाइयों, हम वतनों,

आज आजाद हिन्द की छठी सालगिरह है, यानी आपकी, हमारी, हम सभी की, सभों का, जो पुनर्जन्म हुआ था, उसकी छठी वर्ष गांठ है। आपको मुबारिक हो, और मुल्क को मुबारक हो, और खासकर, आज के दिन हमें याद करना है पहले उस हस्ती को, जिसकी वजह से भारत आजाद हुआ, जिसने एक मुरझाई हुई कौम में जान डाली, जिसने इस पुराने देश को फिर से एक नया बनाया बहुत दर्जे तक इसलिए पहला काम आज हमारा होना चाहिए गाँधी जी की याद का। और फिर गाँधी जी की याद के क्या माने? एक महापुरुष थे जो आए, चमके इस देश में और दुनिया में और गये, लेकिन महापुरुष की याद होती है, कि जो बातें उन्होंने बताई हमें, जो सबक सिखाये जो आदेश दिए और जैसा जीवन उनका था, क्या सबक हमने सीखे?

आज के दिन हमें याद रखना है कि आखिर क्या सिद्धान्त थे, क्या बुनियादी बातें थी, जिस पर चलकर यह देश मजबूत हुआ और जिस पर चलकर हम आजाद हुए, क्योंकि अगर हम इन बुनियादी बातों को याद नहीं रखते, तो फिर हम दुर्बल हो जाएं, कमजोर हो जाएं और जो बातें हम करना चाहते हैं, वह नहीं कर सकते। हमारे देश का इतिहास हजारों बरस का है, इन हजारों वर्ष में बड़ी ऊँची जगह हमारे देश ने पाई, और बार-बार ठोकर खाकर गिरा भी, किस बात ने हमारे देश को मजबूत किया, किसने कमजोर किया, हमें याद रखना है। तो फिर वे क्या बातें हैं बुनियादी बातें, क्या हमारी इस वक्त भी मंजिल है,

किधर हम जाते हैं और कौन सा रास्ता है, जिसको हमें पकड़ना है? सोचना है हमें, क्योंकि एक सिद्धांत को हमें और आपको हमेशा याद रखना है, कि गलत रास्ते पर चलकर कोई मंजिल पर नहीं पहुँचता। गलत बात को करके, कोई अच्छा फल हासिल नहीं करता, यह एक बुनियादी बात है जिसको अगर हम भूलें तो सारा हमारा काम बिगड़ जाएं। हमने देखा अच्छे कामों का फल, आपने देखा, आजादी आई और उसी आजादी आने के समय जब हम खुशियाँ मना रहे थे और जब छह वर्ष हुए, इसी जगह पर खड़े होके मैंने यह झंडा फहराया था उसी के फौरन बाद एक मुसीबत आई थी, पाकिस्तान में, हिन्दुस्तान के पाँच प्रान्तों में उत्तर के, एक मुसीबत आई, और कितने लाखों मुसीबत जदा आसानी उससे भाग के इधर से उधर और उधर से इधर आये और उन बुरे बातों का, बुरे कामों का नतीजा हम आज तक भुगत रहे हैं। क्योंकि कोई बुरी बात नहीं होगी जो बात नतीजा न पैदा करें, जैसे कोई अच्छी बात नहीं है जो अपना नतीजा नहीं पैदा करती। इसलिए सोचना है ठंडे दिल से, हमारे सामने बड़े काम हैं, जबरदस्त काम है, इस मुल्क को, 36 करोड़ के मुल्क को उठाना, 36 करोड़ आदमियों के जीवन को अच्छा बनाना, उनकी तकलीफों को दूर करना, बड़े काम हैं, एक पुराने हजारों वर्ष के मुल्क को नया करना। फिर, किधर हम जाते हैं, क्या हमारा इस वक्त कर्तव्य है। पहली बात, जाहिर है, कि हम अपनी आजादी की रक्षा करें, हिफाजत करें, अव्बल बात है। दूसरी बात कि हम और जो दुनिया के देश हैं, सब देश उनसे मित्रता करें, दोस्ती करें, और उनसे मिलकर, सहयोग करके चलें। हम किसी और देश के काम में दखल न दें और हम अपने देश में किसी और का बेवजह दखल मंजूर नहीं करें। इस तरह से हमें अपने रास्ते पे चलना है। तीसरी बात और बड़ी जबर्दस्त बात वह यह हैं कि हम अपने मुल्क के, देश के अन्दर क्या करें? किस तरह से हम बनायें इस बड़े भारी परिवार को, 36 करोड़ आदमियों के खानदान को? किस तरह से उसको चलायें? कैसे परिवार चलते हैं, क्या आपस में लड़कर, झगड़कर आपस में दीवारें बड़ी करके? तो हमें इस देश में जो चीज अलग करती है, जो

एक दीवार है, एक को दूसरे से अलग करें, उसको हटाना है, हमें जो यहाँ साम्प्रदायिक फिरकापरस्ती है उसको हटाना है, क्योंकि देश को वह दुर्बल करती है, देश के महान परिवार को तोड़ती है, एक दूसरे को दुश्मन बनाती है और हमें नीचा करती है। हमें प्रान्तीयता को भूलना है, अगर हम प्रान्त को आगे बढ़ाएंगे, सूबे को आगे बढ़ाएं, तो देश को हम नीचे करते हैं, पीछे करते हैं और हमें देश को आगे रखना है, इस बात को याद रखें कि अगर हिन्दुस्तान बढ़ता है तो हम सब बढ़ते हैं और अगर हिन्दुस्तान नहीं बढ़ता, तो कोई नहीं बढ़ता, चाहे हमारा प्रान्त या जिला आगे हो या पीछे हो। तीसरी बात जो एक दीवार है, पुरानी चीज है, पुराना ऐब है, वह जातीयता है, हममें, जो अलग-अलग खानों में हमें रखें कमजोर करें, दुर्बल करें, और यह बड़े देश का विचार कम करें, और अपने जाति का अधिक करें। इसको भी हमें हटाना है इस देश से, तब हम मजबूती से आगे बढ़ें। फिर बड़े काम हमारे सामने, इस तरह से मजबूत हमने किया। बड़े काम हमारे आर्थिक हैं, देश के करोड़ों आदमियों को उठाना गरीबी से, बेरोजगारी को खत्म करना, सबमें बड़े काम यह है क्योंकि आखिर में एक देश की ताकत जैसे किसी व्यक्ति की ताकत खाली लम्बी-चौड़ी बातें करने से तो नहीं होती, उसकी आर्थिक शक्ति से होती है, उसके चरित्र से होती है, उसमें आपस में एकता कितनी है। तो हमने सियासी आजादी हासिल की, स्वराज एक तरह का मिला हमें लेकिन वह अधूरा-सा राज्य है, स्वराजय जब पूरा हो, जब उसकी पहुँच एक-एक के पास जाए और एक-एक की आर्थिक समस्या अच्छी हो। तो यह सबमें बड़ा काम जिसमें हम लगे हैं कि इस हिन्दुस्तान की गरीबी को दूर करना, और बेरोजगारी को खत्म करके हर एक के पास काम हो, हर एक पुरुष और स्त्री, अपने काम से, देश के लिए और अपने लिए धन पैदा करें, और इससे हमारी शक्ति बढ़े यह बड़े काम हैं। और दुनिया में हमारा काम है कि जहाँ तक बन पड़े हम अपनी कोशिश अमन के लिए करें, शान्ति हो, अमन हो, और लड़ाइयाँ न हों। यही हमने इतने दिन से कोशिश की और हमारा देश कोई दुनिया में कोई बहुत जबर्दस्त हिस्सा तो लेता नहीं, न हमारी लेने

की इच्छा है। हम अपने घर को सम्भालना चाहते हैं, लेकिन फिर भी जो कुछ थोड़ा बहुत हम कर सकते थे, हमने किया और उसकी कदर हुई, और कदर होने पर उनकी जिम्मेदारियाँ हमारे ऊपर आई हैं, और आप जानते हैं कि इस समय हमारे कुछ साथी, हमारी कुछ फौजे हिन्दुस्तान के बाहर जा रही हैं, हजारों मील कोरिया के तरफ। क्यों फौजें आ रही हैं? फौजें एक देश को छोड़ के जाती हैं, जाया करती थीं, लड़ाई लड़ने दूसरे मुल्कों में, लेकिन हमारी फौज जा रही है लड़ाई के लिए नहीं, लेकिन एक अमन के लिए। हमारी फौज आ रही है दावत पर औरों की, और मुल्कों की, जो और मुल्क आपस में लड़ते थे, लेकिन एक बात में वह सहमत हुए कि हिन्दुस्तान की दावत करें। हमारी फौजों को बुलाएं कि वहाँ कुछ वह अपना कर्तव्य करें। हमारी इच्छा नहीं है कि हम जिम्मेदारियाँ और जगह दुनिया में लें, लेकिन जब ऐसा कोई फर्ज होता है, कर्त्तव्य, तो हमें उनको पूरा करना होता है और इस समय वहाँ जा रही हैं और दुनिया फिर से कुछ चर्चा है यह जो लड़ाई की फिजा चारों तरफ थी, वह अब कुछ बदल जाएगी कि वैसे ही रहेगी। कोशिश है बदलने की, मुझे अफसोस है कि अब तक बहुत लोग धमकी की आवाज से बोलते हैं, डर की आवाज से बोलते हैं, अगर हमें सुलह चाहिए दुनिया में अगर हमें मेल चाहिए तो एक-दूसरे को धमकी देकर, एक दूसरे को डराकर नहीं, लेकिन जरा दिल मजबूत करके, हाथ बढ़ा के दोस्ती होती है, न कि धमकी दे के। तो अब फिर से सुलह की बातें हो रही हैं, तो बेहतर है कि जो मुल्क उसमें शरीक हैं, वह जरा अपने दिमाग को भी सुलह का करें, खाली बातों से तो काम नहीं चलता है, यह बाहर के हमारे फर्ज हैं, उनको हम अदा करते हैं और यह अन्दर के हैं कि हम मुल्क की गरीबी और यह आर्थिक हालत को हम अच्छा करें जो सबमें बड़ा काम है बड़े-बड़े काम इस छह वर्ष में हिन्दुस्तान में हुए और मैं समझता हूँ कि जब बाद में तारीख लिखी जाएगी तो काफी उनका चर्चा होगा कि छह वर्षों में क्या-क्या हुआ। क्या-क्या नहीं, लेकिन उसी के साथ यह भी सही है कि बहुत बातें जो हम करना चाहते थे नहीं हुई हैं। काम बहुत बड़ा है, करने वाले

कभी-कभी कम-से मालूम होते हैं, लेकिन अगर आप सभी करने वालों में हों तब वह काम भी हल्का हो जाए, अगर देश के सब लोग उस बोझे को उठायें, तो देश का वो बोझा हल्का है। यह एक, बड़ा काम है।

अभी आज से एक सप्ताह हुआ, एक हफ्ता हुआ, चन्द वाक्यात काश्मीर में हुए थे, जिनकी वजह से, कुछ हमारे पड़ोसी मुल्क पाकिस्तान में काफी परेशानी हुई है। मैं उन वाक्यात के निष्पत ज्यादा नहीं कहना चाहता आपसे, क्योंकि यह मौका नहीं, लेकिन इतना मैं आपसे कहना चाहता हूँ कि बहुत क्या, आप जरा आगाह हो जायें, गलत खतरों को न मानें, गलत अफवाहों को न सुनें। कितनी गलत बातें फैलती हैं और जब मैं पाकिस्तान के अखबारों को पढ़ता हूँ, इस पिछले चन्द दिनों के तो मैं हैरान हूँ कि कैसी गलत खबरें उसमें छपी हैं, कश्मीर के बारे में, कि हमारी फौजों ने वहाँ क्या-क्या किया, क्या नहीं किया। मैं आपसे कहता हूँ दावे से कहता हूँ, जानकर कहता हूँ कि हमारी फौज ने वहाँ कोई हिस्सा इस वाक्ये में नहीं लिया। फिर, इसके माने क्या कि यह झूठ-झूठ इस तरह से फैलाया जाये खाली यहाँ नहीं, पाकिस्तान में, लेकिन बात अखबार-नवीसों ने और मुल्कों ने भी इस बात को कहा। बेवजह बात है इस तरह से खामखां के लिए गलत बातें भेजनी, खामखां के लिए लोगों को एक इश्तिहार देना, भड़काना, लोगों को, ताकि मुल्कों में रंजिश पैदा हो। काश्मीर का वह अंदरूनी मामला, बाज बातें कश्मीर में हुई इस वक्त, मुझे रंज है उसका, क्योंकि हमेशा रंज होता है जब एक पुराने हमसफर और साथी से कुछ अलहदगी हो, रंज की बात है, और मैं आपसे कहूँगा ऐसे मौके पर किसी को बुरा भला कहना अच्छा नहीं है, दुरुस्त नहीं है। क्योंकि दूसरे को बुरा कहना, अपने एक पुराने साथी को, वह अपने ऊपर आ जाता है, घूमकर। लेकिन रंज है इस बात का, लेकिन कभी-कभी कितना ही रंज हो, अपने कर्तव्य को, अपने फर्ज को पूरा करना होता है, अदा करना होता है। तो लेकिन अगर उसको करें भी तो वह शान से, सही रास्ते पर चलके गलत बातों से नहीं, और हमेशा उसूलों को याद रखें, कश्मीर का

मैंने आपसे कहा, अक्सर बातें वहाँ हुईं, जिनसे तकलीफ हुई। उसके पीछे भी एक कहानी है, और उसके पीछे वह भी वाक्यात हैं जिसने किसी कदर कश्मीर के लोगों को भड़काया, वह वाक्यात जो कुछ आपके दिल्ली शहर में हुए, वह वाक्यात जो कुछ पंजाब में, कुछ और जगह कोई साम्प्रदायिकता के, फिरकापरस्ती के, अजीब तमाशा था कि यहां चले, एक बात हासिल करने, और बिल्कुल उसका उल्टा असर पैदा करना, तो इससे आप देखेंगे कि गलत रास्ते पर चलके, गलत नतीजा होता है चाहे आपकी नीयत कुछ हो, चाहे आप कहीं जाना चाहें, खैर काश्मीर का मैं आपसे कहता था, और मैं फिर से दोहराना चाहता हूँ, जो मैंने पहले भी कहा है, और वह यह कि यह आज नहीं, कई वर्ष हुए छह वर्ष हुए साढ़े पाँच बरस हुये, जब हमने इकरार किया था कि कश्मीर का भविष्य, कश्मीर का मुस्तकबिल कश्मीर के लोग ही फैसला कर सकते हैं यह हमने कहा था और हमने उसको बाद में भी दोहराया है और आज भी यह बिलकुल हमारे सामने तय शुदा बात है कि जो कश्मीर का फैसला आखिर में होगा वह वहाँ के लोग ही कर सकते हैं, कोई जबरन, कोई जबरदस्ती फैसला न वहाँ, न कहीं और होना चाहिए पहली बात यह। दूसरी बात यह है कि वहाँ कश्मीर में एक नई गवर्नमेंट पिछले हफ्ते में कायम हुई, और वह गवर्नमेंट जल्दी बनी, लेकिन जाहिर है वह गवर्नमेंट वहाँ उसी वक्त तक कायम रह सकती है जब तक नुमाइंदगी कश्मीर के लोग करें यानी इस वक्त एक चुनी हुई विधानसभा है, कान्स्टीट्यूशनल असेम्बली है अगर वह चुनी हुई सभा, उसको स्वीकार करती है तो ठीक है, नहीं करती तो कोई दूसरी गवर्नमेंट वहाँ वह कान्स्टीट्यूशनल असेम्बली बनाएगी? हमारे जो सिद्धांत हिन्दुस्तान के लिए रहे, वह हर एक हिन्दुस्तान के हिस्से के लिए हैं, वह कश्मीर के लिए हैं। तो वह वाक्या हुआ कश्मीर में, जो कुछ हुआ उससे मैं समझ सकता हूँ कि आपको या औरों को यकायक कुछ ताज्जुब हो, कुछ आश्चर्य हो, क्योंकि आपको तो इसकी पुरानी कहानी तो बहुत दर्जे मालूम नहीं, लेकिन किस दर्जे बात बढ़ाई गयी और गलत बातें बताई गयीं, और मुल्कों में खासकर हमारे पड़ोसी मुल्क पाकिस्तान

में और वहाँ एक अजीब परेशानी, अजीब एक नाराजगी और एक इजहारे राय हुआ है इन बातों पर, जिससे कोई असलीयत से ताल्लुक नहीं खैर मैं यहाँ नुक्ताचीनी करने नहीं खड़ा हुआ, खास किसी की भी, लेकिन अपने रंज का इजहार कि इस तरह से जल्दी से, हम उखड़ जाएं, घबरा जाएं, परेशान हो जाएं। इस तरह से तो कोई बड़े सवाल हल नहीं होते, समझ में नहीं आते और मैं आपको आगाह करना चाहता हूँ, आज नहीं कल, कल नहीं परसों, हजार हमारे सामने बड़े-बड़े सवाल आएंगे, दुनिया के सामने आएंगे, और उस वक्त आपका और हमारा और हमारे मुल्क का इम्तहान होगा कि हम उसको शान्ति से, सुकून से, इतमीनान से, विचार करते हैं या घबराये हुये, परेशान हुए, डरे हुए इधर-उधर भागते हैं। एक कौम के इम्तहान होते हैं, इस तरह से और जितना ज्यादा मुश्किल सवाल है, उतना ही ज्यादा दिमाग ठंडा होना चाहिए, उतना ही ज्यादा हमें शान्ति से, सुकून से काम करना चाहिए। कश्मीर पर जब हमने यह बुनियादी उसूल मुकर्रर कर दिए कि कश्मीर के लोग तय करेंगे, तो उसके बाद फिर बहस किस बात की? हाँ बातें हो सकती हैं, कि किस तरीके से हों, तरीका, रास्ता क्या हो? एक उसूल की बहस तो नहीं, शुरू से जब से यह कश्मीर का मामला हमारे सामने आया, हमने यही बात कही, और दूसरी बात यह कही कि कश्मीर की जगह एक खास है। खास उसकी जगह है हिन्दुस्तान के खानदान में कश्मीर आया, खुशी की बात है, मुबारिक हो, लेकिन वहाँ वह उसकी जगह खास रखी आम औरों की नहीं, क्योंकि एक ज्योगरा ने और वजुहात ने एक जगह उसे दी और उस वाक्यात से। तो फिर जो लोग नासमझी में गुलशोर मचाए कि सभी से एक-सा होना चाहिए कश्मीर को भी, औरों का सा यह न वाक्यात को समझें और न जो और हालात हैं देखा उन्होंने उसका नतीजा उल्टा हुआ पाकिस्तान का। मैंने अभी आपसे कहा, अभी चन्द रोज हुए। मैं पाकिस्तान गया था, उनकी दावत पर और वहाँ की हुकूमत ने और वहाँ की जनता ने, बहुत मोहब्बत से मेरा स्वागत किया। मेरे दिल पर उसका जबर्दस्त असर हुआ, खासकर जनता की मोहब्बत का, करीब वही हाल था, जैसे हिन्दुस्तान के हिस्सों

में आप हमारे भाई और बहन और बच्चे मुझसे प्यार और मोहब्बत करते हैं। वही नक्शा मैंने करांची शहर में देखा, और फिर मैंने महसूस किया कि आखिर मैं कहाँ किस गैर मुल्क में हूँ। एक वह चीज थी वह तस्वीर थी और किस थोड़े दिन बाद मुमकिन है जोश से, गलतफहमी से लोगों को जोश आये और तस्वीर बदले। तो इससे आप देख सकते हैं कि कैसे लोगों का बर्ताव मुन्नसिर होता है, इस बात पर, कि उनके साथ कैसा किया जाये और मैं चाहता हूँ कि हम और आप अपने उसूल से, अपने सिद्धांत से नहीं हिलें कि हम सही रास्ते पर चलेंगे हम दोस्ती करेंगे दूसरे मुल्कों से, हम पाकिस्तान से भी दोस्ती के रास्ते पर चलेंगे, चाहे वहाँ कुछ गलतफहमी हो, जोश भी बढ़े वह भी ठंडा हो जाएगा, अगर हम सही रास्ते पर चलें, क्योंकि आखिर में यह हमारे मुल्क के लिए या पाकिस्तान के लिए, किसके लिए इस तरह जरा भी फायदा हो सकता है, कि हम उसमें एक कशमकश में रहें हर वक्त, और एक दूसरे से नाराज हों नफरत करें। नफरत का नतीजा अच्छा नहीं है, डर का नतीजा अच्छा नहीं, डर को अपना साथी न बनाइए, गलत साथी है वह। कुछ दिनों में, पाकिस्तान के वजीरे आजम प्रधानमंत्री दिल्ली शहर में आ रहे हैं, हमारी दावत पर, जैसे उनकी दावत पर मैं कराची गया था। वह आते हैं, तो मैं चाहता हूँ कि दिल्ली के रहने वाले इस पुराने शहर, तारीखी शहर के रहने वाले शान से उनका इस्तकबाल करें, उनका स्वागत करें, दिखाएं कि हमारा दिल बड़ा है और उसमें बहुत बातें हैं और उसमें पाकिस्तान से भी दोस्ती है। मुमकिन है उनके दौरान यहाँ रहने के इसी लाल किले में दिल्ली के वाशिंदगान की तरफ से उनका इस्तकबाल हो और जगह भी होगा।

तो मैं चाहता हूँ कि हम और आप मिल के और सारा मुल्क इस वक्त आज के दिन इन बड़े उसूलों को, सिद्धांतो को याद रखें। महात्मा जी की याद करें, अपनी कामयाबियां जो हुई हैं उनको सोचें, लेकिन खासकर जो हमारी नाकामयाबी हुई है जहाँ हम फिसले हैं, इन पिछले 5-6 वर्ष में उन्हें याद करें, क्योंकि उनसे हमें सबक सीखना है और फिर से इकरार हम करें इस प्यारे झण्डे के नीचे कि हम हिन्दुस्तान

की, भारत की खिदमत करेंगे। सेवा करेंगे उसकी एकता बढ़ाकर, उसमें मेल बढ़ाकर, उसमें जो अलग-अलग धर्म मजहब हैं, उनमें एकता करके, मिलकर, क्योंकि सब बराबर के हकदार हैं हिन्दुस्तान में, उसमें यह प्रान्तीयता को निकालकर, और जो भी दीवारें हैं जातीयता, प्रान्तीयता की उनको हटाकर, देश को मजबूत करेंगे और सारी अपनी ताकत लगाएंगे, उसको बनाने में, न कि एक दूसरे को बिगाड़ने में, और हम दुनिया में अमन करेंगे, किसी से हमें लड़ना नहीं है, दोस्ती करेंगे एक लड़ाई हमें लड़नी है और उसको मिलकर और दिल लगा के लड़ेगे और वह लड़ाई है हिन्दुस्तान की गरीबी से, गरीबी को यहाँ से लड़के उसे निकालना है, लम्बी लड़ाई है। काफी मेहनत है, काफी उसमें पसीना बहेगा, लेकिन वह एक माकूल चीज है जिससे कि हम हिन्दुस्तान के करोड़ों आदमियों को ऊँचा करें, उनको उठायें, उनकी मुसीबतों को दूर करें, यह बड़ा काम है और वह हमारी मंजिल है अगली, और जब तक हम वहाँ पहुँचते नहीं, उस वक्त तक हमें बढ़ते जाना है। उन उसूलों को आप याद रखें। आप और हम और आगे बढ़ें, मुल्क के मंजिल एक के बाद दूसरी आती हैं कभी खत्म नहीं होती, क्योंकि एक देश अमर होता है हम और आप तो आते है जाते है, लेकिन भारत तो अमर है। और भारत आगे बढ़ेगा, खाली यह हमारी ख्वाहिश है कि हमारे जमाने में आपके और हमारे, हम भी कुछ उसकी खिदमत करें उसको बढ़ायें और हमारे बच्चे और बच्चों के बच्चे खाएं, वह भी इस जमाने को कुछ याद रखें, जब भारत आजाद हुआ बहुत दिनों बाद, और उसने एक बड़े परिश्रम से, बड़े कोशिश से नये भारत को बनाया, जिसमें वह रहेंगे... जय हिन्द।

मेरे साथ, आप भी तीन बार 'जयहिन्द' कहें...

पं. जी- जयहिन्द, जनता- जयहिन्द

पं. जी- जयहिन्द, जनता- जयहिन्द

पं. जी- जयहिन्द, जनता- जयहिन्द

15 अगस्त, 1954 को
लाल किले की प्राचीर से
प्रधानमंत्री जवाहर लाल नेहरू

बहनों और भाइयों और साथियों,

मुबारक हो आपको आज नए भारत की सालगिरह सात वर्ष हुए इस नए भारत के पैदा होने को। हमारी आजादी को और सात वर्ष से हर साल यहाँ लाल किले की दीवारों के नीचे इस वर्षगाँठ को मनाते हैं। क्योंकि वो सालगिरह, वो वर्षगांठ हम सब की है, करोड़ों आदमियों की। क्योंकि भारत ने एक नयी जिंदगी शुरू की, एक नयी करवट ली, और भारत की तारीख में भी एक नया अध्याय शुरू हुआ। इस सात वर्ष में, सात वर्ष का बच्चा, नया भारत। इस सात वर्ष में इसने क्या-क्या किया। किस तरह से बढ़ा किधर देखता है? कहाँ जाएगा? बड़े सवाल आपके सामने हैं। अगर आप इस वक्त देखें और अपने दिल को टटोलें तो आप देखेंगे कि हिन्दुस्तान में इस वक्त एक नई जिंदगी है। एक नया भरोसा अपने ऊपर है और हिन्दुस्तान के हजारों और लाखों देहातों में एक बिजली की तरह एक नया असर पैदा हुआ है। पुराने सोते हुए लोग जागे हैं। काम कर रहे हैं और उनके शरीर, दिल और दिमाग एक नए तरफ झुके हैं। तो ये आजकल भारत का वायुमण्डल है। मैं जानता हूँ और आप जानते हैं कि इसमें काफी हमारी दिक्कतें हैं, काफी परेशानियाँ हैं, काफी हमारे भाई-बहन मुसीबत में हैं। लेकिन ये भी हम जानते हैं कि हम इस बड़े यात्रा पर सफर-सफर पर सब मिलके आगे बढ़ रहे हैं। आजादी आई हमारे मुल्क को सात वर्ष हुए, लेकिन स्वराज्य के मायने क्या हैं? स्वराज तो एक यात्रा का, सफर का आखिरी मंजिल तो नहीं है। स्वराज के आने पर हमें खामोश नहीं बैठना था। स्वराज्य आना,

मुल्क का आजाद होना वो कोई एक चीज खत्म नहीं हो जाती। वो तो एक मुल्क की तरक्की का पहला कदम होता है। वो एक नई यात्रा का रास्ता होता है। स्वराज से किसी मुल्क की आजादी कभी पूरी नहीं होती है। वो बढ़ती जाती है। जो जिंदा कौमे होती हैं। वो रुकती नहीं हैं। वो आगे बढ़ती हैं। इसलिए हमारा मुल्क जो आजाद हुआ, पूरी तौर से आजाद हुआ एक सियासी तौर से, माना सिवाय एक छोटे टुकड़े के। वो छोटा टुकड़ा कभी-कभी जरा सा कुछ दर्द पैदा कर देता है। छोटा टुकड़ा जो कभी-कभी खामख्वाह हमें याद दिलाता है पुराने जमाने की जबकि बड़ा टुकड़ा भी और देशों के आधीन था। वो छोटे टुकड़े जो आजकल भी कुछ वहाँ से कुछ आवाजें आती हैं। कुछ आपस में कशमकश की फसाद की, लेकिन और सियासी तौर से हम हम आजाद हैं और वो जो छोटे टुकड़े वो शेष रह गए हैं वो भी यकीनन होंगे, क्योंकि ये दुनिया की रफ्तार है। ये हिन्दुस्तान का इरादा है और जो भारत इरादा करता है। भारत के करोड़ों आदमी उस इरादे को वो पूरा करेंगे 'तालियां' लेकिन जब मैंने आपसे कहा कि हिन्दुस्तान की आजादी कहीं रुकती नहीं है। एक बढ़ती हुई चीज है क्या मायने हैं उसके। उसके मायने ये कि आजादी खाली एक सियासी आजादी नहीं, खाली एक राजनैतिक आजादी नहीं। स्वराज और आजादी के मायने और भी हैं। सामाजिक हैं, आर्थिक हैं। अगर देश में गरीबी है तो आजादी नहीं पहुँची वहाँ तक उनको आजाद नहीं किया। वो गरीबी के फंदे में लोग हैं जैसे एक दूसरे देश के आधीन हैं, फंदे में होते हैं और उनका स्वराज नहीं होता। जैसे जो गरीबी के फंदे में है और गरीबी और दरिद्रता के आधीन है, वो भी आजाद पूरी तौर से नहीं हुए। उनको आजाद करना है। उसी तरह से अगर हम फंसे हुए हैं आपस के झगड़ों में, आपस के बीच में हममें बैर हैं। आपस में दीवारें हैं हम एक-दूसरे से मिलके नहीं रहते। तब भी हम आजाद पूरी तौर से नहीं हुए। क्योंकि अगर हिन्दुस्तान को पूरी तौर से आजाद होना है तो बहुत बातें करनी हैं। हिन्दुस्तान को अपने में से करोड़ों आदमियों की गरीबी दूर करनी है, बेरोजगारी दूर करनी है और याद रखिए जो हममें आपस में दीवारें हैं, जो हम मजहब के नाम से, जाति के नाम से या किसी प्रांत, सूबे, प्रदेश के नाम से भेद हैं और

एक-दूसरे के खिलाफ हममें जोश चढ़ता है उससे जाहिर होता है कि अभी हमारे दिल और दिमाग पूरी तौर से आजाद नहीं हुए हैं, चाहे ऊपर से नक्शा कितना ही बदल गया हो। उससे जाहिर होता है कि हम सभी तंग ख्याली हैं। अगर किसी एक गाँव में हिन्दुस्तान के एक हिन्दुस्तानी को चाहे आप उसको किसी जाति का कहें, चमार कहें, हरिजन कहें, अगर उसको वहाँ कोई रुकावट है खाने में, पीने में, चलने में, रहने में तो वो गाँव आजाद नहीं है, वो अभी एक गिरा हुआ गाँव है। हमें इस देश के एक-एक आदमी को आजाद करना है और एक-एक आदमी, एक देश की आजादी कुछ लोगों की खुशहाली से नहीं देखी जाती है। एक देश की आजादी आम लोगों के रहन-सहन, आम लोगों को क्या मौका मिलता है तरक्की का, पढ़ने का? आम लोगों की क्या तकलीफें हैं और क्या आराम है? इस तरह से देखे जाते हैं, तो हम अभी आजादी के रास्ते पर हैं, न समझिए कि वो मंजिल पूरी हुई। और वो मंजिल तो कभी पूरी नहीं होती। एक जिंदा दिल देश के लिए जो कि आगे बढ़ता जाता है। हमें तरक्की करना है, बढ़ना है।

साथ ना छोड़िये हमारे बढ़ने में, हमें बढ़ना है, दुनिया को बढ़ाना है। आजकल हम हमारे देश में परिवर्तन हुआ। हमारा और आपका एक पुनर्जीवन हुआ, लेकिन इसी तरह से दुनिया में भी एक इंकलाब हो जाते हैं, ऊँच-नीच तरह-तरह के हैं। बदलती जाती है। हमारे इस महान कॉनिस्नेंट से एशिया के क्या-क्या हुआ इन वर्षों में? क्या-क्या हो रहा है? कई सौ वर्ष के जो दसकों दबाव थे, कई सौ वर्ष के जो ऊपर उसके ऊपर औरों की हुकूमतें थी, वो हटी, कुछ रह गई। जरा आप मुकाबला कीजिए इस बात का कि हाँ हिन्दुस्तान ने सात वर्ष हुए और हमारा पड़ोसी मुल्क है वर्मा उस देश के समझौते से, दोस्ती से ये मसला हल हुआ और ये मुल्क आजाद हुआ। और जो कौम यहाँ हुकूमत करती थी वो कौम यहाँ से हटी। उसकी हुकूमत हटी। हमारी कोई दुश्मनी ना अंग्रेजों से थी, ना उनके मुल्क से लेकिन हमारी अदावत थी उनकी हुकूमत से मुल्क में। जब वो हटी यहाँ से समझकर और दोस्ती से तो हमारी कोई लड़ाई नहीं रही, बल्कि उनसे दोस्ती हुई। तो गरज के हिन्दुस्तान से और बर्मा में ये हुआ। करीब-करीब एक

नक्शा उसी तरह का एशिया के और हिस्सों में बहुत मुल्कों में था, यानी विदेशी हुकूमत थी। लेकिन उस वक्त ये समझ थी दानिश मंदी की बात नहीं हुई। वहाँ ये ही कदम उठाया जाता। नतीजा क्या हुआ सात वर्ष की लड़ाई, सात वर्ष की तबाही, लाखों-करोड़ों आदमी मुल्क तबाह हुए। एशिया के मुल्क, यूरोप के मुल्क और दुनिया एक बड़ी भारी लड़ाई के दरवाजे तक पहुँच गई। देखिए किस तरह से क्या-क्या खराबियाँ पैदा होती हैं। अगर वक्त पर काम ना हो, अगर जिस बात को होना ही है उसके रोकने की कोशिश की जाए। ये नतीजा हुआ एक जगह समझ के उसको मंजूर किया। और हिन्दुस्तान बढ़ा, दुनिया बढ़ी हिन्दुस्तान की वजह से। बर्मा आजाद हुआ। बर्मा ने मदद की दुनिया के मन में और मुल्क हुए कुछ रुकावट पड़ी थी। याद होगा आपको वहाँ इंडोनिशया में झगड़े हुए वो भी हटे। और जगह जहाँ नहीं हटे उस वक्त कितनी मुसीबत उन्होंने उठाई, क्योंकि बात ये है कि वो जमाना गुजर गया कि इस दुनिया में कहीं भी एक मुल्क जबर्दस्ती दूसरे मुल्क के ऊपर हुकूमत करे। वो जमाना पुराना जमाना, अच्छा या बुरा, उसका वक्त गुजर गया। और जो लोग उससे कायम रहना चाहते हैं वो ना दुनिया को समझे ना एशिया के दिल और दिमाग को समझे। इसलिए इन बातों को हमें हल करना है। आजकल हमारे सामने जो सवाल उठे हैं, पुराने हैं, ये मैंने जो आपसे कहा हिन्दुस्तान के दो-एक छोटे टुकड़े बिलकुल दर्राभर हैं, चंद गाँव के बराबर हैं, लेकिन एक छोटी-सी चीज भी तकलीफ देती है, जो शरीर के हिस्से में हो। एक जरा सा एक तो वो मसला हल हो जाना चाहिए ऐसा उसे बहुत दिन हुए। लेकिन हमने शांति से उस पर अमल किया। हमने कोशिश की कि मिलकर हम उसको निश्चित करें, तय करें। एक जगह मुझे आशा है कि एक तरफ फैसले जल्दी हो जाएँगे। दूसरी तरफ और दिक्कतें पेश होती हैं। खैर यकीनन वो भी हल होंगे, लेकिन जैसे कि आप जानते हैं हमारे कुछ उसूल हैं, कुछ सिद्धांत हैं जिन पर चलने से हम आजाद हुए और जिनको ध्यान में रखने से हमने अपनी आजादी को कायम रखा है। मैंने आपको एक मिसाल दी थी एशिया में हिन्दुस्तान की आजादी मंजूर हुई, हिन्दुस्तान आगे बढ़ा। दुनिया ने उससे फायदा उठाया। बर्मा बढ़ा और एशिया के

हिस्सों में ये बात नहीं हुई, बरसों लड़ाई हुई, जंग हुए, तबाही हुई। देखते नहीं हैं कि जो इस वक्त दुनिया की रफ्तार है उसको रोकने में कहीं ये बड़े-बड़े सैलाब उठते हैं, इंसानी सैलाब। रोकने की कोशिश में तबाही आती है। इसलिए मैंने कहा कि एक इम्तिहान हो गया है हर एक मुल्क का। क्या सोचता है? क्या करता है? किधर झुकता है? क्या सलाह देता है? अगर गलत सलाह देता है तो झगड़े को बढ़ाता है। सही सलाह देता है तो बाद में तरीकों से सवाल हल होते हैं। फिर मैं आपको याद दिलाऊँगा कि ये हिन्दुस्तान इस वक्त एक जबर्दस्त सफर पर है, यात्रा पर है, आगे बढ़ता है। हमारी ये बड़ी कौम हिन्दू और मुसलमान, सिख और ईसाई, यहूदी और बौद्ध और जैन, कितने और मजहब और जातियां हैं। सब हिन्दुस्तानी हैं और हिन्दुस्तान की हैसियत से वो आगे बढ़ रहे हैं। मुल्क को आगे ले जा रहे हैं। मुल्क को गरीबी से निकाल कर खुशहाली की तरफ ले जा रहे हैं। हम तारों की तरफ नहीं देखते हैं कि तारे हमारी मदद करें। हम औरों की मदद नहीं चाहते न और मुल्कों की, ना तारों की और ना आसमान की। हमारे बाजू हैं, हमारे पैर हैं, और हमारा दिमाग हमारे साथ हैं, जिससे हम बढ़ते है। बढ़ते हैं आपस में इम्तिहान रख के, आपस में मिलकर। तो हम आपको दावत इस सालगिरह के दिन जो आपकी सालगिरह और मेरी सालगिरह क्योंकि जब एक मुल्क आजाद होता है, तो हर एक उसका रहने वाला या उस रोज आजाद होता है उसकी भी सालगिरह होती है। तो इस आठ वर्ष भारत नए भारत की वर्षगांठ के दिन आपको निमंत्रण है, दावत है कि आइए इस बड़ी यात्रा में भारत को आगे बढ़ाने में आप भी शरीक हों, आप भी हिस्सा लें और उसमें हम अपनी पूरी शक्ति से काम करें। बनाएं इस भारत को चाहे हम गाँव में रहें या शहर में या कहीं। जयहिन्द। जरा आप मेरे साथ जय हिन्द! तो कहिए तीन बार जय हिन्द जोर से कहिए जय हिन्द। जय हिन्द जय हिन्द

'तालिया'

जरा आप मेरे साथ जयहिन्द तो कहिए तीन बार जयहिन्द, जोर से कहिए, जयहिन्द! जयहिन्द

15 अगस्त, 1955 को
लाल किले की प्राचीर से
प्रधानमंत्री जवाहर लाल नेहरू

बहनों और भाइयों, हमवतनों,

आज हम फिर, नए भारत, आजाद भारत के सालगिरह पर यहां जमा हुए हैं। मुबारिक हो आपको और हमको, यह नए हिन्द की साल गिरह।

याद है आपको वो दिन जब कि हम इस मंजिल पर पहुँचे लम्बे सफर के बाद, ऊँच-नीच के कितने लोग उस सफर में ठोकर खा कर गिर गये। फिर उठे। फिर चले। याद है आपको जो हम ख्वाब देखा करते थे दिल में आरजू थी और फिर वो दिन आया जब कि वो ख्वाब और वो आरूजू पूरी हुई और आजाद हिन्दुस्तान का आफताब निकलते हमने देखा। आठ वर्ष हुए, ये बात हुई थी, और आपने और हमने और सारे हिन्दुस्तान ने खुशी मानाई थी। लेकिन उसी खुशी को मनाते-मनाते आँखों में आँसू आ गये। ऐसी बातें हमारे मुल्क में, और मुल्क के सरहद पर हुईं। कितने हमारे भाई मुसीबत -जदा यहाँ आये, शरणार्थी हो कर। यहाँ और पाकिस्तान में दोनों तरफ, एक मुसीबत का सामना करना पड़ा। खैर उसको भी हमने बर्दाश्त किया। उन सवालों को भी हल करने की कोशिश की, और बहुत कुछ कामयाबी से, और जो कुछ बाकी है वो भी यकीनन हल होंगे इस तरह से यह आठ वर्ष गुजरे। ऊँचे और नीचे। कुछ सोचिए। आठ वर्ष पहले क्या हमारे मुल्क का और हमारा हाल था। दुनिया की निगाहों में, हमारी निगाहों में। और अब आप उस तस्वीरों को देखें, क्या फर्क है।

आजाद हिन्द अब तक का एक कम उम्र का बच्चा है हालांकि हमारा मुल्क तो हजारों वर्ष पुराना है। लेकिन इसमें ही बचपन में ही

इसने जो-जो बातें दिखाई, जो ताकत और जो आगे बढ़ने की शक्ति दिखाई, वो दुनिया को मालूम है। तो आज जो हम यहां मिलते हैं तो कुछ इस पिछले जमाने की तरफ देखते हैं। आठ वर्ष के और ज्यादातर आगे देखते हैं। क्या हमने किया, क्या हमें करना बाकी है। बाकी तो बहुत है हमें करना और खासतौर से जो हममें कमजोरियां हैं, उनकी तरफ ध्यान देते हैं। क्योंकि जितने हम अपनी कमजोरियों को दूर करेंगे जितने हम अपनी, ताकत बढ़ाएगे उतने ही मुल्क आगे बढ़ेगा, और हमारे देश की जनता का भला होगा।

दुनिया की तरफ आप देखें। हमारा हाथ किसी दूसरे देश की तरफ, किसी दूसरे देश के खिलाफ, विरोध में नहीं उठा है और मैं उम्मीद करता हूँ कि हमारे हाथ कभी किसी दूसरे देश के विरोध में और खिलाफ न उठें। हमने हर एक मुल्क की तरफ दोस्ती की निगाह से देखा और दोस्ती का हाथ बढ़ाया। कुछ सवाल इधर-उधर हुए पेचीदा सवाल, जो कि कुछ रास्ते में आए, लेकिन उससे वो भी वजह नहीं है कि हम किसी मुल्क से अपनी दोस्ती कम करें। क्योंकि ऑखिर में यही एक दुनिया का ठीक रास्ता है और खासकर जिस रास्ते पर हम चल रहे हैं। हमारे पड़ोसी देश हैं उनके साथ भी हम दोस्ती और करीब का सहयोग करना चाहते हैं। कुछ पिछले जमाने में हमारे रिश्ते और मुल्कों से करीब हुए आप जानते हैं।

आपने सुना पंचशील का नाम, जिससे हमने बताया कि मुल्कों के बीच में क्या सम्बन्ध होना चाहिए, क्या रिश्ता, सारी दुनिया में हल्के-हल्के नये मुल्कों ने भी उसे तस्लीम किया हल्के-हल्के दुनिया की हवा बदली, हमारी वजह से नहीं, दुनिया में और वाक्यात हुए हमें कोई शेखी और गरूर करना नहीं है। अगर हम थोड़ी बहुत इन बातों में मदद कर दें तो काफी है लेकिन खुशी की बात है कि दुनिया की आवो हवा दुनिया की फिजा कुछ पहले से अच्छी है। जो कौमें और जो मुल्क दुश्मनी से एक दूसरे की तरफ देखते थे कुछ उनका डर और उनकी फिक्र कम हुई, और हाथ बढ़ा कुछ मिलाने को भी तैयार हुये, खुशी है।

हमारे मुल्क में हर मुल्क से अमन है। लेकिन आज का दिन पन्द्रह अगस्त का दिन, आप जानते हैं कि आपका और हमारा और बहुतों का ध्यान गोवा की सरहद की तरफ होगा। जब हम अपनी आजादी की लड़ाई लड़ते थे, क्या आपने या किसी ने दुनिया में सोचा था कि हिन्दुस्तान आजाद होगा और हिन्दुस्तान का एक जरा सा हिस्सा गोवा या पांडिचेरी या कोई और हिस्सा यूरोप या और मुल्कों के कब्जें में होगा। नामुकिन था यह ख्याल भी। ख्वाब में भी नहीं आया था।

जब हम पांडिचेरी और गोवा से सौ, दो सौ तीन सौ वर्ष से रहे अलग इसलिए रहे अलग कि अंग्रेजी साम्राज्य के साये में वो यहां रहे। इसलिए एक बड़ा साम्राज्य यहां था और वह उनकी अपनी हिफाजत में रख सकता था जैसे कि हिन्दुस्तान में अजीब-अजीब देशी राज्य थे, उनके साये में रहे। जिस वक्त अंग्रेजी साम्राज्य हटा, कहां रहे वे देशी राज्य जो यहां सौ दो सौ और चार सौ थे।

तो फिर एक अजीब बात है, कोई साहब हमसे पूछे, गोवा निस्बत क्यों आप चाहते हैं कि वो हिन्दुस्तान में मिल जाए। हिन्दुस्तान में मिलने का सवाल क्यों? क्या किसी ने नक्शा नहीं देखा हिन्दुस्तान का और दुनिया का किसी ने देखा नहीं कि वो है कहां, वो हिन्दुस्तान का एक टुकड़ा है? कौन उसको अलग कर सकता है।

आठवीं बरसी आज हम मना रहे हैं। और इस आठ वर्ष में हमने कितने सब्र से काम किया, किस कदर रोकथाम की क्योंकि हम चाहते थे और हम चाहते हैं कि यह गोवा का सवाल जैसे कि और सवाल शान्ति से और अमन तरीकों से हल हो। मैं आपसे कहना चाहता हूँ, आज के दिन भी कि हम इस गोवा के मामले में कोई फौजी कार्रवाई नहीं करने वाले हैं। हम उनको शान्ति के तरीकों से हल करने वाले हैं। कोई धोखे में न रहे कि हम वहां फौजी कार्रवाई करेंगे। मैं इसलिए कहता हूँ कि ऐसे धोखे में कभी-कभी बाहर के लोग आ जाते हैं और कभी-कभी हिन्दुस्तान के भी। बाहर के लोग गलत खबरें मशहूर करते हैं कि हम तोप और बन्दूक और टैंक वहां जमा करते हैं और फौजें, वो गलत है। कोई फौज आस पास गोवा के नहीं है। अन्दर के लोग

चाहते हैं कि कुछ गुलशोर मचा के ऐसे हालात पैदा करें कि हम मजबूर हो जायें फौज भेजने को। हम नहीं भेजेंगें। फौज, हम उसको शान्ति से तय करेंगे, समझ लें सब लोग इस बात को। और जो लोग वहां जा रहे हैं, मुबारक हो उनको जाना, लेकिन यह याद रखें कि सत्याग्रही अपने को कहते हैं तो सत्याग्रह के उसूल और सिद्धान्त और रास्ते भी याद रखें। सत्याग्रही के पीछे फौजें नहीं चलती हैं न फौजों की पुकार होती है। वे दूसरे तरीके से उसका सामना करते हैं।

एक और सवाल है। हमने पहले देखा, कई बार यह सत्याग्रही जो गये थे। उन पर गोली चली और कुछ नौजवान उनमें मरे। लड़ाई में एक दूसरे पर गोली चलती है, फौजों में और उसको बर्दाश्त करना होता है। लेकिन एक उस उसूल को सामने रखना है और दुनिया के सामने रखना है कि निहत्ये लोगों पर जिनके हाथ में कोई हथियार नहीं है, उन पर गोली चलाना कहां तक मुनासिब है, किसी मुल्क के लिए। अगर कोई कानून तोड़े इख्तियार है हुकूमत को उनको गिरप्तार करे, अरेस्ट करें जेल भेजें। ये अधिकार है, लेकिन दुनिया के इन्टरनेशनल कानून में या किसी भी शराफत के कानून में यह कहां है कि हथियार जिनके पास नहीं हैं, जो लोग हमला नहीं कर रहे हैं, उनके ऊपर गोली चलाई जाए। यह गलत बात है। मैं बहुत अदब से यह कहना चाहता हूँ कि दुनिया को समझना चाहिए। और फौज की हुकूमत को समझना चाहिए। कि इस तरह से यह शरारत के खिलाफ बातें नहीं करनी चाहिए।

हमारे उनमें मतभेद बेशक हैं इसलिए हैं, लेकिन कुछ भी उनकी राय हो, हम उसको शान्ति से हल करना चाहते हैं और यकीनन शान्ति से हल करेंगे। चाहे कितना ही वक्त लेंगे। और आप याद रखें कि ऐसे मामलों में यह समझना कि जादू से और तेजी से बड़े मसले हल होते हैं यह गलत है। अगर पक्की तौर से कोई बात हम और आप करना चाहते हैं तो उसमें जल्दबाजी अच्छी नहीं होती। हमें इन्तजार करना होता है, लेकिन जो इन्तजार से बात होती है, इतमीनान से बात होती है यह ज्यादा मजबूत और ज्यादा पक्की होती है।

मैंने आपसे पंचशील का जिक्र किया, कुछ दुनिया की तरफ ध्यान दिलाया, जहां का वायुमंडल कुछ बदला है। अपने देश की तरफ आप देखें क्योंकि आखिर में हम अपने देश में क्या करते हैं। उस पर दारोमदार है हमारे लाखों करोड़ों आदमियों का और हमारी हैसियत और दुनिया में क्या होती है। हमारे जबानी बातों से हमारे नारों से तो हैसियत दुनिया में बढ़ती नहीं है। वो तो जो हम अपने मुल्क में करते हैं, उससे उसका अन्दाज होता है।

मैं समझता हूँ पिछले आठ वर्ष में हमारे मुल्क ने बहुत कुछ किया बहुत कुछ हमने दुनिया बदल डाली अपने मुल्क के इमारत की और अब वक्त आया है कि उस इमारत पर आगे बनाएं जोरों से बनाए। बुनियादें मजबूत हो गयी है और भी मजबूत करनी है।

एक सिलसिला पंचवर्षीय योजना का खत्म हो रहा है। दूसरा चन्द महीनों में शुरू होगा उसके लिए तैयार होना है, कमर कसनी है और अगर कुछ तकलीफ उठानी है, तो तकलीफ भी उठानी है। क्योंकि हम हिन्दुस्तान की इमारत को खाली इस समय रहने को नहीं बल्कि कल और परसों के लिए आने वाले सालों के लिए और पुश्तों के लिए बना रहे हैं। हमें यह इमारत मजबूत बनानी है और उसके लिए मेहनत करनी है।

पंचशील का मैंने चर्चा किया, इस माने मेंकि रिश्ते मुल्कों के एक दूसरे से क्या हों। लेकिन एक शब्द जो पुराने जमाने में इसका इस्तेमाल हुआ था वो दूसरे मायने में हुआ था, वो इस मायने में कि हम अपने ऊपर कितना काबू करें, आपस में हम कैसे रहें। बाहर हम क्या शान दिखायें। अगर अन्दर दिल में हमारी शान नहीं। बाहर हम शान्ति और अमन की बातें क्यों करें अगर हमारे दिल में शान्ति और अमन नहीं है। अगर हम अपने आपस में सहयोग नहीं कर सकते। तब बाहर हम औरों को नेक सलाह क्या दें। इसलिए यह और भी जरूरी है कि हम अपनी कमजोरियों को दूर करें। यह जबरदस्त देश हमारा हिन्दुस्तान, कितने इसके चेहरे हैं कितने इसके रूप हैं। तरह-तरह के इसमें मजहब हैं। धर्म हैं, रूप हैं, रंग हैं, सूबे हैं। प्रान्त हैं, प्रदेश हैं। इन सबको

मिलाके हमने आजाद हिन्दुस्तान बनाया, एक बड़ी बिरादरी भाइयो और बहनो की। जिसमें बीच में कोई दीवारें नहीं होनी चाहिए। न सूबे की न प्रदेश की न मजहब की, न जाति की, और जो दीवार है असल में हमारे बीच आती है उसको हमें गिरानी है। जातिभेद आता है हमारे बीच में वो एक फिरके को दूसरे से अलग करें इसको हमें खत्म करना है। काफी दिन तक इसने हिन्दुस्तान को कमजोर किया, दुर्बल किया। तो हमें इस हिन्दुस्तान में अलग-अलग शक्लें और रूप तो रखने हैं। लेकिन उसी के साथ हमेशा याद रखना है कि हम एक बिरादरी हैं ये मिलकर हमें बढ़ना है और जो नई मंजिल हमारे सामने है उसमें सभी को आगे बढ़ना है, करोड़ों को।

दूसरी बात यह कि जो काम हम करें वो सब शान्ति से और अमन तरीको से। यह मैं खास आपको याद दिलाना चाहता हूँ क्योंकि हम लम्बी चौड़ी बातें शान्ति की करते हैं और अक्सर एक दूसरे के खिलाफ हाथ उठा लेते हैं। क्या बात है।, यह? अभी दो रोज की बात है पटना शहर में वह हुआ। क्या बात है कि इतनी जल्दी हाथ उठता है। क्या बात है कि हमारे विद्यार्थी इन बातों में आजकल इतनी जल्दी फंस जाते हैं? क्या उनमें सब्र नहीं, समझ नहीं क्या वो जानते नहीं कि वो आजाद हिन्दुस्तान के रहने वाले हैं, क्या उनमें अभी आजादी की कोई हवा उन्हें नहीं लगी है और कुछ पुराने तरीकों पर चलते हैं। सोचने की बात है। वह जमाना गुजरा कि आपस में कर्मचारी हो या मजदूर भाइयों की और औरों की चाहे किसी की और खासकर यह सवाल कि विद्यार्थी लोग कभी अपने पढ़ाने वालों के मुकाबले में, कभी किसी और के हाथ उठायें तो बदनाम अपने को करते हैं और अपने देश को करते हैं, और बजाये इसके कि अपने को तैयार करें आइन्दा की जिम्मेदारियों के लिए जो उन्होंने उठानी हैं। इसलिए मेरी दरख्वास्त है आपसे सभी से और खासकर नौजवानों से कि अपनी जिम्मदारियों को महसूस करें, आजकल के जमाने को देखें, क्या जमाना है यह।

सारी दुनिया ने नई तरफ करवट ली है, यह एटम का जमाना है, ऐटोमिक एनर्जी का जमाना है। जरा दिमाग को भी पलटना है बदलना

है, और उन छोटी बातों से, छोटे झगड़ों से, छोटी बहसों से निकलना है। जो देश इस जमाने को समझता है, वो देश आगे बढ़ता है। मैं चाहता हूँ कि आप और हम और हिन्दुस्तान के रहने वाले इन बातों को समझें और हम फायदा उठायें, नई ताकतें जो पैदा हुई हैं। तो फिर यह जरूरी बात है कि हम अपने मुल्क में हर सवाल को अमन तरीकों से फैसला करें।

अभी थोड़े दिन बाद एक और पेचीदा सवाल हमारे मुल्क के सामने आने वाला है। कुछ दिन हुए एक कमीशन मुकर्रर हुआ था आपको याद होगा। स्टेट्स रिआर्गेनाईजेशन कमीशन उसका नाम था, यानी जो हिन्दुस्तान के अलग-अलग सूबे हैं, प्रदेश हैं अदला-बदली की जाए कि नहीं। और अगर की जाये तो क्या किया जाये। हमने तीन ऊँचे दर्जे के आदमियों को चुना, जिनमें कोई तरफदारी नहीं थी। उनसे कहा कि वो जांच करें, तहकीकात करें। और हमें सलाह दें वो यह कर रहे हैं कुछ दिन बाद, दो महीने के अन्दर शायद उनकी रिपोर्ट और उनकी सिफारिश हो। मैं नहीं जानता कि वो क्या होगी। सिफारिशों में मैं कोई उस पे राय नहीं दे सकता, लेकिन जो बात मैं आपसे कहना चाहता हूँ वो यह कि इस मसले में जो बहुत गर्मागर्मी होती है, चाहे पंजाब से लेके दखिन्न तक और पूरब से लेकर पश्चिम तक कितनी ही गर्मागर्मी हो यह जो मसले निकलेंगे, और उनकी सिफारिशें आयेंगी, उसे इत्मीनान से, शान्ति से तय करना है और जो शख्स उसके खिलाफ झगड़ा फसाद करें वो अपने मुल्क का भला नहीं चाहता क्योंकि आखिर में यह अलग-अलग प्रदेश और प्रान्त हैं, अलग देश तो नहीं हैं। यह तो अलग अपने इत्मीनान के लिए, आसानी के लिए, हमने अपने देश के अलग-अलग टुकड़े बनाये हैं। कोई ऐसा फैसला नहीं हो सकता जो कि हर एक को पसन्द आये ये हो नामुमकिन है। लेकिन कोशिश की जायेगी और मैं उम्मीद करता हूँ जो कमीशन है वो भी पूरी कोशिश कर रहा है कि एक जो अच्छे से अच्छा मुनासिब फैसला हो सकता है, उसकी सिफारिश करें। जो कुछ है, उसे हमें सोच समझ के शान्ति से मंजूर करना है। एक दूसरे से बात करके। कोई सवाल झगड़े का नहीं उठाना चाहिए, ऐसे मौके पर हमें दुनिया को दिखाना है कि हम किस तरह से

अपने मसलों को हल करते हैं। शान्ति से इतमीनान से। ताकत की यह निशानी है। ताकत की निशानी आजकल नारा उठाना और गुल मचाना नहीं है। यह बच्चों की बातें हैं। हमारा मुल्क की अभी चाहे आठ वर्ष की उम्र हो, मगर एक बुजुर्ग मुल्क है, एक शानदार मुल्क है। उसकी आवाज गम्भीर होती है। खाली चीखने की नहीं होती है, हाय करने की, हाय-हाय करने का वक्त नहीं है। इतमीनान से शान्ति से, अपनी ताकत बढ़ाना शराफत से और देशों के साथ दोस्ती करना और इस तरह से मुल्क को बढ़ाना है जो मसले आयें उनको शान्ति से और मिलकर फैसला करना है।

पंचशील के बारे में मैंने आपसे कहा, इस पंचशील के दो तरफ हैं। एक और मुल्कों के साथ रिश्ता दोस्ती का, एक-दूसरे के साथ दखल नहीं देना, एक-दूसरे के बराबर रहना और मदद करना। दूसरा उसका जो पंचशील का रुख है, वह हमारा अन्दर का है कि हम अपने को ठीक बनायें, तैयार करें, गलत रास्ते पर न चलें। मिल कर चलें। एकता से चलें, और सारे हिन्दुस्तान को एक बड़ी बिरादरी बनाएं, यह हमारा सबक पुराना है। हजारों बरस का यह सबक आज का भी है हमारा अपने लिए, किसी दूसरे के लिए नहीं है। क्योंकि याद रखिये हमें हक है अपने को सिखाने का औरों को सिखाने का, हमें हक नहीं है। ठीक नहीं है कि हम इस गरूर में हैं कि हम औरों का बताएंगे। अगर हम सबक सीखते हैं जो अपने अमल से हम दिखा दें औरों को हम क्या दें और क्या होना चाहते हैं।

इसलिए आज हम आठवीं सालगिरह को आजाद हिन्द की खुशी से मनायें। हम कुछ इतमीनान भी करें, पिछले आठ बरस के काम का तो वो भी ठीक है। लेकिन असल में हमें ध्यान देना है, क्या हमने नहीं किया, क्या हमको पूरा करना है। एक मंजिल पूरी हुई। तो दूसरी मंजिल पे जाना है और जाना है शान्ति से, अमन से। इसमें कुछ ध्यान करें वो लोगों का जिनकी मेहनत से, जिनकी कुर्बानी से जिनके त्याग से और शहादत से, मुल्क आजाद हुआ। हम कुछ हिन्दुस्तान की पुरानी आवाज को भी सुनें और दुनिया की नई आवाजें हैं उनको भी कान में लायें।

पुरानी आवज बुजुर्गों की हमारे कान में है। अभी एक साल बाद हम इस मुल्क में और दुनिया में एक चीज मनाने वाले हैं। एक हिन्दुस्तान का जबरदस्त बड़े से बड़ा पैदा हुआ आदमी उसको मरे ढ़ाई हजार बरस अगले साल होंगे, गौतम बुद्ध और उसको हम अगले साल मनाएंगे, यहां और-और मुल्कों में, और अगर हम इसको मनाएंगे तो जरा उनके ऊँचे सिद्धान्त जो इस हिन्दुस्तानी ने, इस भारती ने दिये थे, उनको भी याद करें और जो हमारी आँखों के देखें हुए, हमारे साथ काम किये हुए राष्ट्र पिता गांधी थी उनको भी हम याद करें। क्योंकि आखिर जो कुछ हमने आजकल बढ़ाई है हिन्दुस्तान में, उनकी दी हुई, उनकी दिखाई हुई, उनकी सिखाई हुई है। अगर हम इन उसूलों पर चलते हैं तो हमारे कदम मजबूत रहेंगे। दिल मजबूत रहेंगे। आँखे सीधी तरफ देखेंगी। ये बातें हम आप सोचें और सोच के आगे बढ़ें।

जय हिन्द।

मेरे साथ तीन बार जयहिन्द कहिए, जयहिन्द, जोर से, जयहिन्द। जयहिन्द। जयहिन्द।

15 अगस्त, 1956 को लाल किले की प्राचीर से प्रधानमंत्री जवाहर लाल नेहरू

बहनों और भाइयों, नौजवानों और बच्चों, हमवतनों,

जयहिन्द!

आपको और हमको आज ये नवीं सालगिरह आजाद हिन्द की मुबारक हो। नौ बरस हुए दुनिया में एक नया सितारा निकला आजाद हिन्द का। नया था और पुराना और बहुत बरसों से वो ढला था। लोगों की कुर्बानी और मेहनत और पसीने और खून से ढला था। उसका एक नया रंग था, नयी पोशाक जो कि उसने इस जमाने में गांधी जी से ली थी। और उसकी एक नयी चमक थी। एक नया ढंग था, क्योंकि आपको याद होगा कि इस जमाने की दो पुश्तों की आजादी की जंग किस तरह से हम लड़े थे? हम लड़े हिम्मत से, लड़े बहादुरी से, लड़े लाखों आदमी, करोड़ों आदमी लड़े। लेकिन शान से लड़े और शराफत से लड़े और हाथ नहीं दूसरे पर उठाया। दुश्मन से लड़े और दुश्मन को दोस्त बनाया। इस तरह से एक नया ढंग हमने सामने रखा। हमने क्या, गांधी जी ने रखा, हम तो एक कमजोर उनके सिपाही थे। इस तरह से ये हिन्दुस्तान का मुल्क और यहां के करोड़ों आदमी ढले हैं, कुर्बानी दे के और तरह-तरह की आग से।

और फिर उसका नतीजा हुआ कि हम आजाद हुए, और हमारी आजादी की चमक और मुल्कों में भी पहुंची। क्यों? इसलिए नहीं कि हम एक बड़े भारी लम्बे-चौड़े मुल्क हैं इसलिए नहीं कि यहां पर पैंतीस-सैंतीस करोड़ आदमी रहते थे, लेकिन इसलिए कि एक नया तरीका उन्होंने देखा- नया ढ़ग देखा विरोध करने का, जंग तक लड़ने का, शराफत से, बाअमन तरीकों से, शान्ति से और दुश्मनी को भी दोस्ती में बदलने के तरीके दिखाये गये।

मैं आपको याद दिलाता हूं कि असली शान हिन्दुस्तान की यही रही थी और ये इसका असर दुनिया पे हुआ। मैं आपको याद दिलाता हूं, मालूम होता है कि आजकल के जमाने के नौजवान भूल गये इस सबक को, जिस सबक ने हिन्दुस्तान को आजाद किया, जिस सबक ने हिन्दुस्तान को दुनिया में प्रसिद्ध और मशहूर किया, जिस सबक ने हमारा सिर ऊंचा किया और कुछ हमारी आँखों में उसका कुछ गरूर भी आ गया। दुनिया के मैदान में कुछ थोड़ा-सा हमने भी खिदमत करके दिखाई। बड़े-बड़े मसलों को हल करने में कुछ हमारा हाथ भी था। और इस वक्त जब कि फिर से दुनिया में कुछ दूर से लड़ाई के ढ़ोल बजते नजर आते हैं लोगों की नजरें हमारे मुल्क की तरफ जाती है। क्यों? इसलिए नहीं कि यहां लम्बी-चौड़ी फौजें है इसलिए नहीं कि हम जा के कोई धमकी से काम लें, बल्कि इसलिए कि कुछ खिदमत करना हमने सीखा, इसलिए कि कुछ दोस्ती करना और कराना हमने सीखा, इसलिए जहां लड़ाई है, वहाँ हमने अमन कराने में मदद की, इसलिए कि जहां गांठें हैं, उनको खोलने में हमने कुछ किया। ये हमारा नाम है दुनिया में आजकल तो फिर से निहायत खतरे के सामने है दुनिया। फिर से हमें पुराना सबक अपना याद रखना है, अपने को संभालना है, दुनिया की खिदमत करनी है और अपनी खिदमत करनी है।

हमने आपने सुना है, हिन्दुस्तान के दो लफ्ज निकले आज नहीं हजारों बरस हुए लेकिन इन जमाने में उन्होंने एक नये माने पकड़े और वो दुनिया में फैले। पंचशील नाम है उनका। किस तरह से मुल्कों में आपस में बर्ताव हो, एक दूसरे का नाता और रिश्ता क्या हो? उसके पुरानी बाते हैं, और नई बातें हैं और ये विचार हल्के-हल्के फैले हैं और बहुत सारे मुल्कों ने उनको तसलीम किया, क्योंकि आजकल की दुनिया में कोई चारा नहीं सिर्फ दो रास्ते हैं एक लड़ाई का और तबाही का, और दूसरा अमन का और पंचशील का। कोई तीसरा रास्ता नहीं है। ये बात दुनिया धीरे-धीरे समझने लगी।

और अब इस वक्त जो एक खतरनाक मौका आया है फिर से दुनिया के इतिहास में, फिर इस अगस्त के महीने में जिस महीने में

भली बातें भी हुई हैं और बुरी बाते भी हुई हैं, अजीब महीना है ये फिर से खतरा है। याद है आपको कि हम 15 अगस्त को यहां मिलते हैं अपनी आजादी को मनाने 15 अगस्त को हम मिलते हैं कि एक बड़ा साम्राज्य था, शहनशाहनियत थी यहां, एक हिन्दुस्तान में सैकडों वर्ष से उसके उस सिलसिले को खत्म हुआ और नया जमाना शुरू हुआ उसको मनाने। इसी अगस्त में दो जबरदस्त जंग शुरू हुए थे। दो दुनिया के जंग, सन 14 की और सन् 39 की। दोनों अगस्त में शुरू हुई इसी महीने में। इसी अगस्त में और इसी 15 अगस्त के दिन ये बड़ी लड़ाई खत्म हुई थी, जब जापानी कौम ने हथियार रखे थे। अजीब महीना है ये अगस्त का। खतरे से भरा और उसी के साथ अच्छी बातें भी हुई। इसलिए हमें आगाह होना है। खतरे से तो भरी दुनिया है आजकल क्योंकि ये दुनिया एटम बम और हाइड्रोजन बम की दुनिया है। तो इसमें गफलत से काम नहीं चलता और अपनी जिम्मेदारियाँ भूल जाने से काम नहीं चलता और उस सबक को जो गांधी जी ने सिखाया था, भूल जाने से काम नहीं चलता। अगर हम भूल गये तो तबाही हमारे सामने है। मैं उम्मीद करता हूं कि इस वक्त जो दुनिया के सामने इस स्वेज कैनाल के मामले में एक बड़े अन्देशे पैदा हुए है, जिसके लिए कल लंदन में एक सम्मेलन, एक कांफ्रेन्स होने वाली है। मैं उम्मीद करता हूं कि कोई न कोई रास्ते निकलेंगे, अमन से इस बात को तय करने के। हमारी दोस्ती हर मुल्क से हमारी दोस्ती खास तौर से मिस्र से इग्लैण्ड से, दोनों से हमारी दोस्ती है और इसलिए कभी-कभी खिदमत करने के मौके हमें मिलते हैं, दोस्ती के जरिये से धमकी के जरिए से नहीं धमकाएँ हम किसी को? तो मैं उम्मीद करता हूँ कि इस मामले में वहां जो लोग मिल रहे हैं और जो हमारे मिश्र के दोस्त हैं, उनके सलाह मशविरे से कोई न कोई रास्ता निकलेगा। जिसमें हर एक मुल्क की शान रहे और दोस्ती रहे। क्योंकि वो ही फैसले अच्छे होते हैं जिसमें कोई एक दूसरे को नीचा नहीं दिखाता। अगर आप नीचा दिखाएँ तो आप एक दूसरी लड़ाई की जड़ बोते हैं अदावत की जड़। लेकिन अगर दोस्ती से कोई मसला हल हो तो पक्की तौर से होता है।

याद है आपको किस तरह से ये सैकड़ों वर्ष पुराना मसला हिन्दुस्तान की गुलामी और हिन्दुस्तान की आजादी का हल हुआ। बावजूद पहले जुल्म के, सब बातों के, आखिर में ये हल हुआ दोस्ती से सहयोग से, और इसका नतीजा हुआ कि हमारे और अंग्रेजी के बीच में कोई रंजिश हाथ नहीं रही। बल्कि जो पुरानी रंजिश थी उसको भी हमने भूलने की कोशिश की और बहुत कुछ भूल गए और हमारे वो दोस्त हैं आज इसलिए कि हम आजाद मुल्क हैं और दोस्ती से यह मसला हल हुआ। समझौते से। अगर वो दबाने की हमें और कोशिश करते, यकीनन नक्शा बदलता, आजाद हम होते जरूर, लेकिन वो आजादी में फिर काफी रंजिश रहती, और दिनों तक वो रंजिश हमारा पीछा करती। इसलिए मसलों को हल करने का तरीका वही है, जिससें किसी दूसरे को हम नीचा न दिखाएँ दूसरे की भी इज्जत का ख्याल रखें, दूसरे के भी हक का ख्याल रखें और उसूल पर चलें। तो मैं उम्मीद करता हूँ कि ये मिस्र ये स्वेज कैनाल का मसला इसी तरह से हल होगा। इस दफे नहीं हल हो लंदन में तो दूसरी कोशिश से हल हो, तीसरी से हल हो लेकिन एक बात साफ होनी चाहिए कि हम किसी सूरत से उसको या किसी और मसले को फौजी ताकत से, धमकी से हल नहीं करेंगे। और अगर इस बात की कोशिश हुई कि हल गलती से फौजी ताकत और धमकी से हो तो उसका नतीजा बुरा होगा। वो मसला हल नहीं होगा, बल्कि फिर आग लग सकती है, जो आग दुनिया में फैले।

पंचशील की मैंने आपसे चर्चा किया। जो लफ्ज हिन्दुस्तान के, हमारी जुबान के, हमारी भाषा से निकल के दुनिया में फैले हैं। लेकिन जब मैं अपने मुल्क की तरफ देखता हूं तो दुनिया में तो हमने अच्छे उसूल रखें, जहाँ तक उन उसूलों को हम अपने घर में समझें, अपने दिल से समझें, अपने दिमाग से समझें पिछले चन्द महीनों में 6-7-8 महीनों में इस मुल्क में अजीब हमने तस्वीरें देखी। अजीब नजारे थे। अक्सर लड़ाई झगड़े भाई-भाई के। दुश्मन का हमने मुकाबला किया और उसको दोस्त बनाया और फिर हममें इतना सब्र नहीं और समझ

नहीं कि भाई-भाई कैसे मसले हल करें? क्या बात है? क्या वो जमाना गुजर गया जो कि गाँधी का जमाना था जो उन्होंने हिन्दुस्तान की कौम को ढ़ाला था? वो सिर्फ मेरे उम्र के लोग ढ़ले और आजकल के नये लोग हैं उनमें कोई रोकथाम नहीं है न दिमाग की, न जिस्म की, न समझ की। मामला क्या है? मैं चाहता हूं आप सोचें इस बात को। हमारे नौजवान हैं, सड़कों पर निकलते हैं, मारपीट होती है, हमले होते हैं। इसी तरह से हिम्मत दिखाते हैं अपने भाई को मार के। हमने अपने जमाने में बन्दूक और तोप का सामना किया, दुश्मन का सामना किया, साम्राज्य का किया बगैर हाथ उठाए, बगैर उफ किये। आखिर मामला क्या है? आजकल के नौजवान किस सांचे में ढले हैं। दूसरा कोई सांचा है? जिस सांचे ने हिन्दुस्तान को आजाद किया, जिस सांचे ने हिन्दुस्तान का नाम दुनिया में फैलाया, क्या वह खत्म हो गया सांचा? अब कोई दूसरा है? आप समझे। मेरी उम्र ज्यादा हुई। हम सब लोग पुराने आदिम इस मुल्क के और आपके हमारे जमाने धीरे-धीरे खत्म होते हैं। लेकिन हमारे जमाने में हमने भी कुछ करके दिखाया कुछ खिदमत की, हिन्दुस्तान की और खास कर जिस तरीके से हमने किया वो एक तरीका हमने कुछ सीख लिया था गांधी जी के कदमों में बैठकर और गरूर हमें उस तरीके का था। और उसका नाम दुनिया में हुआ। और अब बड़े कामों को छोड़िए अपने घर के अन्दर के कामों में, छोटे कामों में, खास कर के सड़कों पर लोग निकलें, जलाएं, मारपीट करें और एक तहलका मचाएं। किधर हिन्दुस्तान जा रहा है? हमें और आपको सोचना है।

एक सवाल उठा। आप जानते हैं कि हमारे मुल्क के सूबों का प्रदेशों का हदूद क्या हो? एक उठा सवाल इस सवाल से कोई बड़ी बड़ा कोई पालिटीकल, राजनीतिक, सियासी बड़ा सवाल नहीं है। न कोई इक्कीसवीं सदी का सवाल हैं। चाहे हद इधर हो या उधर हो। हां मैंने माना जज्बाती सवाल हैं। मैंने माना कि इसमें लोगों को दिलचस्पी है, जोश है। ठीक है और जज्बे की कदर करनी चाहिए। लेकिन इस तरह से हम अपने मुल्क, इस सवाल के हल करने के लिए हम एक दूसरे पर हाथ चलाएं, जलाएं, झगड़ा करें। इस सवाल को हल करने के लिए हम सरकारी इमारतों को जलाएं। सरकारी इमारत मेरी जायदाद है

कि मुझे आप कोई नुकसान पहुचांए, या किसी अफसर की। मुल्क की जायदाद है, मुल्क, मुल्क को तबाह करने की कोशिश है। और आखिर में यहां तक नये ढ़ंग निकले हैं जो पार्लियामेंट फैसला करें क्या चीज है हमारी लोकसभा? हिन्दुस्तान के चुने हुए लोग सारे मुल्क से आते हैं। हिन्दुस्तान के नुमाइन्दे हैं, हिन्दुस्तान की शान है, हिन्दुस्तान की निशानी हैं। अब वहाँ जो फैसला हो, वो हिन्दुस्तान का कानूर है, और हिन्दुस्तान के लोग नहीं, दुनिया को उसको तस्लीम करना पड़ता है। ये हमारी पार्लियामेंट है, अब वहां एक चीज लोकसभा में स्वीकार हो, और उसके खिलाफ बोलते हों और पुलिस वालों के ऊपर मुकाबले हों, या सरकारी इमारतें जलाई जायें। ये कोई हिम्मत की निशानी है, समझ की निशानी है? मैं तो चाहता हूँ आप गौर करें और मैं चाहता हूँ हिन्दुस्तान के जितने दल हैं वो गौर करें इस मसले पर, क्योंकि हिन्दुस्तान में हर बड़े मुल्क में बहुत सारी रायें होती हैं। ठीक है, होनी चाहिये। एक रास्ता आगे बढ़ने का नहीं होता, दस रास्ते होते है, एक रास्ता सोचने का नहीं होता, पचासों होते हैं। और हम चाहते हैं सोचने के सब दरवाजे खुलें हों, ख्याल के, खुलें हो ताकि उस बहस में हम असली रास्ते को चुनें और उस पे चलें, लेकिन बहस एक चीज है और हाथा-पाई दूसरी है, लड़ाई झगड़ा दूसरा है और अगर कोई दल हिन्दुस्तान में लड़ाई-झगड़े की तरफ लोगों की तवज्जो दिलाता है, तब वो हिन्दुस्तान का वफादार नहीं है। तब वो उस बुनियाद को, जड़ को खोदता है जिसके ऊपर हिन्दुस्तान की आजादी कायम है। इसलिए हर शख्स को, हर दल को इस बात पर गौर करना है, इस बात को समझना है कि हम किधर ले जाते हैं।

कुछ दिन में चुनाव आते हैं। छ:सात महीने में आठ महीने में चुनाव आएंगे। हर एक को हक है कि अपनी राय दे। हर एक दल को हक है कि वो अपनी तरफ लोगों को झुकाए, अपनी बहस से। आपको सबको हक है और मुबारक हो आपको वो हक अगर आपको जो आजकल की हुकूमत पसन्द नहीं हैं, दूसरी कीजिए। मैं खुश होऊँगा और जो कुछ खिदमत मैं कर सकूंगा मैं करूंगा। हम सब करेंगे, लेकिन ये तरीके कि हम कोई राय से, ये जमहूरी तरीकों से बातों का फैसला न कर चौराहों पर जा कर एक दूसरे को मारपीट करें। इससे जमहूरियत

से और डैमोक्रेसी से और प्रजातंत्र से क्या सम्बन्ध, गौर करने की बातें हैं? किधर हिन्दुस्तान जाता है? क्योंकि जो जिस सांचे में हम ढ़ले थे, वो सांचा क्या वो कमजोर पड़ गया? आज के नौजवानों में औरों में क्या बात है? हर एक इंसान किसी न किसी सभ्यता के, किसी न किसी तहजीब और संस्कृत के सांचे में ढलते हैं, कौमें ढलती हैं, हम किस सांचे के हैं अगर कहा जाए कि हम पुराने सांचे के हैं तो ठीक है कि आखिर हमारे रंगों रेशे और खून सैकड़ों पुश्तों का हिन्दुस्तान का असर है। न कोई हम से ले सकता है, न ही उसे हम भूल सकते हैं, लेकिन हम आजकल आजाद हिन्दुस्तान के सांचे के बने हुए हैं, वे लोग कहाँ हैं, जो न पुराने सांचे के, न नये सांचे के, किसी सांचे के नहीं सिवाय हुल्लडबाजी के सांचे के। आप सोचें इस तरह से हिन्दुस्तान के सामने बड़े-बड़े मैदान खुले हुए हैं। पँचवर्षीय योजना, और फाइव ईयर प्लान जबर्दस्त चीज है, बड़े बोझे हैं, एक मुकाबला दुनिया में है सख्त अगले पाँच दस वर्ष का हमारे सामने, जिसमें सारी ताकत हमें डालनी होगी, और इस मुकाबले में सिर्फ अपनी ताकत और बहस इसलिए कि एक दो सूबों में इंतजामी सरहद इधर हो या उधर हो। कोई हिन्दुस्तान के बाहर तो नहीं जाता। तो ये गौर करने की बात है। और मैं यह चाहता हूँ कि सारे हिन्दुस्तान के लोग और खासकर हमारे नौजवान इस बात पर गौर करें, सोचे-समझें कि कहां वो बहक जा रहे हैं। सोचे-समझें कि पंचशील जिसका नाम हमने दुनिया में दिया, और दुनियां में फैलाया उस पर हम भी अमल करते हैं कि नहीं, अपने मुल्क में? पंचशील के माने एक मुल्क दूसरे मुल्क के साथ चले, दोस्ती करें और झगड़ा-फसाद न करें। मुल्कों का कहाँ सवाल जब पड़ोसी एक-दूसरे से दोस्ती न करते हों। ये गौर करने की बात है, और जहां तक ये झगड़े फसाद होते है यदि आप समझ सकते हैं कि इस तरह से कोई फैसले करे नामुमकिन है और जहां तक हमारी गवर्नमेंट का ताल्लुक है, आप तो खादिम हैं। जब हिन्दुस्तान के लोग चाहें अलग करना, अलग होगी वो। लेकिन इस तरह की बातों से, इस किस्म की धमकियों से तो वो राय नहीं कायम करेगी। और न करती है, और न की और जो लोकसभा और पार्लियामेंन्ट का हुक्म है, उसका अमल होगा, क्योंकि वो कानून मुल्क

का होगा और इस तरह से वो बदलेगा नहीं हर एक को समझ लेना चाहिए कि लोकसभा का फैसला हुआ है इस मामले में वो स्टेट्स रिआर्गनाईजेशन बिल में वो पत्थर की लकीर है, और वो नहीं उससे हट सकती चाहे जो कुछ हो जाये। सीधी बात ये है। मैं जब तक कहता था वो बात शायद कम हो। आप मुझे इज्जत बख्शें, मुझे प्रधानमंत्री बनायें, आपने इज्जत बख्शी, लम्बी-चौड़ी बातें मैं भी कह देता हूं। लेकिन आखिर मैं इंसान कोई कहे या मेरी गवर्नमेन्ट भी कहे कोई बात है खैर गवर्नमेंन्ट। लेकिन जब पार्लियामेंनट कोई बात कहती है तो न मेरी है, न उनकी है, न आपकी है वो हिन्दुस्तान की बात है और हिन्दुस्तान की बात के सामने हर एक को झुकना है। इसलिए कि वो जो फैसले हुए हैं, लोकसभा की तरफ से और जब राज्यसभा में जाएगा। ये फैसले पक्के हैं और ये बात हर एक को समझनी है। किसी फैसले को बदलने के, जाब्ते से वो दूसरी बात है, लेकिन इस वक्त समझा जाए कि बलवे कर के वो बदले जाएंगे, ये तो अपने को धोखा देना है। मुल्क की खिदमत नहीं, बल्कि मुल्क के खिलाफ काम करना है।

इसलिए आज के दिन, इस 15 अगस्त को, नौ वर्ष बाद हम पीछे देखते हैं और आगे देखते हैं, इस नौ वर्ष के काम पर काफी लम्बी-चौड़ी बातें हुई हैं, इन नौ वर्ष में काफी हिन्दुस्तान बना है, नया हिन्दुस्तान। काफी हमारी इज्जत दुनिया में बढ़ी।

अभी दो तीन हफ्ते हुए मैं यहां वापस आया एक महीने भर का बाहर का दौरा करके, जहाँ गया मैंने देखा, दुनिया की आंखें हिन्दुस्तान की तरफ हैं। दिलचस्पी है उन्हें। देखते हैं किस तरह से हम रोज बढ़ रहे हैं। हमारी ताकत बढ़ती है। हमारी इज्जत बढ़ती जाती है। दुनिया की निगाहें इधर थी और मैं यहाँ वापस आया और देखा मैंने कितने और काम करने हैं। पुरानी जो बातें हुई, लेकिन आखिर में हमारी आँखें और निगाहें आगे हैं, भविष्य की तरफ हैं, मुस्तकबिल की तरफ हैं, आगे बढ़ना है। इस पाँच वर्ष की योजना की तरफ बढ़ना है। पक्की तौर से और इसमें एक दूसरे की मदद करनी है, पूरी ताकत लगानी है। हम कुछ ताकत जाया नहीं कर सकते। आखिर में हम हिन्द नए हिन्दुस्तान को बनाएं ताकि हम आखिर में हिन्दुस्तान से गरीबी को निकालें,

मुफलिसी को निकालें, बेरोजगारी को निकालें या ऊंच-नीच जो है उसको कम करें और एक खुशहाल मुल्क हो जो मिलकर रहे, अपने सहयोग से और दुनिया की और अमन की खिदमत करें। ये हमें करना है, मुश्किल बातें हैं, लेकिन मुश्किल बातें हमने की है, और फिर भी हम मुश्किल बातें करेंगे। इसलिए आज के दिन पीछे की तरफ देखें, हम अपनी पुरानी और नयी संस्कृति को और उसको भूलें नहीं, चाहे कितनी ही हमको कोई बात बुरी लगे या अच्छी लगे। रास्ते से बहकें नहीं। ये सबक हम आज याद रखें, इसको दोहराएं। और याद है आपको कि इस साल जिसमें हम हैं, एक बड़ी बात की याद हमने की। ढ़ाई हजार वर्ष हुए साल गौतम बुद्ध इस मुल्क में थे और इस मुल्क को उन्होंने पाक किया। गौतम बुद्ध ढ़ाई हजार वर्ष हुए और ढ़ाई हजार बरस बाद उनका नाम चमकता है, खाली इस मुल्क में नहीं बल्कि दुनिया में, क्योंकि जो बातें उन्होंने कहीं वो मजबूत थी, पक्की थी, जो वक्त से गुजरती नहीं हमेशा कायम रहती है।

गरूर आता है सोच के कि इस हिन्दुस्तान की मिट्टी ने जिसने आपको मुझको पैदा किया, उसने ऐसे ऊंचे लोग जैसे महात्मा बुद्ध है, और गांधी जी हैं, उनको पैदा किया। आखिर इस मिट्टी में कोई बात है। कौम को जिन्दा रखा मजबूत किया। वो बातें नहीं हैं ऊपर के झगड़े करने की। वो दिमाग की हैं, वो रुहानी बाते हैं। वो एक हिम्मत की हैं, वो हमारी पुरानी तहजीब और संस्कृति की है। तो फिर इन बातों को हम याद रखें और इन बड़े जो हमारे पेशवा हुए, गौतम बुद्ध और गांधी जी और और और जो हुए हैं बड़े आदमी, जरा उनकी याद करें, जिन्होंने इस मुल्क को बनाया। उनके रास्ते पर चलें और कमर कस के जो अब हमें काम करने हैं सब मिलके उसको करें।

जयहिन्द! मेरे साथ आप जरा तीन बार जय हिन्द कहिए जोर से।

जय हिन्द! जय हिन्द! जय हिन्द!

15 अगस्त, 1957 को लाल किले की प्राचीर से प्रधानमंत्री जवाहर लाल नेहरू

बहनों और भाइयों और बच्चों!

हम और आप यहां हजारों और लाखों की तादाद में जमा हुए हैं, इस दिन को मनाने के लिए। ये दिन जो दसवीं सालगिरह है, हमारे आजाद हिन्द की और जो शताब्दी है, उस बड़ी जंग-ए-आजादी की, जो इस मुकाम पर सौ वर्ष पूर्व हुई थी। काफी तादाद में आप यहां जमा हुए हैं लेकिन आप और हम से ज्यादा यहां और लोग भी जमा हैं या और लोगों की यादें और वो काफिले और वो कारवां वो यहां आए वो लोग जिन्होंने सौ वर्ष में कुछ अपनी-अपनी हिम्मत दिखाई। कुछ हिन्दुस्तान की खिदमत की, कौम की खिदमत की और अपना कर्तव्य कर के फिर चल गुजरे। सारे शायद कुछ वो भी जमा हो यहां इस वक्त या हमारे दिमागों में जमा हों और देखते हों कि आज का दिन सौ वर्ष बाद हिन्दुस्तान का क्या हाल है? आखिर में जिसलिए उन्होंने कोशिश की, खून बहाया, आंसू बहाए, पसीने बहाए, जान दी, उसका नतीजा हासिल हुआ और उस नतीजे की शक्ल क्या है? इसलिए आज के दिन ये सौ वर्ष की कहानी हमारे सामने आती है, ये ऊंच और नीच और यहां इस दिल्ली शहर में और खासकर इस लालकिले में एक-एक पत्थर उस कहानी को सुनाता है। सामने मेरे से चांदनी चौक है, एक मशहूर आजाद दिल्ली का सैकड़ों वर्ष से। क्या-क्या इस चांदनी चौक ने देखा, बड़े-बड़े जलूस साम्राज्यों के, बादशाहों के, मुल्कों का करवट लेना, साम्राज्यों का गिरना। नए-नए राज्यों का आना। यहा जलूस निकले प्राचीन भारत के, मुगल साम्राज्यों के, अंग्रेजी हाकिमों के। बड़े-बड़े हाथियों पर निकले सब। वो सब जमाना आया और वो सब जमाना गया और आजाद

हिन्दुस्तान का जमाना आया जिसमें हमारे और आपके सामने ये बड़ा फर्क आया है कि इस मुल्क को कैसे बनाएं कैसे चलाएं। सौ वर्ष की मेहनत का फल हमने उठाया। लेकिन फिर हमारी मेहनत करने का और इस फल को पक्का करने का वक्त आया। दस वर्ष इस काम को किया। दस वर्ष में कुछ हिन्दुस्तान की कुछ शक्ल बदली। कुछ दुनिया में भी खबर पहुंची लोगों के कानों में कि एक नया मुल्क हुआ, एक नया बड़ा मुल्क है। एक मुल्क जिसकी आवाज कुछ और मुल्कों से दूसरी है जो धमकी नहीं देता, जो गुर्राता नहीं, जो चिल्लाता नहीं, क्योंकि उसने और दूसरे सबक सीखें हैं अपने नेताओं के नीचे। महात्मा जी के नीचे जो कि खामोशी से काम करता है लेकिन फिर भी जिसके काम के पीछे कुछ ताकत है, कुछ इरादा है। दस वर्ष में ये मुल्क दुनिया के मैदान में आया। दुनिया के अखाड़े में हम भी कुछ पहलवान बन के उतरे किसी से लड़ने के लिए नहीं, लेकिन कुछ अपनी खिदमत, कुछ इस दुनिया की खिदमत करने क्योंकि आजादी के फायदे हैं, है ही लेकिन उसी के साथ जिम्मेदारियां हैं और हमने ये ऊँच-नीच देखी। याद है आपको कितनों को आप में से याद है, यहाँ इतने बच्चे बैठे हैं कि हिन्दुस्तान का रूप क्या था इस आजादी के आने के पहले। अगर नहीं याद है आपको तो आप मुकाबला नहीं कर सकते कि क्या-क्या हुआ गांव में शहर में। काम बहुत बड़ा बहुत जबरदस्त और वो काम जादू से नहीं पूरा हो सकता। इन्सान की मेहनत से। जिस इन्सान की मेहनत ने हिन्दुस्तान को आजाद किया, हिन्दुस्तान के लोगों ने जिस मेहनत से मुकाबला किया बड़े-बड़े साम्राज्यों का उसी मेहनत से अब हमें हिन्दुस्तान को बनाना है, उसी एकता से उसी जरूरत से हमें आगे बढ़ना है। हम बढ़े आगे और बढ़ रहे हैं और अजीब बात होती है कि जब तेजी से मुल्क बढ़ने की कोशिश करता है तो जितना तेज हो उतना ही उसको मुकाबला करना पड़ता है, उतना ही कभी-कभी ठोकर भी खा जाते हैं। सिर्फ वो लोग नहीं ठोकर खाते जो हर वक्त बैठे रहते है और लेटे रहते हैं। लेकिन जब कौम की रफ्तार तेज होती है तो ठोकर भी खाते हैं और ठोकर खा के उठ के फिर चलते हैं। इस तरह से हम चले हैं। इस तरह हमने तय की हैं मंजिलें गिर पड़े, गिर कर उठे, उठ कर चले। 'तालियां'

तो ये हुआ। कभी-कभी कुछ लोगों के दिल कुछ ठंडे हो जाते हैं, हिम्मत कुछ पस्त हो जाती है। उफ् ये तो ज्यादा ऊँचा पहाड़ निकला। जितना हम समझते थे, ज्यादा मुश्किलें हैं सामने ज्यादा दिक्कतें हैं। हम थक गए। इस तरह से बड़े काम नहीं होते, लेकिन अगर आप इधर-उधर देखें, हिन्दुस्तान की शक्ल देखें और अपने आस-पास से निगाह उठा के दूर तक देखें तो आप देखेंगे कैसे ये मुल्क हमारा पुराना हजारों वर्ष का मुल्क कैसे धीरे-धीरे, उठा और कैसे आगे बढ़ रहा है। अगर आपके कानों में आवाज आए और दुनिया से तो आप सुनें कि और दुनिया में हिन्दुस्तान की निस्बत क्या चर्चा है? खैर हमें दुनिया के चर्चे की इतनी फिकर नहीं सिवा इसके कि भली बातें अच्छी लगती हैं।

हमने इसी तरह से अपने कर्तव्य से, अपने फर्ज से इस मुल्क में बड़े काम उठाए हैं और उन बड़े कामों को हम पूरा कर रहे हैं और करेंगे। यकीनन दिक्कतें होंगी। सब मुल्कों में दिक्कतें हैं आजकल दुनिया में कुछ अजीब जमाने ने करवट ली है, अजीब रविश है, उसकी और आजकल के जमाने के एक तरफ हर वक्त खतरा, ये नए हथियार और एटम और हाइड्रोजन बम मौजूद हैं, दुनिया के सर पर टंगा हुआ है जाने कब फटे। पुरानी दुनिया खत्म हो गई। ये नई दुनिया में हम रहते हैं इस एटम बम के जमाने में और उससे या अपनी ताकत से या अक्ल से हम फायदा उठाएं या अजहद नुकसान मुसीबत। ये हमारी हिम्मत पर, हमारी ताकत पर हमारी आपस की एकता पर मिलकर चलने पर है। तो फिर इस दस वर्ष बाद क्या तस्वीर है? दस वर्ष में हम कुछ जमे अब दस वर्ष में हमें आगे बढ़ना है। दस वर्ष में कुछ पुरानी बातों को झाड़ू से अलग किया, रास्ता साफ किया। पूरा रास्ता साफ नहीं है, काफी कांटे वगैरह दाएं-बाएं आये हैं। लेकिन फिर भी बहुत कुछ साफ किया। चाहे हम अपने राजनीतिक या सियासी मैदान को देखें, चाहे आर्थिक समस्याओं को देखें, चाहे सामाजिक। हर तरफ कुछ रास्ते साफ हुए हैं। कानून से और बातों से और इस कौम के आगे बढ़ने से अपने आप साफ होते हुए। हाँ अभी काफी साफ नहीं है। लेकिन हमें बढ़ना है उस रास्ते पर और जितने हम बढ़ते हैं उतने नए सवाल पैदा होते हैं। आजकल आपके और मुल्क के सामने है सवाल। तरह-तरह के सवाल

हैं कि चीजों का खासकर खाने के सामान के दाम बढ़ रहे हैं, कीमतें बढ़ती है, जिससे हर एक के ऊपर कुछ और बोझ खासतौर से उन लोगों पर जिनकी आमदनी जरा कम हो बढ़ता हैं, यकीनन बढ़ता है और यकीनन इसकी फिकर करनी है। लेकिन याद रखिए आप कि ये भी किस चीज का नतीजा है। एक तो ये कि दुनिया में कुछ सिलसिला चला और मुल्कों में कुछ यहाँ से ज्यादा ही हुआ। लेकिन हिन्दुस्तान में भी हुआ वो भी एक नतीजा है तेजी से आगे बढ़ने की कोशिश का। जो वक्त हिन्दुस्तान में चारों तरफ बड़े-बड़े कारखाने बन रहे है, बड़े-बड़े लोहे के कारखाने और किस-किस चीज के। बड़ी-बड़ी योजनाएँ है दरियाओं के जो हमारे गाँवों में ढाई लाख गाँव में जो योजनाएँ चल रही हैं इन सब बातों का नतीजा होता है। क्योंकि ये सब बढ़ने की निशानी है, उसका असर कुछ जमाने तक दामों पे पड़ जाए। क्योंकि उससे पूरा फायदा अभी निकला नहीं है। लोहे का कारखाना बनता है, लोहे के कारखानें में लोहा नहीं अभी निकलता है। वो वर्ष दो वर्ष बाद निकलना शुरू होगा। इसलिए एक बीच का फरख हो जाता है जब कि हम अपनी कोशिश से पूरा फायदा न उठा सकें, लेकिन अगर कोशिश न हो तो फायदा भी न हो। तो सारा हिन्दुस्तान इस वक्त एक कारखाना हो गया है। एक बड़ा कारखाना जहाँ चाहे किसान हो, चाहे कारीगर हो और किसी किस्म का कारखाने का काम करने वाला हो या हमारा इंजीनियर हो, या जो कोई हो, सब लाखों-करोड़ों आदमी अपने-अपने कामों में लगे हैं और वो काम हल्के-हल्के पूरे होते हैं और वो दिन करीब आता है जब उन कामों का फायदा कौम उठा सके। ये हिन्दुस्तान की तस्वीर है। आखिर हिन्दुस्तान को कौन बढ़ाएगा? कोई बाहर से आ के तो नहीं बढ़ाएँगे, आप और आप हम सब मिल के इसको बढ़ा सकते हैं। कोई गवर्नमेंट के हुक्म से नहीं बढ़ते, मुल्क खाली कानून से नहीं बढ़ते बल्कि कौम की ताकत से, कौम की एकता से और एकजुटता से बढ़ते हैं। हमारे सामने बहुत सारे बच्चे बैठे हैं। मुबारक हो उनको ये दिन, मुबारक हो उनको आजाद हिन्द जिसमें वो बढ़ रहे हैं और बढ़ कर इस मुल्क की खिदमत करेंगे और मुल्क को आगे बढ़ाएंगे। मुबारक हो आपको इस वक्त जो बारिश हुई। अभी कुछ बारिश हुई मुझे खुशी हुई।

चाहे आप लोग, पानी से तर हो जाने से, परेशानी आपको कुछ हुई हो, लेकिन उस बारिश को देख के मुझे खुशी हुई एक निशानी थी इस मुल्क के सरसब्ज होने की। और आपके और हमारे दिलों के सरसब्ज होने की तालियां....

तो ये आपके सामने मुल्क फैला हुआ है हिमालय की चोटी से कन्याकुमारी तक और यहां दिल्ली शहर में जिसके पीछे हजारों वर्ष की कहानी हैं, ये उसकी राजधानी है। हम और आप यहाँ है इस दिन को मनाते हैं, खाली दिल्ली शहर की तरफ से नहीं, बल्कि हिन्दुस्तान की तरफ से। और जगह भी मनाया जाता है। और मनाते हैं उसको एक खास तारीखी मौके पर दस वर्ष हुए यहाँ आकर इसी दिन, इस दिन तो शायद नहीं सोलह अगस्त के दिन, पहली बार मैं यहाँ बोला था, इस लालकिले की दीवारों के ऊपर से। और उस जमाने के बाद हर साल यहाँ आने का इत्तेफाक हुआ। आप लोग आए, हम लोग आए कुछ याद की पीछे देखा और ज्यादातर आगे देखा। क्योंकि आगे हमें चलना है और इसलिए आगे देखना है और फिर कुछ अपने इरादों को पक्का करके। अपने दिल को ज्यादा मजबूत करके हम अपने-अपने घर वापिस गए फिर हम आज जमा हुए हैं। सौ वर्ष की कहानी हमारे पास मौजूद हैं और तरह-तरह के नाम हमारे पास आते हैं, जिन्होंने हिन्दुस्तान की इज्जत बढ़ाई, हिन्दुस्तान की शान बढ़ाई और जिन्होंने अपने खून से बुनियाद डाली आजादी की जिसको हम आज मनाते हैं। क्योंकि आजादी का लेना कोई एकदम से जादू से तो होता नहीं उसकी भी ईंट-ईंट करके लगा के वो आजादी की इमारत बनी। सौ वर्ष से बननी शुरू हुई और तरह-तरह से बनी आप जानते हैं कैसे शुरू में सौ वर्ष हुए बड़े जंग हुए थे। बड़े-बड़े उसमें हिन्दुस्तान के नेता निकले। लोग बहस करते हैं कि सौ वर्ष की जो आजादी का जंग था उसके निस्बत हमारे इतिहास के लिखने वाले बड़ी-बड़ी किताबें लिखते हैं और ठीक है, क्योंकि कई राय हो सकती हैं किसने उसका इंतजाम किया? किसने उसका संगठन किया, क्या हुआ, क्या नहीं? लेकिन मोटी बात तो ये है कि हिन्दुस्तान के लोग, या हिन्दुस्तान के अक्सर लोग उठे और जो पराया राज था उसको हटाने की कोशिश की। इसमें कोई शक है किसी को? और

उसमें वो मिल कर उठे। अलग-अलग मजहब के लोग हिन्दू मुसलमान मिल कर कोशिश की और मिलकर मुसीबत झेलीं। इसमें तो कोई शक नहीं है। कौन किसने उसका पहले से इंतजाम किया था नहीं, ये इतिहास लिखने वाले सीखें कोशिश करें जानने की। तो इसलिए यकीनन ये सही बात है कि हिन्दुस्तान की आजादी की लड़ाई-जंग वो थी सन सत्तावन में। माना कि उस वक्त का हिन्दुस्तान दूसरा था, उस वक्त का हिन्दुस्तान राजाओं का था, उस वक्त का हिन्दुस्तान बहादुरशाह बादशाह का था। माना लेकिन जो कुछ उस वक्त का हिन्दुस्तान था उसने अपनी आजादी की कोशिश की और आम जनता ने भी अक्सर उसमें शिरकत की और बड़े-बड़े नाम आए उसमें, आप वाकिफ हैं उन नामों से। लेकिन उन नामों में तात्या टोपे, एक बहादुर आदमी नाना साहब थे, और लोग थे, कुँवर सिंह थे बिहार के, इलाहाबाद के थे लियाकत अली खाँ, जिन्होंने एक इंतहां दर्जे की हिम्मत दिखाई थी लेकिन इन नामों में मुझे तो प्यारा एक नाम है और शायद आपको भी हो, लक्ष्मीबाई रानी का। ये सब नाम हैं। आज हमारे दिलों में हैं, कल रहेंगे और सैंकड़ों वर्ष बाद तक रहेंगे। क्योंकि उन्होंने उस मशाल को जलाया जिसको फिर उनके बाद पुश्त-दर-पुश्त जलाए रखने का काम हमारा और कौम का रहा और जलाया और हमें इस बात का फक्र है कि हमने भी अपने जमाने में अपने पुश्त हमने भी हाथ उठा के उस मशाल को जलाए रखा और उसको कभी नीचे नहीं होने दिया। और जब कभी हमारे हाथ या बाँह कमजोर हुए तब दूसरे लोग मौजूद थे हम से लेकर आगे बढ़ने के लिए। ये पुराने जमाने की बातें हैं लेकिन आप और हम पुराने मुल्क के हैं जिनके पीछे हजारों वर्ष की कहानी है लेकिन हम एक नए मुल्क भी हैं और कुछ जवानी का जोश भी है। एक जवान मुल्क हैं एक तरफ से पांच-छह हजार वर्ष पुराने मुल्क है, एक तरफ से हम दस वर्ष की उम्र के बच्चे हैं, लेकिन तगड़े बच्चे है। मजबूत बच्चे हैं और जोशे जवानी दिल में है और आगे बढ़ते हुए बच्चे हैं। तो फिर ये दिन आपकों मुबारक हो। और इस दिन में हम जरा कुछ समझें कि कहाँ हम जा रहे हैं, जो लड़ाई सौ वर्ष हुए कुछ सकून से वो दबाई गई। हालांकि आजादी की लड़ाई कभी दबती नहीं है। दब जाए, कभी खत्म नहीं होती है।

उसके बाद तरह-तरह के बुजुर्ग आए, बड़े नेता आए हमारे उन्होंने मशाल को उठा के कुछ रोशन किया हमारे दिलों को, दादाभाई नौरोजी आए उन्होंने किया, लोकमान्य तिलक आए उन्होंने मुल्क को हिलाया। महात्मा गांधी आए और उन्होंने इस मुल्क का संगठन बनाया। मुल्क को मजबूत किया मुल्क को नए-नए सबक सिखाए कि अलग-अलग मजहब के जो लोग है, वे मिलकर रहें, मुल्क को सबक सिखाएं शांति से अमन से काम करने का, मुल्क को सबक सिखाएं। मुल्क को सबक सिखाया एकता का, मुल्क को सबक सिखाया अपने दिल में दुश्मनी नहीं रखने का। एकदम से हिन्दुस्तानी की पुरानी याद को उन्होंने ताजा किया। पुरानी याद आपको याद है पार साल इस शहर में और हिन्दुस्तान में हमने मनाया था। क्या मनाया था? ढ़ाई हजार वर्ष गौतम बुद्ध की पैदाइश के। गौतम बुद्ध एक हिन्दुस्तान का पैदा हुआ आदमी हमारे देश का। हमारे देश ने भी अजीब-अजीब लोग पैदा किए हैं। हजारों वर्ष तक जो लोगों का दिल हिलाते हैं, करोड़ों आदमी जिनके साए में आए हैं, वो सबक फिर से जो हजारों वर्ष के हिन्दुस्तान का था। अमन का, शांति का, वो सबक फिर गांधी ने सुनाया और हमारे दिलों में फिर ताजा किया वो सबक। पुरानी यादें आई पुरानी ताकत आईं पुरानी संस्कृति, पुरानी सभ्यता, पुरानी तहजीब, वो सब आई और उससे हमारे मुल्क की ताकत बढ़ी। उत्तर-दक्षिण, पूरब-पश्चिम के लोग मिले, अलग-अलग धर्म और मजहब वालों ने और शांति से काम किया और जब आखिर वक्त आया और ये हमारी लड़ाई आजादी की खत्म हुई तो शान से खत्म हुई, बदतमीजी से नहीं। शान से हुई, समझौते से हुई और उसी को उसी शान और समझौते को दूसरे वर्ष हुए इस दिल्ली शहर में हमने मनाया। याद है आपको वो दिन पंद्रह अगस्त सन सैंतालीस का जब कुछ आप लोग भी एक नशे में आके आजादी के कुछ थोड़े से पागल हो गए थे। अच्छा था वो पागलपन आजादी के नशे का। तो ये सबक गांधी का। उस सबक ने हमें आजाद किया। उस सबक ने हम में इत्तेहाद पैदा की और एकता पैदा की। उस सबक ने हमारा नाम दुनिया में फैलाया, उस सबक ने हमारी इज्जत सारी दुनिया में बढ़ाई। वो सबक आपके दिल में है,

आपके कानों में है, आपकी याद में है, क्योंकि अगर नहीं है, तो फिर बुनियाद, हमारी जड़ कमजोर हो जाती है। तो इसलिए आज के दिन खासकर हम याद करें, उस गांधी के सबक को। जो-जो गांधी जी ने हमें संदेश दिए जिसके रास्ते पर हम चल कर आगे बढ़े और मुल्क आगे बढ़ा, तो उसको अगर हम याद रखें तब यकीनन मुल्क की ताकत बनी रहेगी और हम आगे बढ़ेंगे। हमारी लड़ाई दुनिया में किसी मुल्क से नहीं। हमारा पड़ोसी मुल्क पाकिस्तान है, जो हमारे टुकड़ें है, हमारे दिल के और बाजू के टुकड़े है। कैसे हम सोचें उनसे लड़ना। ये तो एक अपने को ही नुकसान पहुंचाना है। और अगर वो हिमाकत से समझें अदावत करना हमसे, तो वो अपने को नुकसान पहुंचाएंगे। ये अजीब रिश्ता है हिन्दुस्तान का और पाकिस्तान का। अजीब रिश्ता कि रंजिश भी हो, एक-दूसरे के खिलाफ कभी-कभी कुछ गुस्सा भी चढ़े लेकिन आखिर में वो रिश्ता इतना करीब का हजारों वर्ष का कि कानूनों से वो नहीं मिट सकता है। और अगर कोई जरा नुकसान है और जरा हिन्दुतान को हो तो यकीनन वो पाकिस्तान को उसका नुकसान है और पाकिस्तान को हो तो हिन्दुस्तान को भी है। इसलिए हम चाहते हैं कि हम अमन से रहें, दोस्ती से रहें, पाकिस्तान से हमारे रिश्ते बढ़ें। वो अपनी आजादी में खुश रहें हम अपनी आजादी में, लेकिन इसके माने नहीं हैं, जाहिर है कि हम किसी धमकी से दबें या अपने हुकूक को छोड़ दें धमकियों में। तालियां ये न हमारे लिए इन्साफ है न उनके लिए। न किसी और के लिए, न मिसाल अच्छी है। चुनांचे हम अपने हक पर कायम रह कर मजबूती से ठंडे दिल से आगे बढ़ेंगे। हम हर मुल्क से दोस्ती चाहते हैं। हम नहीं पसंद करते हैं इस चीज को जो कहलायी जाती है ठंडी लड़ाई और कोल्ड वार। हम समझते हैं कि जो ठंड़ी लड़ाई है इसके माने हैं दुश्मनी हर वक्त दिल में रखना, हृदय में रखना और ये गलत चीज है। अपने दिल को तंग कर लेने से कोई मुल्क नहीं बढ़ता है। चुनांचे हमारा हाथ फैला हुआ है मिलाने को हर मुल्क से और हर एक से दोस्ती में। लेकिन आखिर में हमारा काम तो अपने मुल्क में है, हमारी इज्जत होगी उतनी, जितनी हम अपना काम करेंगे। अगर आज हमारी दुनिया में इज्जत है, आदर है, कद्र है तो इसलिए कि इस दस वर्ष के काम से

दुनिया देख के समझती है कि एक जबरदस्त कौम फिर मैदान में आई है। काम करने वाली कौम आई है और तेजी से बढ़ रही है। इस दस वर्ष के काम देख के हमारी दुनिया में कद्र है, लेकिन आखिर चुनांचे काम हमारे मुल्क का है और आप और हमें मिलकर इसको करना है। आप और हमें मिलकर जो और भी दिक्कतें हों उनका सामना करना है, उन पर हावी होना है, आगे बढ़ना है और इस तरह से कदम-दर-कदम कौम आगे बढ़ेगी, कौम की तकलीफें कम होंगी, काम बढ़ेंगे। इस मुल्क में हल्के-हल्के हम बेकारी को खत्म करेंगे और वो जो खासकर हमारे बेचारे मुसीबतजदा भाई-बहन हैं, गाँव में या शहर में जिनके ऊपर आज नहीं सैकड़ों वर्ष से गरीबी का बोझा है, वो बोझे हटें। ये तस्वीर हमारे सामने हैं। एक मंजिल खत्म हुई आजादी की दस वर्ष हुए। दूसरा सफर शुरू किया, दूसरी मंजिल आगे है वहाँ भी एक दिन पहुँचेंगे और फिर हम और आप मिल कर इस बात को मनाएंगे कि हमने इस मुल्क की गरीबी को भी निकाल दिया जैसे गुलामी को निकाला था।

जय हिन्द।

मेरे साथ आप कहिए तीन बार, जयहिंद। जोर से कहिए जयहिंद। फिर से जयहिन्द जयहिन्द। प्रत्येक बार समवेत स्वर में जनता द्वारा जयहिन्द का नारा दोहराना।

15 अगस्त, 1958 को लाल किले की प्राचीर से प्रधानमंत्री जवाहर लाल नेहरू

बहनों और भाइयों और बच्चों, हमवतनों,

आज फिर हमारी आजादी की ग्यारहवीं सालगिरह है, और हम उसको मनाने को यहाँ जमा हुए हैं। मुबारक हो आपको यह दिन। लेकिन आप आए यहाँ और हम सब आए किसलिए आए, महज एक हफ्ता पूरा करने, एक तमाशा देखने या किसी और नीयत से। 11 वर्ष हुए, जब पहली बार इस लाल किले के ऊपर हमारा कौमी झंडा फहराया था। वो एक खास दिन था, हमारे इतिहास में और दुनिया के इतिहास में और खास दिन इसलिए था कि इतना बड़ा मुल्क आजाद हुआ और इसलिए कि जिस तरह से वो आजाद हुआ, जिस शान से जिस शान्ति से, वो भी एक अनोखी बात थी। दुनिया के सामने एक मिसाल सी हो गयी थी। हमारा सिर ऊँचा हुआ, दुनिया ने हमारी कद्र की।

ग्यारह वर्ष हुए, और यह 11 वर्ष कशमकश के रहे, परेशानी के रहे। शुरू में भी यहाँ आ के हमने यह दिन मनाया था। ग्यारह वर्ष हुए और यह झंडा उठा, और हमारा दिल खुश था, कि आखिर में मंजिल पूरी हुई, लेकिन इस आजादी के दिन का आफताब गिरा नहीं था, महब नहीं हुआ था कि दूसरी तरह की खबरें हमारे पास आयीं। कहाँ, तो हम यह शेखी करते थे कि हमने शान से, सभ्यता से, अहिंसा से आजादी ली, कहाँ खबर हमारे पास आयी कि हमारे यहाँ, या हमारे पड़ोसी मुल्क में भाई-भाई को मार रहा है, बहन-बहन को मार रही है और बच्चों को मार रहे हैं। एकदम से यह तस्वीर आई, एक-दूसरे ढ़ंग की तस्वीर, और वो झगड़ा-फसाद आपके और हमारे इस दिल्ली शहर

तक फैला। हमने देखा कि करीब फतह होती है हार से, क्योंकि अमर सुबह आफताब के निकलने के वक्त वह हमारे एक फतह की निशानी थी तो वही शाम हुई जब हमारी हार की भी झलक हमारे सामने आ गयी। हार थी दुश्मन से नहीं, दुश्मन पर हमने फतह पाई, हार थी अपनी कमजोरियों से, अपनी ना इत्तफाकी से, जो कि सबमें ज्यादा खतरनाक बात होती है। शेर का सामना शेरों की तरह हमने किया, फिर सांप ने आकर पीछे से हमें काटा। मैं इसलिए आपको याद दिलाता हूँ यह कि फिर से ऐसे सांप फैले हुए हैं जो कि पीछे से आकर काट सकते हैं, जो हमको कमजोWकरते हैं, जो हमें जलील करते हैं और यह सब जो हमने इतने जमाने में किया, कराया, उसको नाश करने की पूरी कोशिश करते हैं।

हम और आप यहाँ जमा हुए हैं इस दिन को मनाने, कुछ पुराने जमाने की तरफ देखने को। कुछ आज के सवालों का तकाजा हमारे सामने, कुछ एक झलक तस्वीर भविष्य की जिधर हम जा रहे हैं क्योंकि हमने एक बड़ी यात्रा का इन्तजाम किया और स्वराज की यात्रा खत्म हुई तो उससे बड़ी, उससे मुश्किल सफर का इन्तजाम किया। जिस सफर में इस मुल्क के 36–37 करोड़ आदमियों को संभलकर जाना है, मिलकर पाना है। हाथ में हाथ मिलाकर ताकि सब खुशहाल हों, ताकि उसकी मुसीबतें कम हों, ताकि जो जिन्दगी की जरूरतें हैं वो हर एक को मिलें ताकि जो हमारे होनहार बच्चे हैं, जिनके ऊपर गुलामी का साया कभी नहीं पड़ा, जो पैदा हुए हैं आजाद हिन्दुस्तान में, वो हमेशा आजाद रहें, उनका सिर ऊँचा रहे, खुशहाल रहे और अपनी मुल्क की तरक्की कर सकें। यह हमने सोचा और इस रास्ते पर हम चलें और रास्ते में हजार खाई, खदंक, हजार मुसीबतें, कभी सैलाब आकर हमें बहा देता, कभी एक रेगिस्तान की तरह से हालत हो जाती, कभी बारिश इतनी ज्यादा हो, कि उसको सम्भालना मुश्किल कभी न हो, तो उससे भी बदतर यह हालत हुई।

वर्षों से आप जानते हैं कि किन मुसीबतों का इस मुल्क ने सामना किया, तकलीफ हुई, परेशानियाँ हुई, लेकिन हिन्दुस्तान का सिर नहीं झुका। क्योंकि आखिर में जैसे कि वो एक इम्तहान का जमाना था,

पुराना जमाना, जब कि हमने एक साम्राज्य का मुकाबला किया था, उससे कड़ा यह जमाना आ गया, हमारे इम्तहान का। कहाँ तक हम मुसीबत में मिलकर रह सकते हैं, कहाँ तक हम मिलकर काम कर सकते हैं? कहाँ तक हम और मंजिलों को भी पार कर सकते हैं? पर जब आपस में फूट हो, आपस में लड़ाई हो, हाथ उठायें एक इंसान दूसरे के लिए, तब क्या उसके मायने हैं? क्या हम अपने पुराने सबक भूल गए? क्या हम गांधी जी को भूल गये? क्या हम हजारों वर्षों की हिन्दुस्तान की तारीख को भूल गये? क्या जो हमारा भविष्य हैं, जिसके लिए हम काम कर रहे हैं उसको भूल गये? क्या हम अपने बच्चों को भूल गये? क्या याद रहा हमें जब हम एक दूसरे पर हाथ उठाते हैं और झगड़ा-फसाद करते हैं? महज किसी सियासी बात को हासिल करने को, या जो कुछ भी उसकी वजह हो, मैं नहीं जानता बात क्या है? तो आपके सामने में खड़ा होता हूँ और आप यहाँ आये खुशी मनाने, जरूर दिल में खुशी है। लेकिन दिल में रंज भी है कि 11 वर्ष बाद ऐसी बातें हों जो कि हिन्दुस्तान के बाज हिस्सों में हो रही हैं और आज के दिन हो रहा है। जबकि झगड़ा-फसाद करते हैं और जलाते हैं और एक-दूसरे को मारते हैं। तो हमें इससे आगाह होना है। लोगों की गफलत से। मैं यहाँ नहीं खड़ा हुआ हूँ किसी को बुरा-भला कहने, हमारा काम यह नहीं है। यहाँ मैं आपके सामने नहीं खड़ा हुआ हूँ किसी एक दल के तरफ से, किसी पार्टी के तरफ से बल्कि एक मुसाफिर की तरह से खड़ा हुआ हूँ आपके सामने, आपका हमसफर इस मुल्क के करोड़ों आदमियों के और आपसे और मुल्क के रहने वालों से यह दरख्वास्त करने। हम जरा दिल में अपने देखें और अपने को समझायें और औरों को समझायें कि इस वक्त हमारा फर्ज क्या है? कर्तव्य क्या है, कुछ भी कर्तव्य हो, कुछ भी पॉलिसी हो, कुछ भी नीति हो, जाहिर है कि उसमें हम कामयाब एक ही तरह से हो सकते हैं कि हम मिलकर शांति से काम करें। जाहिर है मोटी बात है। नहीं तो हमारी सारी ताकत जाया हो जाती है एक-दूसरे के खिलाफ अगर हमारी राय में फर्क है तो हम एक-दूसरे को समझायें, एक-दूसरे को अपनायें और कोई जरिया नहीं है इस मुल्क में। हम लम्बी आवाज से दुनिया से बातें कहा करते हैं

और नेक सलाहें देते हैं और पंचशील का झंडा हमने उठाया और लोगों की तवज्जो इधर हुई और मुल्क पर एक असर उसका हुआ। लेकिन फिर कभी-कभी अपने मुल्क की तरफ देखें कि क्या यहाँ हो रहा है, सिर झुक जाता है, शर्म आ जाती है। किस तरह से हम औरों को नेक सलाह दें। जब हम अपने को पूरी तौर से नहीं सम्हाल सकते तो फिर मेरी यह आपसे दरख्वास्त है और मुल्क में सभी से दरख्वास्त है कि इन सवालों पर हम गौर करें जरूर, और उन रास्तों पर हम चलें लेकिन पहली बुनियादी बात यह है कि हम अपने को सम्हालें, हम एक दूसरे से लड़ाई का सिलसिला छोड़ें, हम यह समझ लें कि हिन्दुस्तान में न आजादी है न समाजवाद है, न प्रजातंत्र है, अगर हम लड़ाई-झगड़ा करके फैसले करना चाहते हैं कोई भी आपकी राय हो, आप उसको तय करेंगे लड़ाई की धमकियाँ दे के, जिससे आप लड़ेंगे, वो आपसे लड़ेगा, न आप हासिल करेंगे न वो हासिल करेगा। मतलब जैसे आजकल की दुनिया का हाल हो गया है कि बड़े-बड़े मुल्क ब-हथियार और एटम बम और गोले लेकर बैठे हैं, दुनिया को तबाह कर सकते हैं, यह ताकत हर एक में है लेकिन दुनिया के सम्हालने की ताकत लड़ाई के जरिए से किसी में नहीं है। वो अमन के जरिये से ही है। हल्के-हल्के यह बात उनके सामने आती है, कि लड़ाई से सारी दुनिया तबाह होगी, फिर भी डर के मारे हर वक्त बैठे हैं लड़ाई की तैयारी करने और अभी आप जानते हैं पिछले चन्द जमाने में और आजकल भी काफी खतरनाक हालत इधर पश्चिमी एशिया के मुल्कों में हुई। अभी तक वहाँ फौजें जमा हैं, हथियार लिये तैयार खड़े हैं, जाने किस वक्त क्या मौका हो तो हमें तैयार होना चाहिये लड़ाई के लिए। उम्मीद है कि वो नहीं होगी, और वह पुराना डर जरा कम हुआ है। आशा है कि वो मसले वहाँ के हल हों और जो हमारे भाई हैं वहाँ के उस मुल्क के रहने वाले वो भी पूरी तौर से आजादी से रह सकें, जो वहाँ के अरब मुल्क हैं जिन्होंने एक जमाने से अपनी आजादी की कोशिश की, लड़े और धीरे-धीरे कदम बढ़े। उम्मीद है कि उसकी भी आजादी पूरी होगी और अपनी जिन्दगी जैसा वो चाहते हैं वैसा बसर कर सकेंगे और उसी दोस्ती के साथ। यह तो और दुनिया का हाल है याद रखिए, कुछ हिन्दुस्तान की

वक्त है। हिन्दुस्तान एक दानिशमंद मुल्क समझा जाता है। एक समझदार मुल्क समझा जाता है, जो आसानी से बहक नहीं जाता। आसानी से गुस्से होकर गलत बात नहीं करता, आसानी से हाथ किसी पर नहीं उठाता। यह हमारे निस्बत अक्सर लोगों का ख्याल है। कहाँ तक यह सही है, कहाँ तक गलत, वो आप समझें। क्योंकि वो सही भी है और गलत भी है। सही है कि हमने किसी जमाने में खासकर गांधी जी के जमाने में इसकी जबरदस्त मिसालें दी, अपने सब्र की, अपने हिंसा की, गलत है जब हम खुद गलत करते हैं अपनी हरकतों से। तो इसलिए यह मेरी दरख्वास्त है। आपसे उधर गुजरात के शहरों में, नौजवान हमारे वहाँ के, एक ऐसे सूबे के, जहाँ गांधी जी के पैदा हुए, जो कि गांधी जी सबक, सबमें ज्यादा वहाँ सिखाया, जहाँ के लोग कामकाजी हैं, मेहनती हैं, त्यागी हैं, जहाँ के लोग हिन्दुस्तान के अगुवा लोगों में गिने जाते हैं, क्या हुआ, क्या बुरी हवा आई कि इस तरह से पागलपन लोगों में आए, वहाँ अपने को बदनाम करें, हिन्दुस्तान को बदनाम करें और गुजरात जो एक भली जगह है और जगह भी यह चीज उठती है। हमें होशियार होना है। इन्हें किसी फैसले से ताल्लुक नहीं, किसी नीति से नहीं। अलग-अलग चलें, आजाद मुल्क है, हर एक का इख्तयार है अपने को अलग-अलग आजाद ख्याल रखने का औरों को समझाना, लेकिन। किसी को इख्तयार नहीं जबरदस्ती हाथ से लाठी से बन्दूक से दूसरे की राय को बदलने की कोशिश करना, या फैसला कराना क्योंकि इसका नतीजा क्या है? इसका नतीजा कोई फैसला नहीं है, इसका नतीजा तो तबाही है, हुल्लड़बाजी है, लड़ाई है और क्या हम इतने जमाने से इस हिन्दुस्तान की आजादी के लिए लड़के और हासिल करके फिर हम इस खाई में खन्दक में, कुएँ में गिरेंगे अपनी कमजोरियों के, गौर करने की बात है, हमारे नौजवान आजकल है, अच्छे हैं, जबरदस्त उनके सामने नजारा है भविष्य का। हिन्दुस्तान का चमकता हुआ भविष्य, जिसका बोझा वो उठाएंगे, आगे चलायेंगे, जिसके लिए उन्हें आजकल तैयार होना है, स्कूल में कॉलेज में, या जहाँ कहीं हों, लेकिन आप भी बहक जाते हैं, भूल जाते हैं इन बड़ी बातों को और छोटी बातों में फंसते हैं, छोटे झगड़ों में पड़ते हैं और इससे अपने को बेकार करते हैं, और मुल्क की भी

कोई खिदमत नहीं करते। यह हमें सोचना है, यह सवाल बड़े हैं, सोचना है समझना है, किधर हम जा रहे हैं? जाहिर है कि अगर इतने हजार मुसीबतों का सामना करके हम यहाँ पहुँचे जहाँ आजकल हैं तो किसी की धमकी से, किसी की कमजोरी से यह काम छूटेगा तो नहीं। यह काम तो जारी रखना है और हिम्मत से हमें जारी रखना है चाहे कितनी ही रुकावटें आयें, कितनी ही मुसीबतें आयें और चाहे हम भी कमजोर हो जायें तो अपनी कमजोरी को निकाल के पकड़ के फेंक देना है, और सिर ऊँचा करके फिर आगे बढ़ना है। तो 11 वर्ष का जमाना हुआ। बहुत बड़ा जमाना, एक मुल्क की जिन्दगी में नहीं है फिर भी एक माकूल वक्त है। आप 11 वर्ष को देखिये हिन्दुस्तान की हालत क्या थी, 11 वर्ष पहले, तो भी आज हजार शिकायतें हैं, आपको, मुझे भी और मुल्क के रहने वालों को भी और ये सही भी है, पर ये भी देखें कभी मुसीबत पर मुसीबत आती है। मैंने आपसे कहा, फसलें खराब होने की, बाढ़ की, पानी न बरसने की, दाम की। लेकिन दाम बढ़ते हैं चीजों के, बढ़े हुए हैं आजकल, काफी मुसीबत है लोगों के लिए और अगर वो शिकायत करें तो मुनासिब है और हक है शिकायत करना उनका, मैं उससे इंकार नहीं करता। और अगर वो शिकायत करें इस बात की कि ऐसी हालत में भी लोग ऐसे हैं। चाहे वो व्यापार करते हैं या कुछ जो लोगों की मुश्किलों से फायदा उठाते हैं अपने फायदे के लिए, जो कि बजाए इसके कि इस वक्त मदद करें औरों की, और एक बोझा हो जाते हैं और गलत रास्ते पर चलते हैं और चोरबाजारी होती है यह सब बातें। अगर आप शिकायत करें तो सही है आपकी शिकायत, क्योंकि जो ऐसा काम ऐसे मौके पर करें, और जो मुल्क की जनता को इस तरह से नुकसान पहुँचाए, हानि पहुँचाएं, वो मुल्क के साथ गद्दारी करता है उसको समझना चाहिये कि बजाए इसके कि मुल्क की खिदमत करे, वह मुल्क हमारे सामने, दुनिया के सवाल हैं। हम भी दुनिया के हिस्से हैं इसलिए भी उन सवालों में भी भाग लेना पड़ता है, लेकिन असल हमारा सवाल हमारे मुल्क का है, हमारे घर का है। शहर का है, मोहल्ले का और हमारे पड़ोसी का है और हमें, चाहे हम वहाँ कन्याकुमारी और रामेश्वर रहें दक्षिण में, चाहे कश्मीर में, चाहे पूरब और पश्चिम, हम

एक हैं, एक मुल्क है, जिसको कोई तोड़ नहीं सकता, जिसको हम किसी को तोड़ने नहीं देंगे। हम और आप हिन्दुस्तान के वाशिन्दे हैं, हिन्दुस्तान के नागरिक हैं, सिटीजन हैं, हम इस मोहल्ले के खाली नहीं हैं और इस शहर के नहीं और इस प्रदेश के नहीं हैं। और उत्तर के नहीं दक्षिण के नहीं और पूर्व और पश्चिम के नहीं यह बात सब समझ लें। क्योंकि जो इसके खिलाफ हाथ उठायेगा और हिन्दुस्तान की एकता को कमजोर करने की कोशिश करेगा, उसका हमें मुकाबला करना है। चाहे कोई बाहर की ताकत हो या अन्दर की सिर उठाएं। क्योंकि यह बात अव्वल बात है। पहली बात है हिन्दुस्तान की एकता और हिन्दुस्तान की आजादी। क्योंकि अगर यह बात नहीं है तो हिन्दुस्तान की खुशहाली कैसे होगी? फिर खुशहाली का सवाल है जो हम कहते हैं कि हम अपने मुल्क को ले जायेंगे समाजवाद की तरफ। माना पैर हमारे फिसले, कमजोरी हमसे हुई, गलतियाँ हुईं और होंगी गलती से कौन बच सकता है, लेकिन जिस चीज की जरूरत है वो यह हमारे दिल और दिमाग में एक आग जलती रहे। एक चीज हमें धकेलती रहे एक तरफ, अगर हम ठोकर खाकर कहीं गिरें, तो ताकत हो फिर उठकर फिर आगे बढ़ने की। कुछ लोग क्या समझते हैं कि वो जमाना खत्म हो गया जबकि हिम्मत की जरूरत थी, बहादुरी की। जबकि हम भी जोश दिखाते थे एक जबरदस्त साम्राज्य की ताकत के, शान के खिलाफ। इस धोखे में कोई न पड़े अभी इस मुल्क में जान है और पहले से ज्यादा जान है, गफलत में कभी हम पड़ जाते हैं हमारे लोग और उस गफलत में पड़कर बड़ी बातें भूल जाते हैं। शायद अच्छा है कि और हमारे ऊपर सदमें हों, और हमारे ऊपर चोट हों, जो हमें फिर याद दिला दें कि हम क्या चीज हैं, हमारा मुल्क क्या है। क्या हमारा कर्तव्य है और फर्ज है और सही रास्ते पर हम आयें। इस दिन जो हम यहाँ आते हैं इस तारीख को, इस तारीखी किले के ऊपर जो कि एक जमाने से निशानी हो गयी यह किला निशानी था हमारी गुलामी का और अब निशानी है हमारी आजादी का, जो यहाँ हम जमा होते हैं एक फर्ज अदा करने खाली नहीं, हालांकि एक फर्ज है लेकिन फिर से याद दिलाने को अपने को, कि क्या हमने प्रतिज्ञा ली, क्या इकरार किया, क्या अहदनामे हमने किए। आगे किस रास्ते पर

हमें चलना है ताकि हम अपने इकरार को पूरा करें। इसलिए हम आते हैं और उन लोगों की याद करने जिन्होंने हमें यहाँ तक पहुँचाया और खासकर याद करने उस महापुरुष की, गाँधी जी की, जिसने हमें रास्ता दिखाया। बहुत सारे बच्चे यहाँ हैं नौजवान भी हैं जिन्होंने उनको देखा नहीं, जिनके लिए यह एक कहानी है, सारी हमारी आजादी की तारीख एक कहानी हो गई है। कहानी तो होगी, ऐसी कहानी जो सैकड़ों हजारों वर्ष रहे, लेकिन वो खाली कहानी नहीं है, बल्कि एक सबक है, जिससे हमेशा हम सबक नामा सीखें, और जब हम गलत रास्ते पर जाने लगें, याद करें उसको, और खासकर याद करें गाँधी को जिसने हमारे मुल्क को खड़ा किया और आजाद किया और उसके ऊपर अपनी जान न्यौछावर की।

जयहिन्द!

मेरे साथ आप भी तीन बार मिलकर जयहिन्द कहें।

तीन बार जयहिन्द! जयहिन्द! जयहिन्द!

15 अगस्त, 1959 को लाल किले की प्राचीर से प्रधानमंत्री जवाहर लाल नेहरू

बहनों और भाइयों और साथियों

आज फिर आप और हम यहां जमा हुए हैं, एक सालगिरह अपने आजाद हिन्द की सालगिरह और आज फिर हम कुछ तो पीछे देखते हैं कि क्या हमने किया और कुछ आगे देखते हैं कि क्या हमें करना है। बारह वर्ष हुए, हजारों वर्ष के इतिहास में इस मुल्क के, इसे कौम के, बारह वर्ष बहुत कम जमाना है। यहाँ दिल्ली के इधर-उधर की मिट्टी ने और पत्थरों ने हजारों वर्ष को आते और जाते देखा और अब इन बारह वर्षों को भी देखा, जिसमें आपने, हमने और हिन्दुस्तान के रहने वालों ने कोशिश की पुराने जमाने से, पुरानी मुसीबतों से, पुरानी गरीबी से अपने को निकालने की।

मुश्किल काम था, गुलामी को दूर करना ज्यादा मुश्किल था, क्योंकि इसमें अपनी कमजोरियों को निकालना था। पचासों पुराने बोझें जो हमारी पीठ पर थे, उनको हटाना था। बारह वर्षों में क्या हुआ, क्या नहीं हुआ, वह आपके सामने है। बहुत अच्छी बातें हुई, कुछ बुरी बातें हुई, जो मैं समझता हूँ भारत के आईन्दा के इतिहास में लिखी जाएंगी, और ऐसी बातें भी हुई जिन्होंने हमें कमजोर किया या हमारी कमजोरियाँ जाहिर हुई। फिर आज हम और आप मिले यहां, इस लालकिले के पास और अपने झण्डे को फिर से फहराया।

तो क्या आपके दिलों में है बात, क्या सोचते हैं आप आईन्दा के लिए? इन बारह वर्षों में काफी कठिनाइयों का सामना किया, मुसीबतों का, बाहर से अन्दर से। कभी अकाल, कभी फसलें खराब हुईं, काफी हमारी अपनी कमजोरियों ने भी हमारा पीछा किया। हममें से

लोगों ने गलत रास्ते अपनाएं, अपने लोभ में, खुदगर्जी में भूल गए कि कौम का और जाति का फायदा किसमें है भूल गए कि हम बड़े कामों में लगे हैं इस मुल्क को फिर एक शानदार और एक बड़ा मुल्क बनाना और वक्त खुदगर्जी में फंस के, उन्होंने कौम को, जाति को हानि पहुँचाई। आप लोग आजकल भी कुछ दिक्कतों में हैं, परेशानियों में हैं, महंगाई की और इस तरह की बातें, कुछ तो लाचारी है, पूरी तौर से काबू की बात नहीं हमारे इस समय, हालांकि काबू में वह आएगी। कुछ इंसान की बनाई हुई, इसांन की खुदगर्जी की बनाई हुई जो भी कुछ हो, उसका सामना करना है, लेकिन आज के दिन विशेषकर हमें याद रखना है हम क्या हैं, क्या होना चाहते हैं, किस रास्ते पर चलना चाहते हैं? फिर से जरा बारह वर्ष के पहले के जमाने को याद करना है, जबकि हमारे बड़े नेता गांधी जी हमारे साथ थे और उनकी तरफ हम देखते थे, वर्षों तक उनकी तरफ हमने देखा, वर्षों तक हमने उनके रास्ते पर चलने की कोशिश की और उस पर चलके सफलता मिली हमें। कहां तक हमें वह बातें याद हैं, कहां तक उसको हम सामने रखते हैं अपने कहां तक हम इस बात को हर वक्त याद करते हैं कि पहला काम हमारे मुल्क में अपनी एकता को बनाना है, क्योंकि अगर हम अलग-अलग टुकड़े में हो गए, अलग-अलग टुकड़े चाहे वह सूबे के हों, चाहे वो भाषा के हों, चाहे जाति के, धर्म के या कोई और हों, तब सारी हमारी ताकत खत्म हो गई तब हम गिरते हैं, आगे नहीं बढ़ते। तब बजाए इसके कि आईन्दा का हमारा इतिहास एक चमकता हुआ हो, छोटी-छोटी कौमों की लड़ाई का हो जाता है। इसलिए पहली बात याद रखने की है हमारी एकता, और यह कि जो हमारे आपस में दीवारें हैं, पुरानी या नई उनको हमें तोड़ना है और हमेशा हमें सोचना है अपने मुल्क की, भारत की और एक उसके हिस्से की नहीं, चाहे वह हिस्सा कितना हो भला और अच्छा क्यों न हो। क्योंकि वह हिस्सा अगर उसमें कुछ ऊँचाई है तो इसलिए कि भारत का वह हिस्सा है भारत के हिस्से न होने पर उसकी कोई ऊँचाई और अहमियत नहीं रहती। तो यह बात हमें याद करने की हैं, क्योंकि इस जमाने में रह कर हम अपने जातिभेद में, इस क्रर आदी हो गए टुकड़ों-टुकड़ों में रहकर कि मिलकर रहने की आदत पूरी नहीं

आई। इसको भी हमें हटाना है और इस पर भी फतेह पानी है। दूसरी बात यह कि हमारे आईन्दा का ध्येय क्या है मकसद क्या है आर्थिक है, सामाजिक है, हिन्दुस्तान से गरीबी निकालनी है, सब बातें कही जाती हैं और सही है, लेकिन आखिर में किस गज से आप इन बातों को नापेंगे। एक गज गांधी जी ने हमें बताया था, और हमने स्वीकार किया कि सही तरह से हिन्दुस्तान के आम लोग आगे बढ़ते हैं। खास लोग बढ़े हुए हैं उनकी कोई खास फिक्र नहीं करनी है। वह अपने को देखभाल भी कर लेते हैं, ऊँची आवाज से शिकायत भी कर सकते हैं जब जरूरत हो, लेकिन जो आम लोग हैं, जो अक्सर खामोश लोग हैं और खासकर जो हमारे लोग गांव में रहते हैं उनकी देखभाल करें, कौन उनको उठाएं? क्योंकि याद रखिए दिल्ली शहर एक खास शहर है, हिन्दुस्तान का और दुनिया का, आप और हम जो दिल्ली में रहते हैं वह एक मायने में खुशनसीब हैं, लेकिन दिल्ली शहर हिन्दुस्तान नहीं है, हिन्दुस्तान की राजधानी है।

हिन्दुस्तान तो लाखों गांव का है और जब तक वह लाखों गांव हिन्दुस्तान के नहीं उठते, नहीं जागते, नहीं आगे बढ़ते, तो दिल्ली और बम्बई और कलकता और मद्रास हिन्दुस्तान को नहीं आगे ले जाएंगे। इसलिए हमेशा हमें अपने सामने यह लाखों गांवों को रखना है, किस तरह से वह बढ़ें, किस तरह से बढ़ेंगे वह? आपकी और मेरी कोशिश से जरूर, लेकिन आखिर में वह बढ़ेंगे अपनी कोशिश से, अपनी हिम्मत से, अपने ऊपर भरोसा कर के और इस वक्त जो हमारे ऊपर एक मुसीबत आई है, वह यह कि हमारे लोग अपने गांव वाले तगड़े लोग हैं, भले लोग हैं। हर वक्त एक आदत पड़ गई हैं देखें कि सरकारी अफसर कुछ कर दें, सरकार उनके लिए कुछ कर दें, बजाए इसके कि खुद उठ खड़े हों और काम करें। इसीलिए योंजनाएं बनीं कि वह खुद करें विकास योजना, डेवलपमेंट वगैरह, अगर वह ठीक-ठीक चलें, तो एक क्रान्तिकारी चीज है भारत के लिए, दुनिया के लिए, सारे हिन्दुस्तान के बड़े पाँच लाख गांव जाग उठें।

और अगर वहां महज सरकारी अफसर काम करते हैं, तब क्रान्ति नहीं है। तब एक मामूली ढ़ंग, एक अफसरी ढ़ंग है जो बेजान

हो जाता है। जान अन्दर से आती है, ऊपर से नहीं डाली जाती है किसी कौम में। इसलिए हमारे लिए एक बड़ा सवाल हो गया है। इस मुल्क में चाहे शहर के रहने वाले हों, चाहे गांव के, देहात के कि हम लोग अपने पैरों पर, टांगों पर खड़े हों अपने सहयोग से काम करें जरूर हुकूमत की मदद से कौम नहीं बढ़ती है, कौम अपने पैरों से बढ़ती है। यह बात विशेषकर गांव के लिए है, इसीलिए हमने कहा कि सहयोग, सहकारी समितियों में काम हों, कि लोगों की शक्ति बढ़े, लोग निकलकर काम करना सीखें और उनके ऊपर भरोसा करना सीखें इसके मांने नहीं कि एक जो शासन हो, जो हुकूमत का दखल कम से कम हो, और लोग अपने हाथ में बागडोर अपनी लें। हां, जो बड़ी उसूली बातें हैं, वह निश्चय हों। तो यह एक दूसरी बात याद रखने की है। किस गज से हम नापें हिन्दुस्तान की तरक्की? वो एक ही गज है किस तरह से यहां के चालीस करोड़ लोग बढ़ते हैं। कैसे बढ़ती है कौम? अपनी मेहनत से। कैसे गरीब कौम खुशहाल होती है, अपनी मेहनत से। कोई जा के औरों की खैरात से तो उठते नहीं लोग। तो अगर हमारे लोग बढ़ेंगे, तो अपने परिश्रम और मेहनत से जिसे वह पैदा करें, दौलत पैदा करें, धन पैदा करें, जो मुल्क में फैलें। मुल्क दुनिया के खुशहाल मुल्क हैं आज बाज गरीब हैं। खुशहाल मुल्कों को आप देखिए, कैसे हुए हैं खुशहाल वह? मेहनत से और परिश्रम से चाहे यूरोप के, चाहे अमेरिका के, चाहे कोई एशिया के मुल्क जो हैं ऐसे, खुशहाल हों। सभों के पीछे मेहनत है, परिश्रम है, रात और दिन की मेहनत है और एकता है। दो चीजों ने उनको बढ़ाया, बगैर इसके नहीं कोई बढ़ता। हमारे यहां अभी हिन्दुस्तान में काफी मेहनत करने की आदत आमतौर से नहीं हुई है। हमारा कसूर नहीं, आदतें ऐसी पड़ जाती हैं, वाक्यात से। लेकिन बात यह है कि हम इतना काम नहीं करते, जितना कि यूरोप वाले या जापान वाले या चीन वाले या रूस वाले करते हैं, या अमेरिका वाले। यह न समझें कि वह कौमें खुशहाल हो गई, कोई जादू से, वे मेहनत से हुई हैं और अक्ल से हुई हैं। तो हम भी मेहनत और अक्ल से बढ़ सकते हैं कोई और चारा नहीं, कोई जादू से नहीं बढ़ सकते। क्योंकि दुनिया चलती है इन्सान के काम से, इन्सान की मेहनत से सारी दुनिया की

दौलत पैदा होती है, चाहे जमीन पर किसान काम करता है, या कारखाने में, या दूकान में या कारीगर, उससे काम चलाता है। कुछ बड़े अफसर दफ्तरों में बैठ के इंतजाम करते हैं वह दौलत नहीं पैदा करते हैं। दौलत पैदा करता है किसान अपनी मेहनत से, या कारीगर या तो हमें अपने काम, अपनी मेहनत को बढ़ाना है।

अभी मुझे खुशी हुई यह देखकर कि पंजाब के सूबे में काम करने के वक्त बढ़ाये गये, इससे पंजाब की दौलत बढ़ेगी, पंजाब के लोंगों को फायदा होगा, और किसी को नहीं। हमारे यहां छुट्टियां हैं इतनी छुट्टियां हैं कि इसमें कोई मुल्क हमारा मुकाबला नहीं कर सकता, दुनिया भर में। छुट्टी अच्छी चीज है, आदमी को ताजा करती है, लेकिन जरूरत से ज्यादा छुट्टी जरा कमजोर भी कर देती हैं और काम की आदत भी छूट जाती है।

तो हम इस वक्त आप जानते हैं एक दरवाजे पर हैं, तीसरे पंचवर्षीय योजना के पहले दो हो गए और उनसे हमें लाभ हुआ, फायदा हुआ और ज्यों-ज्यों हम आगे बढ़ें, हमारे सवाल भी बढ़े हमारे सामने, सवालों ने हमें घेरा, हाथ-पैर हमारे पकड़े, और अक्सर उनका बोझ बहुत जबर्दस्त हो गया। लेकिन हम बढ़े और यह बढ़ने की निशानी है कि सवाल भी हमारे सामने आए हैं। जो नहीं आगे बढ़ता उसके सामने न सवाल हैं, न जवाब हैं। आज भी हम सवालों से घिरे हैं, परेशानियों से घिरे हैं, लेकिन वह परेशानियां और वह सवाल एक बढ़ते हुए मुल्क के हैं उसकी तकलीफ भी उठानी पड़ती है। बड़े-बड़े जो कारखाने बन रहे हैं तरह-तरह के बड़े, क्या मायने हैं इसके, वह कोई कारखाना खाली नहीं है, बल्कि वहां से एक नई जान निकलेगी, जिससे हिन्दुस्तान के कोने-कोने में बड़े-बड़े उद्योग धन्धे बड़े-बड़े इण्डस्ट्रीज बनें, वह एक बुनियाद होगी, कि यहां लाखों आदमियों के लिए काम निकले और वह लाखों आदमी अपने काम से दौलत पैदा करें। इस तरह से आप देखें, सारे पंचवर्षीय योजना खाली एक-एक चीज इधर बनानी नहीं है, बल्कि एक जबर्दस्त इमारत बनानी है, आजाद और खुशहाल हिन्दुस्तान की। अब उसके बनाने में बुनियाद है, और जब वह बुनियाद मजबूत न हो, ऊपर से वह कैसे बने? बुनियाद दिखती नहीं है हालांकि अब दिखने लगी है।

तो यह दो पंचवर्षीय योजनाओं में हुआ, और हो रहा है। तीसरी आती है आपके दरवाजे पर है, अभी साल डेढ़ बरस बाद, दो बरस बाद, उसकी अभी से तैयारी है और मैं चाहता हूँ आप समझें उसको, क्योंकि वह भी कोई आराम का वक्त नहीं लायेगी। हमें और कर के उसको भी पूरा करना है, मेहनत से बगैर मेहनत के बगैर तकलीफ उठाए कोई कौम बढ़ती नहीं है। जो लोग नहीं करते हैं वह ढ़ीले हो जाते हैं, उनका मुल्क ढ़ीला हो जाता है, उनका कदम हल्का हो जाता है।

तो हमारे सामने फिर से इम्तहान है एक चुनौती है दुनिया की, और दुनिया की नजरें भी किसी क्रर हमारी तरफ हैं। यह एक बड़ा जबर्दस्त मुल्क, जिसने इस जमाने में भी एक ऐसा आदमी पैदा किया, जैसे महात्मा गांधी, अब क्या करना है और अब हम कारखाने बनाएं और अपनी खेती की तरक्की करें और अपने यहां गल्ला ज्यादा पैदा करें, जो-जो जरूरी बातें हैं हम करें, लेकिन किस ढ़ंग से हम इन कामों को करते हैं, शान से, सिर ऊँचा करके, या सिर झुका के और बुरे रास्तों पर चलके, यह बात याद रखने की है। क्योंकि जो अव्वल, दूसरा और तीसरा सबक गांधी जी ने हमें सिखाया, वह सिर ऊँचा रखने का, वह यह कि कभी गलत काम न करें, कभी झूठे रास्ते पर न चलें, कभी खुदगर्जी में मुल्क को नुकसान न करें। यह उनका बुनियादी सबक था, बड़ों के लिए, बच्चों के लिए और जिस वक्त उन सबको भूलें उस वक्त हम गिरते हैं। इसलिए बारह वर्ष गुजरे और तेरहवें वर्ष में हम और आप कदम उठाते हैं, सिर ऊंचा करके कदम उठाइए, पैर मिला के आने चाहिए, हाथ मिलाके आगे चलिए, और यह इरादा कर के कि जो हमारी मंजिल है वहां हम वक्त से पहुँचें।

जयहिन्द। जयहिन्द। जयहिन्द।

15 अगस्त, 1960 को लाल किले की प्राचीर से प्रधानमंत्री जवाहर लाल नेहरू

बहनों और भाइयों, हमवतनों,

कल आपने जन्माष्टमी मनाई थी। आज हम आजाद हिन्दुस्तान का जन्मदिन मनाने जमा हुए हैं। याद है आपको जब 13 वर्ष हुए इस मुकाम से यह हमारा प्यारा झण्डा पहली बार लाल किले पर फहराया था और उसने दुनिया को घोषणा की थी कि एक नया मुल्क पैदा हुआ, लेकिन असल में वह इतना खुशी का दिन नहीं था जितना पुरानी यादों का दिन कि जो हमने प्रतिज्ञाएं ली थी, इकरार किये थे, वह कुछ पूरे हुए थे, लेकिन पूरे होते-होते नयी मुसीबतें, नये सफर आगे आये थे और इसलिए यह जरूरी हुआ कि हम फिर से अपने दिल को कड़ा करें, अपने जिस्म को सीधा करें, अपने सिर को ऊँचा करें और कदम बढ़ायें।

एक मंजिल पूरी हुई, लेकिन सफर खत्म नहीं हुआ। दूसरी मंजिल फौरन सामने आयी, और इस तरह से हम आगे बढ़े, ऊँच-नीच, कभी-कभी ठोकर खाकर गिरे, लेकिन जब-जब हमने अपने पुराने सिद्धान्तों को, पुरानी बातों की याद की, अपने पुराने बड़े नेता गाँधी जी की याद की, फिर हममें ताकत आयी। तो आज हम यहाँ जमा हुए हैं कोई तमाशे के तौर पर नहीं, तमाशा देखने या दिखाने, लेकिन पुरानी याद करने और आगे देखने। इसलिए कि फिर से हम पुरानी प्रतिज्ञायें अपने सामने रखें। हमें आजादी मिली, परिश्रम से, कुरबानी से, मेहनत से सब बातों से, लेकिन अगर आप समझें कि आजादी मिल के काम कौम का खत्म हो जाता है, तो वह गलत विचार है। आजादी की लड़ाई हमेशा जारी रहती है, कभी उसका अन्त नहीं होता, हमेशा उसके लिए

परिश्रम करना हमेशा उसके लिए कुर्बानी करना, तब वह कायम रहती है। यहाँ कोई मुल्क या कौम ढीला पड़ जाता है, कमजोर हो जाता है, असली बातें भूल के छोटे झगड़ों में पड़ जाता है, उसी वक्त उसकी आजादी फिसलने लगती है। इसलिए आज के दिन जैसे मैंने आपसे कहा, कोई एक तमाशे का दिन नहीं है। यह एक फिर से इकरार लेने का दिन है, फिर से प्रतिज्ञा करने का, फिर से जरा अपने दिल में देखने का कि हमने अपना कर्तव्य पूरा किया कि नहीं? पहला कर्तव्य, पहला फर्ज किसी मुल्क के लिए, किसी कौम के लिए, क्या होता है? पहला फर्ज है अपनी आजादी को मजबूत करना और कायम रखना। क्योंकि इसके अलावा, अगर इसको आप दूसरा दर्जा दें तो और चीजें मिट जाती हैं। इसलिए हर बात को इसी गज से नापना होता है। यह चीज हमारे मुल्क की आजादी को कायम रखती है हमारे मुल्क की एकता को कायम रखती है और हमारे मुल्क की तरक्की करती है। अगर हममें से कोई इस बात को भूल जाये अगर हममें से कोई अपने सूबे को सामने रखे, अपने प्रान्त और प्रदेश को, मुल्क को भूलकर अगर हम कभी इस सम्प्रदाय में या दूसरे सम्प्रदाय में जायें, अगर हम अपनी जाति को और कास्ट को आगे रखें मुल्क के, अगर हम अपनी भाषा को आगे रखें मुल्क के, तो हम तबाह हो जायेंगे और मुल्क तबाह होगा।

यह सब बातें अच्छी हैं अपनी जगह पे हमारा शहर है, हमारा सूबा है, मोहल्ला है, मुबारक हो हमको। हमारा खानदान है, परिवार है, प्रेम है हमें उससे, लेकिन जहाँ हमने अपने परिवार को मुल्क के ऊपर रखा, जहाँ हमने शहर को प्रदेश को, भाषा को, सम्प्रदाय को किसी चीज को हमने अपने देश के ऊपर रखा, तो देश फिर से गिरने लगेगा और यकीनन गिरेगा। मैं आपको याद दिलाता हूँ इसलिए इस बात को कि याद दिलाने का मौका आया, वक्त आया, क्योंकि हम भूल जाते हैं इन बातों को, भूल जाते हैं कि किस तरह से चालीस-पचास वर्ष की मेहनत, परिश्रम, बलिदान, कुर्बानी, से हमने अपने देश को ढाला, हमने, मैंने तो नहीं, हमारी कौम ने, गाँधी जी के नीचे देश को ढाला और ढालकर उसे मजबूत बनाया, उसको एक बड़ा हथियार बनाया, शांतिमय

हथियार, जिससे हम स्वराज लें। स्वराज लेना क्या काम था, स्वराज तो मिल ही जाता, जिस वक्त हमारे मुल्क की एकता हुई, एक मुल्क में परिश्रम करने की ताकत आयी, क्योंकि याद रखो कि कोई बाहर का दुश्मन नहीं है जो हमारा नुकसान ज्यादा कर सकता है, अगर हमारा दिल ठीक है, हमारा दिमाग ठीक है, हम मिलकर काम करते हैं और निडर रहते हैं।

डर बाहर से कभी नहीं इस मुल्क को हुआ, डर अन्दर से हुआ, अन्दर की कमजोरी से, अन्दर की फूट से, अन्दर की छोटी बातों से, अलग-अलग हम टुकड़े हो जायें, यह चीज मुल्क को कमजोर करती है। इस चीज ने मुल्क को पिछले जमाने में सैकड़ों वर्षों से कमजोर किया और बाहर के लोगों ने आकर फतेह कर लिया, अपनी ताकत से नहीं, हमारी कमजोरी से, हमारी जहालत से वो आये यहाँ। तो फिर कहीं-कहीं फिर से नजर आता है यह जहालत और यह कमजोरी और कभी जबान के नाम से भाषा के नाम से लोग बड़े मैदान में लड़ने को आने की कोशिश करते हैं, कभी कुछ भूल के कि असल चीज जिसके सामने उन्हें सिर झुकाना है वह अपना मुल्क है और मुल्क की एकता है और जो उसको भूल जाता है और जो मुल्क को भूल जाता है वह मुल्क को नुकसान पहुँचाता है, चाहे कितनी लम्बी-लम्बी बातें कोई कहे। याद रखने की बात है, अच्छी तरह से इसको, और महज याद रखने की बात नहीं है, बल्कि मैं आपसे कहता हूँ, वक्त आया है कि हर एक हिन्दुस्तानी को अपने दिल को टटोलकर देखना है कहाँ है वो अपने मुल्क के तरफ है या किसी गिरोह की तरफ है यह जवाब आपको एक-एक आदमी को देना है और एक-एक औरत को, और एक-एक बच्चे को। वक्त आ गया है कि इस मामले में कोई ढील नहीं हो, इसमें कोई धोखा नहीं हो, इसमें कोई फरेब न हो। जिस तरह से हम अलग-अलग लड़े, देखते नहीं कि हमारी सरहद पर क्या होता है, देखते नहीं कि हमारी इस वक्त आजकल की दुनिया में क्या हो रहा है उलट-पलट, क्या नये-नये हथियार हैं। क्या बड़े-बड़े जंगी पहलवान दुनिया में लड़ाई की तैयारी करते हैं और मालूम नहीं कब आग लग

जाये। इस सब बातों को भूलकर, अपने मुल्क की एकता को भूलकर हम पड़े इन बातों में, तो फिर आईन्दा जो इतिहास के लिखने वाले होंगे, क्या लिखेंगे इस जमाने को। लिखेंगे कि हाँ हिन्दुस्तान के लोगों ने एक बड़ा लीडर उनके पास आया, बड़ा नेता गाँधी और उसने हिन्दुस्तान के लोगों को जो गिरे हुये थे, गुलाम थे उनको सिखाया मिलकर काम करना, उनको सिखाया जो उनके बीच में दीवारें हैं उनको तोड़ देना। जो बिचारे नीचे थे गिरे हुए थे हरिजन भाई थे उनको ऊँचा किया, क्योंकि उसके सामने यह मकसद था कि हिन्दुस्तान के सब लोग चाहे उनका जो धर्म हो, मजहब हो, चाहे जो जाति हो, वो सब बराबर से फायदा उठायें, आजादी हों। आजादी आयी, 'इण्डेपेन्डेंस' आयी, किसके लिए आजादी आई किसके लिए इण्डेपेन्डेंस। क्या चन्द लोगों के लिए आयी, क्या जवाहर लाल के लिए आयी कि उसको आपने चन्द रोज के लिए प्रधानमंत्री बना दिया, जवाहर लाल आयेंगे और जायेंगे और लोग भी आते हैं और जाते हैं, लेकिन हिन्दुस्तान तो आया ही है, जाता नहीं है और रहेगा। तो फिर सबके लिए जो हिन्दुस्तान के चालीस करोड़ आदमी हैं और औरतें हैं और बच्चे हैं जो हिस्सेदार हैं, वारिस हैं इस आजादी के, उनको पूरा इससे फायदा मिलता है तब आजादी पूरी हो। इसी के लिए हमने कोशिश की, हम कोशिश करते हैं। इसी के लिए पंचवर्षीय योजना और क्या-क्या बातें आती हैं, कि सारे हिन्दुस्तान के चालीस करोड़ आदमी और औरत, हिस्सेदार हों, आजादी में हिन्दुस्तान की, बराबर के हिस्सेदार हों, इसीलिए हम कहते हैं कि हमारा मकसद हमारा ध्येय समाजवाद हैं, जिसमें बराबर हो सभी की। मुश्किल सवाल है, एकदम से नहीं हो सकता क्योंकि हजार उसमें खाई-खंदक हैं, दिक्कतें हैं, परेशानियाँ हैं। क्योंकि एकदम से आज एक आदमी को बदल नहीं सकते, एकदम से आप चालीस करोड़ आदमियों को नहीं बदल सकते, न मुल्क को बदल सकते हैं। लेकिन हर वक्त अगर दिमाग में यह तस्वीर रखें, किधर हम जा रहे हैं कि एक समाज बने, समाजवादी उसूलों पे जब सभी को बराबर का अधिकार उसमें मिले, चाहे वो गाँव में रहें या शहर में रहे, सभी को बराबर की तरक्की का मौका मिले,

और उसके लिए हम काम करें और मुल्क की दौलत अपने परिश्रम से, मेहनत से बढ़ाएं और उसको देखें कि ठीक बंटती है, खाली कुछ जेबों में अटक नहीं जाती, तो यकीनन वहाँ हम इस मंजिल पर भी पहुँचेंगे, जमाना लगता है। यह कोई जादू नहीं है कि माला जप के हासिल नहीं कर लेना है। परिश्रम से, पसीने बहाकर, कभी-कभी खून बहाकर भी यह बातें हासिल होती हैं तो फिर वो जो इतिहास वाला लिखे कि हाँ एकदम से हिन्दुस्तान के लोग ऊपर हिमालय से लेकर कन्याकुमारी तक जागे और उठे, सिर ऊँचा हुआ जो पीठ पर उनके बोझे थे बहुत कुछ उन्होंने फैंके। अपने बड़े नेता गांधी जी से सबक सीखकर आगे बढ़कर उन्होंने हिन्दुस्तान को आजाद किया। सैकड़ों वर्ष बाद हिन्दुस्तान फिर से चमका, फिर से उसकी आवाज उठी और दुनिया ने उस आवाज को सुना और उसपे असर हुआ क्योंकि वह हिन्दुस्तान की भारत की असली आवाज थी, कोई नकली नारे नहीं थे, इधर-उधर से लिये हुए। सुना उसको और उसकी कदर हुई और फिर क्या, उसी हिन्दुस्तान के उन्हीं लोगों ने जिन्होंने हिम्मत दिखायी थी, एक ख्वाब में पड़ गये, स्वप्न में, गफलत में पड़कर आपस में लड़ाई लड़ने लगे कहीं किसी नाम से, कहीं मजहब का नाम, कहीं धर्म का, कहीं जाति का, कहीं जबान का नाम, कहीं सूबे का। इन सब बातों में पड़कर आपस में लड़ रहे हैं और दुनिया ने सोचा कि क्या तमाशा है? क्या हमें धोखा हो गया था इनका अंदाजा करने में, जरा आप सोचें और आज के दिन खासतौर से, क्योंकि आज का दिन जैसे मैंने आपसे कहा तमाशे का नहीं है, याद करने का है, ध्यान देने का है, दिल में देखने का है, और प्रतिज्ञा करने का है। इसलिए अगर आज के दिन कुछ लोग कहें कि हम आज के दिन को नहीं मनाते, इसलिए कि हमें रंज है किसी बात का, उनको रंज है सही रंज हो सकता है। मैं उसमें नहीं कहता, लेकिन उससे जाहिर हुआ कि वह छोटी बातों में पड़े हैं और भूल गये कि आज के दिन की अहमियत क्या है? भूल गये कि हिन्दुस्तान क्या है और भारत माता क्या है? और हर दुनिया की चीज उससे कम है हमारी आँखों में चाहे कोई चीज हो, चाहे सूबा हो, चाहे भाषा हो, चाहे रंज हो, चाहे खुशी हो, इस

तरह से हमें इन बातों को देखना है। आपने देखा कि एक हादसा हुआ तकलीफदेह, परेशान करने का हादसा। असम, हमारे प्रदेश में हुआ और असम और बंगाल के हमारे बड़े-बड़े प्रदेश इसमें फंस गये, रंज में, दिक्कत में, मुसीबत है। उसको हमें दूर करना है और करेंगे हम उसे दूर, कोई शक नहीं, लेकिन लोग उसमें पड़के, एक-दूसरे से रंजिश में आकर, बात को सम्भालने नहीं देते, वो जमती नहीं बात। एक-दूसरे की बुराई करते रहते हैं। याद रखिए कि दुनिया में बहुत सारी खराबियाँ होती हैं, लेकिन एक ऐब एक खराबी, एक गुनाह, एक पाप, एक कमजोरी जो कुछ उसे कहिए सब में बड़ी जो है, वो डर है। डर से ज्यादा बुरी चीज कोई नहीं है। क्योंकि जितनी खराबियां दुनिया में हैं, सब डर की औलाद हैं। एक दफे एक कौम में या इंसान में डर आ जाएगा तो फिर और सब खराबियां उसमें आ जाएगी। वह झूठा होगा, मक्कारी करेगा हर किस्म की बात करेगा। उसका सिर नीचा होगा, उठ नहीं सकता, और अगर हिन्दुस्तान में ताकत आई थी तो उस आदमी ने गाँधी ने ताकत दी थी कि हमारे दिलों से डर निकला। बड़े-बड़े साम्राज्यों का डर निकाला और हममें एकता सिखाई। तो यह क्या बात है कि लोग एक-दूसरे से डरें असम में या बंगाल में हमेशा के रहने वाले क्या बात है कि उस ख्याल में, विचार में पड़कर परेशान होकर वो भूल जायें कि असम और बंगाल से एक चीज ज्यादा है बड़ी है और वो भारत है और हिन्दुस्तान है। जो लोग भारत को भूलते हैं वे न बंगाल की सेवा करते हैं न आसाम की सेवा करते हैं। अगर हममें से कोई इस बात को भूल जायें कि उनका पहला धर्म और कर्तव्य क्या है, उन्होंने अपने मुल्क के साथ वफादारी नहीं की, धोखे से, गलती से, यह बात उन्हें समझानी है और आज के दिन हमें और आपको सबको समझनी है। इस बात का पक्का इरादा करना है कि हम ऐसी कमजोरियों को हटायेंगे अपने मुल्क से। जरा इधर देखें आप दिल्ली के पास पंजाब है। अजीब तमाशा कुछ दिनों से वहाँ मचा हुआ है, भाषा के लिए और सूबे के नाम से। यह बातें अच्छी हैं, या बुरी, यह मौका नहीं है मेरे कहने का। लेकिन यह मैं जानता हूँ कि जो बातें पंजाब में हुई हैं और जिस ढंग से कार्रवाई हो

रही है, वो बुरी है और गलत है और हिन्दुस्तान की आजादी के खिलाफ है। पंजाबी जबान एक शानदार जबान है, एक मुबारक जवान है एक ताकतवर जबान हैं, और मैं समझता हूँ कि हर पंजाबी का हक है और फर्ज है उसको सीखने का और सीखें। क्योंकि जो नहीं सीखता तो वह एक अपनी दौलत को छोड़ देता है। हिन्दुस्तान का एक धन और दौलत है वो चीज, मेरी समझ नहीं आता कैसे बहसें छिड़ती हैं? कि हिन्दी और पंजाबी या बंगाली और असमी सब हमारी थैली के सोना है, जेवरात हैं, संस्कृति हैं, हिन्दुस्तान की, खाली एक छोटे दिमाग अनपढ़ दिमाग नालायक दिमाग एक जवान को दूसरे जवान के मुकाबले में खड़ा करते हैं। जो लायक हैं वह दूसरे से सीखते हैं, दूसरे का मुकाबला नहीं करते हैं। किस ढंग में हम पड़े? किन गलतियों में हम आ गये हैं? किस छोटेपन में हम आ गये हैं? एक बड़ा देश है हमारा। बड़ी कौम है, बड़ा इतिहास है, हजारों वर्ष हमारी याद में हैं हमारी कौम के, उसमें अच्छी बातें, बुरी बातें हैं। फिर से एक नया जमाना शुरू हुआ, नया युग शुरू हुआ, फिर से कुछ दिमाग हमारे ताजे हुए, हाथ पैर तगड़े हुए और हम आगे बढ़े। फिर आए लोग वही पुराने झगड़े हमारे दिमाग में डालने, हमारे हाथ-पैर लड़खड़ाने लगे इन बातों से, कोई कहे कि जाति का, कौम का नाम ले के, कोई भाषा का नाम लेकर भाषा की खराबी करें। भाषा एक चीज है ऊँचा करने की, मजहब एक चीज है ऊँचा करने का, लड़ाई लड़ने के लिए नहीं। हिन्दुस्तान का कौन सूबा हो बड़ा और कौन छोटा, इस पर लोग लड़ाई लड़े और उसमें हिन्दुस्तान के एक शरीर को घायल करें। इस तरह से कोई मुल्क की सेवा करता है? तो इन बातों को आप गौर करें। हमारी कोई ख्वाहिश नहीं कि हम किसी दूसरे मुल्क पर, किसी दूसरी जमीन पर हमला करें, वो जमाना गुजरा। लेकिन हाँ उसी के साथ यह भी बात कि हमारी जमीन पर, हमारे लिए एक हमारे घर में हम किसी दुश्मन को नहीं आने देंगे। दोनों बातें साथ चलती हैं अपनी कद्र और दूसरे की भी कद्र लेकिन दूसरा जो हमारी शान के खिलाफ बात करें उसका मुकाबला हर तरह से करेंगे। अगर हमारी सरहद पर कोई खतरा हो तो उसका मुकाबला करेंगे। लेकिन हम

बालिस्त पर भी किसी की जमीन नहीं चाहते, किसी और के हक पर दखल नहीं देना चाहते। क्योंकि हमारा उसूल है कि सारी दुनिया में लोग अपने-अपने मुल्क में, अपनी-अपनी जगह आजाद रहें। हमारा उसूल हैं एक बड़ी आजादी को छोड़िए, आप जानते हैं कि एक-एक गाँव में पंचायती राज्य शुरू किया, कि गाँव वाले भी आजादी के हिस्सेदार हों और खुद अपना प्रबन्ध और इंतजाम करें। एक कसर रह गयी हमारे इस सिलसिले में एक कमी रह गयी है हिन्दुस्तान की आबादी में और लोग शायद समझते हों कि हमें वो याद नहीं रहती। लेकिन वो हमेशा याद रहती है और वह कभी पूरी होगी, वो कभी है छोटा हिस्सा हिन्दुस्तान का, जिसका नाम गोवा है। याद रखिए और दुनिया याद रखे इसको कि हर वक्त हमारे दिमाग में है और दिल में है और यह महज हमारी हिम्मत है कि हमने हाथ उठाना रोका है, कमजोरी नहीं है, यह शान है और हिम्मत है क्योंकि हम अपने उसूलों पर चिपके हैं कि हम फौजी जरिये से इस बात को हल नहीं करेंगे। लेकिन यकीनन से हिन्दुस्तान की याद में है और वो हल करेगा। तो मैं चाहता हूँ इसको दुनिया याद कर लें और जो मुल्क गोवा को दबाए हैं वो भी इसको समझ लें और याद कर लें, और किसी धोखे में न पड़ें।

जरा आप आजकल की दुनिया को देखें किस ढंग की दुनिया है, कैसे फिर से फायदा हो रहा था, हम समझते थे, हवा अच्छी हो रही थी, फिर बिगड़ी और एक-दूसरे के दिल में, विष और जहर फैलने लगा बड़े मुल्कों के, फिर एक-दूसरे को बन्दूक और तलवार दिखाने लगे और बन्दूक तलवार के अलावा जो बड़े-बड़े हथियार हैं। ऐसी दुनिया खतरनाक है, भयानक है। जो लोग जरा भी गफलत में पड़ते हैं वो गिर जाते हैं, यह बातें हमें याद करनी हैं आज के दिन और खासकर आज के दिन याद करना है हमें उस शख्स को, जिसने हिन्दुस्तान की ताकत बढ़ाई हिन्दुस्तान की एकता बढ़ाई और हिन्दुस्तान को आजाद करवाया। गाँधी जी का नाम हमें याद रखना है, नाम याद रखने से क्या होता है, उनका काम, उनके सिद्धान्त, उनके उसूल याद करने हैं। और इस तरह से हमें अपने मुल्क को बढ़ाना है। क्योंकि हमारा मुल्क कोई

छोटा-मोटा मुल्क नहीं है, चाहे इधर-उधर चला जाए, हमारे मुल्क की किस्मत में दो ही बातें लिखी हैं एक शान से दुनिया में सिर उठाकर आगे बढ़ना, एक गिर जाना अगर हम कमजोर हैं, बीच की हैसियत हमारी नहीं रह सकती। जाहिर है कि हम अपने मुल्क को गिरने तो नहीं देंगे, वो जमाना गया जब यह मुल्क गिर जाए, या हमारी कौमें इसको बर्दाश्त करें। इसलिए दूसरा ही रास्ता हमारे लिए है और वो यह है कि सिर उठाकर मजबूती से कदम मिला के हाथ मिला के हम आगे बढ़ें, एकता से और कोई चारा नहीं है और जो रास्ते में आये इसके, उसको हम हटायें रास्ते से, क्योंकि बर्दाश्त नहीं रही है कि छोटी-मोटी बातों में हम हिन्दुस्तान की किस्मत को बेच दें और खराब कर दें,। लेकिन यह मेरे हाथ में तो नहीं है, आप मुझे चन्द दिनों के लिए प्रधानमंत्री बनाएं, मैं आया-गया और मुझमें हजार कमजोरियां हैं। असल में हिन्दुस्तान की ताकत है, तो हिन्दुस्तान की जनता में है आप लोगों में है और आप ऐसे जो करोड़ों आदमी हिन्दुस्तान में हैं। आपको इसको समझना है, और समझाना है खासतौर से आज के दिन कि आपको, सभी का हमारा क्या कर्तव्य है, किस तरह से हम यह जो एक बेशकीमती चीज हमारे हाथ में है, हिन्दुस्तान की आजादी, जिसके जरिये से लेकर हम सारे हिन्दुस्तान के चालीस करोड़ आदमियों को उठाएंगे, कहीं हमारे हाथ से फिसल न जाए, कहीं निकल न जाएं अपनी कमजोरी से, यह कोई चन्द अफसरों की, मंत्रियों की, प्रधानमंत्रियों की बातें नहीं हैं जो मैं आपसे कह रहा हूँ, यह हिन्दुस्तान के करोड़ों आदमियों की बात है, एक-एक गाँव की, इसलिए मैंने आपसे कहा है हम पंचायती राज चाहते हैं वहाँ, कि एक-एक पंचायत में वहाँ के लोग पंच-सरपंच तगड़े हों, आजाद हों और अपने गाँव की और मुल्क की हिफाजत करें। इस तरह से सारे मुल्क में लोग करें। यह बात मैं चाहता हूँ आपको याद दिलाना, क्योंकि यह कर्तव्य आपका है, मुल्क का है। हमने कुछ दिन खिदमत की, कभी गलत कभी सही, हाँ एक साफ दिल से कोशिश की, लेकिन जो काम हमने उठाया, वो लम्बे से लम्बा आदमी नहीं उठा सकता है, अपने आप बगैर मदद के। हमारी पंचवर्षीय योजना को आप देखिए, एक तस्वीर है,

एक किताब नहीं है, एक कौम के बढ़ने की तस्वीर है, लेकिन मेहनत से, परेशानी से, परिश्रम से, और बढ़ेगी वो जरूर, लेकिन आप लोगों की कोशिश से और समझने से। ऐसे मौके पर फिर जब लोग उसको भड़कायें और बातों में पड़ें और झगड़े उठायें तो फिर कैसे उनको हम गलत और गुनाहगार न समझें। इस बात पर आप गौर करें और आखिर में फिर में दोहराऊँगा कि हर एक हिन्दुस्तानी का पहला कर्तव्य क्या है? पहला कर्तव्य उसका है कि हिन्दुस्तान की एकता को, कायम रखना और मजबूत रखना। यह आज का खासतौर से सबक है और मुबारक हो आपको हिन्दुस्तान की आजादी मुबारक हो आपको यह दिन जबकि 13 वर्ष हुए यहाँ यह झण्डा उठा था, और ऐसे दिन एक नहीं सैकड़ों और हजारों आपको मुबारक हों।

जयहिन्द। जयहिन्द। जयहिन्द।

15 अगस्त, 1961 को लाल किले की प्राचीर से प्रधानमंत्री जवाहर लाल नेहरू

बहनों और भाइयों और बच्चों,

आज आजाद, हिन्द की 14वीं सालगिरह है, वर्षगांठ है। तो यह दिन, यह शुभ दिन आपको और हमको, सबको मुबारिक हो, आज के दिन बहुत सारे विचार आते हैं, सबसे पहले तो हमें सोचना है। उनका जिन्होंने हमारे हिन्दुस्तान को आजाद करने के लिए हमें रास्ता दिखाया, गाँधी जी का, उनका विचार करना है। और खाली उनका नहीं बल्कि जो बातें उन्होंने हमें सिखायी और जिस रास्ते पर चलने का उन्होंने बताया। क्योंकि अगर हम उस रास्ते से हटें तो फिर हम बहक जाएंगे और जब-जब हम हटे हैं, हम बहक गये हैं। उनका विचार करना है और उन लोगों का, शहीदों का और लाखों और शायद करोड़ों आदमियों का जिन्होंने इस आजादी के लाने में जान की बाजी लगा दी और बहुतों ने बेहद परेशानी उठाई, परिश्रम किया। पहले उनको याद करना चाहिए

फिर जरा इस 14 वर्ष के जमाने को देखना है हमें। क्या हमने किया, कहाँ तक पहुँचे हैं और क्या हम करना चाहते थे, नहीं किया, कहाँ तक हम आगे बढ़े हैं? कहाँ पर रूक गये हैं, हमें क्या करना है? क्योंकि हम पिछले जमाने को सोचें वो ठीक है क्योंकि पिछला जमाना हमारा है उससे हम सीखते हैं और सीखा है। लेकिन आखिर हमारी आँखें आगे होनी हैं, भविष्य की तरफ, क्योंकि उस भविष्य को आपको और हमको और हिन्दुस्तान के करोड़ों आदमियों को बनाना है। यह किस्मत का खेल नहीं है। हमें अपनी किस्मत खुद बनानी है, अपने काम से, अपने परिश्रम से। इसलिए भविष्य का सोचना है। पिछले जमाने में बड़े-बड़े समुद्र पार किये हिन्दुस्तान के लोगों ने, लेकिन आगे

और भी समुद्र हैं और जो मंजिल, जिस मंजिल की तरफ हम देखते हैं काफी दूर है। फिर भी इस जमाने को देख के हमारी हिम्मत बढ़ती है, ताकत आती है, बहुत कुछ हमने किया। कई पड़ाव पार किये। कई पंचवर्षीय योजनाएं आयीं। दो बड़े कदम उठे पूरे हुए तीसरे के शुरू में हैं। हमें उम्मीद है इस तीसरे के खत्म होने पर सारा हिन्दुस्तान आगे बढ़ेगा। काफी और उसकी ताकत अपनी रक्षा करने की और अपनी खुशहाली लाने की बहुत बढ़ जाएंगी। रक्षा करना मैंने कहा, क्योंकि हर कौम का पहला काम होता है अपनी आजादी की रक्षा करना, हिफाजत करना। बदकिस्मती से हमारे सामने भी खतरे आते हैं, आये हैं हमारी सरहदों पर, सीमाओं पर। तो हमें हमेशा तैयार रहना है उनसे अपने देश की हिफाजत करनी है।

अभी कल ही एक छोटी सी बात हुई यहाँ की हमारी लोकसभा में और एक छोटा-सा टुकड़ा भारत का कुछ गाँव जो कि भारत से अलग हो गये थे, एक जमाने से हालांकि यहाँ थे वो जाब्ते से भारत में मिल गये हैं, दादरा और नगरहवेली छोटा-सा टुकड़ा एक महान देश का लेकिन छोटे सा छोटा टुकड़ा एक महान देश का हमारा प्यारा है, और हमारे दिल में रहता है। इसलिए इस छोटे से टुकड़े के वापिस आने से हमें खुशी हुई और महज उसके आने से खुशी नहीं हुई बल्कि उनसे यह विचार हुआ, जो और कुछ टुकड़े बाकी हैं, इधर-उधर उनको भी वापिस लाना है और घर में बसाना है। हमारी कोई इच्छा नहीं, हमारी नीति नहीं कि हम और देशों पर हमला करें और देश के जमीन पर कब्जा करें और देश के रहने वालों को अपने देश में मिलाएं हम नहीं चाहते यह पुराने ख्याल आजकल। हम न किसी और देश पर कोई हमला करना चाहते हैं, न कोई दखल देना चाहते हैं, न अपने देश में किसी के हमले को गंवारा कर सकते हैं, ये पुराने जमाने की बातें हैं। हमला करना इधर-उधर पुराना जमींदारी जमाना, नवाबों का जमाना, राज्यों का जमाना जो कि राज को अपनी जमींदारी समझते थे, बढ़ाते थे, घटाते थे। वो जमाना अब नहीं रहा। नया जमाना आया है अब अपने अपने घर में रहें और अपने-अपने देश में रहें, लोग और औरों से

सहयोग करें और देशों से घटाने-बढ़ाने का सीमाओं का जमाना नहीं है और अगर कोई यह करता है तो आजकल के जमाने में वो किसी पुराने जमाने का शख्स है और आजकल का जमाना आप देखिये कैसा है? हमारे इस पृथ्वी से हवाई जहाज पृथ्वी छोड़ के तारों की तरफ देखते हैं और जाते हैं और जा रहे हैं, ऐसे मौके पर कहाँ हमारी और आपकी छोटी-छोटी सीमाएं और कहाँ हमारे आपस के छोटे-छोटे झगड़े एक दूसरी दुनिया की सीमा पर हैं दूसरे युग के दूसरे जमाने के और उसके लिए हमें तैयार होना है। एक तरफ से यह बात है और हम हो रहे हैं तैयार और हमारे यहाँ काफी लोग हैं, हमारे नौजवानों में जो कि इस नयी दुनिया के लिए तैयार हो रहे हैं और इस नयी दुनिया के बनाने की कोशिशें भी कर रहे हैं। यह मुबारिक बात है। हमारे लिए लेकिन आज के दिन मैं खासतौर से मैं यह नहीं चाहता हूँ हम कुछ शेखी करें कि क्या-क्या किया इन चौदह वर्षों में? हालांकि बहुत बातें की जिससे हमें अभिमान होता है अपने देश की तरफ लेकिन यह ज्यादा अच्छा है आज के दिन हम कुछ अपनी कमजोरियों की तरफ ध्यान दें।

आज आपने शायद पढ़ा हो हमारे उपराष्ट्रपति जी का संदेशा, समाचारपत्रों में छपा और उन्होंने विशेषकर ध्यान दिलाया है इस पर कि हमारे लोगों में नियम होना चाहिए, डिसिप्लन होना चाहिए और बातें भी बहुत चाहिए, लेकिन डिसिप्लन अव्वल हैं। डिसिप्लन किसका, हमारा एक फौजों का डिसिप्लन है जिससे हमारी फौजें अच्छी हैं, बहादुर हैं, माकूल हैं और उन पर हम भरोसा करते हैं, लेकिन डिसिप्लन खाली फौज का नहीं, बल्कि सारे करोड़ों आदमी का होना चाहिए। क्योंकि हमें इस भारत को जिसके इतने अनेक रूप हैं अलग-अलग बड़े-बड़े प्रान्त हैं, सूबे हैं भाषायें हैं, बड़े-बड़े मजहब हैं, अनेकता हैं, फिर भी जो उसके पीछे एक एकता है उसको एक मजबूत करना है, एक परिवार है। हमें याद रखना है कि जो-जो कोई भी बात करता है जिससे हमारी एकता में चोट लगे, कमजोरी आये वो भारत को हानि पहुँचाता है वो सेवा नहीं करता। हमें अपने पड़ोसी को अपनी दूसरे धर्म के पड़ोसी को या जो भी कोई हो हमारे अपने देश को रहने वाला उसको अपनाना है।

दु:ख की बात यह है कि हम इस सबक को भूल जाते हैं कभी प्रान्तीयता में पड़ते हैं, कभी साम्प्रदायिकता में, कभी जातिभेद में, कभी भाषा के ऊपर लड़ते हैं ये सब बातें जिन पर हम सोचें, विचार करें, बहस करें, निश्चय करें, लेकिन जहाँ कोई ऐसी बात जिसमें फूट होती है आपस में, जिसमें रंजिश हो, जिसमें दीवारें खड़ी हों वो बुरी बातें हैं और जो हमारे सामने रास्ता है जबर्दस्त रास्ता है, जिस पर हम तेजी से चल रहे हैं। वो रास्ता, उस रास्ते में अटकाव पड़ जाते हैं, रूकावटें होती हैं और कौमें नहीं बढ़ सकती। याद रखिए काम हमने क्या उठाया, एक जबर्दस्त काम जितना बड़ा काम दुनिया में कोई कौम भी शायद ही उठा सके, उससे बड़ा काम 43 करोड़ आदमियों को आगे बढ़ाना है और भी बहुत सारी बातें हैं, बढ़ना आखिर में एक युग से उनको निकाल के दूसरे युग में ले आना एक पुराने जमाने के विचारों से, पुराने जमाने के रहन-सहन के तरीकों से, पुराने जमाने की गरीबी से निकाल के उनको एक नये जमाने में लाना, खुशहाल जमाने में और जिसमें कि आजकल के जमाने की बातें हम समझें काबू में लाए और उससे अपने मुल्क को बढ़ाएं, उससे सारे मुल्क की खुशहाली, खाली खुशहाली नहीं बल्कि उसके पीछे जो बातें होती हैं, जो दिमाग को ऊँचा करती हैं। जो हमारी रूहानियत को ऊँचा करती हैं। क्योंकि खाली एक-एक आरामतलबी से कौमें नहीं बढ़ती हैं, आपको और मुल्कों को रहने वाले को इस पिछले 14 बरस में काफी दिक्कतें हुई हैं। हम बढ़े हैं, आराम भी आया काफी दिक्कतें भी उठानी पड़ी और यकीनन काफी दिक्कतें होंगी और एक तरह से मैं आपको मुबारिक-बात दूंगा उन दिक्कतों को, उन कठिनाइयों को जो हमारे सामने हैं। क्योंकि अगर दिक्कत और कठिनाई न हों, आरामतलबी ज्यादा किसी कौम में आ जाये, तो कौम कमजोर हो जाती हैं। जैसे अमीर आदमियों के बच्चे निकम्मे और कमजोर हो जाते हैं। हमें इस किस्म का निकम्मापन नहीं चाहिए। 'तालियां'

हमें तगड़ी कौम चाहिए, दिलेर कौम चाहिए और ऐसी कौम जो एक-दूसरे से मिल के रहती हैं, भाई-बहन एक-दूसरे को समझते हैं। हिन्दुस्तान को आप देखिए इस वक्त अजीब एक तरह से तस्वीर है।

बड़े-बड़े काम हो रहे हैं, जिससे भारत का सिर उठता है, बहुत ज्यादा पहले से कहीं ज्यादा करोड़ों बच्चे स्कूल जाते हैं और नयी दुनिया का हाल सीखते हैं लाखों लोग कॉलेज में हैं। वे तैयार हो रहे हैं आइंदा भारत की सेवा करने के लिए और दुनिया की सेवा करने के लिए और उसी के साथ हम देखते हैं आपस के झगड़े छोटी-छोटी बातों पर बहस और दिल में द्वेष और रंजिश होना।

विशेषकर आपका और मेरा ध्यान इस समय पंजाब की तरफ है जहाँ के लोग बहादुर लोग हैं, जहाँ के लोगों ने एक हिन्दुस्तान की खिदमत काफी की है, पुराने जमाने में और हमारी आजादी की लड़ाई में भी और यकीनन आइंदा भी करेंगे, लेकिन बदकिस्मती से उनकी हिम्मत और बहादुरी कितने लोग उनके हमारी फौज में हैं और मशहूर हो गये हैं हमारी फौजों में लेकिन मुश्किल ये है कभी आपस में मनमुटाव, आपस में रंजिश चली आती है और इससे बहुत कुछ उनकी ताकत जाया हो जाती है। अभी हिन्दुस्तान के और हिस्से में भी ऐसी बातें हुईं और इसलिए हमारे लिए भी इस वक्त पहला सवाल है। सवाल बहुत हैं, पंचवर्षीय योजना के लिए सड़क खुली है, जिस पर हमें चलना है और काम करके चलना है हाथ में हाथ मिला के, पैर मिला के चलना है, देश के करोड़ों आदमियों को, वो तो है ही हमारा पहला सवाल, लेकिन उससे भी ज्यादा हमारा मजबूत और जरूरी सवाल हो गया है कि हम हिन्दुस्तान में यह इस किस्म की एकता पैदा करें, एक दिल की एक-एक रूहानी एकता जिसमें जो असल में कौम में होनी चाहिए जिसको एक जज्बात की एक इंटग्रेशन हम कहते हैं और अभी यहाँ हिन्दुस्तान में हमारे अलग-अलग सूबों से लोग आये थे इस पर विचार करने, विचार किया और कुछ बातें तय की हैं। लेकिन वो तो एक कदम हैं। यह बात तो हमें पकड़ना है, उठाना है और अव्वल रखनी है, हमें क्योंकि हमारी तरक्की और बड़े-बड़े कारखाने हम खड़े करें और इस तरह से हम पैसा भी कमायें और क्या फायदा उससे? अगर हम आपस में लड़ते हैं और निकम्मे हो जाते हैं, या प्रेम से न मिलकर काम कर सकते हैं, चल सकते हैं, तो यह बुनियादी बात है। इसलिए मुझे रंज है

कि हिन्दुस्तान में कहीं-कहीं ऐसी बातें होती हैं और इस वक्त पंजाब में भी इसकी चर्चा है, और बहुत सारे लोग, परेशान हैं पंजाब में कि क्या वहाँ होने वाला है? मैं समझता हूँ और लोग समझेंगे क्योंकि ये जब लोग जोशिले हैं। जज्बाती हैं, लेकिन आखिर में समझते हैं समझ जाते हैं और यकीनन वो समझेंगे और यह जो एक हमारी दिमागों के सामने एक धुआं सा आ गया है जिससे हम सीधा देख नहीं सकते, उसको हटाएंगे, और ताजी-ताजी हवा में और रोशनी में और उन सवालों को देखेंगे। कोई सवाल मुल्क का नहीं है, नहीं होना चाहिए जिसे लड़ाई-झगड़े से हम हल करें। कोई सवाल नहीं होना चाहिए जिसके लिए हम भूख हड़ताल वगैरह करें। यह तरीके नहीं हैं एक जमहूरियत के, एक प्रजातंत्रवाद के सवालों के हल करने के लिए तरीके नहीं हैं। क्योंकि उन तरीकों में हम पड़ें तो फिर हर एक अलग-अलग कर सकता है। किसकी बात मानें, किसकी नहीं कुछ इधर करें, कुछ उधर करें और सारे समाज में एक गड़बड़ी पैदा हो, समाज का संगठन हमें करना है और हमारा समाज हिन्दू समाज नहीं है, मुस्लिम समाज नहीं, सिख समाज नहीं या कोई और समाज नहीं, हमारा समाज हिन्दुस्तान समाज है, भारतीय समाज है, जिसमें सब लोग हैं। इसलिए, पहला प्रश्न, पहला सवाल हमारे सामने है, अपनाने का, एक-दूसरे को अपनाने का। उत्तर, दक्षिण, पूर्व, पश्चिम अलग-अलग धर्म हैं, सब धर्म जो हैं हिन्दुस्तान के बहुत सारे उनमें हमारे देश में पैदा हुए हैं, कुछ बाहर से आये हुए हैं। लेकिन जो लोग कोई यहाँ हैं हिन्दुस्तान में वो भारत का धर्म हैं, मजहब हैं और उसकी इज्जत करनी है, और आज की बात नहीं हजारों वर्षों से यह प्रथा रही, यह एक हिन्दुस्तान की कहानी रही है कि हम एक-दूसरे का आदर करें, इज्जत करें, उनके धर्म का, उनके रहन-सहन के तरीकों का। हम झगड़ा न करें। अशोक के जमाने का है पत्थरों पर लिखा हुआ है अब तक क्या इस दो हजार वर्ष में हम इतने पिछड़ गये कि हम भूल जायें उसको और छोटी-छोटी बातों पर झगड़ा करें कभी भाषा पर, कभी धर्म के नाम से, कभी जाति के नाम से। जाति भेद, जातिभेद और इस तरह से भेद इसी प्रजातंत्र में जमहूरियत में नहीं रह

सकते। हमें जातिभेद को खत्म करना है जिसने हमारे समाज के टुकड़े किये हमें और भेदों को खत्म करना है। अपने धर्म पर लोग रहें ठीक है, लेकिन अपने धर्म पर रहने के माने नहीं हैं कि दूसरे से अदावत करें, दूसरे से लड़ें और देश को दुर्बल करें। इसलिए अपने-अपने धर्म पर रह कर हमें याद रखना है कि हमारा एक बड़ा धर्म है सभी का और वो एक भारत का धर्म, हिन्दुस्तान का धर्म मिल के रहना, मिलकर काम करना और मिलकर आगे बढ़ना और जो चीज उसके रास्ते में आती है। वो गलत धर्म हैं चाहे उसको कोई नाम पर दीजिए हिन्दुओं का या इस्लाम या सिखों का या ईसाईयों का सब हमारे देश के हैं। वो धर्म, वो धर्म जो लोग हैं वो लोग जो हैं। बराबर से हमें देखना है और रखना है और बराबर आगे बढ़ाना है। किस तरह से आप इन बातों को आपस में झगड़े से करेंगे आजकल के जमाने में। मैंने आपको बताया आजकल का जमाना है। तारों की तरफ देखने का और तारों की तरफ देखने का और तारों की तरफ इंसान का जाने का मालूम नहीं कब तारों पर लोग पहुँचे। जमाना आता है, और जाएंगे हमारे ये नौजवान भी जायेंगे और अपनी जान पर खेलेंगे। जो लोग जान पर खेलते हैं, वही कौम को बढ़ाते हैं। महज बैठे-बैठे थैलियों में पैसा निकालने से एक कौम नहीं बढ़ती। हाँ पैसे की भी जरूरत होती है वक्त पर, लेकिन पैसा इंसान पैदा करता है, इंसान पैसा पैदा करता है पैसा इंसान नहीं पैदा करता है। इंसानों की हमें जरूरत है, और इंसानियत की जरूरत है इस मुल्क में, जिसमें सब लोग अपने सामने इंसानियत की बात रखें।

दूसरी बात देखें आप जरा दुनिया की तरफ आजकल के जमाने को कैसे कभी-कभी लड़ाई के ढोल सुनाई देने लगते हैं लड़ाई की तैयारी, लड़ाई के हथियार जो दुनिया को तबाह कर दें, एक दफा अगर आप उन्हें बोल दें तो ऐसे हथियार हैं और रोज-ब-रोज बढ़ते जाते हैं और फिर भी अभी तक दुनिया के जो बुजुर्ग हैं, उनमें दानिशमंदी इतनी नहीं आई कि वो समझौते करें और इन हथियारों को बिलकुल बन्द कर दें और खत्म कर दें। क्योंकि यह एक साबित बात है कि आजकल के जो बड़े हथियार हैं उससे कोई दुनिया का सवाल हल नहीं होते, खाली

दुनिया तबाह होती है उससे कोई जीत किसी की नहीं होती, पर कब्रिस्तान सा हाल दुनिया का हो गया। खैर दुनिया को हम क्या सम्भालें, हमें अपने को सम्भालना है और ऐसी हालत में जब दुनिया के सामने ये खतरे हैं, हम क्या करें? जाहिर है हम अपने रास्ते पर रहें, जाहिर है कि हम कोशिश करें जहाँ हो सकता है कुछ अपने आवाज से, अपनी खिदमत से और सेवा से दुनिया को लड़ाई से रोकें, लेकिन दुनिया पर जब कुछ हमारा असर हो, जब हम अपने घर में एक ऐसी हवा पैदा करें। ऐसी फिजा पैदा करें, अगर हम अपने घर में अपने घरेलू झगड़ों पर लड़ते हैं, झगड़ते हैं फिजा खराब करते हैं, हवा गन्दी करती हैं, तो हम अपनी क्या खिदमत करेंगे और दुनिया की क्या खिदमत करेंगे? इसलिए आपके और इस समय आपके जरिये से हिन्दुस्तान के लोगों से मेरी यह प्रार्थना है, दरख्वास्त है कि वो आजकल के जमाने को समझें, आजकल के हिन्दुस्तान को समझें। क्योंकि हिन्दुस्तान एक नया हिन्दुस्तान है और दुनिया की तरफ कदम उठा रहा है, नये सीमा में है। जिनको हमें पार करना हैं। पुराने झगड़े पुरानी बातें नहीं तय हो सकती हैं इस तरह से। असल बात, असल फर्क जो है आजकल जो हिन्दुस्तान में है। वो लोगों के दिमागों को किस तरफ देखते हैं एक पुराने गड्ढे में हम पड़ें या उससे निकल के मैदान में आयें और मैदान में आके फिर पहाड़ी के ऊपर चढ़ें, चोटियों पर इंसानियत की। यह सवाल है आजकल के जमाने में हम रहें या एक पुराने जमाने में पड़े रहें, असली सवाल हिन्दुस्तान के सामने यह है कि और यह पंचवर्षीय योजना वगैरह इसके हिस्से हैं तो इसको आप भी समझें और देखें इस रास्ते पर कैसे यह हल हो सकता है। कौन हमें चला सकता है। इस रास्ते पर? अगर यहाँ हम फंसे रहें अपने झगड़ों में चाहे कोई भी झगड़ा हो, चाहे चुनाव आने वाला है उसके झगड़े में हम पड़ जायें। चुनाव आते हैं और जाते हैं, लेकिन कौमें चलती जाती है और कौमें उसूल पर चलते जाते हैं, उसके सिद्धान्त अगर कौम नहीं सीखा ठीक तौर से चलना, अपनाना एक–दूसरे को और मिल कर चलना और झगड़ते रहे तो आप चुनाव में क्या कर देंगे, कोई जीत जाए, कोई हार जाए, मुल्क हारेगा। हमारे सामने सवाल

एक दल की जीत और हार के नहीं हैं, बल्कि एक कौम की जीत के है। एक मुल्क की जीत का है। हिन्दुस्तान की जीत का सवाल है। इसलिए इस ढंग से मैं आपसे कहता हूँ आपसे दरखास्त करता हूँ कि आप देखें, और हिन्दुस्तान भर के लोगों से मेरी यही दरखास्त है और विशेषकर पंजाब के लोगों से बुजुर्गों से, सिखों से बुजुर्गों हो, हिन्दुओं के हों और भी हों जो-जो लोग हों वह उनसे इस ढंग से देखें। और एक तंगख्याली से नहीं और महज एक जज्बात में बहक के नहीं गलत जज्बात में बहक के नहीं। क्योंकि याद रखिये एक अच्छी बात भी बुरी हो जाती है, अगर बुरे रास्ते पर चलकर हमने कोशिश की लेने की।

गाँधी जी का एक बड़ा सबक यह था कि कोई अच्छा काम भी हम नहीं कर सकते अगर बुरे रास्ते पर जाना है, तो काम बुरा हो जाता है इस तरह से हम करें। इसलिए मैं उम्मीद करता हूँ कि इस जमाने में जो कि तारीखी जमाना है हिन्दुस्तान के सामने और आपको हमको मुबारिक हो, आजकल हिन्दुस्तान में जिन्दा रहने का। ऐसे तारीखी जमाने में जब तारीखी को लिखें जैसे कि पिछले जमाने में लिखी जैसे कि जाहिर है जिसके लिखने से हिन्दुस्तान आजाद हुआ वो और ज्यादा बड़े सवालों के हल करने में हम करें। ऐसे वक्त में कहाँ हम छोटी बातों में पड़ के बह जाएं और उसको भूल जाए। और छोटी बातें भी इस तरह से हल नहीं होती रंजिश की तरफ झगड़े के रास्ते पर चल के। ये मेरी दरखास्त है, इस रास्ते को हम छोड़ें हिन्दुस्तान भर के लोग और यह जो नई दुनिया जा रही है। नई आफताब जो निकल रहा है नयी दुनिया का उसकी तरफ देखें और उसकी तरफ चलें और मुल्क भर को ले जायें। क्योंकि आज नहीं, एक जमाना हुआ पचास वर्ष से ऊपर जबकि मैंने और आपके बुजुर्गों ने उन्होंने ये ख्वाब देखे एक नये हिन्दुस्तान के आजाद हिन्दुस्तान के, वो हमारे ख्वाब पूरे हुए। कुछ बहुत कुछ पूरे हुए और बहुत कम ऐसा मिलता है कि स्वप्न हमारे पूरे हुए लेकिन हुए उनको देख के और खुशी हुई, लेकिन उस ख्वाब के पूरे होते ही हमने देखा और कि अभी मंजिल पूरी नहीं हुई, बहुत बातें करनी हैं। सबमें हमारे कौम जो हिन्दुस्तान एक जबर्दस्त फैली हुई हिमालय से लेकर

कन्याकुमारी तक वो एक हो, उसमें एकता हो, उसमें ऊंचाई हो, बड़े दिल की हो, बड़े दिमाग की हो और आपस में सहयोग जाने और खुशहाल लोग बनें। उसकी हम कोशिश करते हैं। छोटा काम नहीं है 43 करोड़ आदमियों को उठाना और उनका खुद उठना अपनी शक्ति से और पुरानी जो कमजोरियाँ हैं, उनको फैंकना, ऊंच-नीच जात की कमजोरियों को फैंकना। हम सबको बराबर का मौका देना चाहते हैं बढ़ने का और यह जो हमारे रगोंरेशे के मजहब हैं अच्छी बातें हैं, अगर अच्छी तरफ ले जायें। लेकिन अगर वो मजहब हमें लड़ाते हैं एक-दूसरे से हिकारत दिखाते हैं तो बुरा है ऐसा मजहब, मजहब नहीं है कोई और चीज है। इस तरह से हमें रखना है अपने धर्म को। और जो चीज हमें अलग करती है, उसको छोड़ना है एक मैं आपको बताऊँ तरीका नापतोल करने का जो काम करना चाहे सोचें कि इससे चीज जुड़ती है और या टूटती हैं तो अच्छा अन्दाजा है गज नापने का। अगर जुड़ती हैं तो अच्छी बात है अगर लोग जुड़ते हैं या अलग होते हैं टूटते हैं, टुकड़े होते हैं तो वो बुरी बात है, बच्चे भी समझ लें, बड़े बुजुर्ग भी समझ सकें। क्योंकि हिन्दुस्तान के लिए मैं आपसे कहता हूँ सबमें अव्वल बात यह है इस वक्त आपस में डिस्पिलन। पैरों का डिस्प्लिन नहीं, दिलों का डिस्प्लिन' दिमाग का डिसिप्लिन। दिलों के ऊपर एकता, दिमागी और मानसिक एकता। यह सबमें बड़ा सवाल है और जो उसके रास्ते में आता हैं वही गलत है। चाहे मजहब का जामा पहने, चाहे कोई और पोशाक पहन के आये, उसको आप याद रखें, यहाँ बहुत सारे बच्चे बैठे हैं, ये बच्चे क्या हैं? ये बच्चे कल का हिन्दुस्तान हैं। कल का भारत हैं जिनके लिए हम आज काम कर रहे हैं जो ये लोग हैं वो बढ़ के वह भारत होंगे, भारत जैसा कि आजकल आप और हम हैं। तो उनके लिए दुनिया बनानी है और उनको समझाना है कैसी शानदार दुनिया में और कैसे शानदार भारत में वो पैदा हुए हैं, कैसे उनकी मेहनत से और हमारी मेहनत से हम इसको और अच्छा बनाए और जो हममें पुरानी खूबियाँ हैं उसमें रखें, याद रखें, फिर से लाए और नयी खूबियां लाए और नयी जो दुनिया है साइंस की, विज्ञान की इस पर हावी होकर काबू

में लाए और जो अंदरूनी हमारी आपस की चीजें अलग करती हैं, जो भी कुछ हो उसको हम हटाएं और मिलकर एक बड़ा परिवार हो कर आगे बढ़ें तो आज का दिन आज की चौदवीं सालगिरह आपको और हमको मुबारिक हो। एक खास विचार कर लें उसकी तरफ आपका ध्यान दिलाना चाहता हूँ कि हमारे राष्ट्रपति जी कुछ दिनों से तबियत अच्छी नहीं रही है बीमार हैं, कुछ पहले से अच्छे हैं, लेकिन फिर भी बीमार हैं तो उनकी तरफ ध्यान जाता है, और हम सब लोग और आप और हम और देशभर आशा करते हैं कि वो जल्दी अच्छे हों जाएंगे और जो कि महान सेवा उम्रभर उन्होंने अपने देश की की है, उसको बहुत दिन तक जारी रखेंगे।

जयहिन्द।

अब जरा मेरे साथ मिल के जयहिन्द तीन बार कहिए

जयहिन्द! जयहिन्द! जयहिन्द!

15 अगस्त, 1962 को लाल किले की प्राचीर से प्रधानमंत्री जवाहर लाल नेहरू

भाइयों और बहनों और बच्चों,

आप में जितने यहाँ बच्चे बैठे हैं उनको तो कोई याद भी नहीं होगी उस जमाने की, जब हिन्दुस्तान में आजादी नहीं थी, जो आप में जवान हैं वो शायद बच्चे हों उस वक्त, बहुत याद न हो। पन्द्रह वर्ष हो गये जबकि कौम ने हमारे देश ने करवट ली और एक नया युग आया। पन्द्रह वर्ष हुए और आज उसका जन्म दिवस है, सालगिरह है और हम उसको मनाने को यहाँ आए हैं, इस लालकिले पर जो कि पहली निशानी थी आजादी आने की, यहां झंडा फहराना। तो इस पन्द्रह वर्ष तो आपको मुबारिक हों, सभी को। लेकिन इस पन्द्रह वर्ष में क्या हुआ, क्या-क्या हमने किया और क्या हमने नहीं किया, जो करना चाहिए था। हजार दिक्कतें पेश आई हैं आप जानते हैं और बहुत काफी दिक्कतें अब भी हैं हमारे मुल्क के सामने, बहुत कुछ हमने किया, और बहुत कुछ यकीनन आप लोग और हम मिल के करेंगे। क्योंकि हम आजाद हुए तो कोई महज एक ऊपर की कार्रवाई नहीं थी, यह एक बलबला था जो कि कौम में, करोड़ों आदमियों में उठा था और जिसने यह नतीजा हासिल किया था। वो चीज अपना काम पूरा करके रहेगी और उस काम पूरा करने के मायने हैं कि मुल्क में जितने लोग हैं वो खुशहाल हों, वो एक ऐसे समाज में रहें, जिसमें बराबरी हैं, ऊँच-नीच बहुत कम है जो कि समाजवादी समाज है और जात-पात का जिसमें फेर नहीं गिना जाता, ऐसा समाज हम चाहते हैं, इसको बनाने की कोशिश है लेकिन उस कोशिश के शुरू में भी काफी दिक्कतें हैं, हुई हैं और हैं, उनका सामना करना है। सामना हमने बहुत बातों का किया। याद है आपको इसी

दिल्ली शहर में आजादी के बाद जो मुसीबत आई थी, जो खौफनाक बातें हुईं थीं, उसका भी सामना हमने किया और उसको भी काबू में लाए। तो उसके बाद और क्या होगा जो हमें हिलाए या हममें घबराहट पैदा करें।

आजकल भी आप देखें मुल्क के पचासों सवाल हैं, बहुत कुछ हमें तकलीफें भी होती हैं और हमारी सरहदों पर भी हमें होशियार रहना है, क्योंकि लोग ऐसे मौजूद हैं सरहदों पर जो कि बुरी आँखों से देखते हैं हमारे मुल्क की तरफ, हमलावर होते हैं, इसके लिए कोई भी जिन्दादिल कौम जगती रहती है, तैयार रहती है, उसका सामना करने को रोकने को।

आप जानते हैं कि हमारा उसूल शुरू से क्या रहा है, शांति का, अमन का, अपने मुल्क में, बाहर के मुल्कों के साथ। हमने सब मुल्कों से दोस्ती की कोशिश की और है, कामयाब भी उसमें बहुत दर्जे हुए। लेकिन फिर भी एक बदकिस्मती है कि हमारी सरहदों पर हमारे जो भाई रहते हैं वो लोग इस निगाह से, गलत निगाह से हमारी तरफ देखे और कभी-कभी लड़ाई की चर्चा करें। हमें फिर भी कोई घबराना नहीं चाहिए, हाथ-पैर हमारे नहीं फूलने चाहिए, लेकिन होशियार रहना चाहिए, तैयार रहना चाहिए, तगड़े रहना चाहिए। इसी तरह से हम सामना कर सकते हैं हर मुसीबत का। मुल्क के अन्दर हमारी ताकत कैसे बढ़ती है? ताकत के लिए, मुल्क को बचाने को फौज है और और चीजें भी हैं। लेकिन आखिर में एक कौम बचाती है आजकल के मुल्कों को। एक कौम, काम करके, मेहनत करके, एक कौम जिसमें एकता हो, एक कौम जो मेहनती हों, वो मुल्क की ताकत बढ़ाती है। चाहे वो खेत में काम करता है या कारखाने में या दुकान में। सब अपना-अपना फर्ज ईमानदारी से अदा करें, मेहनत से ताकि मुल्क की ताकत बढ़े और एकता हो। तब कोई भी दुनिया में उसके ऊपर हमला नहीं कर सकता है।

हमारी कहानी रही है आपस की फूट की, जिससे बाहर वालों ने फायदा उठाया, अब तो वो नहीं होनी चाहिए। छोटी-छोटी बातें होती है बहस की, खैर, बहस, हो, ठीक है बहस में तो कोई हर्ज नहीं। लेकिन हमेशा हमें याद रखना है कि मुल्क के साथ गद्दारी नहीं करनी

है आपस में फूट नहीं करना, मुल्क को कमजोर नहीं करना है और यह जो आजादी इतनी मुश्किल से आई थी इसको खतरे में नहीं डालना है।

तो मैं चाहता हूँ आज के दिन खास तौर से आपको जरा याद दिलाऊँ उस जमाने की, पन्द्रह वर्ष पहले और उसके भी पहले जबकि आजादी की जंग हमारे मुल्क में होती थी, जबकि हमारे पास हमारे बड़े नेता महात्मा गांधी जी थे हमें कदम-ब-कदम ले जाते थे हम ठोकर खाते थे, लड़खड़ाते थे, गिरते थे, लेकिन फिर भी उनको देख कर हिम्मत होती थी और खड़े हो जाते थे। इस तरह से उस जमाने के लोगों को उन्होंने तैयार किया। इस तरह से उन्होंने एक मजबूत कौम को तैयार किया, जिसमें एकता थी, जिसमें किसी कद्र सब लोगों में सिपाहीपना था और उन्होंने सामना किया बड़े साम्राज्य का और आखिर में शांति से कामयाब हुए। जमाना याद करने की बात है हमें, क्योंकि उससे कुछ अपने दिलों को बढ़ाना है, कैसी मुसीबतों का सामना हमने किया था। आजकल के जमाने में छोटी-छोटी सी भी तकलीफ हमें बड़ी तकलीफ मालूम होती है, तकलीफ तो जाहिर है नहीं होनी चाहिए, हमें हटाना चाहिए उसे, लेकिन नए हिन्दुस्तान के बनाने के लिए आप और हम बना नहीं सकते उसे बगैर बोझे उठायें, खाली हम एक संजिदा हों और शिकायत करें, तो यह नहीं हो सकता, आजकल तो छोटी बातें हैं। अगर फर्ज कीजिए इत्तफाक से कोई असली खतरा हिन्दुस्तान की आजादी पर हुआ, हमारी सरहदों पर और जगह तब कितनी तकलीफ उठानी पड़ेगी आपको, याद कीजिए।

मैं आशा करता हूँ कि ऐसा नहीं होगा, लेकिन उसके बचाव के लिए भी आज से तैयार होना है, यह नहीं कि हम इस वक्त गफलत में पड़ें और उस वक्त सब लोग दिखाएं कि हम भी बड़े बहादुर हैं, पहलवान हैं, इसलिए हमें इन छोटी बातों को छोड़ना है, बड़ी बातों को देखना है और एक कौम को बनाना है जिसमें पक्की तौर से एकता है। हमारा हिन्दुस्तान बहुत लोगों, बहुत मजहबों का है, बहुत तरह के लोगों का है। हिन्दू हैं, मुसलमान हैं, ईसाई हैं, सिक्ख हैं बौद्ध हैं, पारसी हैं, वगैरह। सब बराबर के हैं। हमारे मुल्क में याद रखिए और जो आदमी इसके खिलाफ आवाज उठाता है वो हिन्दुस्तान को धोखा देता है, और

हिन्दुस्तान की राष्ट्रीयता को कमजोर करता है। हम एक राष्ट्र में हैं और जो कोई इस राष्ट्र में रहता है वो भारत माता का प्यारा लड़का लड़की है और सब हमारे भाई और बहन हैं और या एक बड़ी बिरादरी है। तो इस तरह से हमें देखना है। फिरकापरस्ती से देखना, हमारा फिरका, हमारी सम्प्रदाय और सब अलग हैं, जातिभेद की तरफ जाना उससे कमजोरी होती है। तो इस तरह हमें देखना है, एक फिरकापरस्ती से देखना, हमारी सम्प्रदा और सब अलग-अलग हैं, जाति भेद की तरफ जाने से कमजोरी होती है। आजकल का जमाना क्या है जरा आप देखिए, शायद आपमें से बाज लोगों ने रात को देखा हो कि कैसे आजकल आसमान पर दो नए सितारे घूम रहे हैं। दो आदमी, सितारे मैंने कहा, लेकिन दो आदमी दुनिया से अलग हो के सैकड़ों मील दुनिया का घेरा कर रहे हैं जो रूस से निकले हैं, उसके पहले अमेरिका से ऐसे निकले थे। तो कैसी दुनिया है जहां ऐसी बातें होती हैं, सारी दुनिया बदल रही है, इंसान बदल रहा है, नयी-नयी ताकतें आई हैं और अगर हम उनको नहीं समझें, और हम नहीं समझें कि उनको इस्तेमाल करें अपनी भलाई के लिए और दुनिया की भलाई के लिए तब हम पिछड़ जाएं, और लम्बी-लम्बी बातें करें खाली हम और लम्बी-लम्बी बाते करते रह जाएंगे, दुनिया आगे बढ़ जाएगी। इसलिए हमें समझना है कि हम एक बदलती हुई दुनिया में, बदलते हुए हिन्दुस्तान में रहते हैं और अगर हम तेजी से नहीं बदलते उसी के साथ तो हम पीछे रह जायेंगे, हमें बदलना है। हमें विज्ञान को बढ़ाना है, हमें अपनी मेहनत करके इस मुल्क में नए तरीके निकालने हैं, कारखाने बनाने हैं, खासकर हमारी खेती की तरक्की करनी है, क्योंकि वो जड़ है हिन्दुस्तान की, यहां के किसान उसकी पीठ हैं, जड़ हैं जो कुछ कहिए। लेकिन जब ही है, तक तो ठीक हैं, जब तक आज की दुनिया को समझते हैं और आजकल की दुनिया के तरीकों को लेते हैं। आजकल के हल चलाते हैं और यह नहीं है कि हजार वर्ष पुराने औजार चला रहे हैं, दुनिया बदल गयी और खेती एक हजार वर्ष पुरानी रही, इसमें हम पिछड़ जाते हैं, हमें बदलना है, यह हम बदल रहे हैं।

हमारे यहाँ पंचायती राज है और तरह-तरह की बातें इतिहास में

हो रही हैं जो कि हमारे करोड़ों आदमियों को जो कि गांव में रहते हैं हल्के-हल्के बदल रहे हैं। सब में बड़ी बात यह है, यह नहीं कि आपने एक बड़ी इमारत देखी या बड़ा कारखाना देखा बल्कि यह कि हिन्दुस्तान के किसान किस तरह से बदल रहे हैं, धीरे-धीरे। पढ़ाई से, स्कूल पहुँचें, वहां गांव-गांव में, उनके बच्चे पढ़ रहे हैं। एक दिन आने वाला है बहुत जल्दी जबकि कोई बच्चा हिन्दुस्तान में नहीं रहे जिसको पढ़ने-लिखने का मौका नहीं मिला है।

हमारा स्वास्थ्य पहले आजादी के जरा ही पहले, बत्तीस वर्ष की उम्र हमारी औसत समझी जाती थी, अब करीब पचास के हो गयी है, बावजूद इतनी आबादी के बढ़ने के, क्या मायने हैं इसके? इसके मायने नहीं हैं कि सब लोग पचास के होते हैं या पचास के ज्यादा कोई नहीं होता लेकिन औसत यह है। इसके मायने यह हैं कि मुल्क भर को देखते हुए बावजूद आबादी बढ़ने के लोंगों की सेहत ज्यादा अच्छी है, क्यों सेहत अच्छी है, इसलिए कि उन्हें खाना अच्छा मिलता है पहले के मुकाबले में पहले तो फाकेमस्ती थी, अब नहीं होती, बाज की होती हो मैं नहीं कह सकता, लेकिन आमतौर से नहीं होती। सेहत अच्छी है, सब में बड़ी बात सेहत में खाना मिलना। सब में जरूरी बात है एक कौम के लिए खाना उसको मिले, कपड़े मिलें घर रहने को मिले, उसके स्वास्थ्य का प्रबन्ध हो और उसके पढ़ाई का हो और उसके काम का हो और उसके काम से यह सब बातें हों। यह हमारा ध्येय है, मकसद है। तो छोटी-छोटी बातों में हम फंसे रहते हैं रोजमर्रा की दिक्कतों में लेकिन हमेशा हमें यह याद रखना है और यह याद रखना है कि आजादी के पहले जो लोग थे गांधी जी के नीचे और गांधी जी के नेतृत्व में, क्या क्या उन्होंने किया कुछ उससे हम सबक सीखें, कुछ जान आए हममें और उसी रास्ते पर हम चलें। क्योंकि मेरा ख्याल है जिस रास्ते पर महात्मा जी ने हमें चलाया था जिसमें हम लोग कमजोर थे, दुर्बल थे फिर भी हम में कुछ हिम्मत भर दी थी, हमें भी कुछ सिपाही बनाया था उसी रास्ते पर हमें चलना है। सिपाही खाली वर्दी पहने लोग नहीं होते हैं, सिपाही हर एक आदमी होता है जो एक काम को उठाए सिपाही की तरह से करे और हमें सारे हिन्दुस्तान के बच्चे-बच्चे को और बड़ों को उधर दिखाना है और याद रखिए हमारी

फौज को देखिए, उस फौज में हर धर्म के आदमी हैं, हर महजब के आदमी हैं, फौज में फर्क नहीं है, सब बराबर के हैं, सभों को बराबर के अधिकार हैं। इस तरह से हमें अपने मुल्क को बनाना है।

आज का दिन यों भी शुभ-दिन है, आजादी का दिन है, लेकिन आज और एक तरह से शुभ दिन है, आज रक्षा-बन्धन है और हम एक दूसरे को राखी बांधते हैं राखी किस चीज की निशानी है? राखी एक वफादारी की निशानी है। एक दूसरे की हिफाजत करना, रक्षा करना। भाई-बहन की करें, औरों की करें। आज आप राखी समझिए अपने दिल में बांधिए, भारत माता को और उनके साथ फिर से अपनी प्रतिज्ञा दोहराइए, अपना इकरार दोहराइए कि आप भारत की सेवा करेंगे, भारत की रक्षा करेंगे चाहे जो कुछ भी हो और उस रक्षा करने के मायने हैं यह नहीं कि अलग-अलग आप कोई बहादुरी दिखाएं, वो भी हो सकता है वक्त पर, लेकिन उसके मायने हैं कि हम लोग आपस में मिल के रहेंगे, हम नाजायज फायदा एक दूसरे का नहीं उठाएंगे, हम एक दूसरे की मदद करेंगे, सहयोग करेंगें, सहकार करेंगे और इस तरह से एक कौम बनाएंगे जिसको कोई हिला भी न सके। तो आज के दिन, आजादी के दिन और आजादी के दिवस और रक्षा-बन्धन के दिन हम और आप इस समय यहां मिलकर इस पवित्र भूमि में जहां से पहली बार पन्द्रह अगस्त को, पन्द्रह वर्ष हुए हमने झण्डा यहां फहराया था। एक निशानी आजादी की, फिर इस बात की प्रतिज्ञा करें, इकरार करें कि हम चाहें जो कुछ हों, कोई ऐसी बात नहीं करेंगे जिससे भारत के माचे पर धब्बा लगे, कोई बात भी हो जो कि भारत को नुकसान करे और उसकी सेवा करेंगे।

भारत की सेवा करने के मायने क्या हैं? भारत कोई एक तस्वीर नहीं है, हमारे दिल में तस्वीर तो है, भारत की सेवा करना, भारत के रहने वालों की सेवा करना। भारत में जो सब रहते हैं वही भारत की सेवा है और कोई अलग कोई जंगल में बैठ के उसकी सेवा तो होगी नहीं, जनता की सेवा है, जनता को उभारना है, बहुत दिन से दबी हुई जनता उभर रही है, उसको मदद करना है, इस तरह से हमें बढ़ना है, तो इसका हम इकरार करें और इकरार कर के याद रखें इसको और सच्चे दिल से इस

काम को करने की कोशिश करें चाहे जो कुछ हमारा पेशा हो, या काम हो। सभी का काम जो कुछ हो, एक थोड़ा सा अलग भी काम है वो भारत की सेवा का और भारत की सेवा के मायने हैं अपने पड़ोसियों की सेवा का, अपने मुल्क वालों की और सभी को एक समझना, चाहे वो कोई मजहब हो, कोई धर्म हो। अगर हिन्दुस्तानी हैं, तो हमारे भाई हैं, यों तो हमारे बाहर के भाई भी हो सकते हैं, लेकिन खास यह हमारी बिरादरी है। तो यह मैं चाहता हूँ आप करें और छोटे झगड़ों में न पड़ें, छोटी बहसों में न पड़े। अलग-अलग राय होती हैं, वो ठीक है, राय होनी चाहिए। अलग-अलग, जिन्दा कौम हैं हम, कोई हम सभी के दिमाग नहीं बांध देते हैं कि एक ही तरह से सोचें, एक ही तरह से करें। लेकिन बाज बातों में अलग राय की गुजांइश नहीं है, हिन्दुस्तान की खिदमत में अलग राय की गुंजाइश नहीं है, हिन्दुस्तान की रक्षा में, हिफाजत में अलग राय की गुंजाइश नहीं है, वो हर एक का फर्ज है चाहे जो कुछ हो। तो इसका हम पक्का इरादा आज कर लें और कर लें, रोज कुछ याद रखें तो हमारे थोड़े-थोड़े से काम से, थोड़ी-थोड़ी सेवा से एक पहाड़ हो जाएंगी, पहाड़ बनेंगे जो कि भारत को बढ़ाएंगे और हिफाजत करेंगे।

जयहिन्द!

अब मेरे साथ आप तीन बार जयहिन्द कहिए।

जयहिन्द! जयहिन्द! जयहिन्द!

15 अगस्त, 1963 को लाल किले की प्राचीर से प्रधानमंत्री जवाहर लाल नेहरू

बिरादरान-ए-वतन के भाइयों बहनों और बच्चों और सैनिकों,

आज फिर हम यहां जमा हुए हैं, हमारे आजाद हिन्द की सोलहवीं सालगिरह पर, मुबारिक दिन है और आप सब लोगों को मुबारिक हो। आप में से बहुतों को याद होगा, कि जब 16 वर्ष हुए हम पहले बार यहां लालकिले के नीचे जमा हुए थे और पहली बार हमारा फौजी झण्डा यहां से उड़ा था। वह दिन हम सभी की याद में रहेगा, क्योंकि उस दिन हमें एक खुशी थी, खुशी का कुछ नया नशा था, बहुत दिन बाद, बहुत कोशिशों के बाद, बहुत कुर्बानी के बाद, भारत आजाद हुआ। बहुत दिन बाद, अंधेरी रात खत्म हुई और उजाला होने लगा। हमने बहुत खुशी मनाई थी यह समझ कि अब हमारे मुसीबत के दिन खत्म हुए और अब हम अपने मुल्क को बनाएंगें। उसके थोड़े ही दिन बाद हमें एक जबर्दस्त धक्का लगा जबकि हिन्दुस्तान के दो टुकड़े होने पर एक हंगामें मचे, लाख बातें हुई पाकिस्तान में और सरहद के पार,नई सरहद के इस पार हिन्दुस्तान में, बहुत जबर्दस्त धक्का लगा हमें, सख्त, सबको रंज हुआ, लेकिन फिर भी हमने उनका सामना किया और धीरे-धीरे उस पर काबू पाया। उसी जमाने में थोड़े दिन बाद हमारे एक बड़े नेता महात्मा गांधी जी की हत्या हुई, एक हिन्दुस्तानी के हाथ से। उससे बड़ी सजा हमें कोई नहीं मिल सकती थी, वह मिली, लेकिन फिर भी सोचा कि इस वक्त वह हमें क्या सलाह देते, महज हाय-हाय करने की नहीं, बल्कि मुकाबला करने की उन गलत चीजों की, गलत ताकतों की, गलत विचारों की और ख्यालात की जो ऐसी बातें मुल्क में कर देता है और मुल्क को जो तबाह कर दे। हमने और मैंने, हम, कहता

हूँ उसमें आप सब शामिल हैं, हमने उसका मुकाबला किया और उन विचारों को भी कुछ दबाया। एक नई हवा फिर से हिन्दुस्तान में हुई और हमने सोचा कि अब सारी शक्ति हम डालें इस हिन्दुस्तान को बनाने में, नया भारत बनाने में खुशहाल भारत बनाने में और जिससे सब लोग उठें और भारत की शक्ति बढ़ें। इधर हमने ध्यान दिया और बड़े-बड़े नक्शे योजनाएं बनाई, उस पर काम किया और कर रहे हैं। 10-12 वर्ष से मेरा ख्याल है और मैं हूँ आप भी इससे सहमत होंगे कि इन 10-12 वर्षों हिन्दुस्तान की शक्ल बदली है और बदलती गई है। हमारे लाखों गांवो में किस कद्र शहरों में नये-नये शहर बने, हजारों नये कारखाने बने, नई योजनाएं हुई और इधर-उधर फिर से आप देखें तो कुछ पहले के मुकाबले में खुशहाली नजर आती है। दूर है अभी तक अपनी मंजिल से लेकिन यह बात हुई है। लेकिन हमारा ध्यान कुछ एक बुनियादी बातों की तरफ से हट गया है। हम समझें कि हम आजाद हो गए हैं तो अब आजादी हमारी पक्की है और हम गफलत कर सकते हैं और कोई हमारे ऊपर इस आजादी पर हमला करने वाला नहीं है। अभी तक हमने यह सबक नहीं सीखा या पूरी तौर से कि आजादी ऐसी चीज नहीं है कि जो अपने आप से पक्की रहती है, यह नहीं ख्याल हमें हुआ था कि आजादी की खिदमत हमेशा करनी होती है, हर साल दिन और रात करनी होती है और जिस वक्त गफलत हुई तब आँखें उधर से हट जाती हैं उस वक्त व फिसलने लगती हैं और खतरे में आने लगते हैं। हम गफलत में पड़ गए।

हमने अपने को एक अमलदार बनाया अमन का, शांति का, दुनिया में शोहरत हुई, हिन्दुस्तान शांति के लिए है, ठीक बात थी, हम शांति के लिए थे और अब भी हैं, लेकिन शांति के साथ कमजोरी नहीं चलती है, शान्ति के साथ गफलत नहीं चलती है, शान्ति के साथ मेहनत चलती है और शक्ति चलती है तब उसकी हिफाजत हम कर सकते हैं और हमारी आवाज की कोई बुक्कत हो दुनिया में।

आपने चाल साल फिर यकायक आप और हम सबको एक धक्का लगा जब कि हमारी सरहद पर हमला हुआ, एक मुल्क जिसको

हम दोस्त समझते थे उसने जोरों से हमला किया और हादसे हुए सरहद पर, लम्बी सरहद पर। हमें तकलीफ हुई, परेशानी हुई, लेकिन उसका भी नतीजा एक अच्छा हुआ, वह यह कि उसने हमें गफलत से निकाला और सारे मुल्क में एक नई हवा फैली, नई हवा चली और लोग तैयार होने लगे और हर तरफ एक जोश था और एक कुर्बानी की जाती थी, त्याग किया जा रहा था। मुझे याद है अब भी और आप तो जानते ही हैं, कि किस तरह से लोगों ने खास और हमारी आम जनता ने उस समय महीनों तक, अपनी हर चीज जो उनके पास थी, देने के लिए तैयार हो गये, जैसे दिए हमारे कोष में सोना चांदी सब कुछ दिया और ज्यादा उन्होंने दिया, जिनके पास सबसे कम था। और यकायक हिन्दुस्तान भर में एक हवा फैली, जिसमें लोग अपने आपसी झगड़े भूल गये उनको पीछे कर दिया था, छुपा दिया था, दबा दिया था और सब लोग महसूस करते थे जब हमारा देश खतरे में है तो हमारा काम उसका सामना करने का है, देश की मदद करना और खतरे का सामना करना है। एकता की हवा फैली और हमने देखा कि बावजूद ऊपर के बुनियादी तौर पर सारे देश में कैसी जर्बदस्त एकता है जो कि वक्त आने पर निकल आती है, हमारी जिम्मेदारी बढ़ी, ताकत बढ़ी और हमने कोशिश की कि मुल्क को जल्दी से जल्दी तैयार करें, उसकी ताकत बढ़ायें। जरुरी है क्या मायने हैं मुल्क को तैयार करने के? खाली लोगों का जोश काफी नहीं है क्योंकि फौजी तैयारी कितनी जरूरी हो उसके पीछे हजार और तैयारियां होती हैं उसके पीछे सामान बनाने की तैयारियां, कारखाने बनाने जो फौजी सामान देते हैं, जो हवाई जहाज बनाएं उनके पीछे और हजारों कारखानें। उसके पीछे हिन्दुस्तान के बेशुमार खेती, जहां खाना पैदा होता है, खाने का सामान वगैरह। यानी उस तैयारी के मायने हैं कि हर तरफ से काम हो, हर एक आदमी अपना फर्ज अदा करें और ज्यादा से ज्यादा पैदा करें, जिससे हमारी आर्थिक हालत मजबूत हो। उधर ध्यान गया और तरक्की हुई और होती जाती है। लेकिन फिर भी कुछ पुरानी हमारी गफलत की हालत होने लगी, क्योंकि लड़ाई जरा कुछ ठंडी सी हो गई थी कुछ दिन में लोग

भूलन लगे उसे जो पहले जरूरी था आपस में इत्तेहाद और एकता होना। अब फिर अपनी पुरानी बहस, पुराने झगड़े पैदा करने लगे और एक हवा पैदा करने लगे मुल्क की कमजोरी की बजाये मुल्क की ताकत की। बदकिस्मती से यह कुछ हमारी पुरानी आदत है, और जरा मौके से हम उसे भूल गए थे, जब खतरा बिलकुल सामने नजर आया, फिर इधर-उधर हम जाने लगे, लेकिन आप सब जानते हैं कि खतरा हर वक्त हमारी सरहद पर है, सरहद के इस पार है और हमारा मुल्क हमारे मुल्क का आपका और हमारा पहला काम है कि उससे हम मुल्क को बचायें। उसके बाद फिर और बातें होती है जो देश अपनी आजादी को, अपनी जमीन को बचा नहीं सकता उसकी कद्र दुनिया में कौन करें और उसकी ताकत क्या है, तरक्की करने का?

इसलिए हालांकि सब में और बड़ा काम हमारा इस वक्त है मुल्क की ताकत को बढ़ाना, मुल्क की, पैदाइशों को बढ़ाना, मुल्क की गरीबी को निकालना और खुशहाल मुल्क को करना हर एक को बराबर का मौका मिले तरक्की का करोड़ों आदमियों ने जो हिन्दुस्तान में रहते हैं, हमारे बाल बच्चों को पूरा मौका मिले कि अच्छी तरह से बढ़े सब चीजें उसे मिले, अच्छी हमारे देश की सेवा करें, बढ़े के। लेकिन यह काम उसी वक्त हो सकते हैं, जब मुल्क की इज्जत, मुल्क की आजादी कायम है अगर उसमें ढ़ील हो गई तो मुल्क का दिल टूट जाता है, कमर टूट जाती है और मुल्क निकम्मा हो जाता है। तो कभी कोई मुल्क जो आजाद है और आजाद रहना चाहता है वह इसको, मुल्क की हिफाजत को अव्वल रखता है और बातें सब पीछें हैं। और मुल्क की हिफाजत के लिए एक ऐसी बात है जिसमें दो बहसें नहीं होनी चाहिए, बहस की जरूरत है, दो आवाजों की जरूरत नहीं है। हर एक हिन्दुस्तानी जो है, भारतीय है उस बात में उसको यह जानना चाहिए कि उसको मिलके हमें कहना है, कि हमारे मुल्क की एकता सबमें ज्यादा जरूरी है। यह नक्शा हमने देखा था। इस साल के शुरू में, अपने मुल्क की एकता का, जोरों का, नक्शा और छोटी बातों को पीछे कर देना, लेकिन कुछ दिन तक वह बात शायद ठंडी रही तो लोगों को याद जरा

कम होती है, फिर उसे भूलने या फिर से व छोटे-मोटे झगड़े पैदा होने लगे फिर से अलग-अलग आवाजें, अलग-अलग नुक्ताचीनी होने लगी। यह अफसोस की बात है, क्योंकि हर एक को हक है कि नुक्ताचीनी करें, हर एक को हक है बहस करें, हमारा आजाद मुल्क है, हम किसी को रोकते नहीं हैं, लेकिन हर एक को हक होने के अलावा, फर्ज भी होते हैं, कर्तव्य होते है और कर्तव्य है, उसका फर्ज है। हर एक को मुल्क को बचाना, मुल्क की एकता बनाए रखना और, मुल्क की ताकत बढ़ाना मुल्क की सेवा करना यह फर्ज हर एक हिन्दुस्तानी के हैं, चाहे कोई उसका महजब हो, कहीं भी हिन्दुस्तान के हिस्से में रहता हो। उसको जहां हम भूलें तब हमारे जो हक हैं वह ढ़ीले पड़ जाते हैं, उनका माँगना कुछ जोरों से नहीं हो सकता हक तो हर एक के हैं और उन्हें चाहिए बहुत कुछ हक है लोगों के, हमारे लोगों के जो इस वक्त पूरी तौर से चल नहीं सकते हैं, हक है हर एक इंसान को हिन्दुस्तान में कि वह खुशहाल जिन्दगी बसर करें, उसकी गरीबी निकल जाए, गरीब बच्चों को मौका मिले। कोशिश कर रहे हैं उसकी और, हम उम्मीद करते हैं कि वक्त आयेगा और हल्के ज्यादा से ज्यादा जाएगा। लेकिन वाक्या यह है कि इस वक्त तो हम दूर हैं, दूर हैं उस मंजिल से और उस पर हम अभी पहुँचेंगे जब हमारे फर्ज हम अदा करें सब।

आपसे मैंने कहा कि मुल्क मुल्क-खतरे में है मेरा मतलब नहीं कि इस वक्त खास कोई बात होने वाली है। लेकिन यह जो कोई तस्वीर हमारे सामने आई है, उसने ऐसे नए खतरे पैदा किये हैं हमारी सरहदों पर जो कि हम भूल से गये थे और उन खतरों का सामना करने के लिए हम वहां फौजें, हवाई जहाज भेंजें वह रुका है। लेकिन खाली फौज और हवाई जहाज मुल्कों की रक्षा नहीं कर सकता है। आजकल मुल्कों की रक्षा होती है जब सब लोग, सब जनता मर्द और औरत सारे मुल्क के कुछ न कुछ करें उस रक्षा के काम में। क्योंकि रक्षा के पीछे सारे देश की शक्ति होनी चाहिए और देश की शक्ति में सब में पहला काम है, एकता, मिलकर काम करना, मिलकर जो बड़ी-बड़ी तैयारिया हैं उनको करना, खेतों में या कारखाने में या जहां कहीं आप काम करते हैं, लोग

हों, उसके लिए और मुल्क की ताकत इस तरह से बढ़ायें और उसके बाद उसका नतीजा होगा कि आपकी जो फौजी ताकत है वह भी मजबूत हो जायेगी और इस तरह से हमारी शक्ति बढ़ेगी। तो यह आप याद रखें हमारे बड़े सवाल हैं, और भी बड़े सवाल थे हमारी योजनाओं के, अब बहुत बढ़ गये हैं यह जो खतरा है, दुनिया में बड़ी लड़ाई होने के, जिसमें एटम बम हाईड्रोजन बम चलें, दूसरी तरफ, से कुछ हवायें भी चलती हैं।

अभी, अभी एक सुलहनामे पर दस्तखत हुए मास्कों में, एटम बम के सिलसिले में। जिसमें अमेरिका ने रूस वालों ने और अंग्रजो ने दस्तखत किये और और लोगों ने भी दस्तखत किये हैं, बाद में हमारे मुल्क ने भी दस्तखत किये। वह सुलहनामा कोई लड़ाई का डर नहीं निकाल देता, हमारे खतरों को कम नहीं करता, लेकिन फि भी एक रास्ता दिखता है जिधर चल के शायद हम ऐसी जगह पहुँच जाए, दुनिया पहुँचे जब कि लडाइयाँ वगैरह काबू में आ जाए और दुनिया शांति की थी यूनाइटेड नेशन्स में जिस पर दस्तखत हुए मास्को में। पहली आवाज हिन्दुस्तान की उठी थी इस बात को करने के लिए। तो हमें खास तौर से खुशी है कि अब उस पर अमल हुआ, वह बात की गई और हम उम्मीद करते हैं कि इस रास्ते पर कदम बढ़ाया गया है तो बढ़ता ही जायेगा और दुनिया आखिर में इस खतरे से बच जाएगी। हम रहते हैं एक खतरनाक दुनिया में जिसमें खतरे हैं, जिसमें उम्मीदें हैं और आजकल के नौजवान हैं जो बच्चे हैं उनके सामने जो जिन्दगी है उसमें भी दोनों बातें मिली हुई हैं, उम्मीदें हैं और खतरे हैं। अच्छा है कि ऐसे जमाने में हम रहते हैं क्योंकि ऐसे ही जमाने में रह के एक कौम मजबूत होती है, एक कौम में हिम्मत आती है, बहुत आरामतलबी किसी कौम के लिए अच्छी नहीं होती, कमजोर कर देती है। बहुत हर वक्त हमें चौकन्ना होना है। तो मैं आपकी और खास कर नौजवानों को और बच्चों को मुबारक करता हूँ कि ऐसे जमाने में वह हैं और उनके सामने बहुत इम्तिहान होंगे, हम सबके सामने और वह इम्तिहान ज्यादा बड़े होते हैं बनिस्बत इसके जो स्कूल और कॉलेज में जा के दिया करते हैं। जिन्दगी

के इम्तहान ज्यादा सख्त हैं, ज्यादा बड़े हैं और कोई किताब एक पढ़ के आप उसमें पास नहीं हो जाते हैं, उस इम्तहान में, बल्कि आपका चरित्र ऐसा होना चाहिए, आपका दिल और दिमाग ऐसा होना चाहिए मजबूज कि आप किसी खतरे का भी सामना कर सकें, और उस पर हावी आए, घबराएं नहीं। तो हमें इस तरह से चलना है और जो आइन्दा सवाल आते हैं, और हमारे आजाद हिन्द की उम्र कुछ बढ़ती जाती है तो उसके साथ हमें भी ज्यादा मजबूत होते जाना है और गफलत में कभी अपने को नहीं पड़ने देना है। और यह याद रखना है कि चाहे हमारी राय कितनी, दो हो, तीन हो, सौ हों, एक बात में राय एक ही है वह हिन्दुस्तान की एकता और हिन्दुस्तान की हिफाजत करना और हिन्दुस्तान को खुशहाल बनाना। इसमें दो राय कोई नहीं हो सकती है। हां कुछ राय हो सकती है कि रास्ते किधर जाने हैं, लेकिन बुनियादी राय तो इन तीनों बातों की एक होनी चाहिए और हर कदम को हम उठायें, हर बात जो हम करें हम सोचें कि इस बात के करने से हिन्दुस्तान की हम खिदमत करते हैं, हिन्दुस्तान की एकता बढ़ाते हैं, या उनको कमजोर करते हैं। यह एक छोटी कसौटी है जो हमें लगानी चाहिए हर बात पर क्योंकि हम अक्सर अपने जोश में मस्त रहते हैं और पार्टी बाजी या दलबंदी में पड़ के कमजोर कर देते हैं मुल्क के रास्ते को, मुल्क के कदम उठाने की रक्षा करने के लिए? इन बातों को आप याद रखिए। जो आगे दिनों में वह हमारे कोई आसान दिन नहीं है, मुश्किल दिन हैं किसी तरफ से भी आप देखिए मुश्किल दिन हैं, कठिन दिन हैं।

जब हमारे सामने यह बड़ा हादसा हुआ था, खतरा आया था सरहद पर, उसके बाद हमें कई बातें करनी पड़ी जो कि हमें अच्छी नहीं लगती थी, लेकिन हम मजबूर हो गये करने को। हमें फौज पर बहुत ज्यादा रूपया खर्चना पड़ा, करीब दुगना, दुगने से भी ज्यादा शायद। हमें उस रुपये को टैक्स वगैरह के जरिये से इक्ट्ठा करना था, टैक्सेज बड़े टैक्स बढ़ाना किसी को अच्छा नहीं लगता न देने वालों को, न बढ़ाने वालों को। लेकिन जब मुल्क खतरे में हो तो फिर जो लोग 2-4 पैसा बचाने में मुल्क के खतरे को भूल जाते हैं, वह मुल्क की खिदमत

नहीं करते हैं, उनकी वह सेवा नहीं हुई, बल्कि ऐन वक्त पर पैसे की क्या कीमत है मुल्क हमारा एक चीज है जो रहेगा, पैसा आता है जाता है, हम खर्च करेंगे, पैदा करेंगे और उस वक्त जो जबाब इसका हुआ, हर जगह हमारी पार्लियामेंट में और मुल्क में वो जोरों का हुआ, हर जगह हमारी पार्लियामेंट में और मुल्क में वो जोरों का हुआ, शान का हुआ हालांकि तकलीफ थी और परेशानी थी, हिन्दुस्तान पर खतरा आया और उस खतरे से बचाना है, हर तरह से बचाना है चाहे जो भी कुछ देना हों, चाहे जो कुछ भी हो, चाहे हम मिट जायें लेकिन हिन्दुस्तान रहे (तालियां) इस तरह से देखा हमने और वो बातें चली। सोना, चांदी आया, पैसा आया टैक्स हुए आये। तो इस बात को आप सोचिए यह सवाल हमें खाली देखना नहीं है कि कोई चीज बचाते अच्छी है या नहीं, बल्कि देखना है कि आजकल की हालत में, आजकल के खतरे में चाहे सरहद पर हो, चाहे अंदरूनी खतरा हो, किस तरह से उसका सामना करना है, अगर उसके सामने में करने में हमें ज्यादा बोझ उठाने पड़ते हैं, तबाह हो जाते हैं मुल्क। हमारे सामने इस वक्त ऐसी लड़ाई नहीं है कोई कह नहीं सकता क्या आइन्दा हो लेकिन उसको दूर करने लिए भी इस वक्त हमें तैयार रहना है, होना है। और बोझे उठाने हैं।

हम, हमारा नाम दुनिया में हुआ था कि हम एक शांति पसन्द, अमन पसन्द एक शांति प्रिय देश हैं और यह बात सही है और इस वक्त जो हम अपनी फौजें बढ़ाते हैं, और नौजवानों को कुछ सिखाते हैं फौजी का, इसके मायने नहीं है कि हम ने अपनी शांति के विचार और शांति की नीति छोड़ दी है, हम उस पर चलेंगे, दुनिया में चलेंगे और हर जगह चलेंगे और जो झगड़ा हमारा है किसी देश से, अगर वह शांति से तय हो जाते हैं तो जरूर कोशिश करेंगे। क्योंकि हमें पसन्द नहीं है इस किस्म की लड़ाई जो मुल्क में तबाही लाये और आम जनता को जिसमें बहुत परेशानी हो। लेकिन शांति अभी हो सकती है, खुद्दारी से, शांति हो सकती है, स्वाभिमान से और एक गलत बात के सामने झुका देने से नहीं और हारने से नहीं। जो लोग डरते हैं वह मुल्क को कमजोर कर देते हैं, बदनाम कर देते हैं इसलिए हालांकि हम तैयारी करें पूरी

तौर से मुल्क की रक्षा की, हमारा पथ, हमारा रास्ता शांति पे चलने को होगा और हर वक्त हम ढूढेंगे दुनिया में और अपने मुताबिक कि जब कभी शांति से कोई फैसला हम कर सकते हैं तब उसको पकड़ेंगे लेकिन शांति से फैसला हो। लेकिन ऐसा नहीं जिसमें हिन्दुस्तान की शान को धक्का लगे। यह जरूरी बात है इसलिए हम तैयारी करेंगे पूरी तौर से और उस तैयारी के मायने तोप और बंदूक और फौज नहीं हैं, उस तैयारी के मायने मुल्क में एक-एक शख्स, एक-एक मर्द, एक-एक औरत, लड़का इसके लिए कुछ न कुछ दें तैयार हो अपने दिल को मजबूत करें, अपने दिमाग को मजबूत करें और साथ मिल कर चलना चाहिए। हमारे मुल्क के लोगों को बहुत साथ चलना भी आता है। पैर मिला के चलने में कोई बात खूबी नहीं है, लेकिन वह एक साथ काम करने की तस्वीर है। फौज की क्यों ताकत है? वह लोग मिल के काम करते हैं, पैर मिला कर चलते हैं। सब काम मिलकर करते हैं उनमें डिस्प्लिन है, नियम से करते हैं। यह शक्ति है। तो हमें अपने देश को कुछ सिपाहीपना सीखना है सारे देश को, हमें अपने देश को डिस्प्लिन सिखाना है और शायद यह जो खतरे आए हैं, उनसे हम फायदा उसके इन बातों को सीखें और सीख रहा है मुल्क। अच्छा है इस तरह से हम तैयार हों अपने आने वाले भविष्य के लिए और इस खतरे को निकाल कर, जब निकलेंगे तो ज्यादा ताकतवर निकलेंगे। ज्यादा हिम्मत होगी। ज्यादा हमें अपने ऊपर भरोंसा होगा और खुशहाली के रास्ते पर हम आसानी से चल सकेंगे। आखिर में मुल्क वही मजबूत होते हैं जो अपने ऊपर भरोंसा कर सकें, जो औरों पर भरोंसा करें, औरों से दोस्ती होती, भरोसा अपने ऊपर होता है, औरों से सहयोग होता है, आप ने दिमाग से सोचा होता है, अपने हाथों से काम करना होता है। जिस वक्त कोई मुल्क इसको भूल जाता है और घबरा जाता है, डर जाता है, अपने ऊपर भरोंसा नहीं करता है, वह गिर गया, तबाह हो गया, जलील हो गया, निकम्मा मुल्क है वह, यह बात याद रखनी है, और अगर हिन्दुस्तान ऐसा बड़ा मुल्क उससे ज्यादा जिल्लत क्या हो सकता है कि हम अपने-अपने दिलों में डर जाये, घबरा जायें और अपने ऊपर भरोंसा न

कर सकें, हमें करना है और हमारे दोस्त हैं, दुनिया में उन से हमें दोस्ती करनी है उनसे हाथ मिलाना है, उन से मदद भी लेनी है वह ठीक हैं और दी है हमें बड़े-बड़े देशों ने से हम मजबूर हैं, मजबूर महज मदद के नहीं हैं बल्कि उनकी हमदर्दी के हैं, हमदर्दी कीमती चीज है और दुनिया के बहुत देशों ने हमें दी है। इसलिए इससे हमारा बोझ कम हो जाता है। तो वह तो ठीक है लेकिन और फिर भी जिस मंजिल पर हम चलें जो यात्रा हम कर रहे हैं उस पर हमें यात्रा करनी है और लोग नई मंजिल पर पहुँच पाएंगे। यह बात याद रखनी है और आपको उसी उसूल से हम चाहते हैं कि मुल्क को बढ़ायें, तरक्की करें मुल्क की, सारी आर्थिक समस्याओं को हल करें अपने ऊपर भरोंसा कर के औरों की मदद लेके और अपने मुल्क को ऐसा बनाए अपनी टांगों पर पूरी तौर से खड़ा हो सके। मैं देखता हूँ बड़े-बड़ों की तो खैर फिक्र है ही लेकिन बच्चे जो हमारी करोड़ों हैं देश में और जो मैं कुछ सोचता हूँ, अब रोज ब-रोज स्कूल अधिक से अधिक स्कूल जाते हैं, सीखते हैं यह हमारे सुन्दर बच्चे हैं, यह कैसे बढ़ें-कैसे हिन्दुस्तान में रहेंगे। मैं चाहता हूँ उनको पूरे मौके मिले, बढ़ने के सीखने के, देश की सेवा करने के, अपनी सेवा करने का और ऐसा हम भारत बनायें जिसमें उनको ऐसे मौके मिले और कोई ऊँच-नीच न हो देश में और बराबर का मौका सभीं को मिलें। ऐसा हम चित्र देखते हैं भविष्य का, ऐसे भविष्य के लिए हम काम करते हैं।

हमारी योजना कमीशन है और लोग बड़े-बड़े दफ्तर बना के काम करते हैं, लेकिन आप जानते हैं या जानना चाहिए आपको यह काम गवर्नमेंट की तरफ से योजना कमीश्नरी के तो खाली इशारे होते हैं काम तो आपको और हिन्दुस्तान के करोड़ों आदमियों को करना है। अगर वह करेंगे तब ठीक है, नहीं करेंगे तो न योजना कमीशन कर सकेगा, न गवर्नमेंट कर सकेगी। अगर रक्षा का मामला है तो करोड़ों आदमी करेंगे अगर योजना बनाने का काम है तो करोड़ों आदमी करें, कुछ लोग यहीं दफ्तर में बैठ कर रहते हैं। हमारा काम ताल्लुक रखना है हिन्दुस्तान के 45 करोड़ आदमियों से, वो 4-5 दफ्तर में बैठ कर

या अफसर इधर-उधर फैले हुए कैसे करेंगे। हमें 45 करोड़ को जगाना है, उठाना है और ज्यादा से ज्यादा उस रास्ते की तरफ इशारा करना है, चलना तो उनको और फायदा हमें उठाना है। यह हमारे सामने तस्वीर है मेरा ख्याल है, कि जो ये चार साल में हमारे सरहदों पर हमले हुए यह सब अच्छा है मुल्क के लिए, बुरा नहीं है मुल्क को बड़ा करेगा, मजबूत करेगा, मुल्क को सफल तैयार करेगा आगे बढ़ने के लिए, अगर उससे घबरा न जाए और हार न जाए। और कोई घबराने का डरने का कोई अंदेशा नहीं, कोई वजह नहीं, न ऐसी हमारी कौम बुजदिली के रास्ते पर चलना सीखी है। तो यह बात, लेकिन यह सिलसिला लंबा है और उसके लिए हमें तैयार रहना है।

बस फिर से मैं मुबारिक देता हूँ और उम्मीद करता हूँ कि आप इस दिन को याद करेंगे। अभी तो आजाद हिंद एक बच्चा है सोलह वर्ष की उम्र क्या है एक मुल्क की, यों तो पुराना देश है हमारा, लेकिन आजाद हिंद का मैं कहता हूँ। ज्यों-ज्यों बढ़े इसकी ताकत बढ़े इसका चरित्र अच्छा हों, मजबूती हो, दुनिया में सिर ऊँचा हो और ऊँचा सिर के आगे। इन बातों को आप याद रखिये और खासकर कि हमारे देश में जो लोग रहते हैं, किसी भी मजहब के हों, सब हमारे भाई-बहिन हैं और सभी को साथ मिलकर चलना है, जो इस बात को भूल जाता है वह देश की सेवा नहीं करता है। फिर से हमें और आपको मुबारिक।

जयहिंद।।

लाल बहादुर शास्त्री

2 अक्टूबर, 1905 - 11 जनवरी, 1966

(कार्यकाल)

9 जून, 1964 से 11 जनवरी,1966

15 अगस्त, 1964 को लाल किले की प्राचीर से प्रधानमंत्री लाल बहादुर शास्त्री

बहनों और भाइयों,

आज के चालीस वर्ष पहले की बात मुझे याद आती है, जब हम नौजवान थे। एक वालियंटर और सिपाही के नाते हम कहा करते थे कि जिस दिन लाल किले पर हम आजादी का झंडा फहराएंगे, उस दिन हमारी आजादी पक्की होगी। हमने यह भावना उस अपने बहादुर नेता से पायी थी, जिसका नाम हम कभी भूल नहीं सकते। जवाहर लाल जी हमारे देश की आजादी के बड़े-बड़े सिपहसालारों में और आजादी के आने के बाद उन्होंने देश के बनाने का काम अपने हाथ में उठाया। देश के वह कर्णधार बने और 17 साल तक लगातार दिन और रात एक कर उन्होंने आजादी को संजोया, और उसको मजबूत बनाया। हमें याद है 15 अगस्त सन 1947 को देश में क्या जोश था, क्या उमंग थी और ऐसा लगता था कि जैसे अपनी खोई हुई निधि, अपनी सोई हुई पूंजी हमने हासिल की है और अपने दिल से अपनी आजादी की पूंजी को लगा लिया। 17 साल तक या 16 साल तक आप लगातार इस जगह से एक वह सुन्दर और स्वस्थ प्रतिमा देखी थी, जो जवाहर लाल जी की प्रतिमा थी। इस जगह पर जिस साहस और हिम्मत से वह खड़े होते थे, जिस तरह से देश का मार्ग दर्शन करते थे उसे भूलना कठिन है। हमने कुछ ऐसे उनको अपनी आंखों में और अपने दिलों में बसा लिया था कि हम समझते नहीं थे कि उनसे हमें कभी अलग होना पड़ेगा। लेकिन एक अजीब शक्ति दुनिया में काम करती है, जिस शक्ति पर जिस ताकत पर हमारा काबू नहीं है और आज वह हमारे बीच में यहां नहीं हैं, आज उनकी गम्भीर आवाज, और हमको और आपको आगे ले जाने वाली

आवाज मौन है, लेकिन वह देश के लिए इतना कर गये, हमारे लिए इतना कर गये, हमारे लिए इतना छोड़ गये कि एक ऐसी बड़ी पूंजी और थाती हमें मिली है, जिसको हमें बड़ी जिम्मेदारी से निभाना है।

यह आज इस बार जो वर्षा हुई है, एक माने में यह वर्षा और यह पानी देश के लिए भलाई के लिए है और इससे देश का भला होगा। लेकिन इसके पीछे हमें यह भी देखना है कि हमें कठिनाइयों और मुसीबतों का भी सामना करना पड़ेगा। अगर हमने यह समझा कि देश बनाने का काम एक सरल काम है, एक सीधा-सादा काम है, हम एक साफ रास्ते पर चले जाएंगे, तो यह बड़ी भूल होगी और हमें यह अनुभव करना है कि जिस तरह से आज इस वर्षा ने, इस पानी ने थोड़ी हमारे रास्ते में रुकावट डाली, उसी तरह से कठिनाइयों का सामना हमें करना पड़ेगा, लेकिन जब उन पर हम जीत पाएंगे, तब फिर अपने देश में हमें सुख और समृद्धि का दृश्य देखने को मिलेगा।

हमें याद रखना है कि हम आज बहुत से सवालों से बंधे हुए हैं और हमारी मुश्किलें और कठिनाइयां कम नहीं हैं। अभी-अभी एक महीने, डेढ़ महीने से खाने का सवाल, अन्न का सवाल कठिन बन गया है, खास तौर से कुछ सूबों में जो आपके पड़ोस में है उत्तर प्रदेश है, बिहार है, बंगाल है, और उधर पश्चिम की तरफ जाएं तो महाराष्ट्र और गुजरात राज्य और एक हिस्सा राजस्थान का। यहां अन्न का संकट आया, अन्न की कमी आयी, लेकिन मैं आपसे यह कह सकता हूं कि हमने उसका मुकाबला करने की पूरी कोशिश की है। केवल हम बाहर के अनाज से नहीं, बल्कि अपने देश के उन सूबों से जैसे पंजाब, उड़ीसा, आन्ध्र प्रदेश, मध्यप्रदेश जहां अन्न कुछ जरूरत से वहां की जरूरत से ज्यादा पैदा होता है, वहां से अनाज हमने जल्दी-जल्दी भेज कर उत्तर प्रदेश, बिहार, बंगाल महाराष्ट्र और गुजरात पहुंचाया है। मैं यह तो नहीं कहता कि कुछ कठिनाई हट गई हैं, लेकिन इतना कहने की हिम्मत जरूर रखता हूं कि जिन्होंने बीस दिन पहले या एक महीने पहले इन सूबों को देखा होगा, आज वे पाएंगे, वहां जाने पर कि वह परेशानी और बेचैनी आज नहीं है। इस तरह हमें कोशिश करनी पड़ेगी कि हम अगले

महीने-दो महीनों में खास तौर पर जत्न और इन्तजाम करें। जिसके पास जितना है, उससे वह ज्यादा खर्च न करें। हम अपने खर्चे को भी घटा सकें, अन्न के खर्चे को, तो उसे भी हटाएं। मैं चाहता हूं कि हर एक शहर का रहने वाला, हर एक गांव का रहने वाला, अपने पड़ौसी को देखे, कहां मुसीबत है, कौन तकलीफ उठा रहा है और अगर हमें अपने खाने में कुछ कमी करके भी दूसरे को खिलाना पड़े, तो उसके लिए तैयार रहने की जरूरत है। घबरा कर अपने-अपने घरों में हम कुछ ज्यादा रख ले, यह मुनासिब नहीं है और मुझे विश्वास है कि जो आज एक स्थिति आई जो आज एक हमें टेढ़े मौके का मुकाबला करना है, उसमें हम हिम्मत, इस बहादुरी और इस दूरदर्शी से काम लेंगे, जिसमें देश का यह सवाल कठिन न बनें। मैं यह समझता हूँ कि आज के जमाने में, न दावतों की जरूरत है, न डिनर्स की जरूरत है, न लंच की जरूरत है। मेरा मतलब व्यक्तिगत नहीं, जो ये बड़ी-बड़ी दावतें या छोटी-मोटी दावतें होती हैं, उन्हें हमें बन्द करना होगा। मिनिस्टर्स भी न कोई दावत मंजूर करेंगे और न कोई पार्टी होगी। मैं जानता हूँ कि इससे कोई बहुत बचत की बात नहीं है, लेकिन देश का एक मानस तैयार करना है, देश का दिमाग तैयार करना है और हमें यह दिखलाना होगा कि जो आज कमियाँ हैं, उन कमियों को अगर उसमें हम भी कुछ अपने को उसमें लगा सकें, तो उससे देश को एक मार्ग मिलेगा, एक रास्ता मिलेगा। यह असली सवाल तो यह है कि हम अपने देश में ज्यादा अनाज पैदा करें। मैं उसके ब्योरे में नहीं जाना चाहता, लेकिन हमने जो कदम उठाने का इरादा किया है, हम जिस तरह से किसानों के अनाज की कीमत को बढ़ाना चाहते हैं। हम जिस तरह किसानों को बगैर मुसीबत पहुंचाये सरकार उनसे अनाज खरीदना चाहती है और हम जो दूसरी और बातें करना चाहते हैं, मुझे विश्वास है कि अगले वर्ष दो वर्ष के अन्दर हम अपनी ऐसी हालत बना सकेंगे कि जिसमें आज जैसी स्थिति का हमें मुकाबला न करना पड़े। हमें यह भी ध्यान में रखना है कि अन्य तमाम अनाज पैदा होगा अच्छा खाद देने से, पूरी तरह से पानी देने से, या किसानों को कर्जा देने से या अच्छे बीज और अच्छे जानवरों

के कारण, लेकिन असली ताकत दिलों में रहती है, मनों में रहती है। आज का करोड़ों किसान अगर एक इरादा कर ले कि हम एक आन्दोलन के रूप में, खेती की पैदावार को बढ़ाएंगे, तो समय बदल सकता है, हालत बदल सकती है। कुछ हमें गांधी जी की उस भावना को अपनाना होगा। जब हम आन्दोलन चलाते थे, गांव-गांव में जाते थे और आज इस बात की जरूरत है कि हम गांवों में जाएं, हम खेत-खेत पर जाएं, हम अपने ऊपर यह जिम्मेदारी उठाएं कि देश के अन्दर, गांवों के अन्दर किसानों में ज्यादा से ज्यादा पैदा करने का एक आन्दोलन चला देंगे। मैं चाहता हूं कि हम सब आज उस भावना से प्रेरित हों। और भी दूसरे सवाल हैं। मैं किसी चीज को आपसे छिपा कर और दबा कर नहीं रखना चाहता। आज कीमतें बढ़ रही हैं, मूल्य बढ़ा हुआ है, जरूरी सामान भी ज्यादा कीमत पर मिलते हैं कपड़ा है, तेल है, चीनी है, गुड़ है, दियासलाई है, छोटी-मोटी ऐसी चीजें जो रोज की हमारी जिन्दगी की चीजें हैं, उनका भी दाम बढ़ा हुआ है और उसका असर किसान पर भी पड़ता है, लेकिन उस पर भी उनके लिए भी हमें रोक लगानी होगी। वैसे कीमतों का बढ़ना हमें देखना पड़ेगा, उसके पीछे कुछ मौलिक बातें हैं, कुछ हमारी क्या आर्थिक पॉलिसी और नीति है? उस पर भी यह बात निर्भर करती है।

आज हमने पिछले 15 साल के अन्दर तीन प्लानों में बीस हजार करोड़ रूपया खर्च किया है और खर्च करने का इरादा रखते हैं, बीस हजार करोड़ रूपये से ज्यादा। क्या कभी हम कल्पना भी कर सकते थे कि इस देश में हम दस बारह वर्ष के अन्दर 17-18 हजार करोड़ रुपया खर्च कर लेंगे, लेकिन जब हम रूपया इन्वेस्ट करते हैं, लगाते हैं तो उसी के अनुसार हमें पैदा भी करना चाहिए। अगर रूपये के इन्वेस्टमेंट के साथ-साथ हमारी पैदावार न बढ़े, तो फिर ये जो नोट जो बड़ी मात्रा में फैलते हैं, उसमें एक इन्फलेशन पैदा होता है, उसमें कीमतें बढ़ती हैं और आज एक ऐसा अवसर और समय है, जब हमें सोचना पड़ेगा कि इन कीमतों की बढ़ती हुई जो हालत है, उस पर काबू पाने के लिए हम क्या कदम उठायें। इसमें कोई पीछे हटने की बात

नहीं, लेकिन मजबूत कदम उठाने की बात है। हमारा लक्ष्य एक ही है। हम वहीं पहुंचेंगे एक नया समाज बनाने के लिए, एक क्रान्तिकारी समाज हमें बनाना है। लेकिन हमारा हर कदम सोचा हुआ, समझा हुआ और एक मजबूती के साथ पड़ना चाहिए। मुझे विश्वास है कि आज जो हमारी साधारण आर्थिक स्थिति है, हम उसे, सरकार उसे अच्छी तरह से सोचेगी और हम एक रास्ता निकालेंगे, जिस रास्ते से हम ठीक-ठीक आगे बढ़ सकें और जो आज बढ़ती हुई कीमतें हैं, उस पर कुछ काबू पा सकें।

मैं देखना चाहता हूँ अपने देश में और अगले कुछ सालों के अन्दर की कीमतें बंधी हुई हों, जरूरी सामान की। जो ज्यादा बड़ी खूबसूरत चीजें हैं, उन पर जो जितना पैसा खर्च करना चाहे करें और जो कीमत रहे वह रहे। लेकिन मुझे तो इस बात की चिन्ता है कि आज गरीब आदमी, आज कॉमन-मैन आज साधारण आदमी खा सके, पहन सके, रह सके और साथ-ही-साथ उसकी ऐसी जरूरी चीजें, जिनका थोड़ा मैंने जिक्र किया, उसको मिल सकें और उनकी कीमतें बंधी रहें एक-एक दुकान पर प्राइस कीमत की लिस्ट और सूची टंगी रहे और यह सरकारी अफसरों का काम होगा कि वे देखें कि वे कीमतें पूरी होती हैं और उनके अनुसार काम चलता है।

वैसे अपने देश में हमें पड़ोसी देशों से पहले फिक्र करनी है और हम चाहते है कि जितनी हम अपने देश में शान्ति रख सकें और उसी वजह से दुनिया में भी शान्ति बनाएं रखें, वह एक बहुत ही जरूरी बात है। चीन का हमला हमारे देश पर हुआ, उसका रूख नहीं बदला है। हम भी अपना रूख नहीं बदल सकते और हम चाहते हैं इज्जत और सम्मान के साथ बातचीत करने से कभी हमारा देश पीछे नहीं हटा है। क्या गांधी जी और क्या जवाहर लाल जी, हमारा यह तरीका रहा कि चाहे हमारा कितना ही विरोध और मुखालिक क्यों न हो अगर वह बात करना चाहे तो हम शान और मर्यादा के साथ बात करने को तैयार हैं, लेकिन अगर तलवार की नोक पर या एटम बम के डर से कोई हमारे देश को झुकाना चाहे, दबाना चाहें, यह देश हमारा देश दबने वाला नहीं

है और हमारी करोड़ों की ताकत, हमारी जनता की ताकत इतनी जबरदस्त है कि जिससे हम किसी भी खतरे का मुकाबला कर सकते हैं।

मुझे बड़ी खुशी है कि अभी प्रेसीडेंट क्यूब ने एक बड़ी अच्छी भावनाओं का प्रसार किया है, अच्छे- ख्यालात जाहिर किए हैं। कल ही आपने अखबारों में देखा होगा कि उन्होंने भारत और पाकिस्तान की एक और मेलजोल की बात की है। मुझे उससे खुशी है और मैं उसका स्वागत करता हूं। मैं भी चाहता हूं और देश भी चाहता है कि पाकिस्तान और हिन्दुस्तान में मेल रहे। आए दिन रोज झगड़े होते हैं, सरहदों पर गोलियां चलती हैं, यह न पाकिस्तान के लिए अच्छा है और न हिन्दुस्तान के लिए अच्छा है। लाखों भाई अगर उधर से इधर आएं और हम इसे रोक न सकें, तो यह हमारे लिए कोई गौरव की बात नहीं है, इसलिए आदर और सम्मान के साथ एक दूसरे की बात को समझ कर कोई रास्ता और उपाय उसे निकालना चाहे, तो उसे निकालना चाहिए। मुझे भरोसा है कि अगले कुछ महीनों में हम अपनी बातें कर सकेंगे और एक ऐसी भावना मेलजोल की पैदा कर सकेंगे, जिससे एक रास्ता ठीक रास्ता निकला आए।

हमारे पड़ोस के हमारा प्रेम बर्मा से, लंका सीलोन से, नेपाल से, अफगानिस्तान से, ये सभी हमारे मित्र देश है। कुछ कठिनाइयां कभी-कभी आ जाती हैं, कुछ सीलोन में भी हैं, वर्मा में भी हैं। मुझे खुशी है कि सीलोन के प्राइमीनिस्टर ने यहां अक्टूबर के महीने में आना मन्जूर किया है। हम अपने सिलौन और श्रीलंका का जो प्रश्न है हिन्दुस्तानियों का, उसे मुझे भरोसा है कि हम हल करने में काययाब होंगे। हमारे फॉरेन मिनिस्टर सरदार स्वर्ण सिंह जी बर्मा जा रहे है और मैं समझता हूं कि वहॉ से भी वहां जो आज कठिनाइयां और दिक्कतें है, उनको भी हम हल करने में कामयाब होंगे।

एक दुनिया में शान्ति का रास्ता जवाहर लाल जी ने दिखलाया और आज भी हमें दुनियां में शान्ति कायम रखने में हम जितनी अपनी ताकत है, लगाएंगे। हमारी नीति हम किसी बड़ी शक्ति के साथ नहीं रहना चाहते। हम फौजी तरीके पर बड़े-बड़े मुल्कों का मुकाबला न

करें, लेकिन एक अपने दिलों में हम अपनी एक आजाद एक अलग जगह रखना चाहते हैं। हमारी चाहे वह नीति नान आलाइनमेंट की हो, चाहे एंटी कालोनिवलज्म की हो या एंटी रैशनेलिज्म की हो, हमें उपनिवेश नहीं चाहते। हम पुर्तगाल की कॉलोनीज को मिटाना चाहते हैं। हम नहीं चाहते कि वे कायम रहें। हम काले और गोरे के रंग के भेद को बर्दाश्त नहीं करना चाहते, चाहे वह साऊथ अफ्रीका में हो, या कहीं और हो। हम उस नीति पर अड़े रहेंगे, लेकिन कोई शान की बात नहीं जो सच है, सच्चाई का साथ देंगे, लेकिन एक बर्दाश्त के साथ सहनशीलता के साथ।

मैं आपका ज्यादा समय नहीं लेना चाहता हूं, लेकिन दुनिया में भी हमारी कद्र तभी होती है, जब हम अपने देश में मजबूत हों, जब अपने देश में हमारी ताकत हो, जब हम देश से अपनी गरीबी मिटा सकें, जब देश से बेरोजगारी को दूर कर सकें, तभी देश की ताकत बाहर की दुनियां पर भी पड़ती है। हमारा सबका, हमारे अन्दर मेल यह जरूरी है। अगर हम साम्प्रदायिक और कम्यूनल झगड़ों में पड़ गये, अगर हम प्रदेशों के झगड़ों में पड़ें, अगर हम भाषा और जबान पर आपस में मतभेद रखने लगे। तो वह हमारी ताकत में बाधा डालेगा और, इसलिए आज सारे देश को एक होकर एक राष्ट्रीयता की भावना से आगे बढ़ना है। मैं नहीं कहता कि कोई विरोधी दल हमारा खण्डन न करें, सरकार की आलोचना न करें, जरूर करें। सरकार की जितनी बुराई करना चाहे, एक डेमोक्रेटिक तरीके से, एक लोकतंत्र के ढंग से करें। हम उसका स्वागत करते हैं, लेकिन कुछ ऐसा वक्त आता है, कुछ ऐसे सवाल आते है, जिसमें सारा देश, सारा राष्ट्र, सारी पार्टियां एक साथ खड़ी होती है और मुल्क के सवालों को हल करती हैं। खाने का सवाल, कोई ऐसा सवाल नहीं हैं जिस पर आज पार्टी की बुनियाद पर हम उसको हल करने की कोशिश करें। लेकिन मैं छोड़ता हूं अपने तमाम साथियों पर कि वे इस पर गौर करें और विचार करें, लेकिन इतना आपसे निवेदन है कि राष्ट्रीय एकता देश की एकता को बनाये रख कर, अपना एक नया समाज बना कर, एक अपने समाज में नयी

क्रान्ति और रेवोल्यूशन करके, हमको अपने देश को मजबूत बनाना है और वही दुनियां में हमें मजबूत बनाएगा।

आखिर में, यह खाना-पीना, पहनना, सब जरूरी है। लेकिन देश बनते हैं केवल धन-दौलत से नहीं, रुपया पैसा होते हुए भी देश पीछे रहते हैं, दुनिया की नजरों में और अपनी नजरों में। बनता कैसे है देश? देश बनता है गांधी जैसे आदमियों से, जवाहर लाल जैसे आदमियों से, रवीन्द्रनाथ टैगोर जैसे व्यक्तियों से और यह क्या थी इनमें बात। एक चरित्र था, एक नैतिकता थी, एक कैरेक्टर था और अगर आज हम चाहते हैं कि हमारा देश आगे बढ़े, तो फिर ऐसे नौजवानों को जनम लेना होगा, जो कैरेक्टर और डिसिप्लेन को अपने सामने रखेंगे, अनुशासन को अपने सामने रखेंगे और अगर डिसिप्लिंट नेशन, एक जुड़ा हुआ नेशन और राष्ट्र अगर आगे बढ़ा और हमने ऐसे लड़के और लड़कियों को अपने देश में तैयार किया, जो इस स्प्रिट और भावना के साथ देश को आगे ले जाएंगे, देश का मार्गदर्शन करेंगे, देश के नेता बनेंगे, जो हमारा भविष्य है, हमारा फ्यूचर है, वह उज्ज्वल है, इसमें कोई सन्देह नहीं। मैं इतना ही आपको विश्वास दिलाना चाहता हूं कि हम दिखाने के लिए कोई काम नहीं करेंगे। हमें अपनी कामयाबी और सफलता का पूरा भरोसा है। मैं इत्मिनान से कहता हूं कि हम देश के काम को आगे बढ़ाएंगे, तेजी से बढ़ाएंगे, मजबूती से चलेंगे और अपने देश के प्रश्नों को हर कर भारत को दुनिया में एक ऊंचा से ऊंचा स्थान देंगे। बहुत धन्यवाद।

आपको याद है कि पंडित जी का प्यारा नारा हमेशा वो यहां खड़ा हो कर उस नारे को यहां लगाते थे। मेरी हिम्मत बहुत नहीं पड़ती, लेकिन वह उनकी देन थी और आज के दिन खासतौर पर हम उसे भुला नहीं सकते। इसलिए मैं निवेदन करूंगा कि तीन बार आप मेरे साथ उस नारे को लगायें।

जयहिन्द! जयहिन्द! जयहिन्द!

15 अगस्त, 1965 को लाल किले की प्राचीर से प्रधानमंत्री लाल बहादुर शास्त्री

बहिनों और भाइयों,

आज 18 साल पूरे हुए, हमारी आजादी के, हमारी स्वतंत्रता के और पिछले तमाम वर्षों में हमारे नेता पंडित जवाहरलाल जी यहां आते थे और इस झण्डे को फहराते थे। पहला मौका जब यहां से यूनियन फ्लैग उतरा और यह राष्ट्रीय पताका फहराई गई, तब भी उन्होंने ही इस काम को किया था। आज उनकी थाती, वह जिम्मेदारी, उन्होंने हमारे हाथों में सौंपी है और हमारा काम है कि उस जिम्मेदारी को हम ईमानदारी से और सच्चाई से निभाएं।

आजादी आने के बाद यह स्वाभाविक बात थी कि हम अपने देश की हालत पर सोचते और कोशिश करते कि अपने देश के रहने वाले बहन और भाई तथा बच्चे उनकी हालत बनें और सुधरे। हम गुलामी में पड़े हुए अपने देश को बना सकने में असमर्थ थे, और हमारे लिए एक कठिनाई और मुश्किल का जीवन बिताना था। आजादी के आने के बाद हमने मुल्क के आर्थिक ढांचे की, यहां की माली हालत को बदलने की कोशिश की, और उसमें लगे रहे हैं। जहां एक तरफ मुल्क बढ़ा है, उसने तरक्की की है, वहीं दूसरी तरफ हमारे लिए मुश्किलें भी आई हैं, और लोगों को भी कठिनाइयां उठानी पड़ी हैं। हमने अपने देश की जो आज एक-दूसरे देशों पर निर्भर करने की बात है, उसमें कुछ कमी लाने की कोशिश किया है। जो कुछ यह पिछले दो-सौ सालों में अंग्रेजी जमाने में जो हम नहीं कर सके थे, उसको हमने पिछले 15 वर्षो में पूरा करने की कोशिश की है, चाहे हमारे वो बड़े-बड़े कल और कारखानें हों या हमारे लिए पैट्रोल और तेल जिसका यहां नाम-मात्र भी करीब-करीब नहीं था, आज उसकी खानों को हम नये तरीके से बढ़ा रहे हैं। जहां बिजली और पावर कुछ थोड़ें से शहरों

की चीज थी, आज हम उसे कस्बों में ले जा रहे हैं, बल्कि हमारी कोशिश है कि हम उसे गांव-गांव तक पहुँचाए, और आज बहुत काफी गांव में अलग-अलग सूबों में बिजली गई है और पहुंची है और भी हमारी कोशिश इस बात की है कि अपने जहां हम स्टील बनाएं, पैदा करें जो कि आज अब भी काफी मात्रा में बाहर से मंगाना पड़ता है। बड़ी-बड़ी मशीनें जो आज हम बाहर से मंगाते हैं, उनको भी हम कम करना चाहते हैं और आज हमारी कोशिश है कि चाहे सीमेंट का कारखाना हो, चाहे वह कपड़ों की मशीनें हों और चाहे स्टील प्लान्ट हों या फर्टीलाइजर के लिए मशीनें हों, उन्हें हम अपने देश में बनायें, ताकि हम दूसरे देशों पर बहुत समय तक के लिए निर्भर न करें और जहां तक हो अपनी शक्ति और ताकत को खुद बढ़ाएं। जैसा मैंने आपसे कहा इसके लिए हमें अपने बड़े-बड़े प्लान, अपनी बड़ी-बड़ी योजनाएं बनानी पड़ी, और उन योजनाओं के जरिए हमने करोड़ों और अरबों रुपये अपने देश में लगाया। उसका थोड़ा असर यह भी था कि हमें कुछ अपने रुपयों को, अपनी जरूरत को पूरा करने के लिए एक जिसे डेफिसिट फाइनेन्सिंग कहते हैं, यानी नोटों को छाप कर अपनी जरूरत को पूरा करना, वह भी हमें करना पड़ा और आज भी उसके लिए हमारे सामने एक सवाल है कि हम अपना बड़ा प्लान, अपनी चौथी पंचवर्षीय योजना जो हम बनाने जा रहे हैं, उसे हम किस तरह चलाएं, कैसे उसके रूपये को उसकी जरूरत को पूरा करें, जिससे कि हम डेफीसिट फाइनेन्सिंग में न पड़ें। हमें ज्यादा नोट छाप कर अपनी जरूरत को पूरा न करना पड़े। क्योंकि उससे दाम बढ़ते हैं, कीमतें बढ़ती हैं और लोगों की दिक्कतों को मैं अच्छी तरह जानता हूं कि आज लोगों को कठिनाइयों का सामना करना पड़ रहा है। तो हमारा इरादा जरूर है कि हम बड़ी योजना, बड़ा प्लान बनायें, क्योंकि आज जो भी प्लान और योजना हम बनाते हैं, वह हमारी जरूरत के स्थान से कम है, छोटा है। एक तरफ हमारे सामने सवाल है कि धीरे-धीरे बढ़ें, उसमें तीस साल चालीस साल, पचास साल, साठ साल लग जाएं, दूसरी तरफ लोगों की मांगे हैं सूबों और प्रदेशों की जरूरतें है और वो चाहते हैं कि वे जल्दी पूरी हों। तो जब हमें सुनना पड़ता है कि हम एक छोटी सी एक बहुत छोटी योजना बनायें और दूसरी तरफ जब हम लोगों की जरूरतों को

देखते हैं, तब फिर हमें यह महसूस होता है कि हम बहुत धीमे-धीमे नहीं चल सकते, हमें तेजी से आगे जाना पड़ेगा और अगर उसके लिए कुछ तकलीफ और मुसीबतें भी उठानी पड़ी और उठाना हो तो उसे हमें उठाने के लिए तैयार रहना होगा। फिर भी जैसा आप जानते हैं कि हम एक तीस हजार पांच-सौ करोड़ रुपये का चौथा जो हमारा प्लान है, हमारी योजना है, हम उस बात को ध्यान में रख कर आज हम वैसी बड़ी योजना बनाना चाहते हैं, हमने बनाया भी है और उसकी आखिरी मंजूरी जल्दी होने वाली है। मगर यह जरूर हम चाहते हैं कि इस योजना के लिए हमें डेफिसिट फाइनेन्सिंग न करनी पड़े। हमें नोटों को छाप कर अपनी जरूरत को पूरा न करना पड़े। इसलिए हमारा इरादा है कि उसको हम पूरी तरह से बचायेंगे और उसमें नहीं पढ़ेंगे। लेकिन यह और भी ज्यादा जरूरी है कि अपने देश की कृषि की हालत को, खेती की पैदावार को, हम उसे बनायें और उसे बढ़ाएं। मेरी राय में आज अगर हमारे लिए कोई सबसे बड़ा और जरूरी काम है तो आज अपनी खेती की पैदावार को बढ़ाना है, अपने देश में ज्यादा गेहूं और चावल पैदा करना है। क्योंकि अगर हम बाहर के देशों से अपना अनाज मंगाते रहे और करोड़ों-अरबों रूपया बाहर भेजते रहे, तो उसका जबर्दस्त असर हमारी आर्थिक हालत पर पड़ेगा। इसलिए आज जैसा मैंने कहा कि यह बहुत ही जरूरी है कि हम अपने देश में अनाज ज्याद से ज्यादा पैदा करें, और यह बात असम्भव नहीं है, यह नामुमकिन नहीं है। हमारे पास काफी शक्ति है, हमारे पास साधन हैं, उनका हमें इस्तेमाल करना और पूरे एक लगन से एक मेहनत से इस बात के लिए जुट जाना कि हम अपनी खेती की पैदावार को बढ़ाएंगे, फिर कौन हमें रोक सकता है कि हम अपनी जरूरत को पूरी न कर सकें। और इसलिए मैं चाहता हूं और यह जो हमारा अगला प्लान है, वह खेत और कृषि को प्राथमिकता देगा, उसके लिए पहली योजना जब बनायेगा और उस पर हम जो ज्यादा से ज्यादा खर्च कर सकते हैं, उसको करने की कोशिश करेंगे। मेरा यह निवेदन है कि इस काम में खेती की पैदावार बढ़ाने के सिलसिले में, हमारी एक पूरी कोशिश हरके की होनी चाहिए, चाहे वह किसान हो, चाहे वह हमारे सरकारी काम करने वाले हों, और चाहे हम लोग हों मिनिस्टर हों, आज उनके एक बड़ा बोझ है, उन पर एक उनकी बड़ी

जिम्मेदारी है, वैसे तो हम चाहते हैं कि धीरे-धीरे हम अनाज के बंटवारे के सिलसिले में, उसकी खरीदारी में प्रदेश की, सूबे की सरकार और केन्द्रीय सरकार, सेन्ट्रल गवर्नमेंट इस काम को अपने हाथ में ले, लेकिन आज की स्थिति में वह पूरा कर सकना सहज बात नहीं। मगर आज की स्थिति में और जो हालत इस समय खासतौर पर अपने देश में पैदा हो गई है, मैं इसमें जो व्यापारी वर्ग है, उनसे भी इस बात की दरख्वास्त करना चाहता हूं, इस बात की अपील करना चाहता हूं कि उन्हें अपनी जिम्मेदारी को समझना है और अपनी जिम्मेदारी को निभाना है। मैं कोई वैसे न कहता, लेकिन आज जैसी जरूरत देश पर है और जिस खास हालत में हम आ गये हैं, उसमें एक-एक जो काम करने वाला है, अनाज के बंटवारे का या खरीददारी का, उस पर एक बड़ा बोझा है, और अगर सरकार उसमें उनकी मदद कर सकती है, तो हम उसमें भी तैयार हैं। हम बातचीत करना चाहते हैं, हम रास्ता निकालना चाहते हैं, जिसमें सरकार अपने काम को करे और वह अपने काम को भी अच्छी तरह से, पूरी तरह से उसे अन्जाम दें। तो मैं यह आशा करता हूँ कि जो हमारे अगले ये पांच वर्ष हैं, उसमें हम कोशिश करें कि हम अपने देश में इतना अनाज पैदा कर लें, कि जिससे हमें अपने दूसरे देशों पर निर्भर रहने की जो जरूरत है, उसमें बहुत बड़ी कमी आ जाए, और फिर हमारे उसके साथ-साथ उद्योग, कल-कारखाने और दूसरे हमारे सब काम तेजी और मजबूती के साथ आगे बढ़ते रहें।

आप जानते हैं कि मैं अभी कुछ पिछले महीने डेढ़ महीने में कई देशों में बाहर गया, और एक तरफ मैं सोवियत यूनियन और युगोस्लाविया गया, दूसरी तरफ मैं और यूनाईटेड किंगडम में गया और बीच में यूनाइटेड अरब रिपब्लिक में भी गया। आप देखेंगे कि इन देशों में हमारा बड़े प्रेम के साथ स्वागत हुआ, लेकिन जो हमारी बातें हुईं, वे बातें हमारी बहुत लाभदायक और बहुत अच्छी हुईं। आप यह भी देखेंगे कि हमारा सम्बन्ध, हमारा मेल चाहे एक विचारधारा के देश हों, चाहे दूसरी विचारधारा के देश हों, चाहें बीच में रहने वाले देश हों। हमारा एक परस्पर का मेल, हमारे ताल्लुकात, हमारे संबंध सभी से अच्छे हैं और यह हमारी नीति आज की नहीं, पहले की है। पंडित जी ने इस नीति को बनाया और हम समझते हैं कि भारत एक ऐसा मुल्क है, जिस

पर कि दुनियां के देशों की नजर है और हम चाहते हैं कि हम कोई बात न करें, जिससे दुनिया को गलत रास्ता हम दिखलाएं। हम सारी दुनिया में मेल और मोहब्बत चाहते हैं, हम सारी दुनिया में सुलह और शान्ति चाहते हैं और इसलिए हमारा बराबर यह रुख रहा है कि जो कुछ भी हम उसके लिए कर सकें, पूरी तरह से करने की कोशिश करें।

हम अभी जानते हैं कि आज दुनिया में एक खतरा सा बना हुआ है, कुछ पता नहीं चलता है कि किस समय क्या हालत पैदा हो? और एक आज बड़ा सवाल वियतनाम का आ गया है। कोई नहीं जानता है कि किस वक्त वहां क्या हालत बने, और दुनिया किस भंवर में पड़ जाएं। हमने कोशिश किया और हम चाहते हैं कि वियतनाम का मामला शान्ति के साथ हल हों, लेकिन सभी देश आज चाहते हैं कि वहां शान्ति हो। मैं सोवियत यूनियन गया, वहां भी देखा कि वह पूरी तरह से शान्ति चाहते हैं और उनका मन, उनका ध्यान सुलह और शान्ति की ओर ही है, मगर हम चाहते हैं आज जब हम कोशिश करते हैं, तो चीन के रहने वाले भाई हमारी टीका-टिप्पणी करते हैं, हमें बुरा-भला कहते हैं। मैं अभी बेलगैड गया, तो उसकी कड़ी आलोचना चीन के पत्रों में हुई और चीन के नेताओं ने की, लेकिन जहां सब तमाम देश आज शान्ति और सुलह चाहते हैं, जैसा हमने कहा कि सोवियत यूनियन आज उस पूरी तरह से शांति चाहता है, आज यूरोप और अमेरिका और सारे देश यह कहते हैं कि सुलह-पसन्द करेंगे। लेकिन एक देश है, जो चाहता है कि न वियतनाम में शान्ति रहे और न भारत में शान्ति रहे और वह चीन है। हमें इस बात का रंज है, हम बाहर के देशों की ओर तो देख रहें हैं, और दुनिया की बातों को भी देख रहे हैं, लेकिन हमें इस बात का रंज है कि आज हमारा देश भी एक खतरे के अन्दर है। आज चीन इस बात में दिलचस्पी लेता है कि भारत में झगड़ा बना रहे, संघर्ष रहे और हमारी तरक्की और उन्नति में बाधा पड़े। हमारा देश एक अपना आजाद पसन्द देश है, और आज उनको यह पता नहीं कि हम अपने ढंग से अपने देश को चलायें और अपनी तरक्की हम अपने रास्ते से करें। हम एक विचारधारा रखते हैं। हम कुछ सिद्धान्तों और उसूलों को मानते हैं, आज से नहीं पिछले 40-45 सालों में हमने उन सिद्धान्तों को, उन उसूलों को माना है, उस पर चले हैं, उस पर अमल किया है। मगर वह रास्ता चीन

को पसन्द नहीं और इसलिए जैसा मैंने कहा कि कहीं वह सलाह देते हैं, कहीं वे राय देते हैं, कहीं वे सिखाते हैं कि भारत को किसी न किसी तरह से धक्का लगे।

आप जानते हैं कि अभी थोड़े दिन पहले कच्छ पर हमला हुआ और उस कच्छ हमले को, हमने उसका मुकाबला किया, लेकिन यह बात हमारे मन में थी और हमने कहा भी उसे कि अगर कच्छ से पाकिस्तान अपनी फौजों को हटा ले, कच्छ को पूरी तरह से खाली कर दे, तब हम बातचीत करने के लिए तैयार होंगे, और वह बात जो हमने कही, उसे पूरा किया। पाकिस्तान आज कच्छ में कहीं नहीं, और इसलिए किया कि हम अपनी तरफ से जहां तक हो शान्ति को बिगड़ने न दें और दुनिया में एक बवन्डर पैदा न करें। हमने उसे माना और उस बारे में कुछ बातें आगे बढ़ने वाली थी, कुछ बातें होने वाली थी, लेकिन इसी बीच कश्मीर पर हमला पाकिस्तान ने किया, मैं इसे समझ बूझ कर कहता हूँ। यह कहना कि वहां से आजाद कश्मीर से लोग चले आ रहें हैं, यह बात बिलकुल गलत है। यह सब पाकिस्तान की मदद से, सहायता से और उसकी पूरी जिम्मेदारी है कि आज कश्मीर में रेंजर्स आ गये हैं और उन्होंने इस बात की शायद ख्वाहिश की थी कि वहां वो कश्मीर में क्रान्ति सी पैदा कर देंगे, और वहां लोग उभर जाएंगे। मुझे इस बात का बड़ा ताज्जुब है कि जहां एक तरफ हमने शान्ति के रास्ते को पकड़ा और कुछ मेल और दोस्ती का हाथ बढ़ाया, वहां दूसरी तरफ हमें यह देखने को मिलता है कि कश्मीर पर हमला किया जा रहा है और मैं जानता हूँ कि पाकिस्तान को उसको बढ़ाने का उसका पूरा इरादा है। हम इस हालत में क्या करें? हमारा रास्ता साफ है। मैं यह पूरी तरह से समझता हूँ कि अब हमारे लिए कोई बातचीत करने की गुंजाइश नहीं है, उसे हम सोच भी नहीं सकते हैं। कश्मीर में हम हजार हम चाहें हमारा दिल चाहता है और कश्मीर क्या भारत की तरफ से कि हम शान्ति को बनाएं रखें, लेकिन जब इस तरह हमला हो, तो एक सरकार के नाते हमारा क्या जवाब हो सकता है। सिवाए इसके कि हम हथियारों का जवाब हथियारों से दें और मुझे कोई शक नहीं है कि आज काश्मीर के रहने वाले बहादुरी से, हिम्मत से इस मौके का सामना कर रहे हैं। आज कश्मीर के रहने वाले मुसलमान और हिन्दू और सिक्ख सब एक पूरी तरह से आज जो यह रेंजर्स आ रहे हैं इनका उन्होंने

मुकाबला किया, और उनके अन्दर आज यह एक पूरी भावना है कि यह रेंजर्स इनको यहां से यह जो हमलावर हैं, इनको कश्मीर से पूरी तरह से हटा देना है, और मैं आपसे कहना चाहता हूँ कि आज कश्मीर की सरकार, सादिक साहब जो वहां चीफ-मिनिस्टर हैं उस सूबे के लीडर हैं, उन्होंने और उनके साथियों ने बड़ी मजबूती से, बड़ी दिलेरी से और बड़ी बहादुरी से पिछले 10-15 दिनों के अन्दर काम किया है। मैं इसके लिए काश्मीर सरकार को बधाई देना चाहता हूँ और कश्मीर के रहने वाले अपने तमाम भाइयो को, बहनो को उनको भी बधाई देना चाहता हूँ कि जिस हिम्मत से उन्होंने काम किया है। मेरा विश्वास है कि आप सबकी तरफ से मैं यह कह सकता हूँ कश्मीर के रहने वालों से कि हमारे दिल उनके साथ हैं, हमारा तन-मन-धन उनके साथ है। हम पूरी तरह से आज हमारी फौजें वहां जुटी हैं, और हमारी पुलिस वहां मौजूद है, जो वहां आये हैं उनको हम एक-एक को चुन कर हटा देना चाहते हैं, निकाल देना चाहते हैं और निकालेंगे, मुझे कोई शक नहीं, और इसलिए आज इस एक बड़ी जिम्मेदारी, जो एक बड़ा संकट हमारे ऊपर आया है, उसके लिए हमकों और आपको सबको तैयार रहना होगा। आज समय है, कोई हमें आराम का वक्त नहीं, आज एक त्याग का बलिदानी का, कुर्बानी का, जो भी रास्ता हो वह हमें अख्तियार करने के लिए तैयार रहना होगा। यह आज थोड़े दिन की बात नहीं, कि यह चन्द दिन के लिए आए और ये चले जाएंगे, जैसा हमने कहा कि हम नहीं जानते कि यह खतरा कब तक बना रहेगा, क्योंकि आज जब उनके मन में यह बात आ गई कि वह कश्मीर को लें, हथियारों के जरिए लें। तो फिर उनको भी अपनी इज्जत उनकी आज हमारे अपने देश की मर्यादा, हमारे देश की शान की भी कुछ मांग है और मैं आपकी तरफ से यह कहने वाला हूँ और कहना चाहता हूँ कि कश्मीर का एक टुकड़ा भी पाकिस्तान को मिलने वाला नहीं है।

लेकिन मैं आपका समय ज्यादा लेना नहीं चाहता, आपसे इतना ही निवेदन करूंगा कि आज देश में हमारे लिए एकता की जरूरत है, मेल की जरूरत है और आज मैं नहीं चाहता, आज देश को सारे देश को आज यह अनुभव करना है, आज यह महसूस करना है कि आज देश की सुरक्षा का, उसकी हिफाजत का सवाल है, और उसमें हमारे ऊपर यह बोझा है कि हम अपने तमाम जो भी अन्तर हैं, मतभेद हैं,

उनको हम मिटायें। आज इस बात की जरूरत नहीं है कि हम आन्दोलन चलाए, एजीटेशन करें। आज इस बात की जरूरत नहीं है कि हम हड़ताल करें और स्ट्राइक चलाएं। यह समय ऐसा है और अगले हमारे महीने ऐसे हैं, जिसमें हर एक को कुछ अपनी मुसीबत और कठिनाई को बर्दाश्त कर देश के साथ कन्धे से कन्धा मिलाकर हमें आगे बढ़ना होगा और आज जो हमारे ऊपर खतरा है उसको मिटाना होगा। इसलिए मेरा यह निवेदन है आज देश के तमाम रहने वाले भाइयों से कि इस समय आपस में मेल और एकता हो क्योंकि अगर देश के अन्दर गड़बड़ी हुई तो हम अपनी सरहदों की हिफाजत और रक्षा कैसे करें? इसलिए अगर अपनी फौजों को मजबूत बनाना है और हमारी आज फौजें और जैसा हमने कहा हमारे सिपाही जिस बहादुरी से, जिस हिम्मत से, जिस बलिदान से काम कर रहे हैं, त्याग से, जिसके लिए कि हम सब अनुगृहित हैं उनके, हम उनका शुक्रिया अदा करते हैं, उनको धन्यवाद देते हैं, लेकिन अगर उनकी ताकत को मजबूत करना है, उनको बलवान बनाना है, तब फिर आज हम सब देश के अन्दर शान्ति रखें, मेल रखें, धर्म और मजहब के नाम पर न लड़े, साम्प्रदायिकता की बात को न लायें और अपने जो छोटे-मोटे दूसरे झगड़े हैं, उनमें भी हर समय न पड़े। तो मुझे विश्वास है, मुझे भरोसा है कि आज हमारे देश के रहने वाले भाई और बहन, मेरी इस बात को गम्भीरता से सुनेंगे और अगले महीनों मे उस तरह सब चलेंगे, जिसमें सारा देश शान्त रहे और हम मजबूती के साथ अपनी सरहदों की हिफाजत में लगे रहें और जो हमारे मुकाबले में आए हैं, उनको हम हटाए।

मैं आपसे यह कहूंगा कि जिस झण्डे के नीचे हम आप खड़े है और आज बैठे हैं, आज इसकी हिफाजत और इसकी रक्षा का सवाल है, इसकी शान बनाए रखना है। यह कायम रहें, हम रहे या न रहें, लेकिन यह झण्डा रहना चाहिए और देश रहना चाहिए। और मुझे विश्वास है कि यह झण्डा रहेगा, हम और आप रहें न रहें, लेकिन यह भारत का सिर ऊंचा होगा, भारत दुनिया के देशों में एक बड़ा देश होगा और शायद भारत दुनिया को कुछ दे भी सके। बहुत धन्यवाद! मैं आपसे निवेदन करूंगा कि तीन बार आप कृपा करके जय हिन्द बोलें।

(जनता तीन बार जय हिन्द कहती है)

इंदिरा गाँधी

19 नवम्बर, 1917 - 31 अक्टूबर 1984

(कार्यकाल)

24 जनवरी, 1966 से 24 मार्च, 1977

14 जनवरी, 1980 से 31 अक्टूबर, 1984

15 अगस्त, 1966 को लाल किले की प्राचीर से प्रधानमंत्री इंदिरा गाँधी

इस ऐतिहासिक दिन पर, इस ऐतिहासिक स्थान पर मैं आपका और भारत के निवासियों का अभिवादन करती हूँ। 19 साल हुए भारत ने एक नया जन्म लिया। इतिहास में कुछ ऐसे क्षण होते हैं, उसका हर एक देशवासी के जीवन पर गहरा असर पड़ता है। वैसा क्षण आज का दिन यह 15 अगस्त का दिन, भारतवर्ष के लिए है। इस दिन हमने एक नया इतिहास पलटा, एक नए जीवन का आरम्भ हुआ। 19 साल हुए इसी जगह से पहले प्रधानमंत्री जवाहरलाल नेहरू ने इस तिरंगे को फहराया, आजादी की अलख जगाई, आजाद भारत की बुनियाद डाली। यहाँ पर खड़े होकर याद आती है, उन नेताओं की और उन बेशुमार लोगों की जिन्होंने आजादी के आंदोलन में हिन्दुस्तान के कोने-कोने में सब कुछ भुलाकर कूद पड़े जान परिवार त्यागा, सब कुछ दे दिया। कितने बड़े-बड़े वह नाम थे, बड़े इन्सान थे और कितने बड़े उनके त्याग। आज उनकी याद आती है। क्या-क्या किया और यह भी हम महसूस करते हैं कि उनके त्याग साहस और हिम्मत के कारण आज हम आजाद हैं और हमारे ऊपर वो जिम्मेदारी है कि जो उन्होंने रास्ता दिखाया उस रास्ते पर हम चलें।

यहाँ खड़े-खड़े भारत की लम्बी कहानी याद आती है, पुराना इतने वर्ष पहले भारत ने दुनिया को एक नेतृत्व दिया, चाहे विज्ञान का हो, चाहे दर्शन हो, चाहे किसी भी दिशा में भारत बहुत आगे था, भारत महान था। आज यह सब बातें हमारे सामने हैं और इसमें आप हम कोई काम ऐसा नहीं करें कि इस लम्बे इतिहास पर, इसकी कहानी में किसी तरह का धब्बा पड़े। आज सबसे ज्यादा याद हमारे राष्ट्रपिता महात्मा

गाँधी की आ रही है। उन्होंने बहुत कुछ हमारे लिए किया, लेकिन आज मैं केवल एक छोटा-सा संदेश उनका, आपको मालूम है कि जवाहर लाल नेहरू ने उनको एक दफा जादूगर पुकारा था और जवाहर लाल नेहरू विज्ञान को मानते थे, नयी दुनिया की मानते थे। तब भी वह महसूस करते थे कि गाँधी जी के संदेश में कितना बल है और हमारे समय के लिए कितना वह संदेश, वह रास्ता आज भी उपयोगी है। वह संदेश क्या था? तीन छोटे से शब्द- अहिंसा, सत्य और स्वदेशी। ये मैं चाहती हूँ कि इसे आज का संदेश भी हम मानें। अहिंसा मायने क्या? शान्ति, एक-दूसरे से मिलजुल कर रहना, एक-दूसरे की विचारधारा को आदर देना, बाहर के देश जो दूसरी विचारधारा के हैं उनका भी आदर करना, उनसे भी दोस्ती करना, हमारे विधान के अनुसार रहना, यह सब बातें इसी छोटे से शब्द में आ जाती हैं।

दूसरा सत्य, सत्य है जीवन का कैसे हम साफ रखें, कैसे हम हर एक काम इस रीति से करें कि देश का उसमें लाभ हो, कोई हमारे में झूठ नहीं आये, किसी किस्म का गंद न हो, कोई ऐसी बात न हो जिससे भारत माता को बुरा लगे। तीसरा स्वदेशी। सत्य में और भी एक बात है सत्य में है निडरता। जो भी हमारे देश के लिए आजादी के आन्दोलन के समय और आज भी उतनी ही जरूरी है। मायने क्या? निडरता के मतलब यह नहीं कि हम बहादुरी से कुछ काम करें बल्कि यह भी कि हम गलती से न डरें, परिवर्तन से न डरें। विवेक से नये रास्ते अपनाने नए विचार लेने को तैयार हों। देश की क्या समस्याएं हैं वह हम समझें ताकि उनको समझकर ही उनका कुछ हल ढूँढ सकते हैं, कोई रास्ता ढूँढ सकते हैं। यह तीन ऐसे उसूल हैं जो तब भी हमारे लिये जरुरी थे और ठीक थे और आज भी हमें एक रास्ता दिखाते हैं।

तीसरा बड़ा उसूल था स्वदेशी। आप सब जानते हैं कि हमारे देश की आर्थिक स्थिति आज क्या है? आपको मालूम है कि उसको हम कैसे सुधार सकते हैं अगर हम स्वदेशी का उपयोग करें। स्वदेशी का मायने यह नहीं है कि बाहर का माल खरीदें नहीं यह भी मायने है कि हम बचत करें, जो भी हमारे पास है उसका उपयोग करें, जो भी धन

है, जो भी तरीके हैं और अगर ऐसा कोई तरीका है जिनके इस्तेमाल से विदेशी माल की जरूरत है तो हमारे नौजवानों को नए तरीके ढूँढ़ना चाहिए, नया रास्ता ढूँढ़ना चाहिये। ये जिम्मेदारी सरकार की है, लेकिन उतनी ही जनता की भी है। अपने घर में, अपने गाँव में, दुकान में, वह किस तरह से स्वदेशी को बढ़ाएं, अपनी भावना में कैसे स्वदेशी अपनाएं ये तीन बड़े उसूल हैं, जिन पर हमको आज चलना है।

हमने समाजवाद का रास्ता अपनाया इसलिए कि इस देश की गरीबी को और किसी तरह से दूर नहीं किया जा सकता। हमारे समाजवाद में प्रजातंत्र का बड़ा हिस्सा है, बल्कि वहीं उसकी बुनियाद है। प्रजातंत्र हर एक व्यक्ति को हक देती है, एक बड़ा हक, एक बड़ा अधिकार और साथ-साथ उसको सफल करने के लिए एक कर्तव्य भी मानती है। ये काम हम कर सकें तो हमारे काम बढ़ेंगे। हमारे बहुत से कार्यक्रम चले हैं, लेकिन जो भारी प्रश्न है जो गरीबी का प्रश्न है वह अभी हमारे सामने एक बहुत बड़ा प्रश्न है और एक हमारे ऊपर एक अंधकार है, लेकिन मैं मानती हूँ कि उसका सामना कर सकते हैं और मेरी आप सबसे प्रार्थना है इसमें हमारा साथ दें।

हमारे किसान भाई, आप देश की बुनियाद हैं, आप हमारे जन्मदाता हैं। आप पे निर्भर है कि हमारे कार्यक्रम चलें या न चलें, ये मेरी प्रार्थना है कि आप नये तरीके, नये रास्ते अपनायें, चाहे उत्पादन बढ़ाने का सवाल में हो, चाहे गाँव के ग्रामीण जीवन को सुधारने का सवाल हो उस सब में साथ दें। मजदूर भाइयो, आपका काम भी कुछ कम नहीं है और आपकी जिम्मेदारी भी बहुत बड़ी है। चाहे सुरक्षा का काम हो, देश की उन्नति का काम हो। आपके कारखानों की पैदावार पर वह है। आप पैदावार बढ़ाएंगे, उत्पादन बढ़ाएंगे तो आपकी स्थिति भी और देश की स्थिति भी सुधरेगी और हमारे कार्यक्रम और आगे बढ़ सकेंगे।

इस समय हमारे बहादुर सिपाही, हमारी बहादुर सेना हमारी सीमा पर खड़ी है। हमारे दिल उनके साथ हैं, लेकिन हम समझते हैं कि सीमा खाली हिमालय पर नहीं है। देश की सीमा पर नहीं है देश की सुरक्षा की सीमा, देश को बचाने की जो सीमा है वह हर गाँव में है,

हर शहर में है और इसीलिए जैसे किसान भाइयों की मदद चाहिये, अपने मजदूर भाइयों की मदद चाहिये, वैसे ही और जितने हैं, चाहे वह व्यापारी हों चाहे और जिस तबके के हों या जो भी काम करते हों, उनकी भी भारी जिम्मेदारी इस समय देश को है कि स्तर ऊँचा करें, राष्ट्रीय जीवन में सच्चाई लाएं, स्वच्छता लाएं, और इसी तरह से हमारे दूसरे भी भाई हैं, हमारे कलाकार हैं, लेखक हैं विचारक हैं, और सब हैं, जिनकी जिम्मेदारी दूसरी तरह की है और वह जिम्मेदारी है कि नयी पीढ़ी को, सारे देश को मार्गदर्शन दें, सीधे रास्ते पर चलना सिखायें। अपना मन ऐसा खुला रखें कि बाहर के विचार आ सकें और बाहर भी अच्छे विचार भेज सकें। ये भारी जिम्मेदारी उनकी है। आज समय नहीं है कि हम तोड़ें बल्कि आज हमें बढ़ना है। हमारे देश में कुछ ऐसे तबके हैं जो सदियों से पिछड़े रहे हैं, गरीब रहे हैं दबे हुए हैं, हमारे हरिजन भाई और बहन, हमारे आदिवासी भाई और बहन, और पहाड़ के लोग, हमारी अल्प जाति के लोग, उनकी तरफ हमारा विशेष ध्यान है। उनके लिए कार्यक्रम बने हैं, लेकिन हमें अच्छी तरह मालूम है कि उनके लिए ज्यादा और करना है, कितनी उनकी तकलीफें हैं, कितनी उनकी परेशानी है। खासतौर से इस सूखे के साल में उनको जो तकलीफ हुई वह शायद ही कहीं पे दूसरे को हुई हो। यह हम पूरी तरह से महसूस करते हैं। और यह भी जानते हैं कि जब तक हम उनको ऊपर नहीं उठाएंगे, तब तक हम भी ऊपर नहीं उठ सकते। जब तक वे आगे नहीं बढ़ेंगे, तब देश भी आगे नहीं बढ़ सकता। तो उनको उठाना जरूरी है। उनसे हमारी विनती है कि आपकी सहायता करें और आप हमारी सहायता कीजिए। और मेरी प्यारी बहनें, जो हर एक तबके की हैं, और जिनके ऊपर काम का बोझ अलग और उसके ऊपर घर चलाने का खौफ, नई पीढ़ी को बढ़ाने का खौफ, महंगाई का सामना करने का खौफ। देश की आधी जनता हैं वे उन्होंने इस देश को शक्ति दी सदियों से उन्होंने इस देश के तिरंगे को ऊंचा रखा। आज भी हम उनकी तरफ देखते हैं कि हमारी इस परम्परा की तरफ ध्यान दें उसको ऊंचा रखें। उनकी तरफ हम देखते हैं कि वो हमको और शक्ति दें। आज भी

उनकी तरफ देखते हैं कि अपनी सहनशक्ति से हमें और मजबूत करें। भूख में भी हम उनकी तरफ देखते हैं। बहुत से गुणों के लिये जिसके लिये भारतीय महिला हमेशा से प्रसिद्ध रही है। यह सब है भारत की जनता। हमारी आजादी के आंदोलन में बहुत से लोग थे उनमें से बहुत से आज हमारे क्षेत्र में नहीं है, उन सबको हम श्रद्धांजलि पेश करते हैं। बहुत से हैं जो बूढ़े हो गये है और जितना बड़ा तजुर्बा है, जो हमारी सहायता कर सकते हैं वैसे तो उम्र तो हम सभी की बढ़ती जा रही है, लेकिन अब एक नई पीढ़ी तैयार है। उसने आजादी का आंदोलन नहीं देखा। हमने नहीं पहचाना कि हमारे दिलों में क्या आग थी हमारे मन की क्या प्यास थी, हमारी आत्मा की क्या मांग थी? लेकिन चाहे हम बूढ़े हों, हम चाहे सेठ हों, चाहे हमें आजादी के पहले के दिन याद हों, चाहे न हों। सबके भारत की जिम्मेदारी हम सब पर है, आज हम चाहें, चाहें हम न चाहें, आज के भारत को चलाने का काम हम हर एक नागरिक पर है। छोटे बच्चों पर भी है और बूढ़ों पर भी है। और अगर इस काम को मिलकर एकता के साथ अपनी पूरी शक्ति लगाकर करने को तैयार होंगे, तो हम निश्चय ही पूरा कर सकते हैं। हमारे जो प्रश्न हैं वह बहुत बड़े हैं, लेकिन नामुमकिन नहीं हैं, जो हिम्मत से काम नहीं कर सकें उनका वह हिम्मत भारतवर्ष में है और उस हिम्मत का हमको आज उपयोग करना है। यह लोग मिलके इस भारी काम को लेंगे तो मैं मानती हूँ कि हमारे ऊपर जो दबाव हैं वह दबाव कम होंगे, बाहर के दबाव हैं, देश में गरीबी का दबाव हैं आपस में फूट के दबाव हैं और बहुत से ऐसे दबाव और कठिनाइयां हैं, लेकिन सारे बच्चे गांधी जी के पंडित के हमारे सब नेताओं के रास्ते पर चलके उन सब दबावों को हटा सकते हैं अपने रास्ते से और तेजी से आगे बढ़ सकते हैं, समाजवाद के रास्ते पर आज एक लड़ाई हमारी सीमा पर है, लेकिन दूसरी लड़ाई उतनी ही महत्व की हमारे देश के मजदूर की है, वह गरीबी से लड़ाई, पिछड़ेपन से लड़ाई और वह लड़ाई हम कैसे लड़ें। यह हम तभी लड़ सकते हैं जब हम निश्चय करें कि जो भी हमें करना है, देश को आगे बढ़ाने के लिए चाहे कितने त्याग की जरूरत हो, कितनी कठिनाई से

उसको करने के लिए हम तैयार हैं और हर एक में से उसकी जिम्मेदारी लेगा। यह जिम्मेदारी किसी संस्था की नहीं है, किसी दल की नहीं है, या सरकार की नहीं है। यह जिम्मेदारी हर एक व्यक्ति की है। चाहे अमीर, चाहे गरीब, चाहे बड़ा या छोटा, हर एक पुरुष की, हर एक स्त्री की, हर एक बच्चे की। और अब ऐसा समय आ गया है कि उस जिम्मेदारी को हम छोड़ नहीं सकते। हम इस समय के सिपाही है। हम देश के जीवन में दर्शक बनके नहीं रह सकते। इस समय के सिपाही हैं हम और आप हमारे नौजवान हैं, हमारे विद्यार्थी हैं, जो लड़ाई के समय अपनी जान देने को तैयार हुए थे। खून से शपथ लिखने को तैयार थे। मैं कैसे मानूं कि आज वह भारतमाता की दुखभरी पुकार सुनने को तैयार नहीं हैं। आज जो भारतमाता की कठिनाइयां हैं, उनसे लड़ने को भी उसी हिम्मत से तैयार नहीं होंगे। आज जैसे मैंने कहा कि बनाने के दिन हैं भारत माता के नये जीवन को, न कि तोड़ने के। तो सब इस तरह से संग मिलें यह मेरी आपसे प्रार्थना है। यह हम भारत की राजध ानी एक ऐतिहासिक स्थान पर आज मौजूद हैं। लेकिन हमारे संग आज बहुत से लोग हैं। खाली दिल्ली शहर के नहीं, पूरे भारत के शहर और गांव के लोग हमारे संग हैं। और सबका ध्यान पीछे जा रहा है, मां भारत के बड़े इतिहास पर और भारत के उज्ज्वल भविष्य पर हम उस भविष्य को कैसे बनायें। हम अपनी नीतियों से अपने कार्यक्रम को, अपने आदर्शों को सफल करेंगे कि नहीं अब जवाब हर एक नागरिक अपने दिल से पूछें। अगर उसका दिल कहता है तो यह काम कर सकता है तो निश्चय ही कर सकते हैं हम। लेकिन अगर सबके दिल में शक है शंका है, कोई झिझक है, तो यह काम हमारे लिये असंभव हो जाता है। इसीलिये मेरी आज आपसे प्रार्थना है कि इस शुभ दिन पर इस शुभ अवसर पर हम यह दृढ़ निश्चय करें कि उन सब चीजों का हम सामना कर सकते हैं, अपनी पूरी शक्ति से करेंगे और जिस रास्ते पर हमको भारत को ले जाना है देश की सुरक्षा दूसरे देशों से, बाहर की शक्तियों से अन्दर की कमजोरियों से, जो करना है उसका हम मजबूती से सामना करें।

यह कोई आसान काम नहीं है न हम कभी समझते थे कि यह आसान काम है। अगर हमारी जो कमियाँ है वह हो सकता है कि कुछ गलतियों से भी हों, हो सकता है कि काम और तेजी से हो सके और अच्छा हो सके। लेकिन उसके साथ-साथ हमको यह भी मानना है कि हमारी बहुत सी जो कठिनाइयां हैं, वह हमारी कामयाबी के कारण हैं। हम आगे बढ़े हैं इसलिए हैं। अगर हम रुके रहते, खड़े रहते तो यह कठिनाइयां नहीं बढ़ती। हाँ गरीबी बढ़ती और हम दबते। वह कठिनाइयां होती, लेकिन आज की जो आगे बढ़ने की कठिनाइयां हैं वह शायद नहीं होती। लेकिन दोनों रास्तों को देखके आँखें खोल के हमने यह आगे बढ़ने का रास्ता चुना, हमने कठिनाइयों का रास्ता चुना। आज मुझे खेद है और दुख है कि गांधी जी ने जो अहिंसा का रास्ता दिखाया उससे हम कुछ हटके हैं। देश में हिंसा बढ़ी है। बाहर भी हम देखते हैं कि कई जगह हिंसा हो रही है। यह इसको दूर करने का एक ही रास्ता है। एक वातावरण बनाना है, एक विचारधारा बनानी है। इसमें हमारी जिम्मेदारी है सरकार की जिम्मेदारी है, लेकिन उतनी ही जिम्मेदारी आपकी है, जो माँ-बाप हैं, जो अध्यापक हैं, हर एक नागरिक जो है कि किस तरह से एक ऐसा वातावरण बनाए, ऐसी विचारधारा फैलायें कि जिसमें यह तोड़ने की, यह नष्ट करने की भावना न पैदा हो। हमारा उत्पादन अगर एकता है, मजदूर अगर काम नहीं करते हैं तो हानि खाली देश की नहीं होती है बल्कि हर एक मजदूर के परिवार की होती है। अगर उत्पादन बढ़ता है, देश की दौलत बढ़ती है, तो देश के कारखाने को लाभ होता है, हर एक मजदूर को भी लाभ होता है। उसका जीवन भी सुधरता है। तो इन सब चीजों पर हम विचार करें और हम निश्चय करें कि आज हम एक प्रश्न लेंगे कि वह पुराना जो हम में जो आजादी के सिपाही थे और आज इस नई लड़ाई में आप सब सिपाही हैं। तो हम फिर से जो तब हममें दीवानापन था उस दिवानेपन को हम आज अन्दर लायें, आज हम अपने दिल में वह क्रान्ति पैदा करें जो हमें बैठने नहीं दें, हमें सदा अपने कामों में हमारे दिल, हमारे मन में उठे, चलो भारत माता इंतजार कर रही है। भारत माता तुम्हारी मांग कर रही है। इस क्रांति की

आज हमें जरूरत है। और मुझे मालूम है कि यह भावना हमारे अंदर है। अगर हम उसको दबायें नहीं, अगर हम उसको दूसरे उल्टे रास्ते पर न मोड़ लें। आज वो क्रान्ति है लेकिन उसको उल्टे रास्ते ले जाने की कोशिश हो रही है। उल्टे रास्ते जाने से देश नष्ट होगा और उसके संग सब नष्ट होंगे। और हमारे वह वीर सपूत जिनकी हम याद कर रहे थे, क्या वह सोचेंगे कि इतने त्याग, सब बेकार गया। तो आज हम फिर से उनकी तरफ देखें और इस प्यारे शानदार तिरंगे की शान और मान को सदा ऊँचा रखें।

हमारा नारा जय हिन्द है। सारे देश का नारा है। क्या मायने हैं और जब हम उस नारे को पुकारते हैं तो हमारे मन में क्या भावना आती थी। क्या आनी चाहिए? हर वक्त यह भावना आनी चाहिए कि हमें आत्मविश्वास से अपने ऊपर हमें अपने देश को अपने राष्ट्र पे विश्वास है। हमें अपनी एकता पर विश्वास है, हमें अपनी हिम्मत, हमें अपनी काबिलियत, अपने आगे बढ़ने की शक्ति पर विश्वास है। हर एक दफे जब आप जय हिन्द करें, तो यह भावना आपके दिल और मस्तिष्क में होनी चाहिए। जोर से कहेंगे तो यह आवाज दुनिया में गूंजेगी और दुनिया के देशों को भी बताएगी कि हिन्दुस्तान किस भारी संकल्प में है। किस भारी निष्ठा के प्रयास में है। आज का दिन ऐसा भी है कि बाहर जो हमारे बहुत से मित्र दोस्त हैं उनकी तरफ भी हम दोस्ती का हाथ बढ़ाते हैं और खासतौर से वह जो साम्राज्यवाद में फंसे हैं उनको हम कहना चाहते हैं कि हमारा साथ उनके संग रहेगा। हम दुनिया को बताना चाहते हैं और फिर से हम यहाँ पर निश्चय करना चाहते हैं कि जहां भी अन्याय से लड़ाई है वहाँ उन लोगों के संग साथ हम हैं और सदा रहेंगे। हिन्दुस्तान ने हमेशा अपनी फिक्र अनावश्यक पहले नहीं की, लेकिन जहां भी दुख हो, जहां भी अन्याय हो वहां हमारा ध्यान गया। अपने देश से हम अन्याय हटाना चाहते हैं, अपने देश में जो भी लोगों को आजादी के पूरे मौके नहीं मिलें उनको हम देखना चाहते हैं। आजादी में शायद कुछ कठिनाइयां हुई, लेकिन कठिनाइयों के संग याद रखें नये मौके भी उठ खड़े हुए हैं। नये मौके वह आशा हमारे देशभर में फैलें और दूसरे

देशों जहां भी गरीब हैं, जहां भी दबे हुए हैं, जहां भी लोग अत्याचार से लड़ रहे हैं, उनको भी वही मौके मिलें, वह भी आजादी की ताजा और शानदार हवा खा सकें।

अब तो आपकी तरफ से और हमारे जो पुराने नेता थे उनके तरफ से सारे भारत की तरफ से आज मैं यह प्रतिज्ञा करती हूँ कि हम इस भारत देश में, देश के अन्दर, चाहे देश के बाहर, अत्याचार से लड़ने के काम में, अन्याय से लड़ने के काम में, और अपने देश को ऊपर उठाने के काम में हम मिलकर एक सेना में जैसे अनुशासन होता है वह अनुशासन रख के गांधी जी के, पंडित जी के, हमारे महान बड़े-बड़े नेताओं के रास्ते पर हम लोग कंधे से कंधा मिलाकर आगे बढ़ेंगे। और थोड़े ही दिन में, थोड़े ही महीनों में और थोड़े ही साल में हम इस भारतवर्ष को दिखाएंगे कि हम एक नया जीवन बना सकते हैं।

अब मैं चाहती हूँ कि मेरे संग मिलके आप वह पुराना नारा, जो नेताजी सुभाष चन्द्र बोस ने हमको दिया, जो पंडित जी ने, शास्त्री जी ने और हमारे सारे देश ने, देश के किसान, देश के मजदूर, देश के विद्यार्थी, देश के नौजवान सभी ने अपनाया है, क्योंकि इसमें हम सब शामिल हैं। यह नारा देश की एकता का नारा है, देश की शक्ति का नारा है, मैं चाहती हूँ कि आप सब मिलके मेरे साथ इस नारे को तीन बार बोलें। और याद रखिये कि यह आवाज एक छोटी सी आवाज नहीं है एक महान देश की आवाज है, और महान देश की आवाज तो कोने-कोने में दूर-दूर के पहाड़ तक पहुंचनी चाहिए, उनको प्रेरणा देनी चाहिए और उनको उनकी हिम्मत और उत्साह बढ़ाना चाहिए। हमारा जो पुराना उत्साह था आज उसको हमें फिर से जीवित करना है।

बोलिये, जय हिन्द, जय हिन्द, जय हिन्द।

15 अगस्त, 1967 को
लाल किले की प्राचीर से
प्रधानमंत्री इंदिरा गाँधी

भारत के निवासी मेरे सब भाइयों और बहनों,

आज फिर एक बार मैंने राष्ट्रीय झण्डा यहाँ फहराया, आपको याद होगा पिछले साल जब यहाँ जबर्दस्त बारिश में हम और आप भीग रहे थे, बारिश और भूकंप ने इस झण्डे को उठाया था। वह भूकम्प जैसे चेतावनी दे रहा था, आने वाली कठिनाइयों का और वास्तव में ऐसा ही हुआ। वह पूरा साल कठिनाइयों से भरा हुआ था। बारिश में हम खड़े थे, लेकिन भारत के बहुत से हिस्सों में भयंकर सूखा पड़ा। और हमारी जनता को बड़ी कठिनाइयां हुईं। आज बारिश नहीं हो रही है इस समय, लेकिन सारे हिन्दुस्तान में अच्छी वर्षा पड़ी है और हमारी आशा है जितनी बारिश की हमको जरूरत है, उतनी ही पड़ेगी और उससे हमारा देश एक नए मोड़ पर चलेगा। जो सूखा पड़ा अनाज का अभाव हुआ, वह खत्म होगा और एक नया जीवन शुरू हो सकेगा। कठिनाइयां हमारे देश ने सहीं, लेकिन मैं आपको यह भी याद दिलाऊँ कि किस साहस से उन सूखाग्रस्त क्षेत्रों के लोगों ने इस कठिनाई को सहा। यह कोई आश्चर्यजनक बात नहीं है। साहस तो हमारी परम्परा ही है। कितनी कठिनाइयां, कितने दुःख कितने, हमलों का सामना हमारी जनता ने किया है। क्यों इस लाल किले को ही चुना गया इस अवसर के लिए, क्योंकि यह किला है दिल्ली में, हिन्दुस्तान की देहलीज, भारत का द्वार। यह जगह है जहां आजादी की लड़ाई की आवाज अनेक बार उठी, और यह आखिरी हमारी आजादी का आन्दोलन हुआ, देश का बँटवारा हुआ, झगड़े हुए तब भी एकता और आजादी की ध्वनि यहीं से बोली थी। हमने यह साल काटा और पहले भी बहुत मुसीबतें झेलीं। सब में से भारत की जनता हमेशा ऊपर उठ के निकली।

आज देश में कुछ निराशा छाई हुई है। हम याद करें वह दिन, कुछ ही दिन हुए नौ अगस्त को हमने भारत छोड़ो आन्दोलन की पच्चीसवीं वर्षगांठ मनाई थी। पच्चीस साल पहले एक दुनिया में अंधेरा छाया था, हिंसा थी, लड़ाई थी, लेकिन गांधी जी ने हमको कहा, अपने को आजाद मानो, हमको एक नारा दिया करो या मरो। आजादी की कहीं किरण भी नहीं दिखती थी, लेकिन पांच ही साल बाद हम आजाद हुए। तो कितना भी अंधेरा दिखे, कितनी भी कठिनाइयां दिखें, हम यह न समझें कि उजाला दूर है या अच्छे दिन दूर हैं, लेकिन वहाँ तक पहुँचने के लिए एक भारी साहस की आवश्यकता है। इन आजादी के वर्षों में बहुत कुछ हुआ, और बहुत कुछ नहीं हुआ। मुझे मालूम है कि बहुत कुछ और हम कर सकते थे, लेकिन मैं आपको याद दिलाऊँ कि क्या हुआ, उसको भी हम कभी-कभी सोचें।

आज भारत की आधी जनता बीस साल से कम उम्र की है, उनको न गुलामी की जानकारी, न आजादी के आन्दोलन की याद। वह कैसे दोनों जमानों का मुकाबला कर सकते हैं? किस तरह से यह गरीब, यह भूखी कमजोर जनता एक हो के, एक इतनी बड़ी लड़ाई लड़ी और खाली लड़ी नहीं, बल्कि उसमें कामयाब हुई। कुछ आवाजें उठती हैं, कुछ प्रचार होता है, देश में और विदेश में कि जनसाधारण की तरक्की नहीं हुई लेकिन अगर हम घूम के देखें तो शायद यह जरूर पाएंगे कि दूध, शक्कर और कुछ वस्तुओं के दाम पहले सस्ते थे। शहर के मध्यम वर्ग के लोग बहुत कम दाम में नौकर रख सकते थे, लेकिन साथ ही साथ हम सोचें कि उन नौकरों की क्या हालत थी, क्या उनके लिए तरक्की की कोई उम्मीद थी, क्या उनके बच्चे शिक्षा प्राप्त कर सकते थे? अगर शहर में कम दाम थे तो किसानों की क्या हालत थी, क्या वह बस या साइकिल में चढ़ सकते थे? कोई भी अपनी जगह से निकल के कोई नए मौके ढूँढ सकता था यह सब बातें नई हुई हैं। लेकिन रफ्तार हमारी कभी सुस्त हुई हो, लेकिन रफ्तार हमारी रुकी नहीं है और आज हम हैं आप जो भाई और बहन देहात में रहते हैं उनको मालूम होगा कि इस समय सावन-भादों के जमाने में हमारे नदी नाले जब भरे रहते हैं तो उनको पार करना कितना कठिन होता है। और यह भी मालूम होगा कि

उनके बीच में सब से गहरा पानी होता है, सबसे तेज धारा होती है। आज हिन्दुस्तान की जो यात्रा है, स्वराज से स्वदेशी, उसके ठीक बीच में हम हैं, गहरे पानी में हैं और भारी प्रयास से ही हम उससे निकल सकते हैं। ऐसी जगह पे हैं कि पीछे घूम के देख नहीं सकते हैं, एक क्षण को भी हम रुक नहीं सकते हैं, अपने प्रयत्न को रोक नहीं सकते हैं, और ये हमको तैर के आगे बढ़ के निकलना है, वह रास्ता हमारे आगे बढ़ने का, आसान होगा, साफ होगा अगर उस रास्ते में से हम हिंसा को हटायें, सांप्रदायिकता को हटाएं, भाषा और जाति के भेदभाव को हटाएं, तब यह काम पूरी तौर से हो सकेगा। बहुत सी चीजें हैं जो हमारे बीच में भेद-भाव पैदा करती हैं। कुछ का नाम मैंने लिया, और यह अच्छा है, हर एक वर्ग आगे बढ़ना चाहता है और यह ठीक है, लेकिन कोई भी वर्ग कोई भी प्रान्त, कोई भी व्यक्ति आगे नहीं बढ़ सकता, जब तक कि सारा देश आगे नहीं बढ़े। इसलिए हम सबको पहले देश का ख्याल करना है और फिर अपना ख्याल करना है।

हमारे देश ने बड़ी-बड़ी चुनौतियों का सामना किया है और कठिनाइयों की कमी नहीं थी, लेकिन कठिनाइयों से हमने ऊपर उठना सीखा, और ऊपर उठ के आगे बढ़े। आज भी एक समस्या से हम गुजरे हैं अनाज का अभाव, जिसने एक जगह नहीं, एक प्रान्त नहीं, लेकिन हिन्दुस्तान के बहुत से हिस्सों में ऐसी समस्या पैदा थी, कि हमको शंका होती है। हमको याद आते-पुराने दिन भी जब शंकाओं के दिन थे, जब आजादी मिली थी तो उस समय भी हमारे मन में ख्याल था कि क्या हम सरकार बना सकेंगे, क्या हम देश में एकता रख सकेंगे? और फौरन ही बाद देश का बंटवारा हुआ, कश्मीर में हमला हुआ, गांधी जी की हत्या हुई। एक-एक कर हमारे महान नेता चल बसे, हमको वह याद आते हैं आज। लेकिन साथ ही साथ आहिस्ता आहिस्ता भारत की जनता ने अपनी ताकत बढ़ाई। आज जो हमारे देश की ताकत है किसी एक व्यक्ति की नहीं है, सारी जनता की ताकत है, भारत के मर्द भारत की औरतें, भारत के बच्चे यह है हमारी आज की ताकत। और जैसे जनता की ताकत बढ़ी, वैसे ही हमारी माली हालत भी बढ़ी। देश ने नई तरह से अपनी मजबूती को बढ़ाया कारखानों में और खेतों में और वह काम

हमको आज जारी रखना है। खाने की कमी हुई हमने पूरी कोशिश की किस तरह से कहां से, कहीं से भी अनाज पहुँचायें, जिनको जरूरत है।

आज आपको मालूम है कि बंगाल में, केरल में, बिहार में, उत्तरप्रदेश में और और कई भारत के हिस्सों में कठिनाई कितनी जबर्दस्त रही है। किस भारी प्रयास से सरकार ने गैर-सरकारी संस्थानों ने, व्यक्तियों ने और वहाँ की रहने वाली जनता ने, सबने मिल के इसका सामना किया और इस कठोर समय से गुजरे। अब आने वाले दो तीन महीने भी हमारे लिए काफी मुश्किल के होंगे। लेकिन यह सब लोग जिन्होंने इतना साहस दिखाया, उन सबको मैं धन्यवाद देना चाहती हूँ, क्योंकि उन्होंने भारत की लाज रखी, उन्होंने दिखाया कि किस तरह से एक आजाद देश समस्या का सामना कर सकता है। समस्या गम्भीर थी लेकिन उसमें से हम निकले और लाखों लोगों की जान हम बचा पाए।

आज समस्याओं की कमी नहीं है। महंगाई है और सब तरफ से यह मांग भी है कि वेतन बढ़ें। आपको मालूम है कि यह एक समस्या है जो केवल हमारे देश की नहीं, करीब-करीब सारी दुनिया की है। महंगाई, कीमतें बढ़ती हैं, वेतन बढ़ते हैं, किराये बढ़ते हैं, और चीजें भी बढ़ती हैं और घूम-घाम के फिर महंगाई और फिर बढ़ती है और इस चक्कर को इस दौर को हमको किसी न किसी तरह से रोकना है और हमारी पूरी कोशिश है कि कोई न कोई रास्ता ऐसा हो जिससे यह चीज पकड़ में आए, लेकिन यह तब हो सकता है जब हममें से हरेक मिल के इसके लिए तैयार हो, सबके लिए त्याग करने को, जैसे जिसकी हैसियत हो, उसके मुताबिक वह कुछ न कुछ करने को, कुछ न कुछ कम उपयोग करने का, कम खरीदने को तैयार हो, तभी यह चीज पकड़ में आ सकती है। मालूम है कि यह आसान नहीं है, मुझे मालूम है कि जब महंगाई बढ़ती है तो पड़ती सब पर है लेकिन सब से ज्यादा असर उसका हमारे गरीब से गरीब भाइयों और बहनों पर होता है। तो मेरी पूरी सहानुभूति है उनके संग, मैं खूब इस प्रश्न को पहचानती हूँ, लेकिन इसमें से निकलें कैसे यह हमारे सामने सवाल है? मुझे मालूम है कि हर कोई न केवल यही चाहता है कि उसका वेतन बढ़े, बल्कि यह चिन्ता है कि उस वेतन से खरीद क्या सकते हैं, अपनी

जरूरतें पूरी कर सकते हैं कि नहीं। तो यह रास्ता ढूँढ़ना है कि वह जरूरतें उनकी पूरी हों। आज भारत के पास साधन की कमी है, यह सोचना है कि उन साधनों को कैसे बढ़ा सकते हैं, अगर कठिनाई सह के हम उन साधनों को बढ़ा सकते हैं तो जल्दी ही कठिनाइयां सबकी दूर हो सकती हैं, लेकिन अगर हम सोचें कि नहीं आज अपना सोचें हमको क्या मिल सकता है, तो हमें शायद आज थोड़ा सा आराम पहुँचे, बहुत तो नहीं पहुंच सकता है लेकिन साधन नहीं बढ़ेंगे और आज का कष्ट भी और परसों भी रहेगा, यह पेचीदा सवाल हमारे सामने हैं।

भारत का संविधान ऐसा है कि अलग-अलग दल भी सरकार बना सकते हैं। आज हर एक आजादी से अपने-अपने रास्ते पर चल रहा है और हमारी पूरी कोशिश है कि उसके साथ पूरा सहयोग हो। कभी-कभी शायद गुस्से से, शायद लाचारी से जो कठिनाइयों में होते हैं वह यह बात करते हैं कि हम सबसे बराबर का बर्ताव नहीं कर रहे। यह बात बिलकुल बेबुनियाद है, बिलकुल गलत है भारत एक देश है। हम सब नागरिकों को बराबर मानते हैं, सब प्रदेशों को बराबर मानते हैं, और हमारी चेष्टा, हमारी कोशिश यही है कि जो हमारे पास है चाहे अनाज, चाहे दूसरे साधन, उनका ऐसे बंटवारा हो कि सब तक पहुँचे और कष्ट सभी के कम हों लेकिन जैसे मैंने कहा कि इस समय बंटवारा इतना साधन का नहीं है इतना धन का नहीं है इतना अनाज का नहीं है जितना कि कमी का बंटवारा है। एक-एक जगह कमी है तो उस कमी में दूसरे लोग कैसे साथ दें यह हमारे सामने प्रश्न है। मेरी आशा है कि देश की जनता इसको समझेगी।

हमने विकास का काम हाथ में लिया, और जो शिक्षा फैली, जो नारी जाति आगे बढ़ी, जो यातायात में फर्क पड़ा और बहुत से उद्योग और दूसरे कार्यक्रम चले, उससे बहुत बड़ा परिवर्तन आया है, हम आगे बढ़े हैं और नए रास्तों पर आगे बढ़े हैं। जैसे-जैसे नए रास्ते पर बढ़ते हैं उसकी नई कठिनाइयाँ आ के खड़ी होती हैं। हमको तो मालूम है कि देश चाहे अमीर हों, या चाहे गरीब हों कठिनाइयों से समस्याओं से कोई वंचित नहीं है। आप अखबार पढ़िए और आगे बड़े से बड़े देश की खबर देखिए, तो यहां भी उसी तरह की हलचल है। चाहे विद्यार्थियों में हलचल हों चाहे दूसरी जातिभेद हों, चाहे भाषा पर हो, सभी पर करीब-करीब किसी न

किसी देश में कोई न कोई ऐसी समस्या खड़ी हुई है। तो हम अपनी समस्याओं को बहुत बढ़ा के देखें, हम भी उनको अपनी जगह पर देखें।

करीब ठीक सौ साल हुए हमारे नेताओं ने एक सुझाव हमारे सामने रखा था। वह यह कि शिक्षा मातृभाषा में हो, विश्वविद्यालय तक मातृभाषा में हों, जिसमें हमारी शिक्षा सब तक पहुँच सके, जिसमें जो लोगों की बुद्धि की शक्ति है वह फूले और फले, मुक्त हो लेकिन यह कब हो सकती है, क्योंकि अच्छी से अच्छी चीज भी हो, यह खतरे से भरी होती है कभी-कभी, और ऐसे सब भाषाएं बढ़ें तो यह भी खतरा है कि शायद हर एक भाषा अपने को अलग समझे और जुदा समझे, तो यह कार्य भी तब हो सकता है जब एक कोई ऐसी भाषा हो जिसको सब जानें, और सीखें और जो सबको एक कड़ी में बाँध सके और जिसे इस तरह से एक राष्ट्रीय कड़ी की आवश्यकता है, उसी तरह एक अन्तर्राष्ट्रीय कड़ी की भी आवश्यकता है। जिस में हमारे सम्बन्ध दूसरे सब देशों से बने रहें। आजकल की दुनिया में, उस सम्बन्ध को हम काट देंगे तो हमारी हानि होगी। तो इसके क्या मायने हैं, क्षेत्रीय भाषा, राष्ट्रीय भाषा, अन्तर्राष्ट्रीय भाषा, तीन भाषाएं हो गईं। लेकिन इस सवाल में जैसे और सब मामलों में हमको सबका ख्याल करना है किस को क्या कठिनाइयां होंगी और कैसे उस कठिनाई को हम कम से कम कर सकें? कैसे हम अपने भारत के सब हिस्सों के भाइयों और बहनों की मदद कर सकें जिसमें किसी को न लगे कि उन पर कष्ट हैं, उन पर कुछ ऐसा थोपा जा रहा है, जिसमें उनकी उन्नति में बांधा आए? जो भी काम हमको करने हैं। हम समझते हैं, किसी चीज को ठीक समझते हैं तो हमारा ख्याल होता है कि सबके लिए ठीक होगा। दूसरे लोगों के दूसरे विचार होते हैं तो जो मिलजुल के रहना है, उनको सबके विचारों पर ध्यान देना है और ऐसा रास्ता ढूँढ़ना है जिसमें सब मिल के साथ चल सकें और न लोकतंत्र कमजोर हो, न एकता कमजोर हो। भाषा एक ऐसा प्रश्न है, जिससे बहुत जल्दी लोग गुस्सा हो जाते हैं और परेशान हो जाते हैं, लेकिन ठीक से उसका हम रास्ता ढूँढें तो वही एक साधन हो सकता है एकता का, और आगे बढ़ने का। यही हमको आज करना है। जो प्रान्तीयता बढ़ी है, हर एक प्रदेश में लोग सोचते हैं कि उनको कुछ मिल जाए तो सारा देश आगे होगा। यह सच है कि हम

अपनी बड़ी-बड़ी योजनाएं अगर हर एक प्रदेश में पूरी कर सकें तो आज हिन्दुस्तान का चित्र बदल जाये। लेकिन इतने साधन नहीं हैं तो चुनना पड़ता है प्रान्त में पहले क्या करा जाये। अगर हम इस दृष्टिकोण से देखें कि सब प्रान्त हमारे हैं सब लोग भारतीय हैं और जो योजना आज नहीं हो, वो कल या परसों अवश्य होगी, तो किसी को बेचैनी होने की जरूरत नहीं है, और सब काम अपने-अपने समय पर हो जाएगा, इस एक धीरज की हमको जरूरत है।

मुझे तो आपसे यही कहना है कि हम यह पुराने दिन याद रखें जब समस्याओं का सामना हमने करा और उनको भूल के उनके ऊपर उठ के तेजी से हम आगे बढ़े। हमारी उन्नति के लिए शांति की आवश्यकता है। देश में शांति हम चाहते हैं और विदेश में अन्तर्राष्ट्रीय क्षेत्र में भी शांति चाहते हैं, पड़ोसी देशों के संग तनाव होना कोई अजब बात नहीं है तनाव होता है अनेक प्रश्न उठते हैं, जैसे कि परिवार में और भाइयों और बहनों के बीच में भी उठते हैं, हमने हमेशा यह समझा कि यह जो तनाव है, प्रश्न है यह शांति से और दोस्ती से सुलझा सकते हैं यह हमने माना और आज भी हम मानते हैं इसी कोशिश में हम लोग रहे हैं और आज भी हमारी यही कोशिश है, लेकिन अगर हमारी सीमा पर हमला हुआ तो फौजी हमले का सामना केवल फौजी ताकत से हो सकता हैं।

कुछ ही दिन पहले मैं कुछ सीमा पर घूमीं, हमारे बहादुर जवान और अफसर किस हालत में रह रहें हैं, किस कठिनाई सर्दी, बर्फ को सह रहे हैं यह में देख के आई किस हिम्मत और साहस से, किस भावना से, वह वहां हैं यह भी मैंने देखा। मैंने उनको विश्वास दिलाया कि उनके पीछे सारा देश है, मैंने अपनी तरफ से उनको शुभकामनाएं दीं, भारत सरकार की तरफ से भी शुभकामनाएं दीं और आप सब जो नहीं थे, आप सबकी तरफ से भी शुभकामनाएं दीं। मुझे पूरा विश्वास है कि हमारी तीनों सेनाएं जो हैं उनके हाथों में भारत की आजादी सुरक्षित है। लेकिन हमारा भी कुछ कर्तव्य है कि जब वह यह सब कठिनाइयां सह रहे हैं, अपनी जान देने को तैयार हैं तो हम भी अपनी एकता को बनाए रखने के लिए कुछ कष्ट उठाएं। यह वह हम से मांगते हैं। और हम सबको उसके लिए तैयार होना चाहिए। कुछ रास्ते हमने अपने सामने रखे और वह पुराने रास्ते हैं, लेकिन उनको घड़ी-घड़ी फिर

से कहना पड़ता है जिसमें हम भूलें नहीं समाजवाद का रास्ता है, क्या है समाजवाद? कोई उसको कुछ कहता है, कोई कुछ कहता है लेकिन एक साधारण चीज है उसके मायने केवल यह है कि देश की गरीबी हटाई जाए, देश में जो गरीब और अमीर में अन्तर है उसको कम किया जाए, जो हमारे पिछड़ी हुई या दबी हुई जातियां हैं चाहे वह हमारे हरिजन भाई हों, चाहे आदिवासी भाई हों, चाहे पहाड़ पे रहने वाले लोग हों, उनकी उन्नति की जाएं उनको उठाया जाए, उनको आगे बढ़ने के मौके दिए जाए। और जो भी धन इस देश में पैदा हो, जो वस्तुएं पैदा हों उनका बंटवारा बराबरी से हो। यह हमारा समाजवाद है और इसका लक्ष्य हमको पूरा करना है, इस रास्ते पर हमको तेजी से चलना है।

भारत के सपूतों, चाहे औरत हों, चाहे मर्द, चाहे मजदूर हों चाहे किसान, चाहे व्यापारी हों या कारखानेदार, चाहे अध्यापक हों या विद्यार्थी, चाहे लेखक हों चाहे कलाकार, आप सब हैं भारत के सपूत। कभी न भूलिए आप किस देश के रहने वाले हैं, कभी न भूलिए आपकी नसों में किन वीरों का, किन महान व्यक्तियों का खून बहता है। आइये, आज हम इस अविश्वास को विश्वास में बदलें इस निराशा को आशा में बदलें, तब हम देश को मजबूत कर सकेंगे, जो नींव बनाई उसके ऊपर एक सुन्दर भारत को बना सकेंगे। सब मिल के हम यह सब कर सकते हैं। हम और आप बड़ें, छोटे, बूढ़े जवान और बच्चे, एक भारी काम हमने हाथ में लिया है। अब चाहे भूकम्प आए, चाहे भूचाल आए, चाहे भुखमरी आए, चाहे बीमारी आए, चाहे लड़ाई, चाहे कुछ हो, यह सब चीजें हमको सोचना है कि यह तो जिन्दगी के खेल हैं इनका सामना हम हिम्मत से करेंगे, साहस से करेंगे और कभी हम अपनी ताकत को दबने नहीं देंगे। भारत के निवासी मेंरे भाई और बहन, चलिए हम सब मिल के भारत का नारा आज बोलेंगे और इस जोश से बोलिए, इस भावना से बोलिए कि यह सब चारों तरफ गूँज उठे, और हमारी दृढ़ता का, हमारे जोश का, हमारे विश्वास का, यह एक चिन्ह बना रहे और हमेशा के लिए भारत को ताकत देता रहे, अब मेरे संग मिल के तीन दफे जय हिन्द का नारा बोलियेगा।

जयहिन्द! जयहिन्द! जयहिन्द!

15 अगस्त, 1968 को लाल किले की प्राचीर से प्रधानमंत्री इंदिरा गाँधी

हर साल हम यहाँ आजाद भारत की वर्षगांठ मनाने इकट्ठा होते हैं। हमारे देश ने ऊंच-नीच देखा, सुख देखा, कठिनाइयां देखी। आशा और निराशा के बीच हमारा देश फलता-फूलता रहा। ये देश एक लंबे इतिहास का देश है, लेकिन नया भारत केवल 21 वर्ष का हुआ है। इन 21 वर्षों में बहुत कुछ काम हुए हैं। विकास के नये मंदिरों की रचना हुई है। सूखा देखा, बाढ़ देखा, धूप देखी, तंगी देखी लेकिन इस सबको झेलते हुए हम आगे बढ़ते ही रहे। मैं आज भारत की जनता को बधाई देना चाहती हूँ कि किस हिम्मत से उन्होंने इन सबका सामना किया है। ये हम कर पाये हैं क्योंकि हमारे महान नेताओं ने हमको मार्गदर्शन दिया। उनके त्याग के, बलिदान के कारण, उनके लंबे वर्षों के काम के कारण ये भारत की ताकत, भारत की जनता की शक्ति बनी है।

आज जब हम और आप यहाँ संग हैं तो हमें कुछ पीछे भी देखना है और कुछ आगे भी देखना है। हमारा देश एक शानदार देश है, लेकिन इसको अभी बहुत दूर जाना है और अगर हम अपने नेताओं के दिखाये हुए रास्ते पर अपने उसूलों पर डटे हुए रहेंगे तभी हम इस रास्ते को मजबूती से और तेजी से तय कर सकते हैं। हमारी खेती में एक नयी क्रान्ति आई है, लेकिन और भी बहुत काम हुए हैं, लेकिन हमें शर्म और दुख इसका भी है कि बुद्ध, अकबर और गांधी के शानदार परंपराओं के देश में अभी भी हिंसा और दंगे हों। इतने बड़े देश में ये स्वाभाविक है कि मतभेद अलग-अलग गुटों में हों, लेकिन ये सब बातें बैठकर, बातचीत से ठीक हो सकती हैं। हर एक नागरिक का कर्तव्य है कि इसमें वो मदद

दे, हिंसा को फैलने नहीं दे, दंगे होने नहीं दे। ये कारण क्या हैं कि ये थोड़े से लोग गड़बड़ी फैला सकें, जब अधिकतर जनता शान्तिप्रिय है।

इसी तरह से हमारी अल्पजाति के लोग, हमारे हरिजन और दूसरे वर्गों के लोगों पर अत्याचार हुए हैं, जानें गई हैं देश के साधन नष्ट हुए हैं और इस सबसे देश की शक्ति भी कम हुई है। ये बड़ी चीजें हैं, लेकिन कुछ ऐसी छोटी बातें भी होती हैं, जैसे आपस में शक फैलाना। जो अंदर ही अंदर समाज के घुन जैसे काट लेती है, नष्ट करती है, इससे भी देश कमजोर होता है। तो आज हम सबको यह निर्णय करना है कि ऐसी बातों को हम बर्दाशत नहीं करेंगे। इसमें सरकार का कर्तव्य जरूर है, लेकिन उतना ही कर्तव्य राजनीतिक दलों का है, सामाजिक संस्थाओं का है और सारे हमारे बड़े और छोटे नागरिकों का है। इन्हीं बातों पर विचार करने के लिए राष्ट्रीय एकता परिषद का गठन फिर से हुआ और उसमें कई निर्णय लिए गये जिन पर ठोस कदम उठाये जा रहे हैं और हमको आशा है कि इस संगठन के द्वारा हम एक नई शांति की भावना सारे देश में फैला सकेंगे।

शांति देश के, विकास की बुनियाद है। हमने इन 21 वर्षों में देश की इस बुनियाद को, इस नींव को पक्का किया है। हम आहिस्ते-आहिस्ते अब अपने पैरों पर खड़े हो रहे हैं। एक सदियों का पिछड़ा हुआ गरीब देश आहिस्ते-आहिस्ते अपना-अपना रास्ता ढूंढ रहा है, आहिस्ते-आहिस्ते अपने पर भरोसा करना सीख रहा है। हमारी खेती में अबके बहुत अच्छी फसलें हुई, लेकिन साथ ही साथ देश के कुछ हिस्सों में सूखा अभी भी पड़ा है और कुछ हिस्सों में भयानक बाढ़ आयी। जिन्होंने इसके कारण कष्ट उठाया, उनके साथ हमारी सहानुभूति है और हम पूरी कोशिश कर रहे हैं उनकी किसी तरह से मदद हो। जो अच्छी फसल आई, वो कोई जादू के कारण नहीं और न ही केवल इस कारण कि वर्षा अच्छी हुई थी वो अच्छी फसल आई क्योंकि एक कार्यक्रम बना, घनी खेती का कार्यक्रम। साधन हमारे किसान भाइयों को मिले और उन्होंने उन साधनों का, अच्छे बीजों का और सब साधनों का अच्छा उपयोग किया तो हमारी पैदावार बढ़ी।

ये एक किस्म की क्रांति है और इस क्रांति में भारत सरकार को बहुत दिलचस्पी है, क्योंकि हम जानते हैं इस क्रांति से हमारी वो बुनियाद और मजबूत बनेगी और उस बुनियाद पर हम आगे बढ़ सकेंगे, अपने उद्योग और दूसरे काम भी और तेजी से आगे बढ़ा सकेंगे। लेकिन इसके साथ कुछ समस्याएं भी बढ़ी हैं। मुझे मालूम है कि इन साधनों का नई खेती के साधनों का उपयोग केवल वो किसान कर सके हैं, जिनके पास सिंचाई का प्रबंध पहले से था और हमें खुशी है कि उनकी आमदनी बढ़ी, उत्पादन बढ़ा, जिससे हमें बाहर से अनाज कम मंगाना पड़ा, लेकिन साथ ही साथ वो किसान जो हैं जिनकी संख्या अधिक है, जिनके पास सिंचाई नहीं है और इन साधनों का उपयोग नहीं कर सकते उनको लाभ नहीं पहुंच सका। कैसे उनके पास जल्दी से जल्दी सिंचाई और साधन पहुंचाये, जिससे वो उत्पादन बढ़ा सकें, देश को मजबूत बनाने में, देश को अनाज देने के काम में वो भी भाग लें और अपने जीवन को भी वो इस तरह से सुधार सकें।

खेती के उत्पादन पर हमारा उद्योग भी काफी निर्भर है और इसलिए खेती का उत्पादन अच्छा हुआ तो उससे थोड़ा फर्क हमारे उद्योग में भी आया है और हमें आशा है कि हम उस दिशा में भी अब आगे बढ़ेंगे। पिछले साल मैंने आपसे कहा था कि अंधेरी रात के बाद प्रभात जरूर आता है और ऐसा ही हुआ। अंधेरे में से अब हम निकल रहे हैं। हमारी सब समस्याएं ठीक नहीं है, लेकिन हमें उजाला दिख रहा है और अगर हम उसकी तरफ मजबूती से बढ़ते रहे तो एक नया जीवन अपनी जनता के लिए जल्दी से बना सकेंगे।

जैसे-जैसे हम बढ़ते हैं, वैसे-वैसे नई मांगे भी खड़ी होती हैं। आजकल बहुत से गुट हैं, बहुत से संगठन हैं, जिन्होंने अपनी मांगे जाहिर की हैं और बहुत सी वो मांगे हैं, उनको पूरा करना चाहिए। लेकिन हमें ये भी सोचना है कि चाहे मजदूर या अध्यापक या दफ्तर में काम करने वाले इनके पास जो संगठन हैं, वो अपनी आवाज जोरों से हम तक पहुंचा सकते हैं। लेकिन हमारी लाखों करोड़ों जनता है जो उनसे भी ज्यादा गरीब है, जो न पढ़ी-लिखी है, न विशेष काम सीखा है उनकी

आवाज कौन उठायेगा। तो जब हम कोई भी आवाज सुनें, हमको इन दूसरों की तरफ भी ध्यान देना है और उनकी आवाज चाहे धीमी हो, चाहे संगठित रूप से हमारे पास नहीं पहुंच सके तब भी हमारे कान इतने तेज होने चाहिए कि उनकी आवाज को उनकी मांगों की तरफ भी हमारा ध्यान उतना ही जाए और इसीलिए कभी-कभी ठीक मांग भी हमारे पास आती है, तो हमको यही सोचना है कि वो मांग पूरा अगर हम करें तो उसका अंत में असर क्या होगा। क्या उससे हमारी आर्थिक स्थिति और अच्छी होगी या हमारे पास साधन कम हैं वो स्थिति कुछ डांवाडोला होगी और उससे अंत में सभी को नुकसान होगा। ये बात हमको सोचनी है। इसलिए मेरा अनुरोध है अपने भाइयों से चाहे वो मजदूर हों, चाहे वो अध्यापक हों, चाहे किसी भी वर्ग के हों कि इस वक्त इन अपनी सब मांगों को वो देश के नक्शे में रखकर देखें। उनको तकलीफें हैं, और उनकी तकलीफों को हम जानते भी हैं और हमारी सहानुभूति है। लेकिन वो जरा उसका मुकाबला करें, जो और देश के गरीबी की तकलीफें हैं। लेकिन अगर मैं अपने मजदूर भाइयों से अनुशासन की बात करती हूं तो साथ ही साथ जो हमारे उद्योगपति हैं या हमारे और धनी कारोबार चलाने वाले हैं उनसे भी कुछ अनुरोध करना होता है, अगर वो चाहते हैं कि ये अनुशासन हो तो उनकी भी कुछ जिम्मेदारी है। उनकी जिम्मेदारी है कि बड़े-बड़े मुनाफे, ऊंचे-ऊंचे वेतन अगर वो बढ़ाते जाएंगे तो ये अनुशासन रखना फिर आसान नहीं रह जाएगा। उनकी जिम्मेदारी है कि वो भी इन सब मसलों पर गौर करें और मिल-जुलकर कोई रास्ता निकालें जिससे जो हमारे देश में अमीर और गरीब के बीच में अंतर है वो अगर हट न सके तो कम से कम उसको कम कर सकें।

सारी दुनिया में एक बेचैनी है। लोग पहले दफे समझ रहे हैं कि उनकी ताकत क्या है, वो क्या कर सकते हैं, देश कितना निर्भर है उन पर। चाहे किसान भाई हों, चाहे मजदूर भाई हों, चाहे दूसरे गुट हों, तो इस हालत में अगर देश में शांति रखनी है, देश को बढ़ाना है तो मिल-जुलकर रास्ते हम सबको निकालने हैं और ऐसे रास्ते निकालने हैं जिसमें हम निजी लाभ का नहीं सोचें, बल्कि उत्पादन कैसे बढ़ सकता

है। उसमें अगर थोड़ा सा त्याग करना हो, मुनाफा कम करना हो या उस मुनाफे के बजाए अपने रखने के लिए किस तरह से हम देश के काम में फिर से डाल सकते हैं? ये सब हमको सोचना है। अगर ये जिम्मेदारी सब वर्गों की तरफ से आये, तो मुझे पूरी तरह विश्वास है कि अनुशासन भी बढ़ेगा और हम अपने मजदूरों को, मैनेजरों को और अन्य लोग जो काम ऐसे करते हैं, कारखानों में, उनकी जिम्मेदारी और बढ़ा सकेंगे। लेकिन इस के लिए हर एक की जिम्मेदारी है, हर एक को सोचना है कि उसके करने से दूसरे पर क्या असर होता है। हमें कोई एक गुट कहे कि हम उत्पादन बढ़ाएंगे, हमें मदद करो। लेकिन हम दूसरे वर्गों की मदद नहीं करेंगे तो ये कितनी भी अच्छी बात हो ये करना संभव नहीं है। खासतौर से हमारे जैसे देश जहां इतनी भयानक गरीबी है और जहाँ राष्ट्र हित के लिए और न्याय के दृष्टिकोण से भी इस अंतर को हमें कम करना है।

हमारे यहां पढ़े-लिखे नौजवान इंजीनियर और दूसरों की बेरोजगारी का प्रश्न है और उसके तरफ भी हमारा ध्यान है। छोटे-मोटे कार्यक्रम आगे बढ़ सकते हैं, लेकिन मुख्य बात उसकी भी यही है कि किस तरह से पैदावार बढ़े, किस तरह से और कारखाने बढ़ें जिनमें और नौकरियां आयें और इन सबकी तकलीफें दूर हों। साथ ही साथ उनसे भी मैं एक प्रार्थना करूंगी और वो ये है कि वो केवल ऐसी सरकारी नौकरी या ऐसी नौकरी के पीछे नहीं लगे रहे, बल्कि अपने लिए नये मौके ढूंढने की कोशिश करें।

आजकल की दुनिया में और भारत में भी, चाहे भारत में उतने मौके नहीं हों, जितने विकसित देश में हैं, तभी भी बहुत से मौके हैं जो स्वयं नौजवान पैदा कर सकते हैं। हो सकता है उसमें कुछ को सफलता नहीं मिले। लेकिन वो एक नया रास्ता खोलेंगे, जिसमें सभी नौजवानों के लिए आगे बढ़ने का मौका मिलेगा। तो उनको भी देखना है कि अब अपने पर निर्भर होकर कैसे वो नये काम बना सकते हैं।

ये सार्वजनिक क्षेत्र यानी पब्लिक सेक्टर में अरबों रुपया लगाया गया है। ये पूंजीपतियों की या उद्योगपतियों की पूंजी नहीं है। ये हमारी और आपकी सारे भारत की पूंजी है और इसमें जो मुनाफा होता है, ये

किसी एक की जेब में नहीं जाता है, बल्कि भारत की जनता के सोद्देश्य के लिए चाहे वो सड़क हो, चाहे स्कूल हो, चाहे अस्पताल हो, ये सब बनाने में ये धन लगता है। तो इनको भी कामयाब करने के लिए हम सबकी दिलचस्पी होनी चाहिए। हम सब इसमें साझेदार हैं। नफा, मुनाफा हो कि न हो ये हम सबको छूता है। तो इसमें भी एक बड़ा भारी प्रयत्न करना है मजदूरों को, मैनेजरों को और सभी को कि किस तरह से इनको भी अच्छी खूब तरह से हम चला सकें, जिससे इनका लाभ सारे देश को मिले।

मेरे कहने का मतलब यह नहीं कि ये जो पब्लिक सेक्टर प्रोजेक्ट हैं ये सब, इनमें सबमें बुराई है। बहुत से अच्छे से चल रहे हैं, लेकिन बहुत सी कमियां भी हैं और आपको मालूम है कि हमने आपसे कमियों को कभी छुपाने की कोशिश नहीं की। हम हमेशा ये मानते हैं कि सब बातें जनता के सामने रखनी चाहिए और उससे हमें मदद भी मिलेगी और हमारी भी कोशिश बढ़ेगी, जो चीज खराब है उसको फिर से ठीक करने में। जो भी उन्नति देश में हो किसी भी दिशा में वो तब हो सकती है जब देश में एकता हो, शांति हो, अच्छी आर्थिक स्थिति हो और राजनीतिक स्थिरता हो।

इन पिछले वर्षों में हमने कुछ राजनैतिक उथल-पुथल देखा। कुछ ऐसी आवाज भी उठाई गयी हमारे देश में और दूसरे देशों में कि शायद प्रजातंत्र खतरे में है। लेकिन आपने देखा कि दृश्य चाहे कितना ही बदले लेकिन प्रजातंत्र को धक्का नहीं लगा और न मैं मानती हूँ कि कभी भी लगेगा। हमारी जनता अपने अधिकारों को खूब अच्छी तरह से जानती है और मैं मानती हूँ कि हमेशा वो उन अधिकारों का अच्छा उपयोग करेगी, इस तरह का उपयोग करेगी कि देश मजबूत होता जाए और प्रजातंत्र भी मजबूत हो।

देश में जो भी हम करें उसका असर अंतर्राष्ट्रीय क्षेत्र में हो रहा है, उसका असर भी देश में पड़ता है। आज कल की दुनिया एक बदलती दुनिया है, वैसे तो दुनिया हमेशा बदलती है, लेकिन आजकल कुछ तेजी से बदल रही है। सभी देश इस कोशिश में हैं कि दूसरों से संबंध रखें, दूसरों से दोस्ती रखें और कुछ आपसी मतभेद भी हों तभी

भी संबंध न तोड़ें और साथ ही साथ दोस्ती कितनी भी हो तो ये भी कुछ कोशिश है लोगों की कि दूसरों के झगड़ों में उलझें नहीं। भारत की नीति शुरू से ये रही कि हम किसी गुट में न कूदें। हम भारत का हित किस तरफ है, न्याय किस तरफ है वो देखकर अपने निर्णय स्वयं करें। आज हम देखते हैं कि दुनिया के दूसरे लोग भी इसी रास्ते पर आने की कोशिश में हैं और जो पहले के गुट बने थे वो फिर अब कमजोर पड़े हैं।

इधर हाल में रूस में जो पाकिस्तान को हथियार बेचने का निर्णय किया उससे हमको दु:ख हुआ। हम मानते हैं कि उनका ये निर्णय ठीक नहीं था, लेकिन इससे हमको घबराना नहीं चाहिए। हम दुनिया में एक घबराए हुए देश या शिकायती देश या असंतोष देश की तस्वीर रखना नहीं चाहते हैं। ये देश मजबूत देश है और इन पिछले सालों में कई ऐसे प्रबंध हुए हैं जो इसको और मजबूत बनायें, हर एक क्षेत्र में। हमारी सेना आज मजबूती से और बहादुरी से सीमाओं पर डटी हुई है। तो इस लिए दुनिया वाले चाहे कुछ कहें हमको अपनी ताकत पर भरोसा रखना है और आजकल के जमाने में खासतौर से ताकत खाली सेना की, फौजों की नहीं होती है वो उद्योग की ताकत होती है, समाज की ताकत होती है। तो इन सबमें हमको भरोसा रखना है। एक सवाल ये भी उठता है कि क्या हम किसी देश के कहने से दब रहे हैं, या दबेंगे। मैं बहुत जोरों से कहना चाहती हूँ कि इसका कोई सवाल नहीं है कि हम पर कोई दबाव डाले। वो कभी नहीं दबते हैं, जिनका संकल्प दृढ़ होता है और हमारा संकल्प दृढ़ है।

पाकिस्तान से हमारा झगड़ा कुछ रहा, शायद हम पास के हैं, शायद हमारे बहुत से रिश्ते रहे, इसलिए वो झगड़ा शायद और बढ़ा जैसे भाइयों का कभी होता है। हमारे ऊपर हमले भी हुए और हम देखते हैं कि प्रचार के द्वारा और तरीकों से हरदम वो हमारे खिलाफ एक माहौल सा बनाने की कोशिश में रहते हैं। लेकिन ये सब होते हुए भी पंडित जी ने और शास्त्री जी ने उनके सामने एक लड़ाई न करने की यानी 'नो वारॅ पैक्ट' का सुझाव पेश किया था। आज मैं फिर से उनसे यही कहूंगी कि इस पर वो पुनः विचार करें क्योंकि यही एक रास्ता है जिसमें दोनों

देशों का हित है और जो दोनों देशों को मौका देगा कि अपने अंदरूनी प्रश्नों का सामना करके अपने देशों को आगे बढ़ाएं और मजबूत करें।

ये स्वामी विवेकानंद जी ने कहा कि जो भारत में जन्म लेता है वो धन्य होता है। ये भी सच है कि ये भारत धन्य है कि इसमें इतने महापुरुषों ने जन्म लिया। एक ऐसे महापुरुष थे महात्मा गांधी, इसी साल अक्टूबर से हम उनकी शताब्दी मनाने जा रहे हैं। गांधी जी के ऊंचे आदर्श और उसूल ऐसे थे कि वो उनके जीवन में माने रखते थे, आज भी माने रखते हैं और आने वाले युगों के लिए भी माने रखेंगे। गांधी जी ने गरीबों के लिए, हरिजनों के लिए, पिछड़ी जातियों के लिए अपना सारा जीवन बिताया और सामाजिक एकता के लिए अपनी जान तक बलिदान कर दी। इन सबसे हमको ये सबक सीखना है कि कैसा भारत हम बनाएंगे और ये जो उनके ऊंचे उसूल थे उनको हम कैसे बढ़ाएं।

ये स्वाभाविक है कि आज के दिन हमारा ध्यान भारत के नौजवानों की तरफ जाए। वो हैं नये भारत की रीढ़ की हड्डी, ये मजबूत रहेंगे तो भारत मजबूत है, भारत का भविष्य मजबूत है। आजकल के जमाने में, नौजवानों के मनों में, भारत में और बहुत से देशों में बेचैनी आयी है। इसके अनेक कारण हैं। शायद एक ये भी कारण है कि नये जमाने के लिए जो पुरानी बातें थीं वो सब जवाब नये प्रश्नों को नहीं दे सकती। नौजवानों को हम लोग कुछ हद तक नेतृत्व दे सकते हैं, कुछ हद तक रास्ते तक पहुंचा सकते हैं। लेकिन उसके बाद उनको नया रास्ता बनाना है और भविष्य में देश को ले जाना है। उनके सामने कठिनाइयाँ कोई कम नहीं होंगी। ना ही उनको चाहना ही चाहिए कि कठिनाइयां कम हों, क्योंकि कठिनाई का सामना करके, चुनौतियों का सामना करके ही समाज मजबूत और बलवान बनते हैं। उनके सामने पहाड़ खड़े होंगे, लेकिन वो पहाड़ों का सामना किस तरह करेंगे। क्या उसके आगे बैठ जाएंगे और अपनी परेशानी जाहिर करेंगे या उस पहाड़ पर चढ़ेंगे। मैं उनसे कहना चाहती हूँ उनके सामने दो ही तरीके हैं या वो पहाड़ पर चढ़ें और या वो पहाड़ को चीरकर आगे बढ़ें। तीसरा कोई रास्ता नहीं है।

भारत के नौजवानों पर हमारी बहुत बड़ी आशाएं हैं। चाहे वो विज्ञान का काम करें, चाहे वो कोई दूसरा काम करें। आज वो एक नई दिशा में देश को ले जा सकते हैं और देश को मजबूत कर सकते हैं और मेरी पूरी आशा है कि इसमें वो लगेंगे और इसमें जो उनकी बेचैनी है उसको तोड़-फोड़ में नहीं लगाएंगे। ऐसे कामों में नहीं पड़ेंगे जिससे उनका भी नुकसान हो और देश का भी नुकसान हो। बल्कि उस शक्ति को, उस इच्छा को ऐसे जोड़ेंगे कि उससे सारी जनता को उत्साह मिले और जैसे मैंने कहा हम अपने देश को तेजी से आगे बढ़ा सकें।

मेरे भाइयों और बहनों, हममें से कुछ हैं जो कारखानों में काम करते हैं, कुछ हैं जो खेती में काम करते हैं, कुछ घरों में काम करते हैं या दफ्तरों में, कुछ सड़कों पर काम करते हैं। हमारी हर एक की समस्या अलग है, हर एक की कठिनाई अलग तरह की है। लेकिन हम सबका ध्येय, हम सबकी भलाई एक ही चीज में है, वो है भारत का उज्ज्वल भविष्य। इसलिए ये समय है जब हम और सब कठिनाइयों को भूलकर एक होकर यही देखें कि भारत को किस दिशा में ले जाना है, भारत को कैसे मजबूत करना है? भारत के सामने जो संकट हैं हमारे व्यक्तिगत संकट नहीं, गुट के संकट नहीं, दल के संकट नहीं, बल्कि सारे देश के जो संकट हैं, हम कैसे मिलकर उनका सामना करें। चाहे हमारी कोई भी उम्र हो और हम कहीं भी रहते हों- मैदान में, पहाड़ में, सीमा पर, समुद्र के किनारे हम सबको आज यही सोचना है कि हम भारत के नागरिक हैं और हम कोई काम ऐसा नहीं करेंगे जिससे कि किसी तरह से भारत का सिर नीचा हो। हमको ऐसे जीना है कि आते युग हमारी तरफ देखकर कहें कि ये आजाद भारत की पीढ़ी थी जिसने भारत की संस्कृति को, भारत के भविष्य को एक नया मोड़ दिया, भारत की बुनियाद ऐसी बनाई कि आते हुए लोगों के युगों के जीवन सुखमय हो, आराम का हो और एक तरह का हो कि हर एक काम से देश और मजबूत हो।

तो आज के इस हमारे देश की वर्षगांठ के दिन मैं आप सबको बधाई देती हूँ। किसानों को बधाई देती हूँ उन्होंने जो अपनी मेहनत से और याद रखिएगा ये मेहनत उन्होंने सूखे के जमाने में करके दिखाया,

अच्छे दिनों के लिए तैयारी कष्ट के जमाने में की और उत्पादन बढ़ा के हमारी कुछ समस्या हल की। मजदूरों को बधाई देती हूँ कि वो उत्पादन बढ़ाने में, कारखानों में काम करके देश की मदद कर रहे हैं। दूसरे कितने हैं जो उत्पादन बढ़ाने के काम में लगे हैं, उनको बधाई देती हूँ और सारी जनता को भी मैं फिर से बधाई देती हूँ कि कठिनाइयों का सामना उन्होंने सदा हिम्मत से किया और आज भी हिम्मत से करेंगे और अपनी हिम्मत से वो सारे देश में और हिम्मत बढ़ाएंगे। चाहे लोग दूर हों, चाहे पास हों। राजधानी के लिए सब जनता बराबर की होती है और उसकी यही चेष्टा होनी चाहिए कि उनकी सद्भावना, सहानुभूति और मदद हर एक तक जिसको भी जरूरत है उस तक हम पहुंचा सकें। इस काम में भारत की जनता की सहायता मैं मांगती हूँ और मुझे पूरा विश्वास है कि शानदार देश को, इस प्राचीन देश को, एक नवीन रूप हमें देकर बहुत ऊंचा उठाएंगे और इसको चमकाएंगे। मैंने गांधी जी का नाम लिया। गांधी जी हमारे मान, सम्मान की उनको जरूरत नहीं है, उनका जो काम है वो सदा के लिए उसने इतिहास में छाप डाला है। उनका नाम है वो दुनिया में चमकेगा। लेकिन उनकी अगर याद हम करते हैं तो इसलिए कि उनकी आत्मा और उनके उसूल हम सबको बल दें, हम सबको ऊंचा उठायें और यही मेरी आज प्रार्थना है कि वो हमको ये शक्ति दें कि उनके सपने को हम पूरा कर सकें। अपने गरीबों के जीवन में सुख ला सकें और अपने देश को दुनिया में चमका सकें। आज के दिन इस लाल किले पर खड़े होकर दो नाम और विशेष याद आते हैं क्योंकि उनका लाल किले से कुछ संबंध था और जो हम नारा बोलने वाले हैं उससे भी संबंध था। नेता जी सुभाष बोस ने लाल किले पर चढ़ने का नारा आजाद हिंद फौज को दिया था और जय हिंद का नारा भी उन्होंने भारत को दिया और फिर पंडित जी ने इस नारे को देश के कोने-कोने तक फैलाया जिससे आज ये हमारी एकता और मजबूती का चिन्ह हो गया है। मैं इस नारे को बोलूंगी और आप सब मेरे साथ मिलकर तीन बार मेरे पीछे जय हिन्द बोलिएगा।

जय हिन्द! जय हिन्द! जय हिन्द!

15 अगस्त, 1969 को लाल किले की प्राचीर से प्रधानमंत्री इंदिरा गाँधी

एक नया उजाला

निजी जीवन में ईमानदारी और दयानतदारी, देश के हितों के प्रति लगन और बिना किसी फल की इच्छा किए बलिदान करने की तत्परता। जब तक प्रत्येक वर्ग के स्त्री-पुरुष, खेतों और कारखानों में, अपने-अपने धन्धों में और व्यापार में और विशेषकर प्रशासन में या राजनीतिक क्षेत्र में काम करने वाले इन गुणों से सम्पन्न न हों, तब तक हम देश का कायाकल्प कैसे कर सकते हैं?

मैं अपने सभी देशवासियों की ओर से जलियावाला बाग के और देश के अन्य भागों में हुए शहीदों का अभिवादन करती हूँ जिन्होंने आजादी की रक्षा के लिए अपने प्राण न्यौछावर किए। मैं शहीदों को भी श्रद्धांजलि भेंट करती हूँ जिन्होंने अन्य महाद्वीपों में अपनी बलि इसलिए दी, ताकि मनुष्य जाति स्वतन्त्रता, सम्मान और समानता से जीवन बिता सके। शहीदों की महान आत्माएं हमें प्रेरणा देती हैं। हमारा मार्गदर्शन करती रहें।

जय हिन्द।

एक नया उजाला

एक दफा फिर हम सब इस ऐतिहासिक स्थान पर जमा हैं। 15 अगस्त हमारे इतिहास का मील-पत्थर है और हमको मौका मिलता है कि हम पीछे मुड़कर अपने इतिहास को देखें, अपनी प्राप्तियों पर, अपनी कमियों पर निगाह डालें और साथ ही आगे भी देखें कि किस तरफ हमको जाना है, किस तरफ हम जा रहे हैं।

50 वर्ष हुए जलियावाला बाग का काण्ड हुआ, जहां बहुत संख्या में बूढ़े, जवान, बच्चे, औरत, मर्द गोली चलने से मरे। यह हमारी आजादी में एक नया मोड़ था। इस साल हमने उसकी 50वीं बरसी मनाई। उसके बाद रावी के तट पर हमने पूर्ण स्वराज का प्रण लिया और फिर कराची में, लखनऊ में, आवड़ी में, भुवनेश्वर में अपनी नीति की तरफ पैर जमाकर हम आगे बढ़े और देश किस दिशा में जाएगा, यह रास्ता हमने बनाया।

हम सबको मालूम है कि इन वर्षों में क्या-क्या इस देश में हुआ अनाज की पैदावार बढ़ी। हमने कोशिश की कि जमींदारी को मिटाकर, जो सबसे दबे हमारे किसान थे, उनको कुछ राहत दें। उद्योग के क्षेत्र में भी केवल उन्नति ही नहीं हुई, बल्कि एक मायने में सारे उद्योग आजादी के बाद ही स्थापित हुए। उसमें भी हमारी कोशिश रही कि बड़े-बड़े उद्योग सरकारी क्षेत्र में रखें, एकाधिकार को बन्द करें, लेकिन हमें मालूम है कि ऐसा कुछ हद तक ही हो पाया है। बहरहाल, सार्वजनिक क्षेत्र में बड़े-बड़े उद्योग आरम्भ हुए, चालू हो रहे हैं और कई जगह पर कई आवाजें उनकी आलोचना भी करती हैं, लेकिन अगर कोई ईमानदारी से देखें तो मालूम होगा कि अभी तक ये उद्योग बहुत अच्छी तरह से चल रहे हैं।

जो हमारे किसान भाई हैं, वे तो खूब अच्छी तरह से जानते हैं कि उनको क्या लाभ पहुँचा है। पानी की, बिजली की और बहुत सी उनकी आवश्यकताएं पूरी हुई हैं, लेकिन हमको यह भी मालूम है कि कुछ थोड़े से उद्योग हैं, जो जैसे चलने चाहिए, वैसे नहीं चल रहे हैं, लेकिन हम पूरी कोशिश में हैं कि उनमें भी सुधार लाएं। क्योंकि मैं समझती हूँ कि यह सरकारी चीज नहीं, बल्कि जनता की जायदाद है और जितनी जल्दी इसमें मुनाफा होगा, जितना ये अच्छी तरह से चलेंगे, उतना ही लाभ हमारी जनता को पहुँचेगा।

हर एक दिशा में हमारा देश आगे बढ़ रहा है। बीच में जब संकट आया चाहे सीमा पर युद्ध का संकट आया, चाहे देश के भीतर सूखे का संकट आया, चाहे जो दंगे होते हैं, और तरह की गड़बड़ें होती हैं उस सबसे देश को हानि जरूर हुई। लेकिन मैं मानती हूँ कि उससे

हमारा अनुभव बढ़ा, हमने कुछ सीखा और हमने कदम और जोरों से और मजबूती से आगे बढ़ाया।

आज हम विश्वास कर सकते हैं कि अन्धेरे से भारत निकला। शायद पहली दफा इन तीन चार साल में हम और आप सूर्य की रोशनी में बैठे हैं और यह रोशनी है जो हमारे देश को उजाला दे रही है। लेकिन जहां बहुत क्षेत्रों में बहुत घरों में, चन्द शहरों में उजाला है, हम कैसे भूलें कि बहुत से अन्धेरे घर और भी हैं। हम कैसे भूलें उन किसानों को जिनकी जमीन पर सिंचाई नहीं होती? हम कैसे भूलें अपने उन करोड़ों हरिजन भाई-बहनों को या क्रिश्चियन भाई-बहनों को या पिछड़ी जाति के भाई-बहिनों को या उन्हें जो पहाड़ में रहते हैं या उन्हें जो जंगल में रहते हैं, हमारे आदिवासी भाई और बहन; उनके घरों में यह आजाद भारत का उजाला वैसे नहीं चमक रहा है जैसी हमारी आशा थी, जैसा हमने उनको वायदा किया था कि आजादी के बाद उनको रोशनी मिलेगी।

यह सब काम हमारे सामने आगे करने को हैं। लेकिन मैं यह कह सकती हूँ कि हम चलें। समाजवाद के रास्ते पर और आगे बढ़ने के लिए मजबूती से कदम उठाने पड़ेंगे। यह रास्ता भारत की जनता का चुना हुआ, भारत के लोकतन्त्र का चुना रास्ता था और है और उसी रास्ते का एक कदम अभी हाल में लिया गया। आप सबको मालूम है कि क्या है। यह था कुछ बैंकों का राष्ट्रीयकरण। मुझे मालूम है कि इस कदम का कितना बड़ा स्वागत जनता में हुआ। मुझे मालूम है कि कितने छोटे और बड़े लोग मेरे पास आए या मुझे लिखा या सन्देश भेजा मुझे बताने के लिए यह कदम एक ठीक कदम है।

फिर भी कितने ही लोग बाकी हैं जिनके लिए काम करना है। मेरे पास रिक्शे वाले आये, तांगे वाले आये, पत्थर तोड़ने वाले आये। ये सब लोग आजाद भारत के शहरों में सबसे अधिक कठिनाई आज भी सहते हैं, लेकिन नए उजाले में उनको हमें इन सब आशाओं में उठाना है। यह नहीं कि एकदम उनकी बहुत सी मदद हो जाएगी, लेकिन नए रास्ते दिखाकर शायद वे भी जीवन में कुछ सुधार ला सकें और यह भी हो सकता है कि अपने पेशों को बदलने की कोशिश करें। हमें बेरोजगारी का मसला भी हल करना है और सब लोगों को एक-सा मौका देना है।

इस तरह से बहुत से काम हो सकते हैं, जिसे समाज, सरकार, पड़ोसी, सबको मिलकर इन पिछड़े लोगों की मदद करनी है और उनको एक नया जीवन देना है। हम आगे बढ़ रहे हैं, लेकिन जैसा कि मैंने कहा कि बहुत दफा हिंसा होती है या हमारे बीच में जो अल्पसंख्यक जातियां हैं, उनके विरुद्ध कुछ न कुछ ऐसी कार्रवाइंयां होती हैं, कुछ शक पैदा होते हैं कुछ गुस्सा बढ़ता है, जिससे हमारी एकता भंग होती है, जिससे हमारे देश की शांति भंग होती है। और हमारी एकता भंग होगी, तो पैदावार नहीं बढ़ सकती है। हर एक वर्ग के सामने कुछ परेशानियां आती हैं और जैसे-जैसे हम आगे बढ़ते हैं, वैसे-वैसे ही कई कठिनाइयां आती हैं और हमें उनका सामना करना होता है। इसके लिए हमें सारी ताकत चाहिए और वह ताकत तभी मिल सकती है, जब हम सब मिलकर एक-दूसरे की परेशानियों का सामना कर सकें।

बैंकों का राष्ट्रीयकरण हुआ, तो कुछ ऐसी हवा उड़ाई गई, जैसे किसी वर्ग के खिलाफ यह काम हो रहा हो। मैं साफ कह देना चाहती हूँ, कि हम किसी के खिलाफ कोई काम नहीं करना चाहते। हम चाहते हैं कि सब मिलकर चलें। लेकिन जो लोग हमारे देश में थोड़े से धनी हैं या पूंजीपति हैं, उनसे में स्पष्ट करना चाहती हूँ कि यह जो कदम हम उठा रहे हैं, यह उनके विरुद्ध नहीं है। यह तो जनता के हक में है और जो चीज जनता के हक में है, वह उनके हक में भी है। उनको इसी दृष्टि से इस कदम को और जो भी देश में हुआ, उसे देखना चाहिए।

जब महात्मा गांधी ने आजादी का आन्दोलन शुरू किया, तो बाहरी शक्ति बाहरी विचारधारा की वजह से किया, लेकिन मैं यह कहना चाहती हूँ कि यह चीज हम यहां की जनता के और जो देश में लोकतन्त्र के हित में कर रहे हैं। मुझे मालूम है कि भारत की जनता के दिल में लोकतन्त्र की भावना जमी हुई है। वे कभी कोई ऐसा काम नहीं करेंगे, जिससे किसी तरह की हानि हो या किसी तरह से हमारी स्वतन्त्रता पर आंच आए।

हम जिस भी रास्ते से जा रहे हैं वह सही रास्ता है, भारत के इतिहास से, भारत की संस्कृति से निकला हुआ रास्ता है। हमने इतनी

उन्नति की, तब भी क्या वजह है कि कुछ लोगों के मन में अशांति है, असन्तोष है। इसी चीज की कमी रही। केवल उन्नति या विकास की कमी नहीं है, क्योंकि मनुष्य को किसी और चीज की भी जरूरत होती है। कभी-कभी मनुष्य के जीवन में समय आता है जब उसके दिल में उसके भीतर से एक क्रांति उभर आती है, जब वह अपनी आत्मा को और गहराई से पहचान सकता है, अब वह परिस्थितियों को और सफाई से देख सकता है। ऐसा ही समय भारत में आज आया है और एक नया दरवाजा खुला है। जिन लोगों को बन्द में रहने की आदत हो गई थी, वे उस ठंडी और ताजी हवा से कुछ चिंतित हुए हैं। लेकिन बहुत से ऐसे हैं जो घुटन होने से परेशान हो गए थे। उनका इस तेजी से सांस लेने से नई शक्ति मिली और मिलेगी।

बाईस वर्ष हुए जब रात के अंधेरे में भारत स्वतन्त्रता में जागा। उस समय पंडित जी ने कहा था कि हम अपने भविष्य से भेंट करने को निकल पड़े हैं। आज फिर एक वैसे ही मोड़ पर हम पहुँचे हैं और भविष्य तो सामने खुला पड़ा है। हमें देखना है कि हम नया रास्ता पकड़ें, ताकि हमारा देश तेजी से आगे बढ़ें।

यह गांधी शताब्दी का वर्ष है। गांधीजी के केवल कार्यक्रम ही हमको याद नहीं रखने हैं, बल्कि गांधीजी के क्या मूल आदर्श थे, क्या सिद्धान्त थे, वह हमको याद करने हैं और अपनी पीढ़ी को दिखाने हैं जिससे वे भी पहचान करें कि एक ऐसा महापुरुष, एक ऐसा इंसान हमारे देश में पैदा हुआ।

इस साल एक और बड़े नेता हमारे यहां आने वाले हैं। आप` खान अब्दुल गफ्फार खां का नाम सुना होगा। यह गांधीजी के सबसे बड़े शिष्य थे। उनको जनता ने प्रेम से सरहदी गांधी जी कहा और अपने दिल में उनके लिए जगह दी। मुझे पूरी आशा है कि वह जब आएंगे उनका स्वागत हम सब दिल खोलकर करेंगे।

यह युग विज्ञान का युग है। यह नौजवानों का भी युग है। उनको नए रास्तों पर चलना चाहिए। उन्हें किसी की तरफ नहीं देखना है, क्योंकि जो नसीहत लेने के लिए दूसरों की तरफ देखता है वह

आजकल की दुनिया में पिछड़ जाता है। हमें नौजवानों को नया रास्ता दिखाना है। मुझे पूरा विश्वास है कि हमारे नौजवानों में वो हिम्मत और साहस है। साहस, आशा, आत्मविश्वास इन्हीं के बल पर हम और सारी जनता आगे बढ़ सकती है।

हमने इस तिंरगे झण्डे को सलामी दी। यह एक चिन्ह है हमारे लोकतन्त्र का, और हमारे देश की एकता और शांति का, हमारे विकास और प्रगति का। इसीलिए हम सब लोगों को इन गुणों को अपने सामने रखना है। हमारा कर्तव्य है, कि जो यह शांति का चक्र है, जो सम्राट अशोक ने हमको दिया, इसकी शान हमेशा बनी रहे।

आपके सामने खड़े होकर मैं आपको एक आश्वासन देना चाहती हूँ कि मैं चाहे जहां भी रहूँ, चाहे जो काम कर रही हूँ, मेरे सामने जो सबसे महत्व का काम है, वह एक है-और वह जनता का, आप सब भाइयों और बहनों का हित है। और इस कार्य में एक बात मुझे आपके सामने रखनी है। गांधीजी ने हमको एक सुझाव दिया। उन्होंने कहा कि अगर कभी कोई कदम लेते हुए मन मैं शंका हो, तो जिस सबसे गरीब और कमजोर मनुष्य को जानते हो, उसकी ओर ध्यान करो। अगर उस कदम से उस मनुष्य पर अच्छा असर पड़ता है, कुछ लाभ मिलता है, तब वह कदम ठीक है। उस रास्ते पर चलोगे तो शंकाएं दूर हो जाएंगी और रास्ता साफ हो जाएगा। इस भावना को लेकर मैं आगे बढ़ना चाहती हूँ। जैसा मैंने कहा हम आगे बढ़े हैं, लेकिन कुछ चीजों में फंस गए। बड़े-बड़े और छोटे-छोटे कार्यक्रमों में फंसकर जिस आम आदमी के लिए वे कार्यक्रम हो रहे थे, उसको भूल गए। कुछ आजकल की दुनिया में ही ऐसा है कि कहीं भी जाएं, बड़ी-बड़ी चीजें उठती हैं और लोग समझते हैं कि वह चीज ही एक ध्येय हो गया, यह नहीं देखते कि उससे जरूरतमन्द और गरीबों को क्या मिलता है।

आज हमे एक नया मोड़ मिला है। आज एक नया उदय हमारे देश में हुआ है कि हमारे नौजवान चाहे वे किसान हों चाहे मजदूर हों, चाहे हमारी फौज में हों, चाहे हमारे शहरों में रहने वाले हों, या देहात में रहने वाले हों, वे सब इन नए रास्ते पर चलकर एक नया जोश अपने

देश में लाएंगे, एक नई कुर्बानी की भावना लाएंगे। यह समय है, जब हम सबको एक ही तरफ निगाह डालनी है और वह है भारत की जनता, भारत के गरीब। अगर हम उनको उठा सकते हैं, तभी हम सब उठ सकते हैं। अगर हम में शक्ति है और शक्ति के साथ करुणा है, शक्ति के साथ दूसरे की परिस्थितियों की जानकारी है, दूसरों की स्थिति पर सहानुभूति है, तब हम सब मिलकर इन बड़े-बड़े कामों को कर सकते हैं। मुझे पूरा विश्वास है कि भारत की जनता इसमें सदा एक रहेगी।

मैं आप सबको आज के दिन बधाई देती हूँ। एक नए विकास की ओर हम चल पड़े हैं, एक नया दरवाजा खुला है, जिसकी ठंडी ताजी हवा हमारे चेहरे पर आ रही है। मैं आपसे यही कहूँगी कि यदि इस नई हवा से आप डरें नहीं, हिम्मत से आगे बढ़ें, तो बहुत कुछ इस दरवाजे के आगे मिल सकता है।

हम एक शांतिमय देश रहे हैं। लेकिन साथ ही हमने निर्णय लिया कि शांति के मायने कमजोरी नहीं, शांति के मायने हैं कि हम डटकर अपने पैरों पर खड़े हों, आत्मनिर्भरता प्राप्त करें और अपनी सुरक्षा के लिए भी पूरी तौर पर तैयार हों। मैं चाहती हूँ कि ये गुण हर एक हिन्दुस्तानी के दिल और दिमाग में रहे। महात्मा जी ने गरीबी से, बिना हथियार के लोगों से, एक महान शक्ति बना दी थी। हमारी वह शक्ति आज और भी बढ़ी हुई है, क्योंकि उस जनता को आज जानकारी भी है, योग्यता भी है, क्षमता भी है, तो गुणों को लेकर हम सब आगे बढ़ें।

मेरे सामने सब बच्चे यहां बैठे हैं, ये भविष्य के नागरिक हैं, जिनसे हम बहुत कुछ आशा रखते हैं। हम चाहते हैं कि उन्हें बराबर के मौके मिलें। आज जो ऊँच-नीच है, आज जो एक वर्ग और दूसरे वर्ग में अन्तर है, उसको हम कम करना चाहते हैं। हमें यह अन्तर कम करना है।

अब हम सब लोग मिलकर देश के नारे को पुकारेंगे-
जय हिन्द! जय हिन्द! जय हिन्द!

15 अगस्त, 1970 को लाल किले की प्राचीर से प्रधानमंत्री इंदिरा गाँधी

भारत निवासी मेरे भाई, बहन, जोशीले नौजवान। आज हमारा स्वतंत्र भारत अपनी चौबीसवें वर्ष में प्रवेश कर रहा है। हर साल जमुना के किनारे इस लाल किले पर हमें अवसर मिला है कि जनता और जनता के सेवक मिलें, एक-दूसरे को देखें। मैं समझती हूँ इस मिलन से हम सभी को शक्ति मिलती है। पिछले स्वतंत्रता दिवस के आसपास और उसके बाद देश में बहुत परिवर्तन आये। सभी राजनीतिक दल सभी जनता बहुत से प्रश्नों पर विचार करने लगी, अपनी नीतियों को स्पष्ट करने की कोशिश में हैं, और सभी नये रास्ते ढूँढ रहे हैं, हमारी जनता को अवसर मिला कि उसका लोकतंत्र प्रौढ़ हो। हमें अवसर मिला कि हम किधर आये हैं, किधर जाना है, उस पर फिर से विचार करके और नये निश्चय हों। बहुत से काम जो चाहे युद्ध के कारण, चाहे सूखे या दूसरे कारणों से, आर्थिक मन्दी से, रुके थे वह फिर से चालू हो रहे हैं। और एक तरफ से आगे जा रहे हैं, दूसरी तरफ से जो ताकतें इन्हीं कारणों से कुछ मजबूत हुई थी, उनको परेशानी हो रही है इसे आगे बढ़ने की रफ्तार से और घोर विरोध कई कदमों का उन्हीं ने किया और कर रहे हैं। लेकिन मैं समझती हूँ कि अब जनता स्वयं क्या ठीक है, क्या ठीक नहीं है, क्या अच्छा है, क्या बुरा है, उसको स्वयं पहचानने की शक्ति रखती है। लोकतंत्र के माने ही यह हैं कि यह शक्ति और यह अधिकार जनता के हाथ में हों। आप सबको मालूम है कि मैं इस पद पर चुनी गई, उसके पहले से कई वर्षों से मैं इस हमारे देश के कोने-कोने में घूमती रही, लेकिन कभी भी अपनी जनता को इतना जागरूक, इतना सतर्क, इतना सावधान नहीं पाया। कभी भी इतनी

आशायें उनकी ऊपर नहीं रही या उनको अपने अधिकारों के प्रति होशियारी, या परिवर्तन के लिये तैयारी, कभी नहीं पाई, जितनी कि इस पिछले वर्ष में। इसमें अच्छा भी है और हमारे लिये एक बहुत बड़ी चुनौती भी है। उस चुनौती का सामना करना है। जैसे मैंने कहा कि कई काम जो रुके थे वह अब कुछ चालू हुए हैं। पैदावार खेती की और कारखानों की दोनों की बढ़ी है। बैंकों के राष्ट्रीयकरण से नये मौके जनता के लिये खुले हैं और विशेष करके नौजवानों के लिए। राष्ट्रीयकरण को एक वर्ष से ऊपर हो गया, और यह काम कुछ महीने ही हुए चालू हुए, लेकिन आप जानते हैं कि यह मामला अदालत में अटका था, और यह कारण था इसके कार्यक्रम चालू करने में देर होने का। कुछ बड़ी-बड़ी समस्याएं भी हमारे सामने हैं, कीमतें बढ़ी हैं, उसकी समस्या है, बेरोजगारी है उसकी समस्या है, कीमतें बढ़ती हैं तो जनता पर उसका बोझ पड़ता है और विशेषकर के जिनकी आमदनी बंधी-बंधाई है, वो मजदूर हैं, उनको कठिनाई होती है। यह मैं जानती हूँ और इसकी मुझे काफी परेशानी है। लेकिन यह भी हमको देखना है कि जब देश आगे बढ़ता है, तो कुछ हद तक कीमतें भी बढ़ती हैं। हमको यह देखना है कि जो आवश्यक वस्तु हैं उनकी कीमतों को कैसे थामा जाए और कीमत में कुछ सन्तुलन ढूंढना है। यह हमारा काम है। साथ ही हमको मालूम है कि अगर अनाज या ऐसी वस्तु की कीमत घटे, तो हमारे किसान भाई और जो देहात में रहते हैं, उन पर बोझ बढ़ता है। तो हर एक मामले को तौल के एक बीच का रास्ता ढूंढ के निकालना होता है जिसमें कष्ट हो तो कुछ हद तक बराबर कष्ट लोगों पर हों, किसी पर ज्यादा बोझ न पड़े। हमारी कोशिश है कि जहां भी लोगों के पास बहुत ज्यादा है उसका कुछ उपाय निकालें। चाहे शहरी जायदाद है, उसका हमने पहले भी ऐलान किया है, लेकिन अब हम उस पर तेजी से क्या कार्रवाई कर उसको देख रहे हैं और मेरी आशा है कि जल्दी ही यह हो पाएगा। एक सन्तुलन इसका भी रखना है कि यह सब कदम लें और संग-संग हमारी पैदावार, हमारी प्रगति भी नहीं रुके। क्योंकि पैदावार अगर कम होती है, प्रगति किसी भी कारण रुकती है तो हमारे हाथ गरीबों की मदद करने के लिये भी कमजोर हो जाते हैं। तो हर समय एक सन्तुलन रखना है। मुझे मालूम है कि इससे बहुत से लोगों को

बेचैनी होती है। वह समझते हैं कि जितनी तेज चलना चाहिए, उतनी तेजी से देश नहीं चल रहा है। लेकिन मुझे विश्वास है कि अब हमने यह रास्ता पकड़ा है तो हमारी गति बढ़ती जाएगी और यह सब कदम ले के नये रास्ते ढूँढ़ के हम आगे बढ़ेंगे। संग-संग जो अजब से नारे उठते हैं, कहीं तो हिंसा की बात होती है, हिंसा से कोई काम आज तक ठीक से नहीं हुआ है। चाहे ध्येय कितना ही अच्छा हुआ, अगर उसका गलत रास्ता हम उठाते हैं तो वह काम ठीक से पूरा हो नहीं सकता। मैं तो समझी थी कि ये अहिंसा और हिंसा के बीच में जो बहस है वह हम पहले ही अपने देश में तय कर चुके हैं। हमने अपने स्वतंत्रता संग्राम के दौरान में यह साबित कर दिया कि चाहे कितने ही लोग समझते थे कि देश अहिंसा के रास्ते से चलके स्वतंत्र नहीं हो सकता हमने तो दिखा दिया कि हो सकता है। और हम यही विश्वास आपको दिलाते हैं कि आर्थिक प्रगति भी, देश के बड़े-बड़े परिवर्तन भी अहिंसा के रास्ते से हो सकते हैं, और जरूर होंगे। एक और काम हमको यह देखना है कि हम नारेबाजी से ऊपर हो जायें, और ठोस काम मिलके कैसे करें ऐसे रास्तों को हम ढूँढे। इधर कुछ हमारे नौजवान भाई सोचते हैं कि उन्होंने कोई नई क्रान्ति का रास्ता ढूँढा है। उनसे भी मेरी यही प्रार्थना है कि वह देश का हित किसमें है, उसको देख के आगे बढ़े, और वह हित न नारेबाजी में है, न तोड़-फोड़ में है। नौजवानों को, युवापीढ़ी में, निराशा हो, बेचैनी हो, यह समझी जा सकती है। बेचैनी हमेशा बुरी बात नहीं होती है। बेचैनी के माने हैं कि हम आजकल की स्थिति से असंन्तुष्ट हैं, उसको बदलना चाहते हैं, उसको सुधारना चाहते हैं। तो यह तो अच्छी भावना है, लेकिन अगर इस भावना को लेके हम तोड़-फोड़ में फँस जायें, तो न जनता को, न नौजवानों को, और न देश को कुछ लाभ पहुँच सकता है। बल्कि उससे हानि ही हो सकती है, और जो कुछ हम करना चाहते हैं उससे शायद और भी पीछे हो जाएंगे। तो यह समय आया है छोटे-मोटे परिवर्तन का नहीं। कोई इधर-उधर फट गया हो कुछ, उसकी मरम्मत नहीं करनी है। बड़े भारी परिवर्तन करने हैं। गाँधी जी ने, नेहरू जी ने हमको यह रास्ता दिखाया कि कितना बड़ा परिवर्तन देश में जनता की शक्ति से आ सकता है। जब मैं तेरह वर्ष की थी तो मेरे पिता जी ने गुरूमंत्र के रूप में मुझे एक सलाह दी पत्र के द्वारा। उन्होंने

लिखा कि छुप के कुछ न करो। कोई काम ऐसा न करो जो तुम्हें लगे कि दूसरों से छुपाना है। खुले में काम करो, रोशनी में काम करो और यह बताया कि बापू जी के नेतृत्व में इसी तरह से हमने आजादी का आन्दोलन चलाया तो कमजोर से कमजोर लोगों को शक्ति मिली और इस बड़े आन्दोलन में वे हिस्सा ले सके। तो हमको यह भी अपने सामने रखना है कि सब दल सब संस्थाएं, सारी जनता ऐसे काम नहीं करे जो छुपके करने पड़ते हैं। खुले में करें। यही लोकतंत्र के माने हैं। खुले में करेंगे तब परिवर्तन करने में और आसानी होगी, क्योंकि सारी जनता उन बातों को समझ सकेगी, सारी जनता उसमें सहयोग और साथ दे सकेगी। आर्थिक स्थिति हमारी पहले से सुधरी है। यह नहीं कि समस्याएं कम हुई हैं। प्रगति भी है, समस्याएं भी हैं। दोनों ही हमारे देश की असलियत हैं। प्रगति से भी समस्याएं खड़ी होती हैं और कभी-कभी समस्याओं से भी प्रगति होती है । तो इससे जो हमारी बेचैनी है उससे घबराना नहीं है, लेकिन उसको एक शक्ति बनाना है, जिस शक्ति, जिस एकता से हम आगे बढ़ सकें।

हमारी समस्याएं एक पहाड़ जैसी हैं, इतना ऊँचा पहाड़ कि हम बता ही नहीं सकते कि हम कितनी दूर बढ़े हैं, केवल यह देख सकते हैं कि कितनी दूर और बढ़ना है। उसके लिये हम सबकी अपनी हिम्मत बांधे रखनी है। जैसे कि आर्थिक स्थिति में कीमतों को थामना है, और जो कुछ थोड़ी बहुत कीमतें जो नहीं थम सकती उनको बर्दाश्त करना है। इसी तरह से रोजगारी हमको अपने नौजवानों के लिये बढ़ानी है। वह रास्ते ढूँढे गये हैं, बहुत से तो योजना के अन्तर्गत हैं और बहुत से उसके बाहर भी नये स्रोत बनाएं गये हैं। मुझे पूरा विश्वास है कि हमारे नौजवान इन सभी का लाभ उठाएंगे और इससे भी आगे यह ऐसा रास्ता निकालेंगे कि अपने पैरों पे खड़े हो सकें। अपने निर्माता खुद हो सकते हैं। सभी आगे बढ़े हुए मजबूत देशों की जनता ने यह किया है, यह किसी के ऊपर निर्भर नहीं होते हैं, हर चीज के लिये। हम थे, क्योंकि इसके पुराने ऐतिहासिक कारण थे, लेकिन अब वह कारण बदल रहे हैं और उसके साथ-साथ हमारे नौजवानों को बदलना है और समाज किस तरह से बदलेंगे उसमें उनको सबसे आगे बढ़ना है। यह काम शुरू हो गया है, कुछ को बैकों से सहायता मिल रही है, कुछ को दूसरों से, और हमारी आशा है कि यह सब स्कीमें और बढ़ेंगी, और हमारी बेरोजगारी को कुछ

और कम करेंगी। यह एक दम से तो जा नहीं सकती, यह मुझे मालूम है, लेकिन कोई भी लंबी से लंबी यात्रा हो, एक-एक काम करके ही वह पूरी होती है। कई कदम हमने लिये हैं और इस यात्रा में जोश से हमारे नौजवान भी आगे आयेंगे तो बहुत और कदम वह आगे हमको ले जा सकेंगे।

आर्थिक और सामाजिक परिवर्तन की आवश्यकता है लेकिन संग-संग दूसरी कठिनाइयाँ आ जाती हैं। एक कठिनाई अभी एक नया नारा उठा, 'जमीन हथियाओ।' अब उसके बारे में यहाँ पर कुछ विशेष नहीं कहना चाहती। लेकिन यही कहूँगी कि यह सच है कि कुछ लोगों के पास बहुत जमीन रही है, और बहुतों के पास कम, या कुछ भी नहीं, और इसको हम किसी भी भाषा में न्याय नहीं कह सकते थे। न्याय लाना तो हमारा काम ही है। हमने कई कदम इधर उठाये हैं, जिससे कुछ राहत मिल सकती है। जो कानून अभी तक ठीक से लागू नहीं किये जा रहे थे उनको कुछ हमारी कोशिश है, जो केन्द्र कर सकता है वह केन्द्र करे, और जो राज्य सरकारों की जिम्मेदारी है उनकी केन्द्र कोशिश कर रहा है कि जल्दी से जल्दी उनसे वह जिम्मेदारी पूरी कराये। जो कानून नहीं बने हैं वह जल्दी से जल्दी बनाने हैं। हमारे देश की आबादी इतनी बड़ी है कि कितना भी चाहें, सबको जमीन देना तो बहुत कठिन है, असंभव भी है। लेकिन जो जमीन है, और परती पड़ी है, अच्छी है, उसका किस तरह से वितरण हो, इस पर पूरा गौर हो रहा है और केवल कागज पे या दिमागी गौर नहीं, कार्रवाई हो रही है। हमारी आशा है कि यह काम और तेजी से अब होगा। इसी तरह से दूसरे एक समस्या ऐसी तो नहीं है, बिलकुल अलग है, और काफी उस पर चर्चा पिछले महीने हुई है। वह है साम्प्रदायिकता। आपको मालूम है कि इस देश की बहुत सी खूबियां हैं। लेकिन शायद सबसे बड़ी इसकी खूबी और शक्ति यह रही है कि हमने आज से नहीं, आधुनिक युग में नहीं, लेकिन बहुत प्राचीन समय से सब धर्मों को समानता दी है और सब धर्मों की अलग-अलग विचार धाराओं का आदर किया है। इसके मायने यह नहीं कि हम अपने धर्म से, या अपने विचारों से अलग हटे, उस पर तो पैर खूब मजबूती से जमा है, लेकिन एक यह विचारधारा हमारे देश की जरूर थी कि दूसरों को अपने देश में पनाह दें, उनको जगह दें, चाहे जो भी उनके विचार हों। क्या हम कह सकते हैं कि जमुना तो

भारतीय है, और यह लाल किला भारतीय नहीं है। अनेक बार मैंने यह प्रश्न पूछा है कि भारतीय क्या चीज है। हमारे प्राचीन ऋषि-मुनियों ने एक बात कही जो करीब-करीब सभी को मालूम है कि सत्य एक है, लेकिन उस तक पहुँचने के कई रास्ते हो सकते हैं। यह बात हमने हमेशा से स्वीकार की है। इसको जब हम भूलेंगे तो हम कमजोर होंगे और इसको याद रखेंगे तो हमारी शक्ति बढ़ेगी, हमारी एकता बढ़ेगी और हम सब काम और तेजी से कर सकेंगे। यह भी एक अजब बात है कि ऐसे युग में जब सारी दुनिया में लोग एक अपने ख्यालातों का दायरा फैला रहे हैं, सब देश दूसरे देशों से सीख रहे हैं, यह कोई कमजोरी की बात नहीं है, यह नये युग की निशानी है। कभी-कभी कोई बुरी बात भी सीख लेते हैं और कभी-कभी अच्छी बात। विज्ञान तकनीकी अच्छी बातें हैं जिनका हम बहुत अच्छा उपयोग अपनी गरीब जनता की मदद के लिये कर सकते हैं। ऐसे समय में कुछ लोग हमारे ऐसे हैं जो एक बीते हुए युग में रहते हैं और चाहते हैं कि विचारधारा और छोटी हो जाएं, पतली हो जाए। इससे हमको बचना है। यह युग एक नये तरीके का युग है। परिवर्तन तो हमेशा से होता चला है, और चलता जायेगा। लेकिन आजकल की दुनिया में जो परिवर्तन है, वह एक-दूसरे ही किस्म का है, एक बुनियादी परिवर्तन है, मनुष्य जाति में परिवर्तन है, समाज में परिवर्तन है, कोई थोड़ी बहुत चीजें बदल नहीं रही हैं, एक बुनियादी परिवर्तन आ रहा है, और यही कारण कुछ है कि इतना उथल-पुथल, केवल हमारे देश में ही नहीं, सभी देशों में मालूम पड़ रही है। तो अगर हम अपने देश के बाहर देखें तो क्या आप देखते हैं? हमारी विदेशी नीति का भी मूल तत्व शान्ति था, विश्व शान्ति। जिसका मकसद ही लड़ाई न कर, कोशिश करें कि कैसे मिलके, बातचीत करके, उस झगड़े का हल हो सके। वर्षों से हम यही करते आये हैं, और कभी-कभी लगता है कि नहीं कामयाब होगा, और कभी-कभी लगता है कि यह नीति दूसरे लोग भी अपना रहे हैं।

इधर दो बातों से हमको खुशी हुई। एक तो यह संयुक्त अरब राष्ट्र के राष्ट्रपति नासिर ने जो अमरीकी प्रस्ताव को स्वीकार किया है, एक बहुत उलझी हुई समस्या इससे शायद ठीक हो सके। इसको स्वीकार करने में उन्होंने साहस और समझ-बूझ दोनों ही दिखाये हैं।

इसी तरह से एक और घटना हुई। रूस, सोवियत और पश्चिमी जर्मनी, जिनकी पुरानी दुश्मनी है, वर्षों से लड़ाई है, और उसके बाद तनाव, वह भी सब मिले हैं, पर यह निर्णय किया कि हम आपसी लड़ाई नहीं करेंगे। तो जो बात भारत कहता रहता था अपनी विदेश नीति में, वही बात इन लोगों ने मानी है, और हमारी आशा है कि इन दोनों से कुछ अच्छे नतीजे निकलेंगे, विश्वशान्ति के लिए। दुर्भाग्य से एक-दूसरे क्षेत्र में जहाँ लड़ाई हो रही है वहाँ कभी लड़ाई केवल जारी नहीं है, बल्कि कुछ बढ़ी है। बहुत से लोग जिनको लड़ाई से कुछ संबंध नहीं है, मासूम, बूढ़े, महिलाएं, बच्चे, वो भी इस लपेट में आये हैं, और अनेक कष्ट और दुःख सह रहे हैं, उनके संग हमारी सहानुभूति है। ब्रिटेन में जब नई सरकार आई तो उन्होंने एक ऐसा कदम उठाने का सोचा जिससे हमको चिन्ता हुई। यानी दक्षिण अफ्रीका को वह कुछ सहायता देना चाहते थे। हम सब जानते हैं कि इससे दक्षिण अफ्रीका की जो रंगभेद की नीति है उसको प्रोत्साहन मिला, और जो उसके आजाद पड़ोसी देश हैं, उन पर भी खतरा बढ़ता तो हमने इसके खिलाफ अपनी आवाज उठाई और हमारी आशा है कि ब्रिटेन इस नीति पर पुनर्विचार करेगा। हर साल हम यहाँ आते हैं और जनता को देखते हैं। इस साल मुझे लगता है कि बहुत ज्यादा बड़ी भीड़ है। शायद इसलिये कि मौसम अच्छा है, और शायद इसलिए कि आशाएं और ऊपर उठी हैं। शायद इसलिये कि हमारी जनता समझ रही है कि यह लड़ाई कितनी कठिन और लंबी है और इसमें वह भागीदार होना चाहती है। स्वतंत्र देश में केवल जो सुख और सुविधायएं होती हैं, उनकी भागीदार होना काफी नहीं है। जो दुःख और संकट होते हैं उनका बोझा भी सभी को उठाना होता है। और इस निगाह से हम अपने प्रश्नों को देखेंगे तो हम सबका हल हो सकेगा। हमारे बीच बहुत से ऐसे हैं जिनकी आज ताकत नहीं है कि वो बोझ और उठायें, या हमारा साथ भी पूरे तौर से दें। हर एक वर्ष हम उनका जिक्र करते हैं, इसलिए नहीं कि यह एक दोहराने की चीज है, लेकिन इसलिये कि अपने दिल से, अपने दिमाग से, हम समझते हैं कि इनकी जब तक हम अधिक सहायता नहीं कर सकेंगे, तब तक कोई भी काम पूरा नहीं हो सकेगा, चाहे कितना ही सुन्दर कार्यक्रम है। जो हमारे हरिजन भाई बहन हैं, आदिवासी है, पहाड़ के रहने वाले लोग हैं, जंगल

में रहने वाले लोग हैं, यह है जिनके ऊपर गरीबी का सबसे भारी बोझ पड़ा है। जिनको आजादी के बाद सबसे कम सुविधाएं मिली हैं। कहीं कोई कार्यक्रम होता भी है तो वहाँ तक पहुँच नहीं सकता। कभी कोई कारण, कभी दूसरा कारण एक-एक करके हम इस कोशिश में हैं कि इसमें से रास्ते निकालें, चाहे कितनी भी जटिल समस्याएं हों उनका हल ढूँढना है, और इस काम में सफलता प्राप्त करनी ही है। हमारा देश एक महान देश है। और कभी-कभी छोटी बातों में हम फंस जाते हैं। आपको मालूम है कि मैं एक राजनीतिक दल की सदस्या हूँ। हममें से बहुत से हैं, किसी न किसी दल के सदस्य। लेकिन आप सब दलों को संग भी लीजिये तो भारत की जनता के सामने यह कितने छोटे हैं। हम सबको देखना है कि भारत की जनता का कल्याण सामने है, दल सामने नहीं। भारत, उसके प्रश्न, उसकी समस्याएं, उसका विकास, उसकी प्रगति, यह नक्शा हमको हमारे सामने रखना है। और छोटे लक्ष्य, छोटी बातों से, हमें बचने की कोशिश करनी चाहिए। हमारा सहायक एक महान देश है। हमेशा इसका एक महान और ऊँचा दृष्टिकोण होना चाहिये। यही कोशिश गांधी जी ने की, यही तस्वीर हमारे सामने रखने की। हम छोटे लोग हमेशा उस चीज को समझे नहीं। हम जो कभी छोटी उम्र के तब थे, कभी उनसे नाराज भी होते थे। हम समझते थे कि हम ज्यादा जानते हैं, जैसे बहुत से नौजवान आज भी समझते हैं। लेकिन अब जब हम पीछे देखते हैं कि गांधी जी का रास्ता क्या था। क्या ऊँची विचारधारा थी, तो उनकी महानता सच्चे रूप में हम उसको अब थोड़ा-थोड़ा पहचानने लगे हैं। मैं समझती हूँ कि आज भी दुनिया ने गांधी क्या चीज थी वो पूरी तौर पर नहीं पहचानी, और शायद युगों बाद वो जानेंगे कि कितना महापुरुष हमारे बीच में आया था, लेकिन जैसे-जैसे हम उनको पहचानें, वैसे-वैसे हमको अपनी विचारधारा में भी वही परिवर्तन लाना है कि देश को कैसे ऊपर उठायें, यह हमारे सामने प्रश्न होना चाहिये। हम जनता को खाना दें, कपड़ा दें, घर दें, नौकरी दें, यह सरकार का भी कर्तव्य है, और समाज का भी कर्तव्य है, लेकिन उससे ऊपर कुछ और कर्तव्य हैं। यह सब चीजें हम इसलिये जनता को देना चाहते हैं कि यह सब सुविधाएं उनको मिल जाएं, तब उनकी ताकत हो कि सब मिलकर देश को ऊपर उठायें। यह सब चीजें मिल जायें और देश ऊपर

न उठे, तो इससे कोई लाभ देश को नहीं होगा और देश चाहे अमीर हो भी जाए थोड़ा बहुत, लेकिन देश, महान देश नहीं होगा। देश आगे नहीं असल माने में बढ़ सकेगा। तो यह हमारा प्रयास उसके लिये होना चाहिये। साथ-साथ यह नहीं कि कभी एक काम कर लें और फिर दूसरा। लेकिन यह सब काम कैसे हम साथ-साथ करें जिसमें देश मजबूत होता जाये। हमारे सामने जैसे समस्याएं हैं वैसे खतरे भी हैं। मैंने कुछ विदेश नीति के बारे में कहा। हमारी भी यह नीति रही है कि अपने पड़ोसी देशों से हम अपने राष्ट्रहित को देखते हुए दोस्ती करें, समझौता करें, जो मतभेद हैं। उसको बैठ के उससे कुछ रास्ता निकालें। हमें मालूम नहीं कि यह हो सकता है कि नहीं। लेकिन हमें यह मालूम है कि जितने हम मजबूत होंगे, यानी जितना मजबूत हमारा समाज होगा जितनी हमारी मजबूत एकता होगी उतनी ही मजबूती से दूसरे देशों के सामने खड़े हो सकेंगे। आज आप सबको मालूम है कि हमारी बहादुर सेनाएं, चाहे ऊँचे पहाड़ पर खड़ी हो सेना, चाहे मैदान में हो, चाहे रेगिस्तान में हो, चाहे समुद्र तट पर हो, चाहे हवाई जहाज की हो, और चाहे समुद्री जहाज की हो, वह तैयार हैं। हर एक खतरे का सामना करने के लिये, मजबूत हैं, और हमारी पूरी कोशिश है कि उस ताकत को हम बढ़ायें, लेकिन उनको मालूम है, और हमको मालूम है, कि वो जो ताकत उनके हथियार की ताकत है, वह केवल एक भाग है ताकत का। और दूसरी ताकत होती है एक मजबूत देश, जो उनके पीछे, एक मजबूत जनता जो उनके पीछे खड़ी होगी जिसमें आपसी शक न हो और जिसमें ऊँच-नीच जो है वह दूर होती जाए, यह मजबूती और एकता अपने देश में हम ला सकेंगे तब हमारी सेना को मालूम होगा कि वह सच्ची मजबूत हैं और जो सहारा उनको पीछे से मिलना चाहिए उस सहारे के बारे में उनको चिन्ता करने की जरूरत नहीं है। तो आज अपनी तरफ से और आप सबकी तरफ इस सेना को और सेना वाले, चाहे यहाँ हैं, और चाहे हमसे दूर हैं, उन सबको अपनी शुभकामनाएं देती हूँ।

और हमारे किसान और मजदूर भाई, विद्यार्थी और बुद्धिजीवी, व्यापारी और सरकारी कर्मचारी, गृह लक्ष्मियों, और जितने वर्ग दूसरे लोग हमारे देश में, गाँव में, या शहर में हैं, उन सबको हम अपनी शुभकामनाएं देते हैं, और देश की सेविका के नाते मैं फिर से संकल्प

करती हूँ आपके सामने, फिर से प्रतिज्ञा करती हूँ कि देश की गरीबी हटाने के लिये, आपके सहयोग, आपकी दी हुई शक्ति से, मैं सदा लड़ती रहूँगी, और देश को ऊपर उठाने के लिये सदा अथक प्रयत्न करती रहूँगी। जैसे मैंने पहले कहा कि आहिस्ते-आहिस्ते इन सब चीजों की समझ, इन सब चीजों की गहरी पहचान, हमारी जनता में फैल रही है, और जैसे-जैसे वह फैलेगी, जैसे-जैसे वह खुद देखेंगे कि क्या करना है। आज के लिये नहीं, कल के लिये नहीं, परसों के लिये भी नहीं, लेकिन भविष्य को देखते हुए, कि कैसा सुन्दर और उज्ज्वल भविष्य हम अपने देश के लिये चाहते हैं और उसके लिये हर एक कुर्बानी देने के लिये तैयार हैं, हर एक चुनौती का सामना करने को तैयार हैं। हर एक पहाड़ हो तो पहाड़ चढ़ेंगे, नदी पार करनी है तो नदी पार करेंगे, इन सबके लिये हमको तैयार होना है। हमारा देश बहादुर है। अनेक दफे हमने देखा है कठिनाई के समय यह एक हुआ और उसने हिम्मत दिखाई है। लेकिन कभी-कभी उनकी सच्ची कठिनाई क्या है वो दिखती नहीं है, और समझते हैं कि कठिनाई नहीं है तो आराम कर सकते हैं, लेकिन यह जमाना ही खतरनाक है। केवल हमारे देश के लिए, नहीं बल्कि लेकिन शायद विश्व के लिये, क्योंकि सारे विश्व में जैसा मैंने कहा, यह भारी परिवर्तन है, और परिवर्तन में जो कमजोर होता है, कभी-कभी उसकी हानि भी हो सकती है। तो हमारा और आपका सभी का कर्तव्य है कि दृढ़ता से हम एक होकर देखें, हम में क्या बुराइयाँ हैं, चाहे आपमें चाहे राजनीति में, चाहे आर्थिक क्षेत्र में, और उन बुराइयों को हम अपने बीच से हटायें, और हटा के, मजबूती के लिये कौन से कदम उठाने हैं, उनको एक करके हम उठाएंगे तो कोई ताकत नहीं है, कोई शक्ति नहीं है, कोई खतरा नहीं है, जो हमको कमजोर कर सकता है, या हमको पीछे हटा सकता है। तो यही मेरी आशा है कि आज आप सब जो यहाँ बैठे हैं, और जो यहाँ नहीं है, अपने घरों में हैं, सारे इतने बड़े देश में फैले हुये हैं, अपने आप से यों एक प्रश्न पूछेंगे, प्रतिदिन प्रश्न पूछेंगे, मैंने अपने देश के लिये क्या किया, और वो काम मैंने किया, क्या वह परिश्रम और ईमानदारी से किया। यह प्रश्न पूछें, और इसका अगर ठीक जवाब आप अपने को दे पाएंगे तो आप देखियेगा कि

हमारी प्रगति किस तेज रफ्तार गति से होगी। हजारों वर्ष हुए महात्मा बुद्ध ने एक बात कही। मुझे इससे वास्ता नहीं कि दूसरे क्या कर रहे हैं या नहीं कर रहे हैं। मेरी चिन्ता तो यह है कि मैं क्या करता हूँ और क्या नहीं करता। तो यह भावना प्रत्येक नागरिक को याद रखनी है। हर एक देखे कि हम ठीक रास्ते पर चलें, हर एक देखे कि देश की सेवा करें, समाज की सेवा करें, तो यह समाज मजबूत होगा। मजबूत हो रहा है, लेकिन और बहुत तेजी से हमको चलना है, और उस चलने के लिये हमारे पास शक्ति भी है, जानकारी भी है। उस शक्ति और उस जानकारी का पूरा उपयोग करना है, और मुझे विशेष करके आशा है कि हमारे जो नौजवान हैं वह इस बेचैनी को एक समाज के लिये, और भारत के लिये, एक बड़ी शक्ति बनाएंगे और एक नया नेतृत्व समाज को देंगे। मुझे पूरा उन पर विश्वास है। लेकिन कभी-कभी उनमें से कुछ बहक जाते हैं इधर-उधर, लेकिन अधिकतर चाहते हैं कि वह अपने देश को सहारा दें। देश के लिये त्याग करें, देश को ऊपर उठायें तो हम उनको उसमें मदद करें, और उनकी शक्ति बढ़ाएं। सारे देश को हम मिलकर ऊपर उठा सकेंगे। अब आपको मालूम है कि आखिर में हम देश की एकता और मजबूती का नारा बोलते हैं। आमतौर से केवल जो बच्चे हैं वहीं बोलते हैं। लेकिन मेरी आशा है कि यह तमाम मजमा जो है जितनी दूर तक सड़क दिख रही है, उसपर लोग खड़े हैं, वो सब इस नारे में शरीक होंगे दिखाने को कि हम एक हैं, हम ताकतवर हैं, हम भारतीय हैं, और उसका हमको फख्र है। यह प्राचीन देश जो अब आधुनिक बन रहा है, इसके हम नागरिक हैं और हम इस देश को ऐसा बनायेंगे कि कहीं भी इसका नाम लिया जाए, कहीं भी इसका नागरिक जाए, तो वहाँ पर एक नई रोशनी जाए, एक नई ताकत के साथ दूर-दूर तक हम अपनी विचारधारा को पहुँचा सकें। तो आइये सब मिलके मेरे साथ यह नारा बोलियेगा। मैं पहले बोलूंगी और फिर आप सब। एक आवाज से और याद रखिये, कि सबको बोलना है, बिलकुल दूर जो यहाँ चादनी चौक के लोग खड़े हैं, वो भी, जो कोठों परे हैं, वो भी।

बोलिये जयहिन्द! जयहिन्द! जयहिन्द!

15 अगस्त, 1971 को लाल किले की प्राचीर से प्रधानमंत्री इंदिरा गाँधी

भाइयों बहनों-बच्चों,

यह महीना अगस्त का हमारे राष्ट्र का एक महत्वपूर्ण महीना है। यह दिन आपको याद है हर साल हम यहाँ पहुँचते हैं केवल एक दूसरे को देखने के लिए नहीं, अपने झण्डे का अभिनन्दन करने। यह एक कपड़े का टुकड़ा है लेकिन हमारी आजादी का निशान है। हमारे बहादुर, जिन्होंने आजादी के लिए जान दी है और आज भी देने को तैयार हैं उनका निशान है। हम और आप यहाँ लाल किले पर आते हैं और करोड़ों लोग जो यहां नहीं आ सकते, भारत के गांव और शहर में हैं, अपने घरों में हैं या खेती में हैं या कारखाने में हैं या दफ्तर में, वो सब भारत के नागरिक सब मिल के आज सोचते हैं कि कहां हमारा देश पहुँचा और कितना सफर और हमारे आगे है। वैसे तो देश का सफर देश की यात्रा कभी भी खत्म नहीं होती है जितने आगे बढ़ें उतना ही रास्ता और लम्बा होता है, उतना ही और करने को होता है। इस पिछले साल बहुत कुछ हमारे देश में हुआ।

पहले तो मैं आप सब को धन्यवाद देना चाहती हूँ कि बहुत सी बातें जो कुछ लोग यहां हमारे देश में या देश के बाहर भारत के बारे में, भारत की जनता के बारे में कहते थे, उनको आपने झूठ साबित किया। आपने दिखाया कि हमारी जनता को कितने ही कष्ट और कठिनाइयां हों, वो अपनी ताकत को समझते हैं, वो अपने अधिकारों को समझते हैं, चुनाव में। ऐसा चुनाव दुनिया के किसी देश ने कभी देखा नहीं है, क्योंकि इतनी बड़ी जनसंख्या किसी देश की नहीं है जहां पर चुनाव होते हैं। आपने दिखाया कि चाहे धमकी हुई, चाहे डराये गये,

चाहे मौसम खराब हुआ आप चुनाव मैं गए, जहां पे जान का खतरा था वहां पर भी गए और अपने राय अपना मत जाहिर किया। यह मत कोई व्यक्ति के लिए नहीं था, एक मायने में कोई दल के लिए भी नहीं था। यह मत था जो कार्यक्रम हमने आपके सामने रखा था, जो हमारी नीतियां इस लाल किले से मैंने आपके सामने रखीं और अनेक भारत के कोने-कोने की जनता के सामने रखीं, उन नीतियों का, उन कार्यक्रमों का आपने साथ दिया। आपको मालूम है कि तब से हमने कुछ करने की कोशिश की। एक-एक कर के जो बातें हमने आपके सामने रखी थीं, उनकी तरफ कदम उठाया गया है। यह मालूम है हमें कि यह काम जल्दी में नहीं हो सकता है, लेकिन पहले कदम तो जल्दी से उठ सकते हैं और वो कदम हमने उठाये हैं। गरीबी तो एक भंयकर स्थिति है जो किसी भी देश को कमजोर करती है, उसमें निराशा आती है इसलिए हमारा प्रथम काम है कि हम गरीबी को दूर करें और गरीबी दूर तब होगी जब एक वर्ग और दूसरे वर्ग के बीच में चाहे सामाजिक अनेकता हों, चाहे आर्थिक अनेकता हों, उस को कम कर पायें और इसीलिए हमने यह महत्वपूर्ण कदम उठायें हैं। जो रुकावटें हमारे सामने हैं उनको हटाने की कोशिश में हम हैं। इसी पिछले पार्लियामेंट में हमने संविधान का संशोधन करने का एक बिल पास किया। कुछ लोगों को उससे घबराहट हुई, कुछ गलत प्रचार भी हुआ, कि शायद सबकी जमीन से ली जायेगी या दूसरी सम्पति ली जाएंगी। कुछ लोग हमारे भाई और बहन जो अल्पसंख्यक हैं उनको लगा कि शायद उनके अधिकार पर कुछ आंच आये। लेकिन यह मैंने पहले भी कहा है और फिर दोहराती हूँ और पूरा आश्वासन देती हूँ कि हम किसी से कुछ लेना नहीं चाहते हैं। हम केवल यह चाहते हैं कि जिनके पास बहुत ज्यादा, है उसका लाभ जनता को मिले, देश को मिले।

जिनके पास कुछ नहीं है कैसे हम उनको कुछ दें, जिससे वो भी इस देश की ताकत को बढ़ा सकें। पहले भी सम्पति पर, जमीन पर कुछ सीमा लगी है, अलग-अलग प्रदेशों में अलग-अलग है। हमारी आशा है कि सब जगह इस पर फिर से गौर हो कि कुछ उचित कार्रवाई होगी। और दूसरे कुछ कानून ऐसे बनाने हैं, जिसमें जो हमारे किसान भाई हैं,

जो भूमिहीन हैं जो देहात के गरीब हैं चाहे किसी भी जाति के हों, उनको कुछ थोड़ा-सा आराम मिल सके और ग्राम्य जीवन में वो भी पूरा भाग है। ग्राम को कैसे बदलें, कैसे और अच्छा बनायें, इसमें वो भी हिस्सेदार बनें।

इसी तरह से शहर की जायदात पर भी सीमाबंदी करनी है, यह हमारा कार्यक्रम है। तो जितने हमारे कार्यक्रम हैं एक-एक करके उनको हम पूरा करने जा रहे हैं और कुछ बाकी है। जब चुनाव के बाद हम सब यहां आपके प्रतिनिधि दिल्ली में इकट्ठा हुए तो आपकी भी बहुत ऊँची बाधाएं थी और हमारी भी ऊँची बाधाएं थीं कि बहुत ही तेजी से आगे बढ़ सकेंगे। लेकिन एकदम से एक जो कल्पना भी नहीं कर सकते थे, जिसमें जरा भी हमारा कसूर नहीं, ऐसा एक मौका हमारे और आपके सामने आ पड़ा। लेकिन हम को मालूम है कि भारत की जनता ने अनेक बोझे उठाये हैं और अनेक और आगे भी उठायेगी। हमको मालूम है कि यह शक्ति जो एक-एक नागरिक के अन्दर है, चाहे वो सिपाही हों, चाहे वो साधारण नागरिक हों, चाहे वो बूढ़े हों, चाहे नौजवान हों, चाहे वो बालक हों, यह शक्ति हमको उन सब कठिनाइयों से पार करके ले जायेगी। मुझे मालूम है बहुत सी बातें ऐसी हुई जिससे आपके मन में चिन्ता पैदा हुई है। लेकिन बहुत सी बातें ऐसी भी हुईं जिससे आपकी आशाएं बड़ी और शायद दिल में गौरव भी आया कि हमारी जनता किस ढग से है, किस बहादुरी से उन कठिनाइयों और इन मौकों का सामना करती है। हम एक दूसरे को मदद करते हैं, हम बाहर से भी मदद लेते हैं। लेकिन हम में से हर एक को अपने पैरों पर खड़ा होना है, हम में से हर एक जो भारत निवासी हैं उनको देखना है कि हम न केवल अपने अधिकारों की रक्षा करें, बल्कि वो जिनकी आवाज उठ नहीं सकती, जिनकी आवाज राजधानी तक पहुँच नहीं सकती, उनके अधिकारों की भी रक्षा करना हमारी ही जिम्मेदारी है। केवल सरकार की नहीं, लेकिन नागरिकों की भी।

आज भी वो जो अनेकता हमारे समाज में थी, सदियों से थीं, जिसने बदनाम किया, जिसने हमको कमजोर किया वो अनेकता गई नहीं है। आर्थिक अनेकता को तो आप अलग नहीं कर सकते, वो तो सरकार का ही काम है लेकिन सामाजिक अनेकता को आप दूर कर सकते हैं,

अपनी भावना से अपने रहन–सहन के तरीके से अपने कार्य से। तो यह जिम्मेदारी भारत को एक बनाने की, भारत की जनता को मजबूत करने की यह सब जनता की एक बड़ी जिम्मेदारी है। एक दूसरी चिन्ता आपकी और विशेषकर के जो मेरी बहनें हैं उनकी है, यह बढ़ती हुई कीमतों की। यह तो हम सब पर इसका असर पड़ता है। हमारी कोशिश होनी चाहिये कि जो आवश्यक वस्तुएं हैं उनकी कीमतें कम हों। लेकिन इसमें भी बहुत कुछ जिम्मेदारी आप जोड़ सकते हैं। आप देखिये कारण क्या है, कीमत बढ़ने के। कभी–कभी कोई किसी चीज की कमी होती है तो उसके दाम बढ़ते हैं और वो समझा जाता है। लेकिन कभी–कभी एक वस्तु पर टैक्स लगता है लेकिन दूसरी वस्तुयें जिनका जरा भी उसमें सम्बन्ध नहीं है उसके दाम भी बढ़ जाते हैं। कौन बढ़ाता है, क्यूँ बढ़ते हैं। यह सब आपको अपने–अपने मोहल्ले में जाँच करना है, आपको स्वयं संगठन बनाना है देखने को कि ऐसा नहीं हो। यह जिम्मेदारी चाहे कीमतों के बारे में हो, चाहे दूसरे बारे में, नागरिक की क्या जिम्मेदारी है, यह हर एक को सोचना है, क्योंकि आपको मालूम है कि इस देश ने बहुत सी चुनौतियों का सामना किया है लेकिन शायद जो चुनौती आज हमारे सामने है, इतनी बड़ी कभी भी हमारे देश के सामने क्या किसी देश के सामने शायद नहीं आई होगी।

यहां तो हम कोशिश में हैं कि प्रत्येक नागरिक के अधिकार बढ़ें और वो अपने अधिकार उसको मिल सकें, वहां हमारी सीमा के दूसरे पार उसका उल्टा ही हुआ। जैसे हमारे यहां चुनाव हुआ वहां भी चुनाव हुआ। जैसे यहां पे सारी जनता ने अपना मत दिया, वैसे वहां भी हुआ। यहां पे हम कोशिश कर रहे हैं कि जो हमने आपसे कहा उसको पूरा करें, वहां एक दूसरी ही दुर्घटना हुई। एक भंयकर दुर्घटना जिसके कारण 75 लाख लोग जख्मी, बीमार, भूखे, अपने घर, अपना देश छोड़ के हमारे देश में हमारी जमीन पर आ के बसे हैं। हमने अपने दरवाजे हमेशा शरणार्थियों के लिए खुले रखे। लेकिन यह केवल शरणार्ी नहीं हैं, इनका जो आन्दोलन है वो एक बहुत महत्वपूर्ण आन्दोलन है, वही आन्दोलन जो हमने और आपने चलाया और दुनिया के बहुत से देशों ने चलाया कि वहां कैसे अपने अधिकार जनता को मिलें। हम अगर

यहां कीमत के बारे में सोचते हैं तो आज जो बंगला देश के लोग आये हैं क्या कीमत वो लोग नहीं देंगे केवल अपनी जान के लिए, केवल अपने देश की स्वतंत्रता के लिए। तो आज बहुत ही बड़ी-बड़ी बातों की तरफ हमको देखना है। यह कठिनाइयां हैं और इनका दूर करना है, इन से आँख बचानी नहीं है, इनको छुपाना नहीं है, जो कठिनाइयां हैं उनका सामना करना है। लेकिन साथ ही साथ अपनी आँखें दूर की बातों पे रखना है और यह सोचना है कि क्या बात है हमारे भारत में जो हमारे चारों तरफ

लोकतंत्र भंग हो गया, जितने देशों के संविधान अलग कर दिये गये हैं लेकिन हमारे पैर जमें हैं अपनी धरती पर लोकतंत्र की नीति पर अपने संविधान को अगलियत देने के लिए जनता के लिए, उसको लाभदायी बनाने के लिए। तो यह जो हमारी परम्परा है, इसको हमको बचाना है। हमको देखना है कि हमारी आजादी भी मजबूत हो और हम में भी वो शक्ति आये कि हम ऐसी अपनी जो परम्परा है हमेशा कायम रहें।

आपको मालूम है कि हमारी नीति रही है, जैसे देश में सब लोगों को संग ले के चलने की उसी तरह से विदेश नीति भी हमारी रही है एक शांति की नीति। हम किसी से लड़ाई करना चाहते नहीं हैं, न हम तलवार हिलाते हैं, न ऐसे नारे निकालते हैं जिससे किसी को भी बुरा लग सके। लेकिन आपको मालूम है यह क्यों है, इसलिए कि हमको मालूम है कि हमारी असली ताकत जनता में है, हमारी असली ताकत है इस देश को मजबूत बनाने में, इसकी आर्थिक स्थिति को मजबूत करने में, इसकी सामाजिक स्थिति को सुधारने में। यह काम जोरों से हो रहा है। तो हम न किसी को धमकी देते हैं, और न हम किसी की धमकी से डरते हैं। हम और आप अपने दिल में जानते हैं कि यह भारत किसी भी संकट और किसी भी स्थिति का सामना कर सकता है और भी होगा उसका सामना हम करेंगे। आज हम यहां जमा हुए हैं भारत माता को अभिनन्दन करने, वो भारत माता जिसने हम को जन्म दिया है, वो भारत माता जिसने हमें ऐसी परम्परा दी है कि हम और आप हर एक कठिनाई के बीच में सिर ऊंचा करके खड़ा रह सकते है हर एक कठिनाई और कष्ट के बीच में हिम्मत दिखा सकते

हैं, हम पीछे नहीं हटते। तो यही भावना हमारी हमेशा होनी चाहिए और इसी दृष्टि से हमको हर एक बात को देखना है। इस साल भी यहां तो मौके हैं। वर्षा रूकी, लेकिन आपको मालूम है कि बहुत जगह बाढ़ आई है हमारे देश में। कई प्रान्तों में फिर से भयानक सूखा पड़ा है। कहीं-कहीं पीने का पानी नहीं है। लेकिन यह सब होते हुए भी हमारा उत्पादन इतना हुआ है कि हमारी जनता के लिए वो काफी है। केवल दाल और तिलहन में कुछ कमी है। अनाज की कमी अब नहीं रही। लेकिन आपको मालूम है कि हमें केवल अपनी जनता को नहीं खिलाना है अब एक बहुत बड़े दूसरे जनता को भी हम खिला रहे हैं।

यहां पर नारे उठते हैं बंग्ला देश के बारे में वहां के बड़े नेता उनके बारे में। आपको मालूम है कि यह एक ऐसा विषय है कि केवल भारत में नहीं, लेकिन दुनिया में जहां भी स्वतंत्रता प्रेमी कोई हैं मनुष्य जाति का प्रेमी कोई है उसका दिल इस समय चुप नहीं रह सकता है। लेकिन हर कदम जो उठाते हैं तो उसमें यह देखना है कि उस कदम से हम मजबूत होते हैं या नहीं? उस कदम से या उस नारे से हम उन लोगों को मजबूत करते हैं या नहीं। तो जो भी हम कदम उठाएंगे मैं आपको विश्वास दिलाती हूँ कि इसी दृष्टिकोण से होगा कि हम जहां भी कोई स्वतंत्रता के लिए लड़े, जहां भी कोई अपने अधिकारों के लिए गरीब आदमी लड़े, जहां भी कोई मनुष्य जाति को ऊपर करने के लिए लड़े तो भारत और भारत की एकता हमेशा उनके साथ रहेगी। यह समय है जब कितना भी बड़ा संकट आये तो हम को और आपको निराश नहीं होना है। आज जब इतने बार जनता ने यह साबित किया है कि हम सामना कर सकते हैं इन चीजों का। हमको कष्ट होगा, हमको कुर्बानी देनी होगी, लेकिन हम सामना कर सकते हैं और करेंगे। तो यह विश्वास यह आत्मविश्वास जब हमारे मन में, हमारे हृदय में है तो कोई कारण नहीं है कि हम भविष्य से डरें। परिवर्तन की धारा तेजी से बह रही है हमारे देश में और सब देशों में और इस धारा से कोई बचा नहीं रह सकता है। सबको अपने चपेट में लेती है। हमारे देश को यह धारा से डरने की जरूरत नहीं है, क्योंकि हम इस धारा के संग संग तैर रहे हैं बल्कि हम इस धारा को एक दिशा दे रहे हैं। तो हमको मालूम है कि

जो भी भविष्य में जाए हम उसके लिए तैयार रहेंगे। आज इस शुभ दिन पर जो हमारे नागरिक कष्ट में हैं, चाहे बाढ़ के कारण चाहे सूखे के कारण चाहे गरीबी के कारण था दूसरे अन्याय के कारण उनके संग हमारी पूरी सहानुभूति है। हम उनसे कहते हैं कि हिम्मत रखिए और आप हमारा साथ दीजिए और हम आपकी मदद करेंगे और सब मिल के इस प्यारे से भारत को हम आगे बढ़ाएंगे। तो आप, भारत की जनता यह तैयार रहने का समय है। कष्ट के लिए तैयार, कठिनाई के लिए तैयार, खतरे के लिए तैयार जो भी हो उसके लिए तैयार, रहना है। भारत की जनता चाहे गरीब रही हो, चाहे अनपढ़ लेकिन एक ऐसा इतिहास हमारा रहा, ऐसे वीरों की भूमि यह रही कि कोई कारण नहीं है कि हम आज पीछे हटें या हम डरें कि ठीक रास्ते पर हम नहीं चल रहे हैं। केवल एक बात का ध्यान रखना है कि यह जो परम्परा हमारी पुरानी रही, जो नीति हमारी पुरानी रही धर्म-निरपेक्षता की, उस पर हम मजबूत रहें।

मैंने आपसे कहा कि हम सब लोंगो से दोस्ती रखना चाहते हैं। अभी थोड़े दिन हुए सोवियत संघ एक हमने साइन की। वो कुछ लोग समझते हैं कि इसके कारण हमारी नीति का परिवर्तन हुआ है। हमारी नीति का परिवर्तन नहीं हुआ। इसलिए कि वो नीति हमारे देश के लिए ठीक नीति है इसलिए नहीं कोई पत्थर की लकीर बनाई है और उसको कभी नहीं बदल सकते लेकिन इसलिए कि चाहे पहले की हालत थी, चाहे आज की हालत है उसमें भारत जैसे देश के लिए यही नीति ठीक है। और हम देख रहे हैं कि आहिस्ते आहिस्ते सब देश चाहे कबूल करें चाहे नहीं इस नीति के तरफ जो भी आ रहे हैं और विशेष करके जो हमारे जैसे देश हैं उनके लिए तो दूसरी कोई नीति लाभदायक हो ही नहीं सकती। तो हमने जो हमारी बुनियादी बातें हैं, चाहे हमारी परम्परा में हों चाहे हमारी आजकल की नीति में हों, जो बुनियादी बाते हैं उन पर तो हम को खड़ा रहना है। लेकिन बहुत सी बातें जो दूसरी होती हैं, कभी गलतियां होती हैं, कभी भूल होती है, उनको हमको हिम्मत से कहना है यह भूल हो गई, इसको हम बदलने को तैयार हें। इसी तरह से कई परिवर्तन हमारी राष्ट्रीय नीति में आए हैं और शायद और करने

हों जिससे हम और जल्दी और जोरों से अपनी गरीब जनता की सहायता कर सकें, जिसमें वो अपने पैरों पे खड़े हों और मजबूती से वो और हम उस देश की हर एक तरफ से और शक्तिशाली बनाएं। दुनिया के इतिहास ने यह हमें सिखाया कि बन्दूक की नाल से देश आगे नहीं बढ़ता है। देश आगे बढ़ेगा जब जनता की सेवा होगी, जब जनता मजबूत होगी, जब जनता की राय से देश चलेगा। हम इसी की कोशिश में हैं। और आप अपना साथ देंगे और इस समय चाहे किसी भी दल के हों, चाहे कुछ भी आपकी राजनीतिक विचारधारा हों, यह समय है जब हम सब उठ कर के खड़े होकर के कहें कि हम भारत के नागरिक हैं, हम भारत की रक्षा करेंगे, भारत की सीमा की रक्षा, भारत की एकता की रक्षा, भारत की अल्प जातियों की रक्षा, भारत के गरीबों की रक्षा, भारत को हर एक तरह से मजबूत करेंगे। चाहे हमारा निजी लाभ किसी भी बारे में हों, किसी भी कार्य से हों, हम उसको आज भूल जाएंगे और एक ही नारा होगा, वो है भारत निवासी एक हों, भारत के निवासी हिम्मत रखो भारत निवासी आगे बढ़ो। यह विचार ले के अगर हम यहां से जाएंगे तो कोई हमको रोक नहीं सकता, कोई हमको दबा नहीं सकता, तो मेरी बहनों और भाइयों। आप में से कुछ यहाँ वर्दी में हैं और बहुत से बिना वर्दी के हैं। आप सब भारत के सिपाही हैं और हमको निर्णय करना है कि कठिनाई आई तो खून बहाना हो तो खून बहाएंगे, पसीना बहाना हो तो पसीना बहांएगें और आप सब सिपाही हैं और हम अपने देश की रक्षा में, देश को ऊँचा करने में, मनुष्य जाति को ऊँचा करने मे, हम पीछे नहीं जाएगें बल्कि सबसे आगे हम बढ़ेंगे। तो आप सबको फिर से इस शुभ दिन की मैं शुभकामनाएँ देती हूँ और यही आशा करती हूँ कि एक साल में बहुत कुछ हुआ लेकिन अगले साल में बहुत कुछ और करना है आपके साथ और सहयोग से उसको हम करेंगे और तेजी से आगे बढ़ेंगे।

मेरे साथ मिल के आप सब जय हिंद का नारा बोलिएगा।

जयहिंद। जयहिंद। जयहिंद।

15 अगस्त, 1972 को लाल किले की प्राचीर से प्रधानमंत्री इंदिरा गाँधी

बहनों और भाइयों,

25 वर्ष हुए इस किले पर हमारा प्यारा तिरंगा पहली दफा फहराया गया। उस दिन हम और आप और सारा देश एक नये जीवन में जागा और कल रात को हमने उन हजारों लाखों व्यक्तियों को अपनी श्रद्धांजलि अर्पित की जिन की सेवा और त्याग के कारण हम आज स्वतंत्र हैं। उसमें भिन्न-भिन्न प्रकार के लोग थे। कोई हिंसा मानता था, अधिकांश हमारे अहिंसा के, असहयोग आन्दोलन के सैनिक बने। लेकिन इन सबकी कुर्बानी थी जिसने इस देश में आजादी की आग जलाई, जिसके सामने बड़ी से बड़ी ताकत बच न सकी। वो बहादुर जो जुलूसों में जाते थे, सभाएं करते थे, जेल भरते थे, गोली खाते थे, या लाठी से मारे जाते थे। बहुत से हमारे साथ नहीं हैं, कुछ थोड़े से आज यहां पर आये हैं। जो नहीं है उनको हम अपनी श्रद्धांजलि अर्पित करते हैं। जो हैं उनको फिर से भरे दिल से हम धन्यवाद देते हैं। और उनको भी याद करते हैं, जिन्होंने हमारा रास्ता नहीं लिया, लेकिन तब भी उतनी श्रद्धा, हिम्मत, देश प्रेम से आजादी के लिए वो भी लड़े। चाहे वो गढ़वाल रेजीमेंट के हमारे भाई थे, चाहे बम्बई में नवसेना के हमारे भाई थे, चाहे बहुत से लोग नाम मैं किसका लूं, एक का लेते हैं तो बहुत से छूट जाते हैं। लेकिन आप सब जानते हैं वो बहादुर नौजवान जो फांसी पर चढ़े। आप जानते हैं, वो बहादुर जिनमें से कुछ इसी लाल किले में बंद थे, हमारे आजाद हिन्द फौज के भाई-बहन। इन सभी के हम आभारी है और इन सभी ने आज हम को यह मौका दिया कि हम यहां खड़े हो के यह आभार प्रकट कर सकते हैं।

यह जो झण्डा फहराया गया 25 साल हुए वो एक अन्त नहीं था, लड़ाई का अंत नहीं था, लेकिन एक शुरुआत थी, एक नई लड़ाई थी और उस लड़ाई में हम और आप सभी सिपाही हैं। वो लड़ाई है कि वो आजादी जो जीती गई थी, कैसे उस को अपनी जनता के लिए असलियत बनायें, कैसे उसमें उस शब्द को, स्वतंत्रता के शब्द को एक नई मायने हम दें, जिससे वो घर-घर जा के एक नया जीवन हमारी जनता को दिखाये। जहां आज हम अब पुरानी बातें याद करते हैं वहां पे उसी तरह से दूसरे आज के लोग आंखों के सामने आते हैं आज के गरीब, जिनके के लिए हमको लड़ना है, काम करना है, मेहनत करनी है। आज के बच्चे जिनकी चमकती आखें, जिनके सुन्दर चेहरे हमें दिखाई देते हैं और जिनके लिए हमको नए मौके ढूढ़ने हैं, आज के नौजवान इनके लिए नई नौकरियां ढूंढनी हैं जिससे वो भी अपने देश की वैसी ही सेवा कर सकें और हमारे भारत की नई कहानी को एक नया मोड़ दे सकें। इन 25 वर्षों में एक लम्बा सफर हमने तय किया, दु:ख और सुख का, कठिनाई का। लेकिन साथ-साथ आपको मालूम है कि आज भारत पहले से बहुत ज्यादा मजबूत है। हमारा लोकतंत्र मजबूत है, हमारा दृढ़ संकल्प मजबूत है, हमारी एकता मजबूत है, और आगे बढ़ने की शक्ति हमारी पहले से बहुत ज्यादा है। तो जहाँ हम पीछे देखते हैं वहाँ हमको आगे भी देखना है और देखना है कि कैसे अपनी रफ्तार को अपनी गति को हम और तेज करें जिसमें यह पुराने वादे पूरे हों। कई वादे पूरे हो चुके हैं। मुझे दु:ख है कि कुछ लोग हमारे देश में है जो आज भी कहते हैं कि भारत को क्या मिला। यह भी कुछ कहते है? कि स्वतंत्रता को मनाया क्यों जा रहा हैं। यह अजीब बात है जो मेरे तो समझ में नहीं आती, या वो देख नहीं सकते, या देखना चाहते नहीं हैं, या उनको बुरा लगता है कि भारत आगे जा रहा है। भारत आज एक महांशक्ति है, और हम सब जो भारत के निवासी हैं उस शक्ति को हमें अपनी शक्ति से बढ़ाना है, अपने बल पर हमें बढ़ाना है, और आज मैं चाहती हूं कि आप सब लोग यहाँ बैठे हैं और जो भारत की करोड़ों जनता मेरी आवाज शायद रेडियो द्वारा सुन रही है, और चाहे नहीं भी सुन रही है, लेकिन आज का दिन है जब हम सबको एक हो के खड़े

रहना है। आज का दिन है जब हमको दिल टटोलने हैं, अपने दिमाग टटोलने हैं, और निर्णय करना है कि इस भारत को हम कैसा बनाना चाहते हैं।

हमने इन वर्षों में एक मजबूत बुनियाद देश की बनाई। खेती में क्या उन्नति हुई है आप सब जानते हैं। अगर इस साल कुछ थोड़ी सी हमें कठिनाई पैदा हुई, अगर दूर जगह जहां अनाज पहुंचाना था वहां समय पे नहीं पहुंच सका, इसके माने नहीं हैं कि वो तरक्की नहीं हुई। बहुत सी गलतियां पहले हुई हैं। शायद गलती आज भी हो रही है, शायद गलती कितनी हम कोशिश करें, लेकिन कल भी हों, लेकिन इन गलतियों से, उन कमियों से जो कामयाबी है, जो सफलता है वो मिट नहीं सकती, और हम सबको खुली आंख से देखना है कि हमें सफलता बहुत से क्षेत्रों में प्राप्त हुई है। जैसे मैंने कहा कि सूखा पड़ा इस साल और सभी साल कहीं न कहीं पड़ता है। बाढ़ आयी इस साल और कहीं न कहीं बाढ़ हर साल आती है, लेकिन दूसरे सालों में और एक साल में अन्तर क्या होता है यह है कि आप अगर देहात की हालत जाने तो पहले जब सूखा पड़ता था तो मदद बाहर से कोई नहीं आती थी। अब जब सूखा पड़ता है तो तुरन्त शहर, देहात, राज्य सरकार केन्द्र सरकार, दूसरे लोग, सब एक हो जाते हैं उस कठिनाई को दूर करने में और हमारी यही आशा है, यही प्रयत्न है कि जहां भी देश में किसी को कठिनाई हो, कठिनाई को हम रोक नहीं सकते हैं, दुःख को हम रोक नहीं सकते हैं, लेकिन हमारी कोशिश है कि जहां भी ऐसे कष्ट आयें, वहां पर देश एक हो जाये उस कष्ट को मिटाने के लिए और आहिस्ते-आहिस्ते यह ताकत भी काम की, यह दूसरों की सहायता करने की, हमारी बढ़ रही है।

संग-संग जैसे हम मदद को जाते हैं हम यह भी कह सकते हैं कि जो व्यक्ति है वो अपनी मदद भी ज्यादा करने लगे हैं। पहले लोग सोचते थे कि कोई न कोई यह दुर्घटना हो गई है, अब हम क्या कर सकते हैं, हम तो कुछ नहीं कर सकते हैं, लाचार हैं। आज जो आवाज कम जगह सुनी जाती है। आहिस्ते-आहिस्ते यह आत्मविश्वास बढ़ा है कि हम चाहें छोटे से व्यक्ति हों, हम भी कुछ कर सकते हैं अपने

जीवन को बदलने में, संकट के ऊपर हावी होने में। तो देश की सबसे बड़ी ताकत यही होती है। जैसे खेती के काम में उन्नति हुई, आपको मालूम है कि औद्योगिक क्रान्ति भी यहां जोरों से बढ़ी है। क्या हालत थी 25 साल हुए? किस गिरी हुई हालत में थे? हमें खुशी थी कि हम स्वतंत्र थे, लेकिन संग-संग एक अंधेरा दिल में था कि इतना बड़ा प्रश्न है, इतनी बड़ी समस्याएं हैं, कैसे यह दूर होंगी? आपको मालूम है कि बहुत से लोग यह भी कहते थे कि भारत की स्वतंत्रता ने तो जन्म ले लिया, लेकिन यह बच ही नहीं सकती। इतना बड़ा देश, इतनी समस्याएं, लेकिन आप ने देखा कि एक-एक कर के जटिल से जटिल समस्या ठीक हो गई है, उसका कुछ समाधान ढूंढा गया है। तो इसी तरह से इन वर्षों में उद्योग के क्षेत्र में हर तरह की तरक्की हुई है। कारखाने बढ़े है बिजली बढ़ी है, इस्पात बढ़ा है, बड़े-बड़े मशीन जो पहले हम बाहर से लेते थे आज हम बना रहे हैं, और मशीन बनाने की जो मशीनें है वो भी हम बना रहे हैं। यह सच्च है कि यह कोई भी चीज हमारे लिए काफी नहीं है। जितनी ज्यादा चीजें बनती हैं, वस्तुएं बनती हैं, जितनी ज्यादा बिजली पैदा होती है, उससे कहीं ज्यादा उसकी मांग है। उससे कहीं ज्यादा हमारी जनता बढ़ती है तो एक तरह का एक मुकाबला हर समय होता है, कितनी मांग है, और कितना हम पूरा कर सकते हैं। हमको मालूम है कि मांगें आज पूरी बहुत सी नहीं हुई हैं। लेकिन इस वजह से कहना कि तरक्की नहीं हुई है तो यह सच नहीं होगा, और न यह तरीका है इस तरक्की को और बढ़ाने का, क्योकि यह निराशा का रास्ता है, यह आशा का और हिम्मत का रास्ता नहीं हैं। और जो लोग कहते हैं कि उन्नति नहीं हुई है वो भारत की जनता को पहचानते नहीं, वो भारत की जनता के बल का लाभ नहीं उठाना चाहते हैं, भारत की जनता की मेहनत का लाभ उठाना नहीं चाहते।

यह सब काम हमने किये लेकिन आपको मालूम है कि इस देश पे पांच बार आक्रमण भी हुआ, और यह समय है जब अपनी बहादुर सेनाओं का नवसेना का, वायुसेना का, सबको मैं आपकी तरफ से भारत सरकार की तरफ से देश की सारी जनता की तरफ से, अपना आभार प्रकट करना चाहती हूँ। इन बहादुरों ने हमारी इस देश की

स्वतंत्रता की, इस देश की सीमा की रक्षा की और उनके परिवारों के लिए हमारे दिल में सहानुभूति रहेगी उन्हें मालूम है कि भारत की आजादी उनके हाथों में हमेशा सुरक्षित रहेगी। लेकिन यह भी है, चाहे सेना के सिपाही हों, लेकिन वह भारत के बेटे हैं। उनके सामने भी, उनके परिवार के सामने भी, वहीं सुख और दुःख हैं जो आपके हमारे। तो हम सबको भारत की सेनाओ को, भारत की पुलिस को, भारत के जितने वर्ग हैं उन सभी को मिल के इस देश को ऊंचा उठाना है। हमको मालूम है कि कितनी ही मजबूत और बहादुर फौजें हों, लेकिन देश की ताकत केवल फौज के बल नहीं बनती है। देश की ताकत बनती है उसकी आर्थिक उन्नति के बल पर, उसकी विचारधारा कैसी है, उसकी जनता में कितनी एकता, कितनी बहादुरी है? उसकी जनता कितना त्याग करने को तैयार है। क्योंकि आजकल के जमाने में हमारे सामने यह प्रश्न नहीं है कि हम आगे बढ़े या न बढ़े। यह प्रश्न नहीं है कि हम मेहनत करें या आराम करें, रास्ता तो एक ही है, झगड़ा तो एक ही है। झगड़ा या तनाव हमेशा दुनिया में रहता है। प्रश्न यह है कि किस प्रकार के झगड़े में हम पड़ना चाहते हैं। क्या व्यक्तिगत झगड़ों में पड़ना चाहते हैं, छोटी बातों में पड़ना चाहते है। क्या हम फिजूल के अन्दोलन करना चाहते हैं, जिसमें जनता की शक्ति सरकार की शक्ति, इन छोटी बातों में पड़ें। या हम चाहते हैं कि हम भविष्य को देखें और हम निर्णय करें कि कैसा भविष्य हम चाहते हैं कैसी जनता चाहते हैं, कैसे मौके अपने नौजवानों और अपने बच्चों को देना चाहते हैं। आज यह जो बेचैनी नौजवानों के या दूसरों के दिलों में है, यह कोई भारत में केवल नहीं है। सारी दुनिया के प्रत्येक देश में है। किसलिए है? हमारे यहाँ हो सकता है कि बेकारी है, हो सकता है कि गरीबी है इस कारण, लेकिन दूसरे देशों में जहां गरीबी और बेकारी नहीं है वहां भी क्यों हैं? इसलिए कि इस समय एक युग से निकल के दुनिया दूसरे युग में प्रवेश कर रही है, और आपको मालूम है कि इतना बड़ा उथल-पुथल जब होता है तो बेचैनी होनी जरूरी है, परेशानी होनी जरूरी है, कष्ट होना जरूरी है। हम सब चाहेंगे यह नहीं कि हम पुरानी दुनिया को पकड़ के बैठे, हम कहें कि परिवर्तन नहीं होगा। हम सब चाहेंगे कि परिवर्तन कैसा

आयेगा उसमें हमारा भी कुछ उसको बनाने में कुछ हाथ हो। और यह परिवर्तन बहुत तरह के हैं। क्योंकि यहां पे गरीबी है तो आवश्यक है कि गरीबी हटाने के कार्यक्रम और जोरों से चलें। आवश्यक है कि ऐसी स्थिति पैदा करें कि जो चीजें हमारे हाथ के बाहर है, चाहे सूखा हो, चाहे बाढ़ हो, चाहे कुछ और हो कि वह घटनाएं तो आएंगी, लेकिन उनका सामना करने के लिए हमारा समाज और मजबूत हो, बहुत कुछ यह काम हुआ है और जोरों से करना है। अगर बेकारी है तो जल्दी से जल्दी उसको दूर करने के कार्यक्रम करने हैं। यहां इस समय यह सब कार्यक्रम क्या हैं, मैं आपको बताना तो चाहती थी लेकिन समय की कमी से इन सब बातों में जाना मुश्किल है। लेकिन हमारी पार्लियामेंट में और अनेक दूसरी जगह यह कार्यक्रम जनता के सामने रखे जाते है। बहुत से हाथ में लिये हैं, बहुत कुछ और आगे करना है। कुछ कार्यक्रम हैं जो अभी की स्थिति के लिए है, और बहुत से हैं जो भविष्य के हैं। एक-एक को हम पूरा करके, एक-एक कदम अपनी लम्बी यात्रा पर आगे बढ़ रहे हैं। लेकिन केवल अगर हम हम इन प्रश्नों की तरफ देखें तो हम भविष्य को बनाने में सफल नहीं होंगे। तो भविष्य को जैसे जाना है किसी न किसी तरह से आ जायेगा। लेकिन यह भारतवर्ष जिसका इतना सुन्दर इतिहास रहा है, उसके लिए काफी नहीं है। इस वक्त कैसा भविष्य बनेगा, हम चाहते हैं कि प्रत्येक भारतीय का उसमें हाथ रहे। हम आजाद है, 25 साल से लेकिन जैसे मैंने कहा कि जैसी आजादी हमको चाहिए, वो आजादी हमको नहीं मिली है। वो आजादी होगी जब प्रत्येक व्यक्ति, स्त्री/पुरूष और बालक के मन की आजादी भी हो, आर्थिक आजादी हो, सामाजिक आजादी हो, भ्रम न हो और उसका मन में डर न हो, रूढ़ियों से, वो उसमें भटकावे न आयें। ऐसा हमको भारत का समाज बनाना है। दुनिया का समाज बनाना है। आज हम नहीं कह सकते कि दुनिया में जो हो सो हो, हम भारत अलग हैं। हम नहीं हैं इस दुनिया के हम एक छोटे से, या बड़े से, एक भाग हैं, हम किसी की जमीन नहीं चाहते, किसी दूसरे देश में दखल नहीं देना चाहते जैसे वो अपनी सरकार बनाएं अपना रास्ता पकड़ें, यह उनके हाथ में है, लेकिन हम अपने जीवन से दिखा सकते हैं कि ठीक रास्ता यह है। मैं समझती हूँ

कि पिछले दिनों में, पिछले महीनों में, हमने कुछ दिखाया। मैंने यहां पांच आक्रमण की बात की। आप सबको मालूम है कि आखिरी आक्रमण तो पिछले साल हुआ और उसी में हमारी सेनाओं ने, हमारी जनता ने, इतनी बहादुरी और एकता दिखाई की भारत की बड़ी सफलता हुई, लेकिन सच्ची सफलता हम और आपको मालूम है, वह विचारधारा की सफलता थी कि दुनिया ने देखा कि भारत लोकतंत्र के द्वारा क्या कर सकता है? भारत की चाहें आर्थिक नीति हो, चाहे सामाजिक नीति हो, उसने भारत को यह ताकत दी है, यह एकता दी है। उसने भारत की जनता में यह उत्साह पैदा किया है, कि किसी भी कष्ट का सामना कर सके। किसी भी खतरे का सामना कर सकें। तो हमनें किसी पर हमला नहीं किया, किसी पर जोर डालने की कोशिश नहीं की, दूसरों ने हम पर जोर डालने की कोशिश की, लेकिन हमको और आपको मालूम है कि उस जमाने से बहुत दिन हुए हम बीत गए जब किसी के जोर से हम दबे। तो हमने यह एक रास्ता दुनिया को दिखाया, और मैं समझती हूं कि लोग चाहे थोड़े सी हमारी निन्दा करें, लेकिन हमारी सफलता को देख कर दुनिया पर असर जरूर हुआ है। और इसी तरह से और भविष्य में भी हम जहाँ हमको हवा धकेले, जहाँ हमको धारा धकेले, वहाँ हम धकेलते न जाएं, लेकिन आँख खोल के समझ के हम उस रास्ते को बनाएं। जब आपको मालूम है कि यह बना बनाया रास्ता नहीं है। एक-एक कदम को हमकों बनाना है और उस में इसलिए भूल होती है, इसीलिए कभी सुस्त हो जाते हैं, इसीलिए कष्ट बढ़ता है, लेकिन देश का चरित्र जैसे कि व्यक्ति का चरित्र कोशिश से, मेहनत से, नई विचारधारा से बनता है, आराम के जीवन से नहीं बनता है। कुछ लोग हैं उनके आराम के जीवन के लिए बड़ी-बड़ी कोठियाँ है। अच्छी नौकरियाँ हैं, लेकिन उनका चरित्र उनकी शक्ति वो नहीं है, जो आदमी मेहनत से अपनी कोशिश से कर सकता है। हमको यह देश एक आरामतलबी देश नहीं चाहिए। अगर हम कहते हैं कि हमारी आर्थिक लड़ाई है तो ऐसे जीवन के लिए नहीं कि सब लोग बिना काम करे बैंठे, लेकिन ऐसे जीवन के लिए कि काम करने से पेट भर के खाना मिले, ऐसे जीवन से जो काम करने से सिर पर छत मिले, ऐसे जीवन से जो

हमारे काम से हम अपने बच्चों को नए और अच्छे मौके दे सकें, ऐसे जीवन से कि जो हम सब मिल के मेहनत करें, कोई काम छोटा नहीं समझें, कोई काम नीचा या बुरा न समझें। मैं मानती हूँ कि भारत की आजादी तब पूरी होगी जब ऐसे मौके हम अपनी जनता को दे सकेंगे। मैं मानती हूँ कि भारत की आजादी पूरी नहीं होगी जब तक यह जातिवाद को हम अपने समाज से हटायें नहीं, जब तक कोई भी हमारे समाज में अपने को नीचा समझे, या दूसरे उसको नीचा समझे। हम सब इन्सान हैं हम सब हैं भारतीय, हम भारत के नागरिक, स्वतंत्र भारत के नागरिक। एक प्राचीन देश जिसने दुनिया को एक विशेष संस्कृति दी है, ऊंचे आदर्श दिये हैं। अब हमको दुनिया को दिखाना है कि हम उस संस्कृति को समझते हैं। कोई किताब में लिखी हुई चीज नहीं है, कोई थोड़े से श्लोक नहीं है। यह एक चीज है जो प्रत्येक भारत नागरिक के दिल और दिमाग में आना चाहिए। चाहे कोई भी हमारा धर्म हो, और भारत में बहुत से धर्म हैं। प्रत्येक अपने धर्म का सच्चा पालन करें, तब जा के भारत मजबूत होगा, और किसी भी धर्म में यह नहीं है कि दूसरा धर्म खराब है, दूसरे धर्म के लोगों से लड़ाई करनी चाहिए या नीचे दबाना चाहिए। यह रही है भारत की परम्परा। आज हमको देखना है कि यही परम्परा हम दुनिया के मानव जाति में फैला सकें और दुनिया में एक परम्परा में जिसमें एक नई शक्ति इसमें हम डाल सकें, नई प्रतिष्ठा हम इसमें डाल सकें।

तो जो काम हमारा है वो आज का काम है, कल का काम है, लेकिन आज से हमको देखना है कि सदियों आगे भारत और यह विश्व कैसा बनेगा, और इसमें मैं आप सबका साथ चाहती हूँ, चाहे आप बूढ़े हों, और हां मैंने पहले ही स्वागत किया हमारे बहुत बूढ़े आजादी के आन्दोलन के क्रान्तिकारी और दूसरे भाई और बहन यहां मौजूद हैं, उन से हम प्रेरणा चाहते हैं, उनसे आशीर्वाद चाहते हैं, व्यक्ति के लिए नहीं, लेकिन इस भारत वर्ष के लिए। और आजकल की जो पीढ़ी उनको हम शुभकामनाएँ देते हैं कि वो प्रत्येक व्यक्ति अपने को सिपाही समझे और आज से देखें कि किस तरह से चाहे कुर्बान होना हो, चाहे खून बहाना हो, चाहे पसीना बहाना हो, चाहे कोई कष्ट का सामना करना हो। हम

इस भारत को एक सुन्दर भारत, एक साफ भारत, एक प्रगतिशील भारत, एक चमकता भारत हम बनाएंगे। यह आज हम सबको प्रतिज्ञा करनी है। भारत की प्रभुसत्ता, भारत की मजबूती, भारत की एकता, यह सब आपके हाथों में है। प्रत्येक भारतीय एक निशान है, यह कहना कि हमारे थोड़े से इन्जीनियर बहुत आगे बढ़े हैं, अणु बम, अणु शक्ति का काम हम कर रहें हैं, लेकिन हमें खुशी होती है कि हमें यह जानकारी है, और हम यह काम कर सकते हैं। असल खुशी होगी जब प्रत्येक भारतीय इन चीजों को समझे। भारत का भविष्य अपने हाथ में ले। उसकी सुरक्षा हर तरह से करें, खाली बाहरी आक्रमण से नहीं, समाज की बुराइयां हैं उनसे नहीं लेकिन इस भारत को आगे ले जाने में। एक रस्ता जो अभी मुझे मालूम है कि कोई न कोई भावना है जो तड़प रही है बाहर निकलने को, सारी मनुष्य जाति की शक्ति है, उससे एक नया रास्ता निकले, लड़ाई झगड़े का, नीचपन का झगड़ा नहीं, एक बहुत सुन्दर रास्ता, जिसमें सारी दुनिया के लोग मिल के रह सकें, एक दूसरे का साथ दें, सहयोग दें, मदद करें। हर तरह से इस दुनिया को एक परिवार बनाने के लिए यह आज हम सबको प्रतिज्ञा करनी है। गरीबी हटानी है, केवल आर्थिक गरीबी नहीं, लेकिन विचारधारा की गरीबी भी, एक नई विचारधारा हमको लानी है और मुझे मालूम है कि आजकल के नौजवान कभी चाहें गलती करें, कभी जोश में इधर-उधर बहक जायें, लेकिन मुझे मालूम है कि वो शक्ति है उनमें अगर वह करना चाहते हैं। यह समय है कि हम जो भी हमारी ताकत है, जो भी शक्ति है, जो भी गुण हैं, उन सब को इस भारतवर्ष को मजबूत बनाने में, शक्तिशाली बनाने में, हम उस ताकत को बाहर लाएं, दुनिया के सारे मनुष्य जाति को एक नया रास्ता दिखाने में, खाली यहां के लोग नहीं सारी दुनिया के सब देशों के लोग मिल के यह नया रास्ता दिखाएं। आप पूछेंगे कि हमारे साथ कौन है भारत के बहुत से मित्र हैं और हमारी नीति सदा रही है उस मित्रता को पक्की करने के लिए अभी हाल में आपको मालूम है हमने कोशिश की कि हमारे पड़ोसी देश भी कुछ समझौता हो। लोग पूछते हैं कि आपको भरोसा है कि नहीं। मेरा जवाब है कि हमको भरोसा केवल एक देश पर रखना है और वो भारतवर्ष है। भरोसा अपनी

जनता पर रखना है, अपनी ताकत पे रखना है, दूसरे के भरोसे के आधार पर कोई देश आगे नहीं बढ़ सकता है।

तो हमारी तो आशा है कि यहां पर सुलह रहे, शांति रहे और हम आगे बढ़ सकें तेजी से। लेकिन अगर आप पूछते है कि हमारे साथ कौन है? तो मैं कहूँगी भाइयों, बहनों और बच्चों, हिम्मत हैं कि हमारे साथ हैं दृढ़ता है हमारे साथ, एकता है हमारे साथी और जब ऐसे साथ हैं तो कोई हमारे रास्ते में नहीं रह सकता है।

आप सबको इस शुभअवसर पर मैं शुभकामनाएं देती हूँ शुभकामनाएँ आराम के लिए नहीं, चैन के लिए नहीं, मेहनत के लिए और अगर हम मिल के मेहनत करेंगे तो अगले साल तक बहुत कुछ और भी हम कर सकेंगे, और हर साल ऐसे आगे बढ़ते चले जायेंगे। जब बहुत से बच्चे यहाँ जमा हैं, कुछ हमारे शहर के और बहुत दूसरे शहरों से भी यहाँ पर आये हैं। उन सबका मैं स्वागत करती हूँ, क्योंकि यह नई दुनिया उनकी होगी। वो बनाने में मदद करेंगे और उस दुनिया में रह के उसको और भी सुन्दर दुनिया बनाने की कोशिश करेंगे। इस समय हम उनकी सुन्दर आवाज सुनना चाहते हैं। मैं पहले तीन बार जय हिन्द कहूंगी और उसके बाद बच्चे कहेंगे। बच्चे नहीं सब लोग आप। कुछ बातों में सभी को बच्चा होना चाहिए, उत्साह में, मिलके कैसे खेलते हैं, सब वर्ग, सब जाति के बच्चे, वो बड़े अगर सीखें तो उससे कुछ लाभ हो।

जय हिन्द! जय हिन्द।! जय हिन्द!

15 अगस्त, 1973 को लाल किले की प्राचीर से प्रधानमंत्री इंदिरा गाँधी

बहनों, भाइयों, नौजवानों और प्यारे बच्चों,

एक बार फिर हम सब ऐतिहासिक स्थान पर इकट्ठा हैं अपनी स्वतंत्रता की वर्षगांठ मनाने। अपने प्यारे तिरंगे की रक्षा करने की प्रतिज्ञा करने, अपनी प्यारी जनता की सेवा करने की प्रतिज्ञा करने के लिए। हमारा यह उत्सव वर्षा ऋतु में पड़ता है जब कि धूप और छांव आंख-मिचौली खेलती हैं। यह उसका प्रतीक है कि जैसे राष्ट्र के जीवन में, जैसे कि व्यक्ति के जीवन में धूप और छांव, सुख और दुःख का मिश्रण हमेशा रहता है। हमारा देश किसानों का देश है, हम वर्षा का स्वागत करते है, क्योंकि इस पर किसान भाई और सारा देश निर्भर है। उनको हम छुपाना नहीं चाहते हैं।

लेकिन आज कुछ दूसरे तरह के बादल भी हमारे ऊपर छाये हैं, वो हैं कठिनाई और तकलीफ के बादल। हमारे देश में कुछ कमियां है, कीमतें बढ़ती हैं, बहुत बढ़ी हैं। जनता के क्या कष्ट हैं उनको भी मैं अच्छी तरह से देख रही हूं, मैं जानती हूं। उनको हम छुपाना नहीं चाहते है। लेकिन हमको यह भी समझने की कोशिश करनी चाहिये कि यह कमियां कैंसे हुई?

आपको मालूम है कि दो साल से सूखा पड़ा। महाराष्ट्र, गुजरात, राजस्थान में खासतौर से लेकिन और दूसरे प्रान्तों में भी ऐसा भीषण सूखा पड़ा जो पचास वर्ष में देखने को नहीं मिला था। लेकिन हमारे यहां के लोगों ने हिम्मत नहीं हारी। इन क्षेत्रों का मैंने दौरा किया और जो भावना उनकी थी, जो हिम्मत उनकी थी, उसकी मैं साक्षी हूँ। जो कुछ बाहर के लोग दीन स्थिति देखने को वहां पर गये, वो दंग हो गये वहां

के लोगों को देखकर। चाहे मिट्टी खोद रहे थे, चाहे पत्थर तोड़ रहे थे, चाहे बांच रहे थे, गा-गा के कर रहे थे। कोई शिकायत नहीं कर रहे थे। अगर कुछ मांग रहे थे तो फिर से बसने के साधन। यह हिम्मत हमको सारे देश में फैलानी है। क्योंकि सूखा पड़ा और इसी समय बाजरा-ज्वार-मुगंफली ऐसी चीजें पैदा होती हैं, तो इन चीजों की कमी हुई, भाव बढ़े और एक चीज की कमी हुई तो दूसरी चीजों पर भी उसकी ज्यादा मांग बढ़ी दूसरे चीजों के और उनके दाम भी बढ़े। कुछ दाम बढ़ने के तो कारण इन चीजों की कमी थी और बहुत सी चीजों के दाम केवल इसलिए बढ़े कि दाम बढ़ रहे है। यानि बिना किसी वजह से। सूखे की हालत केवल हमारे देश में नहीं, बहुत बड़े भाग एशिया और अफ्रीका के देशों में भी पड़ा इसका प्रभाव और वो लोग भी बाहर से अनाज खरीदने को तैयार हुए और बड़े पैमाने में खरीदा। इससे बाहर के अनाज का भाव बढ़ा उसका असर भी हमारी कीमतों पर पड़ा। कीमतें केवल इन देशों में नहीं, जो धनी देश हैं, बहुत आगे बढ़े हुए देश हैं वहां भी कीमतें बहुत जोरों से बढ़ी। वहाँ के भी समाचार पत्र पढ़िये, लोगों से बातें कीजिए, तो उनकी भी कहानी एक शिकायत की, परेशानी की है। इसके माने नहीं कि वहाँ पे दाम बढ़ने के कारण और हमारे देश में दाम बढ़ने के कारण एक से हैं, बिलकुल अलग-अलग कारण हैं, लेकिन जब यह आर्थिक हवाएं चलती हैं तो देश की सीमा उनको रोक नहीं सकती है, उसका प्रभाव हमारे देश पे हमारी चीजों पर, हमारी कीमतों पर पड़ता है। विशेषकर के इसलिए कि जब यहाँ पे कमी हुई तो बाहर से चीजें खरीदनी जरूरी हो गईं। और वहां के दाम बढ़े तो उसका असर फिर हमारी दूसरी वस्तुओं पर भी यहां पे हुआ। तो इस तरह से हमें अपनी कठिनाइयां को सारी दुनिया के चित्र में रख के देखनी चाहिए।

यह शिकायत होती है कि सरकार खर्चा बहुत कर रही है। यह छिपाया जाता है कि किसी चीज पर खर्चा हो रहा है। खर्चा अधिकांश जिस पर हुआ जहां सूखा पड़ा वहां के एक करोड़ लोगों को राहत के काम पर लगाने पर खर्चा जबर्दस्त हुआ है। उसके पहले आपको मालूम है कि बंगला देश के शरणार्थी आये जबर्दस्त खर्चा, एक करोड़ लोगों

की देखभाल पर खर्चा हुआ। फिर युद्ध पर खर्चा हुआ। यह सब खप जाता अगर उसके बाद की फसल अच्छी होती, लेकिन इसका उलट हुआ और क्योंकि इतना जबर्दस्त सूखा पड़ा कि फसल तो खत्म ही हो गई, कुएं सूख गए, झीलें सूख गई, नदियां सूख गई। तो यह सब एक मुद्दा बन गई, लेकिन सरकार पूरी कोशिश कर रही है कि यह खर्चा कम करे। हमने जो अपने कार्यक्रम, अपने योजना एक-एक मंत्रालय के खर्चे कम किये हैं, करीब-करीब चार सौ करोड़ की कटौती की है। प्रत्येक राज्य सरकार से भी कहा गया है, प्रत्येक डिपार्टमेंट सबसे कहा गया है कि जो बिल्कुल आवश्यक चीज न हो उसमें अपना खर्चा कम करें या अभी के लिए उस कार्यक्रम को किनारे रख दें।

अब आप समझेंगे कि क्या यह फिजूल खर्ची थी, जो आज काट सकते हैं, यह सही नहीं है, क्योंकि बहुत से आवश्यक चीजें जो जनता की आवश्यक सेवाएं हैं, उन पे जरूर इससे हानि होगी, लेकिन यह लाचारी का समय है और जैसे कि किसी परिवार को कठिनाई पड़ती है तो देखना होता है कि क्या लेना जरूरी है? और कौन काम हम कुछ दिन के लिए रोक सकते हैं? उसी तरह से यह हमारा भारतीय बड़ा परिवार जो है उसको भी अपने साधन समेटने हैं। और बहुत देख भाल से उसको खर्च करना है। सबसे बड़ी जिम्मेदारी तो सरकार की है लेकिन इसमें जनता की भी जिम्मेदारी है कि वो भी इस समय कोशिश करें, निर्णय करें कि वो भी कम खर्चे करेंगे।

हम सब को गुस्सा आता है जब हम काले-बाजार की बात सुनते है, जब हम सुनते हैं कि जनता को कमी है, लेकिन बहुत बड़े दाम से वहीं वस्तुएं दुकान में या दुकान के पीछे बिक रही हैं, और इसमें जरा भी मुझे सन्देह नहीं है कि ऐसे लोग जो नाजायज तरीके से सामान को रोकते है और ऊंचे भाव से बेचते हैं, वो लोग जो काला बाजार करते हैं इनसे सख्त से सख्त व्यवहार होना चाहिए, सख्त से सख्त सजा मिलनी चाहिए। यह भी हम सोचें कि अगर कोई काले बाजार में खरीदने को भी तैयार हो जाते हैं। अगर वो न तैयार हो तो वो कैसे बेच पाएंगे ऊंचे भाव से। यह भी हम देखते हैं कि बहुत से लोगों ने अनाज देना रोका, चाहे किसी ही कारण से रोका। अगर आग लगे

तो कोई यह नहीं पूछेगा कि पानी कहां से लिया? क्यों लिया, कब लिया? एक ही सवाल होगा कि कहीं से भी पानी आए आग को बुझाया जाये। जब जनता को अनाज की कमी है तो चाहे हमारी नीति किसी को अच्छी लगे या बुरी लगे, लेकिन क्या उसका कर्तव्य नहीं है कि अनाज बाहर आए जिसमें जनता को, साधारण जनता को, गरीब आदमी को, कठिनाई न पड़े, वो भूखा न रह जाए। यह कर्तव्य सारी जनता का है।

हम पर आरोप लगता है जो हमने गेहूं का थोक व्यापार अपने हाथ में लिया और कुछ लोग समझते हैं कि कमी के यही कारण हैं, लेकिन कोई सबूत इसका नहीं दे सकता है कि अगर यह कदम हमने नहीं उठाया होता तो दुकानें भर जाती गेहूँ से। वाक्या तो यह है कि, हमको लगता है और जैसे-जैसे एक-एक जगह से खबर जाती है तो यह साबित होता है कि अगर हम अपने हाथ में नहीं लेते तो शायद यह जो हम ले भी पाए गेहूं, यह भी शायद काले बाजार में चला जाता, और गरीब जनता तक नहीं पहुंच सकता। केवल जो ज्यादा दाम पे तैयार होते लेने, उन्हीं को मिलता। तो यह सच है कि मध्यवर्ग को कष्ट हुआ, शहरों में कुछ कष्ट हुआ, लेकिन किसी ने किसी तरह से हमने अनाज जहां-जहां सब से ज्यादा जरूरत थी, वहां उसको हम पहुंचा पाए। तो इसलिए मैं नहीं मानती कि यह इस नीति में कोई भी गलती थी। अगर दूसरी मांग है कि किसानों से ज्यादा हम क्यों नहीं खरीदते। अब इस समय अगर गेहूं का भाव ज्यादा हम देते है तो उसका असर भी दूसरे कीमतों पर और भी बढ़ता और अगर औरों के लिए दाम बढ़ते है तो फिर किसानों के लिए भी बढ़ते है। तो अन्त में चाहें उन्हें लगे कि पहले से कुछ ज्यादा मिल गया, अंत में हानि उनकी भी और दूसरे सब लोगों की भी होती है। इस तरह से देश के जीवन में हम सब साथ बंधे हैं। कोई वर्ग समझे कि अपने फायदे के लिये वो कुछ कर लें तो थोड़े दिन के लिए वो फायदा हो सकता है, उसका बोझ, उसका प्रभाव, बड़ा भारी फिर हमारे ऊपर आता है।

जैसे कि जब बांग्लादेश की लड़ाई चल रही थी, आप से तब भी मैंने आपसे आग्रह किया था। मैंने कहा था कि अभी आप बहुत खुशी मना रहे है, लेकिन इसके दाम हमको भारी देने पड़ेंगे। आर्थिक

दाम देने होंगे। तरह-तरह के तनाव और बोझ हमें उठाने पड़ेंगे। और ऐसा ही हुआ। उसके लिए हम तैयार हैं कि नहीं। हमारी सरकार की पूरी कोशिश है, मैं इस अवसर पर आपको आश्वासन देना चाहती हूं कि यह जो समस्याएं, कमी की समस्याएं हैं, महंगाई की समस्याएं हैं, या जो समाज विरोधी लोग हैं, इन सबके बारे में सरकार कड़ी कार्यवाही लेने को तैयार है, कुछ ली भी जा रही है, कुछ कार्यक्रम बनेंगे, लेकिन कोई भी व्यक्ति कोई जादू अकेले नहीं कर सकता है, कोई भी सरकार स्वयं सब चीजों को ठीक नहीं कर सकती है।

हमारे देश में लोकतंत्र है। और उसमें बहुत से अधिकार जनता को मिलते हैं, और साथ ही बहुत सी जिम्मेदारी भी उनको ओढ़नी पड़ती है। तो इस कार्य में जब तक प्रत्येक व्यक्ति कुछ जिम्मेदारी को उत्तरदायित्व को नहीं अपना लेगा, यह स्थिति सुधर नहीं सकती है। मैंने कहा कि अगर कोई बेचता है तो तभी बेच पाता है, अगर कोई खरीदने को तैयार होता है। तो यह जनता की तरफ से सावधानी नहीं होगी तो नहीं हो सकता है। सरकार अपना खर्चा कम करे, यह आवश्यक है, लेकिन जनता खर्चा कम करे, वो भी आवश्यक है। तुझे मालूम है कि हमारे देश में बहुत से गरीब हैं जो जिनका कम करने का तो सवाल ही नहीं आता क्योंकि उनको आज भी पूरा नहीं मिल रहा है, उनकी बात मैं नहीं कर रही हूं। लेकिन बहुत बड़ी संख्या में ऐसे लोग हैं जो कम से काम चला सकते हैं। दुर्भाग्य से आजकल की कुछ सभ्यता ऐसी हो गई है, और यही प्रभाव बाहर के देशों से आया है, कि प्रतिदिन और चीजों की जरूरत होती ही जाती है। जिन चीजों का नाम भी थोड़े वर्ष नहीं सुना था, थोड़े वर्ष पहले, आज वो आवश्यक वस्तुओं में गिनी जाती हैं, तो थोड़े वर्ष, एक वर्ष के लिए हम निर्णय करें कि इन सब वस्तुओं को हम नहीं खरीदेंगे। एक सादगी की जिन्दगी बिताएंगे, कोशिश करेंगे कि हम कम-से-कम में काम चलायें।

इस साल सौभाग्य से पहले से वर्षा अभी तक अच्छी हुई है। लेकिन नई फसल जो है उसको आने में कुछ महीने लगेंगे। और तब तक हमको काम चलाना है जो हमारा स्टाक है और जो हम बाहर से खरीद रहे हैं। उससे कोई गम्भीर स्थिति नहीं है अगर जनता का सहयोग

मिले अगर जितनी गृहणी है, दूसरे सज्जन हैं, सब निर्णय करें कि एक दाना भी हम जाया नहीं करेंगे। हम संभाल के खर्चेगें, संभाल के खरीदेंगे, संभाल के रखेंगे। तो यह महीने भी बिना कठिनाई के पास हो सकते हैं। जो भी नाजायज तरीके से कुछ दबा के रखें तो कानून अपने हाथ में नहीं लेना है, लेकिन जरूर उसकी इत्तला देनी है कि हमारे मौहल्ले में ऐसा हो रहा है। ऐसा वातावरण बनाना है कि वो आदमी रख ही नहीं सके उस माल को। कुछ लोग समझते हैं कि आन्दोलन करना या बन्द करना, इससे जनता की आवाज ऊपर उठ रही है। आवाज जरूर उठती है लेकिन साथ-ही-साथ क्या होता है, काम बन्द होता है, और वही लूट-मार होती है, दूसरे प्रकार की हिंसा होती है, और कठिनाई पैदा होती है, उससे अनाज नहीं पहुँचेगा तो दाम और बढ़ेंगे। कितनी कठिनाई साधारण जनता को होती है भ्झी दाम बढ़ते हैं। अगर अनाज की लूट होगी तो जरूर वो दूसरी जगह तो इस समय किसान जो हमारे अन्नदाता हैं, जिन पर देश की सारी आर्थिक ढांचा, जिन पर निर्भर है, उनका जबर्दस्त कर्तव्य इस समय है, अपना उत्पादन बढ़ायें और उस उत्पादन को सरकार को दें जिससे उसका ठीक से वितरण हो सके। अनाज होता काफी नहीं है, अगर वो जनता तक पहुंच नहीं सकता है। तो पहले पैदावार है, फिर उसको जमा करना है, और फिर उसको सारी जनता को पहुंचाना है। इस काम में हम सबको मिल के लगना है।

जब कुछ बिजली बढ़ाने के भी प्रबंध हुए है, पैदावार बढ़ाने के भी प्रबंध हुए हैं और यह जो कुछ कठिनाइयां थी यह पहले से कम हुई। संग-संग यह देखना है कि जैसे व्यक्तिगत स्वतंत्रता की मांग है, अपनी आवाज उठाने की मांग है, वैसे ही सब लोग आशा करते हैं कि हिंसा न हो, प्रबंध ठीक हो। तो और अगर इन दो चीजों में टकराव आता है तो वो हानि भी साधारण जनता पर उसका भी बोझ पड़ता है।

इस समय हम जो कर्मचारी हैं वो भी नए भारत के एक महत्त्वपूर्ण अंग हैं। हमारी उन्नति औद्योगिक उन्नति उन पर निर्भर है। उनकी भी मांगे हैं मुझे मालूम है, और हम हड़ताल को मानते हैं कि एक साधन है यह मांग पूरी करने का लेकिन देश के जीवन में ऐसे समय आते हैं जब कुछ दिन के लिए अपनी मांग, अपनी जरूरत भी

कुछ अलग रख देनी होती है। दूसरों के हित, देश की सेवा के लिए और यह आज वो समय है। हमारी आशा है कि जो लोग कोई कारखाना बन्द नहीं करेगा, मिल मालिक हो, उद्योगपति हो, चाहे कुछ भी उसकी कठिनाई हो, वो कठिनाई सह के देखना है कि किसी न किसी तरह से मिल और कारखाने चालू रहें। इसी तरह से मेरी प्रार्थना अपने कर्मचारी भाइयों से है कि वो भी, कोई दूसरा रास्ता मिलके, बात करके रस्ता निकाले कि कठिनाइयां और मतभेद दूर हों लेकिन उत्पादन किसी तरह के कम न हो, यह वो समय जिम्मेदारी का और ऐसे निर्णय लेने का समय आया है। इसी तरह से जो साधारण जनता है उसको भी देखना है कि कैसे वो हर काम में उसका क्या दायित्व है। कुछ बातें हम आपको बता सकते हैं बहुत सी बाते आप सोच सकते हैं, आप बता सकते हैं, क्योंकि हमारे लोकतंत्र से मतलब यह नहीं है कि केवल आप अपना वोट दें। आपने, भारत की जनता ने चुनाव में हमारा साथ दिया और हमने कोशिश कि की ऐसे कदम उठाएं जिससे छोटे से छोटे आदमी का आत्मविश्वास बढ़े, जिसमें भारत का मस्तक ऊँचा हो और हुआ, लेकिन उसके बाद क्या हम कह सकते हैं कि सब लोगों ने अपनी जिम्मेदारी निभाई। हमारे प्राचीन ग्रंथों में लिखा है कि चाहे सुख हो, चाहे दुःख हो, चाहे कठिनाई हो, चाहे आराम हो इस सबको जरा सन्तुलन से देखना चाहिये, लेकिन होता क्या है अगर कुछ अच्छी बात होती है तो हम आसमान पर चढ़ जाते हैं, और जरा सी कठिनाई आती है तो अपना दिल ही छोड़ देते हैं। तो यह प्रश्न है कि इस देश में हम रोने वाले लोग होंगे, शिकायत करने वाले लोग होंगे या हिम्मत से कठिनाई, कष्ट और खतरे का सामना करने वाले लोग होंगे। यह प्रश्न आज हमारे नौजवानों के और हमारे बूढ़ों के सामने भी

आज के जलसे में हमारे बहुते से स्वतंत्रता संग्राम सेनानी बैठे हैं। उनकी आयु तो ज्यादा है, लेकिन उन्होंने सबने मुझे आ के बताया कि उनके दिल उतने ही जोश में है जितने कि पचास साल, चालीस साल, तीस साल पहले थे। तो यह सब नौजवान चाहे उन नौजवानों की कोई भी उम्र हो, उनसे आज हम कुछ से मार्गदर्शन मांगते हैं और कुछ

से हम उनकी हिम्मत और उनका सहयोग मांगते हैं, इस कठिन काम में हमारा साथ दें।(तालियां)

यह वर्षा आये न आये देश को आगे जाना ही है, जो हमारे कार्यक्रम हैं वो पूरे करने ही हैं। युद्ध हो या शांति हो, कुछ भी हो, हमारे जो आगे बढ़ने की रफ्तार है, उसको हमको कम करने देना नहीं है। कुछ लोग कहते हैं कि योजना को बन्द कर दो। कितनी खतरनाक बात है। इसके माने हैं कि आज के आराम के लिए हम भारत के भविष्य को खो डालें, गरीबों पर ध्यान न दें। योजना बन्द नहीं हो सकती और न होगी।

पिछले वर्ष जब मैं थी, मैंने आपको बताया कि अन्तर्राष्ट्रीय क्षेत्र में कुछ परिवर्तन आ रहे हैं, यह जारी है, दृश्य बदल रहा है। नई-नई दोस्तियां बन रही हैं। हमें दु:ख है कि हमारे महाद्वीप में अभी भी जैसी शांति होनी चाहिए थी, जैसे समझौते होने चाहिये थे, वो अभी नहीं हो पाये हैं। आपको मालूम है इसकी सारी कहानी यहां मैं नहीं दोहराऊंगी। आपको यह भी मालूम है कि कुछ बांग्लादेश की सरकार ने और हमने कुछ सुझाव दिये और वो उदार सुझाव हैं, अच्छे सुझाव हैं, और सारी दुनिया ने उनका स्वागत किया है। कुछ बातचीत चली और कुछ थोड़े दिन बाद और होने वाली है। अगर इसमें कामयाबी प्राप्त नहीं होती है तो भारत की जनता, सारी दुनियां की जनता, और पाकिस्तान की जनता भी यह जान जाएंगी कि इसमें दोष न हमारा है, और न बंगला देश सरकार का है, अच्छी तरह से जानेगी कि अगर यह कैदी वापिस नहीं जा रहे हैं तो किसका दोष है, कौन रुकावट इसमें डाल रहा है?

हमने और आपने मिल के बहुत सी परीक्षाओं का सामना किया है। कभी उसमें से चमकते निकले, और कभी इतनी कामयाबी नहीं हुई। आज एक जबर्दस्त अग्नि परीक्षा में से हमको गुजरना है और अगर इसमें से हम हिम्मत से, कूद के इसमें से निकलते हैं तो जैसे जब सोना आग में पड़ता है तो कुन्दन बन के निकलता है वो हम अपने देश में इस जनता को इस देश को ऐसा हम बना सकते हैं। तो आज मैं फिर वहीं प्रश्न आप से पूछूँगी कि हम किस प्रकार का भविष्य चाहते हैं और किस प्रकार की जनता चाहते हैं। हम चाहते हैं जनता जिसकी आशा

कभी न टूटे चाहे कुछ भी हो जाए, हम चाहते हैं जनता जिसकी हिम्मत बढ़ती ही चली जाए, हम चाहते हैं जनता जिसकी आवज दुनिया के कोन-कोने में गूंजे शांति के लिए दोस्तों के लिए, एक नई दुनिया के लिए, नए आदेश के लिए। बहुत से बड़े-बड़े आदर्श हमारे महान नेताओं ने हमारे सामने रखे और उनको हमको पूरा करना है। लेकिन वो भी हमारे लिये काफी नहीं हैं। आज एक नई पीढ़ी हमारे देश में है, उससे हम आशा करते हैं कि नई रोशनी वो पीढ़ी हमको दिखायेगी। वो संयम से काम लेगी, बहादुरी से काम लेगी, और यह जो हमारे सेनानी यहां बैठे हैं इनको दिखाएगे कि उनसे वो कम नहीं है, उनके कई कदम आगे है, और नया भारत बना के दिखायेंगे। (तालियां)

भाइयो, बहनो, प्यारे बच्चों चाहे आप यहां मेरे सामने हों और चाहे अपने टेलीविजन के या रेडियो के सामने हो, भारत के कोने-कोने में हों, मेरे संग मिल के जय हिन्द का नारा बोलिए, यह नारा जो भारत की स्वतंत्रता का नारा है, भारत की एकता का नारा है, भारत की मजबूती का नारा है, भारत के उज्ज्वल भविष्य का नारा है, बोलिये- जय हिन्द (जनता जय हिन्द) जय हिन्द (जनता जय हिन्द) जय हिन्द (जनता जय हिन्द)।

15 अगस्त, 1974 को लाल किले की प्राचीर से प्रधानमंत्री इंदिरा गाँधी

मेरे प्रिय, भारतवासियों,

स्वतंत्रता की इस वर्षगांठ पर मैं आपको बधाई देती हूँ।

हमारे सुदीर्घ इतिहास में, भारत के लोगों को अनेक प्रकार के उतार और चढ़ाव देखने पड़े हैं, अनेक प्रकार के कष्ट सहने पड़े हैं। लेकिन वर्तमान समय में आर्थिक समस्याएं सबसे ऊपर हैं जिनका प्रभाव सभी पर पड़ता है। इस प्रकार, मुझे जहां अपने स्वतंत्रता दिवस पर खुशी है वहीं मेरा दिल रंज और चिंता से भी भरा है। आपको जो मुश्किलें झेलनी पड़ रही है, उनका मुझे अहसास है। आर्थिक कठिनाइयों से त्रस्त जनता की मुसीबतें बाढ़ और सूखे के कारण और बढ़ गई हैं। मेरी सहानुभूति आप सबके साथ है।

आज का सबसे अहम मसला है मूल्यों में वृद्धि और जरूरत की चीजों की कमी। आप उन परिस्थितियों से भी वाकिफ हैं जिनके कारण यह सब हुआ है। लेकिन इससे हमें यह नहीं मान लेना चाहिए कि पिछले वर्षों में कोई उपलब्धि नहीं हुई है। एक प्रकार से हमारी आर्थिक कठिनाइयां इसलिए पैदा हुई हैं क्योंकि हमने एक हद तक प्रगति की है और संकटों तथा चुनौतियों का सामना किया है। लेकिन आज हमें इस बहस में नहीं पड़ना है कि ये कठिनाइयां पैदा कैसे और क्यों हुई। इसके बजाय हमें यह सोचना है कि किस तरीके से हम मिलजुल कर इन पर पार पा सकते हैं। अतीत में भी भारतीय जनता ने ऐसी कठिनाइयों से लोहा लिया है और उन पर विजय पाई है।

सूखा और युद्ध के कारण चीजों की कमी हो गई है। हमारी कृषि की उपज में अच्छी प्रगति हुई है और आपको मालूम है कि वह

पहले से दुगुनी या तिगुनी हो गई है। लेकिन गत चार वर्षों में प्रगति की रफ्तार वैसी ही नहीं रही है जैसी उससे पहले के वर्षों में थी। खास तौर पर इस साल उर्वरकों और बढ़िया बीजों की कमी के कारण कठिनाई और बढ़ गई है। फिर भी अभाव इतना नहीं है कि उसे सहन न किया जा सके। हमें अपनी आदतें बदलनी होंगी, परम्परागत तरीके बदलने होंगे और शायद कुछ हद तक कष्ट भी सहना पड़े। अगर हम इस स्थिति को स्वीकार कर लें तो ज्यादा मुश्किलें पेश नहीं आएंगी। सबसे ज्यादा खतरनाक बात यह होगी कि हम हताश हो जाएं और यह महसूस करने लगें कि कुछ भी नहीं किया गया है और कुछ भी नहीं किया जा सकता।

ऐसे समय में हर एक की कोई न कोई जिम्मेदारी होती है। निस्संदेह सबसे पहला दायित्व सरकार का है और हम इस बात की अनदेखी नहीं कर रहे हैं। आपने देखा होगा कि कुछ समय से हम सरकारी खर्च में कमी करने के लिए कई कड़े कदम उठाते रहे हैं। कई ऐसे कार्यक्रम को भी स्थगित कर दिया है, जो जनहित में थे लेकिन अनिवार्य नहीं थे। अनेक चीजों का अभाव है और सरकार उनके इस्तेमाल में कमी करने की ओर ध्यान दे रही है, जिससे उन्हें आवश्यक कामों के लिए सुरक्षित रखा जा सके। हमारा यह इरादा कभी नहीं था कि हम वेतनों और महंगाई भतों को बांध दें या कम कर दें। हम तो इतना ही चाहते हैं कि उसका एक भाग अलग रख दिया जाए और उसे खर्च किया जाए। इस प्रकार जो पैसा जमा होगा उस पर आकर्षक ब्याज भी मिलेगा। सब खर्चे बढ़ जाते हैं तो मुद्रा की सप्लाई बढ़ जाती है और उत्पादन में समानुपातिक वृद्धि नहीं हुई तो उसके गम्भीर परिणाम होते हैं।

आप सब जानते हैं कि सरकार को सूखाग्रस्त क्षेत्रों के लोगों को राहत देने के लिए युद्ध के दौरान अनिवार्यत: जरूरी खर्चे उठाने पड़े। कुछ अन्य अनिवार्य खर्चे भी करने पड़े जिससे मुद्रास्फीति और ज्यादा बढ़ गई। हम इस समय मुद्रास्फीति को नियंत्रित करने में लगे हैं और हमें कुछ हद तक सफलता भी मिली है। अगर आप इस मसले के सभी पहलुओं को समझेंगे और अपना सहयोग हमें देंगे तो हमें और बड़ी कामयाबी हासिल होगी और हम इस स्थिति से उबर सकेंगे।

हमारे किसान हमें काफी मदद दे रहे हैं। अक्सर यह बहस छिड़ जाती है कि प्राथमिकता खेती को मिलनी चाहिए या उद्योग को।

अब इन दोनों में भेदभाव का कोई सवाल नहीं है। हमें देखना है कि दोनों ही साथ-साथ आगे बढ़ें। हमारे किसान देश के अन्नदाता हैं और यह उन्हीं की मेहनत का फल रहा है कि देश ने शताब्दियों से अपना अस्तित्व बनाए रखा है। इसलिए यह स्वाभाविक है कि उन्हें सभी सम्भव सहायता दी जाए जिससे उपज बढ़े और गांव वालों के रहन-सहन का दर्जा ऊँचा हो। उनका यह कर्तव्य है कि वे एक-एक इंच जमीन को खेती के काम में लाएं और हम सबका यह कर्तव्य है कि हम जमीन के उपजाऊपन को हानि पहुँचाने वाला कोई काम न करें। रासायनिक खादों की मांग काफी बढ़ गई है और इन उर्वरकों की कमी पड़ रही है। यह कमी केवल इसलिए नहीं है कि उत्पादन कम हो रहा है बल्कि इसलिए भी है कि मांग बढ़ गई है। आज छोटा किसान भी रासायनिक खादों का प्रयोग करना चाहता है और हमें वास्तव में खुशी है कि वह आधुनिक तकनीकें अपना रहा है। लेकिन साथ ही हमें यह भी देखना है कि क्या हम वैकल्पिक स्रोतों से काम ले सकते हैं या नहीं। अब कुछ अमीर देश भी पुराने तरीकों की ओर लौट रहे हैं। यह सब अभाव की स्थिति के कारण हो रहा है। यह इसलिए भी हो रहा है कि उन्होंने महसूस किया है कि पुराने और नए तरीकों के मिले-जुले प्रयोग से ही संतोषप्रद परिणाम निकल सकते हैं। जब रासायनिक खादों का प्रचलन आरम्भ हुआ था तो किसान ने देखा कि उसके प्रयोग से उत्पादन बढ़ाया जा सकता है और उनका इस्तेमाल अधिकाधिक मात्रा में करना शुरू कर दिया। उसने सामान्य खादों का प्रयोग बंद कर दिया, जिनको वह पहले इस्तेमाल करता था, जैसे गोबर की खाद, हरी खाद या कूड़े-कचरे की खाद। अब, कमी की स्थिति का सामना करने तथा यह सुनिश्चित बनाने के लिए भी, कि भूमि की उर्वरता काफी अच्छी बनी रहे, यह जरूरी है कि दोनों ही किस्मों की खादें साथ-साथ दी जाएं।

यही स्थिति बिजली जैसे अन्य साधनों की कमी है। सरकार अधिक बिजली पैदा करने के लिए सभी तरह के उपाय कर रही है। तेल की भी कमी है और हमने तेल की खोज का काम शुरू किया है। फिर भी हमें ऊर्जा के ऐसे वैकल्पिक स्रोतों का पता लगाना होगा जिनको काम में लाया जा सके। इस क्षेत्र में भी अगर हम पश्चिमी देशों की ओर नजर डालें तो हम पाएंगे कि बहुत से पुराने तरीकों को फिर से अपनाया जा रहा

है। इसे स्थायी रूप से भले ही न अपनाया जाए लेकिन स्थिति की कठिनाई को कुछ कम करने के लिए फिलहाल यह जरूरी माना जा रहा है। हमें यह भी देखना है कि हम सूर्य की ऊर्जा और पवन-ऊर्जा का लाभ कैसे उठा सकते हैं। यह सब खोज-कार्य आज केवल वैज्ञानिकों तक सीमित नहीं रहने चाहिए। प्रत्येक व्यक्ति को चाहे वह गांव में रहता हो या शहर में, नए तरीके खोजने की कोशिश करते रहना होगा और अपनी खोज के परिणाम समाज के लाभ के लिए प्रयोग में लाने होंगे। एक ओर तो किसान को देखना है कि कृषि की उपज बढ़े, दूसरी ओर हमारे उद्योगों का भी विकास होना है। अगर उद्योग नहीं होंगे तो हमारी जरूरत की बहुत-सी चीजें नहीं मिल पाएगी और किसान को भी अपनी बुनियादी जरूरत की चीजें नहीं मिल सकेंगी। किसान को जिस किसी भी वस्तु की आवश्यकता है अच्छे बीज ट्रैक्टर या अन्य उपकरण, उस सबका उत्पादन बड़े कारखानों में होता है जिन पर हमें करोड़ों रुपये खर्च करने पड़ते हैं। जिन अमीर किसानों को नई तकनीकों से फायदा पहुँचा है, उन्हें चाहिए कि वे ग्रामीणों के रहन-सहन का दर्जा बढ़ाने में मदद करें। गांवों में जितनी अधिक जागृति होगी, उतनी ही अधिक खेती की उपज बढ़ेगी और उसी अनुपात में उन्हें सुख-सुविधा वाली चीजें उपलब्ध होगी।

आज अब हम टैक्स बढ़ाते हैं तो भार किस पर पड़ता है? दुर्भाग्यवश अमीर लोग किसी-न-किसी तरह से कर-अपवंचन में सफल होते हैं। उनमें से बहुतों का नाम आयकर दाताओं की सूची में है ही नहीं। सभी व्यापारी बुरे नहीं होते, लेकिन उनमें से कुछ की काली करतूतों की वजह से पूरे व्यापारी वर्ग को बदनामी मिलती है। जो लोग टैक्स नहीं देते या मिलावट वाली दवाईयाँ अथवा खाद्य-पदार्थ बेचते हैं या जो जमाखोरी और कालाधन कमाने में लगे हैं वे ही देश के दुःख, संकट के लिए जिम्मेदार हैं। वे भारत का नाम कलंकित करते हैं। कुछ लोग अपनी स्वार्थ-सिद्धि के लिए भविष्य का कोई विचार किए बिना लोगों की मुश्किलों से फायदा उठाते हैं। सवाल सिर्फ औरों के भविष्य का ही नहीं, स्वयं उनके बच्चों के भविष्य का भी है तो, इस प्रकार जब कुछ बड़े लोग और मध्य वर्ग वाले लोग भी, जैसे ठेकेदार, डॉक्टर, वकील तथा स्वरोजगार वाले लोग, टैक्स नहीं देते तो क्या नतीजा होता है? यह, कि करों का पूरा भार उन पर पड़ता है जो वेतनभोगी या निश्चित आय वाले लोग हैं।

हम पर कभी-कभी यह आरोप लगाया जाता है कि हमने कृषि भूमि की अधिकतम सीमा तो लागू कर दी है लेकिन हम शहरों के निवासियों की अनदेखी कर रहे हैं। शहरों में काफी संख्या में सम्पन्न लोग रहते हैं, क्या हम उनकी अनदेखी कर रहे हैं? कुछ उपाय किए गए हैं। टैक्स बढ़ाए गए हैं और यह पता लगा रहे हैं कि किस प्रकार से हम दौलत को सीमित कर सकते हैं। जब तक लोग एक दूसरे का बोझ बटाएंगे नहीं तब तक देश आगे कभी नहीं बढ़ सकता।

जैसे देश किसानों के काम-काज पर निर्भर करता है वैसे ही वह श्रमिकों की उत्पादन क्षमता और अनुशासन तथा उद्योगों के प्रबन्ध पर भी निर्भर करता है। उत्पादन हम केवल कठोर परिश्रम के जरिए ही बढ़ा सकते हैं और आपसी मतभेद दूर करके ही हम अपने किसानों और देश की मदद कर सकते हैं। आज सभी वर्ग कठिनाई महसूस कर रहे हैं। दरअसल पूरे विश्व को हमेशा ही किसी न किसी कठिनाई का सामना करना पड़ा है। मुझे इस तथ्य का अहसास है कि जब बड़ी-बड़ी मुश्किलें आती हैं तो ज्यादा बोझ उन पर पड़ता है जो ज्यादा गरीब हैं क्योंकि अमीरों में कठिनाई झेलने और अपने आप को बचाए रखने की अधिक क्षमता होती है। यही बात अमीर राष्ट्रों पर भी लागू होती है। भारत एक गरीब देश है और इसलिए उस पर पड़ने वाले भार से उसे कष्ट हो सकता है, लेकिन हम यह भी जानते हैं कि भारतीयों ने किसी भी प्रतिकूल परिस्थिति में उम्मीद का दामन कभी नहीं छोड़ा। इसके विपरीत तमाम कठिनाइयों से गुजरकर लोग और मजबूत बने हैं।

आज हमें यह सोचना है कि हम समाज को उसकी बुराइयों से मुक्त कैसे कर सकते हैं। क्या ऐसा हम हिंसा और आंदोलन के जरिए करेंगे? क्या हम एक दूसरे से लड़कर यह काम कर पाएंगे? समस्याएं जटिल हैं और हमें मिलजुलकर रहना होगा और देखना होगा कि समस्या का समाधान क्या हो सकता है। निस्संदेह सरकार की अपनी जिम्मेदारी है पर क्या प्रत्येक व्यक्ति भी किसी-न-किसी अंश में अलग अपना योगदान नहीं कर सकता? क्या हमारे भाई-बहिन ऐसी चीजें खरीदनें से गुरेज नहीं कर सकते जो बाजार में खुले तौर पर न मिलती हों, जो केवल काले बाजार में मिलती हो? क्या कुछ अन्य भाई-बहन, अगर उनके पास उगाने की जमीन नहीं है तो, कनस्तरों में और गमलों साग

सब्जी नहीं उगा सकते, अपने शहर को साफ सुथरा नहीं रख सकते, अपने आस-पास-पड़ोस में प्रचलित बुराइयों को निर्मूल करने में मदद नहीं दे सकते? प्रत्येक नागरिक, वह चाहे जिस श्रेणी का हो और चाहे जिस आय-वर्ग का हो, कुछ-न-कुछ ऐसा अवश्य कर सकता है जो न केवल उसके लिए बल्कि पूरे राष्ट्र के लिए हितकर हो।

दुर्भाग्यवश, हमारी आदत यह है कि जब कोई शुभ काम पूरा होने को होता है तो हम आत्मतुष्टि की भावना में आ जाते हैं और जब कोई कठिनाई उपस्थित होती है तो हम नाउम्मीद हो जाते हैं। कभी-कभी तो ऐसा लगने लगता है कि पूरे राष्ट्र ने ही पराजय-भावना को अपना लिया है। लेकिन आशा का दामन छोड़ देने से कभी कोई समस्या हल नहीं होती। मैंने कुछ समस्याएं गिनाई हैं। इनके अलावा भी मसले हैं। उदाहरण के लिए हमारी आबादी बहुत तेज गति से बढ़ रही है और हर एक वर्ग के लोग हर चीज की ज्यादा मात्रा में मांग कर रहे हैं। आज साइकिल, मोटर साइकिल, ट्रैक्टर और ट्रांजिस्टर गाँवों में आमतौर पर देखे जा सकते हैं यद्यपि कुछ ही वर्ष पहले किसी को इतना स्वप्न में भी ख्याल नहीं आता था। यह सब निस्संदेह शुभ है, लेकिन अगर अपनी जनता के रहन-सहन का दर्जा ऊँचा उठता है तो हमें अपनी आबादी पर नियंत्रण करना होगा।

हम अपने देश को मजबूत करने के लिए अपनी कोशिश दोगुनी कर सकते हैं। हाल में हमने एक परमाणु-विस्फोट किया है जिससे हमारा आत्मविश्वास और बढ़ा है। इसके लिए कुछ देशों ने हमारी आलोचना की है। कुछ गलतफहमियां भी हुई हैं और कुछ लोगों ने इस मौके का फायदा उठाकर हमें बदनाम करना चाहा है, लेकिन हमने यह स्पष्ट कर दिया है कि हमारे पास जो भी जहाँ ऊर्जा है, चाहे वह परमाणविक हो या अन्य, हम उसका इस्तेमाल जनता की भलाई के लिए करेंगे और उसके विकास के लिए सहयोग करेंगे।

अंतराष्ट्रीय क्षेत्र में अनेक घटनाएं हुई हैं और बहुत-सी नई ताकतें उभर कर सामने आई हैं। भारत ने सभी से हमेशा दोस्ती रखने की कोशिश की है और, जैसा कि आपको मालूम है मित्रता की यह भावना वस्तुत: और बढ़ी है। आपने गौर किया होगा कि हमने किस प्रकार अपने पड़ोसी देशों के साथ समझौते किए हैं। हमने ऐसा तनाव कम करने के उद्देश्य से किया है, और मैं समझती हूँ कि हमने दुनिया

के सामने एक मिसाल रखी है। लेकिन हमारे अनुभव से हमारे सभी पड़ोसियों को सीख मिली हो, ऐसा नहीं लगता। हमारे कुछ पड़ोसी देश हमें आज भी धमकी देने की कोशिश कर रहे हैं। हमें आशा है कि शांति भंग नहीं होगी और सभी गरीब विकासशील देशों को अपनी सामाजिक और आर्थिक प्रगति के लिए काम करने का मौका मिलेगा और उनका ध्यान बटाया नहीं जाएगा। लेकिन जिस संसार में हम रहते हैं उसमें हमारी आंतरिक कठिनाइयां जो भी हों, हम बाहरी खतरों की ओर से आँखे नहीं मूंद सकते। हमें हमेशा ही चौकस रहना होगा।

हमारा देश पिछले कुछ वर्षों में और मजबूत हुआ है। हमारे लम्बे इतिहास के दौरान हमें मुश्किलों का सामना करना पड़ा है, और आपको पता है कि हमें किन-किन समस्याओं से जूझना पड़ा- एक युद्ध में संलग्न होना पड़ा और लाखों शरणार्थियों की चिंता करनी पड़ी। लेकिन इसके बावजूद हमने अपने विकास कार्यक्रमों को आगे बढ़ाया और हम भविष्य में भी ऐसा करते रहेंगे। मेरा आपसे इतना ही कहना है कि आप हिम्मत कभी न हारें और देश तथा भारतीय जनता के भविष्य में आस्था रखें।

कभी-कभी युवा वर्ग में असंतोष और अशांति देखने में आती है। यह स्वाभाविक ही है। लेकिन इस युवा-शक्ति को उपयोग में लाया जाए? क्या हम इसे जाने दें या किसी रचनात्मक दिशा में लगाएं? युवावर्ग को हमारी अपेक्षा कहीं ज्यादा एक सशक्त भारत की आवश्यकता है। देश को भी उत्साही युवाओं की जरूरत है। आज हमें अपने आपको समर्पित करना है अंधकार के पर्दे को फाड़कर देश के उज्ज्वल भविष्य का दर्शन करने के लिए, ऐसा कोई भी देश नहीं है जिसने कठिनाइयों या खतरों का सामना किए बिना अपने भविष्य को संवारा हो। अगर हमें आने वाले इतिहास का निर्माण करना है, तो हमें तेजी से आगे बढ़ना होगा और गरीबी, भेदभाव, सामाजिक बुराइयों तथा निराशा जैसी बातों को अलग कर देना होगा क्योंकि ये राष्ट्र को कमजोर बनाने वाली है।

मेरे सामने बहुत से बच्चे बैठे हैं। मैं जब कभी भी उन्हें देखती हूँ तो मेरा मन गांवों और शहरों के अन्य बच्चों की ओर खिंच जाता है। हम इन सबके लिए किस भविष्य को गढ़ेंगे? हमारा युग हमारे गौरवशाली अतीत और उज्ज्वल भविष्य को जोड़ने वाली एक कड़ी है। हम पर एक महान दायित्व है। हमें साथ मिलकर इन जिम्मेदारियों को पूरा करना है और अपने

बच्चों के लिए हम जो आशाएं पाल रहे हैं उन्हें साकार करना है। शांति और मित्रता, देश को मजबूत करने और यहां समाजवाद और एकता लाने की हमारी नीतियों के कारण भारत को विदेशों में आदर मिलता है। हम सबकी यह जिम्मेदारी है कि हम इस प्रतिष्ठा को बढ़ाते रहें। भारत शक्तिशाली तो है पर उतना नहीं जितना हम उसे देखना चाहते हैं।

भारत अधिक शक्तिशाली तभी बनेगा जब हताशा की भावना दूर हो जाएगी और एक-एक व्यक्ति हिम्मत से काम लेगा। हम यह या वह उपलब्ध कर सकते हैं या नहीं, इसका जबाब मैं भी दे सकती हूँ, और आप भी। भारत का भविष्य प्रत्येक नागरिक पर उतना ही निर्भर है जितना मुझ पर या सरकार पर। मुझे अहसास है कि जब काले बादल घिर आते हैं तो लोग अक्सर भूल जाते हैं कि बादलों के पीछे छिपे सूरज की रोशनी वे देख चुके हैं, उस क्षणिक अंधकार का यह तात्पर्य नहीं है कि चमचमाती धूप या रोशनी का अस्तित्व ही मिट गया। धूप तब भी मौजूद रहती है और जिसके पास उसे देखने वाली आंखें हैं और आत्मा तथा मन की शक्ति है वह आगे बढ़ेगा और देश को आगे बढ़ाने में सहायक बनेगा।

यह बात है जो आज हमें सीखनी है क्योंकि हम जानते हैं कि आजादी की लड़ाई हमने आसानी से नहीं जीती है। हमें कुर्बानियां देनी पड़ी और निराशा तथा अंधकार की घड़ियों से गुजरने के बाद ही हम 15 अगस्त की उस मंजिल पर पहुँचे जिसमें हमने पहली बार तिरंगे ध्वज को यहां फहराया। यह तीन रंगों वाला झंडा कपड़े का एक टुकड़ा मात्र नहीं है। हम झंडे का आदर क्यों करते हैं? दरअसल हर एक देश अपने झंडे का आदर करता है। देश के वीर सैनिक इसकी शान बचाने के लिए जान देने को तैयार रहते हैं। आखिर क्यों? इसलिए, कि यह देश की ताकत, देश की आशा आकांक्षा और महानता का प्रतीक है। यही वजह है कि कपड़े का यह टुकड़ा हमारे इतने अधिक आदर की वस्तु है, लेकिन वास्तविक आदर केवल शब्दों द्वारा इसे फहराकर व्यक्त नहीं किया जा सकता है। वास्तविक आदर तो उस वातावरण को तैयार करके ही दिखाया जा सकता है जिसमें यह आन-बान-शान से ऊंचा रहे। हम इसे युद्ध-काल में ऊँचा रखते हैं, लेकिन हमें देखना होगा कि अपने राष्ट्रीय, राजनैतिक, सामाजिक और आर्थिक जीवन में भी हम ऐसा कुछ न करें जिससे किसी भी देश की या स्वयं हमारी निगाह में इसके प्रति आदर में किसी भी प्रकार की कमी आए। हम सबको इस सम्बंध में सोचना

चाहिए और स्वयं निर्णय करना चाहिए कि हम अपने ध्वज को ऊँचा कैसे बनाये रख सकते हैं और कैसे देश को मजबूत कर सकते हैं। हमें अपने बच्चों और युवाओं के लिए एक सुंदर भविष्य का निर्माण करने के उपायों पर निर्णय करना होगा।

15 अगस्त त्याग और बलिदान का दिवस है। साथ ही, यह ऐसा भी दिन है जब हम अपने भविष्य में झांकने का प्रयास करते हैं। जब तक सभी जातियों, वर्गों, सम्प्रदायों और भाषाओं वाले लोग एक नहीं होंगे तब तक कुछ भी उपलब्ध नहीं कर पाएंगे। साम्प्रदायिकता और जातिवाद केवल हमें कमजोर ही बनाएगी। कुछ हद तक उनका असर कम हुआ है, लेकिन कुछ मायनों में वह बढ़ा भी है। अब अगर हम इनके असर को कम करने में सफल हुए हैं तो क्यों नहीं हम उसे निर्मूल कर सकते हैं? हम उन लोगों को न्याय क्यों नहीं दे सकते जो अब तक दलित रहे हैं और जिन्हें लगातार न्याय से बंचित रहना पड़ा है?

जब मैंने अपना भाषण आरम्भ किया था तो मैंने कहा था कि मेरा मन चिंता और दुःख से भरा है लेकिन मैं आपसे यह कहना चाहती हूँ कि इस दुःख ने किसी भी तरह से मुझे इतना आक्रांत नहीं किया है कि मैं भविष्य को न देख सकूं। दुःख, चिंता और बोझ का अहसास तो है लेकिन इनके साथ-साथ मैं ऐसे उज्ज्वल भविष्यों को भी देख पा रही हूँ जो सुंदर न होकर सन्निकट है। मैं यह भी देख पा रही हूँ कि हमें कैसे एक-एक कदम आगे बढ़ना है ताकि हम अपने लक्ष्य तक पहुँच सकें। मुझे विश्वास है कि आप सभी इसी आस्था और बल के साथ आगे बढ़ सकेंगे, जिससे अगले 15 अगस्त तक हम आज की अधिकांश बुराइयों को निर्मूल कर सकें, कठिनाइयों पर विजय पा सकें तथा देश को अंधकार से प्रकाश के दायरे में पहुँचा सकें। आप सबको, जो यहां दिल्ली में मेरे सामने हैं, और उन सब को भी, जो रेडियो पर मुझे देश के कोने-कोने में सुन रहे हैं, मैं एक बार फिर अपनी बधाई और भविष्य के लिए शुभकामनाएं देती हूँ। मैं एक बार फिर कहना चाहूँगी कि सब भारत के सैनिक हैं चाहे हम वर्दी में हों या सादी पोशाक में। जवानों की तरह हमें सीधे खड़ा होना है साहस तथा पक्के संकल्प के साथ आगे बढ़ना है।

जय हिन्द! जय हिन्द! जय हिन्द।

15 अगस्त, 1975 को लाल किले की प्राचीर से प्रधानमंत्री इंदिरा गाँधी

बहनों और भाइयों, प्यारे बच्चों,

जैसे कि हर साल वैसे इस साल भी हम सब यहाँ जमा हुए हैं, अपने राष्ट्रध्वज को फहराने। अपनी श्रद्धा, अपनी निष्ठा इसको अर्पित करने। लेकिन इस साल एक नई बात भी है। केवल वो लोग जो यहाँ पे बैठे हैं, वो मुझे नहीं देख रहे हैं, भारत के छह राज्यों में दो हजार चार सौ गाँवों में रहने वाले ग्रामवासी भी हमारे संग एक माने में इस समारोह में शामिल हैं। इस ऐतिहासिक अवसर को वो भी देख पा रहे हैं और जो कुछ हो रहा है वो सुन सब रहे हैं। एक नई चीज हुई, केवल भारत के इतिहास में नहीं, लेकिन शायद पहले दफे दुनिया में उपग्रह के द्वारा पहले ग्राम्य प्रोग्राम शुरू हुए हैं जब सभी शहरों में अभी तक टी.वी. नहीं पहुँच पाया है। इसके लिए हम अपने बुद्धिमान नौजवान वैज्ञानिकों के आभारी हैं। अपने काम और मेहनत से उन्होंने भारत के लिए एक बहुत बड़ा कदम सामने रखा है। इसी प्रकार से इसी साल एक दूसरा बड़ा काम हमारे वैज्ञानिकों ने किया था, वो था अपना बनाया हुआ एक उपग्रह आसमान में डाला। 'आर्य-भट्ट' का नाम आप सबने सुना है। यह सब भारत की प्रगति की निशानियाँ हैं। हमने यहाँ एक झण्डा फहराया और क्यों इसको हर साल फहराते हैं? क्या हमारी इतनी इच्छा थी आजादी के पहले कि लाल किले पे स्वतंत्र भारत का झण्डा उड़ना चाहिये? एक विरोधी दल के नेता ने एक दफे कहा कि यह झण्डा क्या है एक कपड़े का टुकड़ा। कपड़े का टुकड़ा जरूर है, लेकिन यह है कपड़े का टुकड़ा जिसके लिए लाखों स्वतंत्रता सेनानियों ने अपनी जानें दीं, अपनी जिन्दगी कुर्बान की। वह है वो कपड़े का टुकड़ा,

जिसके लिए हमारे बहादुर सैनिकों ने हिमालय की सफेद बर्फ को अपने खून से लाल रंग दिया। यह है वो कपड़े का टुकड़ा जो भारत की एकता और भारत की ताकत का प्रतीक है, इसलिए हम कपड़े के टुकड़े के सामने सिर झुकाते हैं, इसलिए उस कपड़े के टुकड़े की शान हमें हमेशा ऊँची रखनी है। इस कपड़े के टुकड़े को कभी नीचा नहीं होने देना है। यह प्रत्येक भारतीय का चाहे वो ऊँचे से ऊँचे ओहदे पर हो, चाहे वो छोटे से छोटा हो, चाहे वो स्त्री, चाहे पुरुष, चाहे बूढ़ा, चाहे नौजवान, चाहे बच्चा हो, यह बात उसको हमेशा याद रखनी है कि यह कपड़े का टुकड़ा है, लेकिन जान से ज्यादा प्यारा है हमको। जिस तरह से झण्डे के बारे में गलतफहमी इन दिनों फैलाई गई थी। आजादी कोई जादू नहीं है कि उससे तुरन्त गरीबी दूर हो जाए, कठिनाइयाँ और कष्ट दूर हो जायें। आजादी से केवल एक दरवाजा खुला, सदियों की घुटन दूर हुई, बस इतना यह है आजादी। आजादी के माने यह नहीं कि जो मनमानी हो सब उसको कर सकें, आजादी के माने यह हैं कि अपना जो कर्तव्य है वो करने का हमें मौका मिला है। आजादी के माने केवल यह नहीं हैं कि एक भारतीय सरकार की हुकूमत चले, आजादी के माने हैं कि वो सरकार ऐसी हो जो हिम्मत से स्वतंत्र रूप से, अपने निर्णय ले सके, हर एक समस्या पर स्वतंत्रता से विचार करे, और अपने देश के हित में, विश्व शांति के हित में, अपने कदम आगे बढ़ाये। यह सब है आजादी। हम आजाद हुए इसलिए नहीं कि इस देश में जो है उसको तोड़ें, या अपनी मूल्यवान आदर्शों की मांग करें, लेकिन इसलिए कि जो सदियों से लोग दबे थे, उनको हम ऊपर उठायें, इसलिए कि जो भी बुराइयाँ आ गई थी सामन्तवादी के कारण, जातिवाद के कारण अन्ध विश्वास के कारण, जिसके कारण हम पिछड़ गए थे, उन सब बातों से हम लड़ें, उन सब बातों को दूर करें, और इस देश को ऊँचा उठाएं। इसके लिए यह दरवाजा खुला और उसके लिए हमारे महान नेताजी ने हमको मार्गदर्शन दिया।

जब से हम आजाद हुए बहुत कुछ देश में हुआ है। तरक्की हुई है। मैंने आर्यभट्ट की बात आपसे कही, दूसरे उपग्रह की बात कही। लेकिन उसके अलावा कृषि के क्षेत्र में, उद्योग के क्षेत्र में, शिक्षा के क्षेत्र

में, स्वास्थ्य के प्रबन्ध में, जिस दिशा में आप देखें, बहुत उन्नति हुई है। लेकिन यह सच है कि उस उन्नति का लाभ हमारे सब गरीब लोगों तक नहीं पहुँच पाया है न तुरन्त पहुँच ही सकता था। पहले देश की बुनियाद हमें बनानी थी, और इतने वर्षों उस बुनियाद बनाने में हमें लगे थे। जितने कष्ट आये, आप सबको जानते हैं, जिस हिम्मत से आप सब जो यहाँ बैठे हैं, आप सब करोड़ों जो मेरी आवाज सुन रहे हैं, जो लाखों दूर-दूर के राज्यों में मुझे देख रहे हैं, आप सब उस समय से गुजरे हैं, हिम्मत से उसका सामना किया है आपने और क्योंकि आपकी हिम्मत थी, आपके दिल में आशा थी, आपको भरोसा था इसलिए उस कठिनाई से हम पार हो सके हैं। हमने जो रास्ता लिया वो लोकतंत्र का रास्ता था, लेकिन लोकतंत्र के माने क्या? जैसे आजादी के बारे में मैंने कहा, लोकतंत्र के माने ये नहीं है कि जिसका मन चाहे जिस रास्ते पर जाये। अपनी नीति लोग चुन सकते हैं, अपनी विचारधारा अलग रख सकते हैं, अपनी आवाज उठा सकते हैं, लेकिन कुछ नियम से चलना होता है। ऐसा रास्ता नहीं पकड़ सकते जिससे दूसरों को कष्ट हो, या जिससे देश के दुर्बल होने का भय हो, या जिससे दूसरी शक्तियाँ दूसरे प्रभाव बाहर से आ सकें, और हमारी नीति या हमारी दिशा पर, अपना प्रभाव डाल सकें। मैंने अभी कहा कि हम अपने निर्णय स्वतंत्र रूप से लेते हैं। मैं दोहराना चाहती हूँ क्योंकि इस समय, और कुछ साल पहले से बड़ा जबर्दस्त एक प्रचार, गलत हो रहा है, झूठी अफवाहें उड़ाई जा रही हैं मैं फिर से दोहराना चाहती हूँ कि यह हमारी जो नीतियाँ हैं वो किसी एक गुट या दूसरे गुट की नीतियाँ नहीं है। हम एक गुट में नहीं हैं, न दूसरे गुट में हैं, न तीसरे गुट में। हम केवल भारत के हित को देखते हुए आगे बढ़ते हैं। हमने न किसी दूसरे देश को हमारे ऊपर या हमारे मामलात में दखल देने दिया, न हमने कभी दिया, न आज देने दे रहे हैं, न कभी आइन्दा देने देंगे, यह बात बिलकुल साफ हो जानी चाहिये। इसके माने नहीं हैं कि हम दूसरे देशों से दोस्ती नहीं चाहते हैं, हम सब देशों से दोस्ती चाहते हैं, विशेषकर जो हमारे पड़ोसी देश हैं, उनसे तो दोस्ती, मैत्री सहयोग और भी आवश्यक होता है। जो पड़ोसी नहीं हैं उनसे तो दोस्ती से परे भी हर प्रकार का सहयोग, आर्थिक और दूसरा,

उनसे बड़े क्योंकि आजकल की दुनिया में सबको मिलकर चलना है, एक-दूसरे की मदद करके और क्योंकि यह मिलके नहीं चल रहे हैं, क्योंकि अक्सर तनाव बहुत हैं, तो उसी का एक कारण है कि दुनिया को तेजी से आगे बढ़ना चाहिये, लाभ विज्ञान और हमारी नई जानकारी का उठाना चाहिए, वो करोड़ों-करोड़ों लोग आज नहीं उठा पा रहे हैं। इन तनावों, इन झगड़ों, इन गलतफहमियों की वजह से।

तो हमारी नीति हमेशा रही है कि गलतफहमियों को दूर करें। जहाँ कहीं कोई झगड़ा है उसे, लड़ाई से नहीं, लेकिन बातचीत से उसको दूर करने की कोशिश करें, समझौता लाने की कोशिश करें। तो यही हमारी नीति अपने देश में भी रही है, लेकिन दुर्भाग्य से कुछ लोगों ने ऐसा सोच लिया कि उनको एक दूसरा रास्ता लेना है। दूसरा रास्ता माने यह नहीं कि कोई खास नीति है। क्योंकि अलग-अलग नीति के लोग साथ हो गए थे, लोग जिनकी न विदेश नीति में राय मिलती थी, न राष्ट्र नीति में राय मिलती थी, वो सब जुड़ गए थे, इसलिए हम नहीं कह सकते हैं कि नीति के कारण यह आन्दोलन शुरू हुए। लेकिन हमने देखा कि कैसे आहिस्ते-आहिस्ते कुछ पहले से तो बुराइयाँ थी और वो बुराइयाँ फैली, बजाये कम होने के बढ़ी। क्यों ऐसा हुआ? क्योंकि अनुशासनहीनता फैली। विद्यार्थियों से कहा गया कि तुम स्कूल और कॉलेज में मत जाओ। मजदूरों से कहा गया कि तुम कारखानों में काम रोको और इस प्रकार से चाहे शासन में, चाहे जितने काम करने वाले अलग-अलग पेशे हैं हर एक में अनुशासनहीनता आई, हर एक ने सोचा कि मौके का कुछ हम अपने स्वार्थ के लिए लाभ उठा लें। देश को सब भूल गए। जिस दिशा में जाना है, क्या कार्यक्रम पूरे करने हैं, कितना लम्बा रास्ता है, कितनी कठिनाइयाँ हैं, क्या-क्या खतरे हैं, यह सब बातें ध्यान से हट गई, और उस स्थिति को हम काबू में लाने की कोशिश तो कर रहे थे, लेकिन इतनी सब तरक्की हुई भी, उसके बावजूद आपको मालूम है कि पिछला वर्ष कितना आर्थिक कठिनाई का था। महंगाई बढ़ी, बेरोजगारी बढ़ी, आवश्यक वस्तुएँ आपको मिली नहीं आसानी से, उनकी कमी हुई और यह स्थिति केवल हमारे देश में नहीं, सारी दुनिया की स्थिति थी, लेकिन हम उससे घबराये नहीं, हमने

उसका सामना किया। कुछ ऐसे कदम उठाये जिससे कि काला बाजार, जमाखोरी, तस्करी भ्रष्टाचार इन सब चीजों के खिलाफ जोरदार कदम हमने उठाये, और उसका असर कीमतों पर पड़ना शुरू हो गया। लेकिन इन कदमों से भी हमारे विरोधी खुश नहीं थे, बल्कि और उनका गुस्सा बढ़ा। किसी तरह से और उन्होंने निर्णय किया कि जैसे आन्दोलन गुजरात में, बिहार में हुए थे, उस प्रकार का आन्दोलन सारे देश में, और विशेषकर के केन्द्र सरकार के विरोध में वो आरम्भ करेंगे। अनेक दल थे और उनमें कुछ ऐसे गुट और तबके भी थे जो न लोकतंत्र में विश्वास करते थे और न अहिंसा में विश्वास करते थे।

आप समझ सकते हैं कि इस प्रकार से आन्दोलन अगर देश में चलें और उनका असर पड़े तो देश की क्या हालत होगी। क्या जनता के कष्ट उससे नहीं बढ़ता, क्या देश उससे दुर्बल नहीं होता? किसी भी समय यह असर पड़ता, लेकिन विशेषकर के ऐसे समय एक बदलती दुनिया में जब हर प्रकार के खतरे हैं, हर देश में सब लोग सतर्क हैं कि अपने को कैसे बचायें, देश के लिए कैसे फायदा उठायें, देश को आगे ले जायें, ऐसे वक्त में ऐसा आन्दोलन करना, उसका क्या प्रभाव पड़ता आप सब समझ सकते हैं, आपके बच्चों में और सब दूसरे लोगों पर तो हमको कुछ कठोर कदम उठाने पड़े, बहुत सोच के बहुत भारी दिल से, लेकिन हम लाचार थे उससे एक असाधारण स्थिति, एक माने में तो कह सकते हैं उत्पन्न हुई, लेकिन एक माने में कह सकते हैं कि जो असाधारण स्थिति चल रही थी महीनों नहीं बर्षों से, उसको थामने के लिए यह कदम हमने लिया और उसका क्या असर हुआ? वो आपने देखा कीमतें गिरने लगीं, एक नया अनुशासन का लहर सा आया, वही बच्चे जो परीक्षा नहीं देना चाहते थे वो परीक्षा के लिए स्वयं खुद जाकर बैठे, दूसरे सब तबके भी अपने-अपने काम में लगे। इस बीच में थोड़े से भाव तो बढ़े हैं, क्योंकि बरसात के मौसम में हमेशा ही बढ़ते हैं, कुछ प्रकृति का प्रकोप भी आया, बिहार में, उत्तर में पंजाब, असम और शायद कुछ दूसरी जगहों पर भी जबर्दस्त बाढ़ आया है और जितने बाढ़ पीड़ित लोग हैं उन सबसे मेरी गहरी सहानुभूति है। पूरी कोशिश हम कर रहे हैं कि उनको सहायता जल्दी से जल्दी पहुँचे। लेकिन यह सब होते

हुए भी हम कह सकते हैं कि जो दाम बढ़ने की गति थी वो तो पिछले साल ही रुक गई थी, वो बेरोजगारी बढ़ने की गति थी, वो पिछले साल ही रुक गई थी। इस साल दाम बढ़ना तो खैर बिल्कुल ही खत्म हो गया। बेरोजगारी अभी है और वो तभी जा सकेगी, जब हम अनुशासन के रास्ते पर आएंगे, जब हम पैदावार बढ़ाने के रास्ते पर आएंगे, जब हम सब सोचेंगे कि हम चाहे विद्यार्थी हों, चाहे अध्यापक, चाहे व्यापारी हों, चाहे खरीददार, चाहे लेखक या कलाकार या जो भी इतने हजारों पेशे हमारे देश में हैं, हम अपने लिए नहीं सोचें, लेकिन सोचें कि हम प्रत्येक व्यक्ति को अपने पेशे को अपने वर्ग के लिए एक साधन बन जाना है उसके परिवर्तन के लिए, उसकी उन्नति के लिए, जब यह हम सोचेंगे तब जाकर हम असल कदम तेजी से आगे बढ़ा सकेंगे। आज जो लोग विरोधी दल के या दूसरे बाहर नहीं हैं हमारी पूरी कोशिश है कि उनकी देखभाल ठीक से हो। जो दूसरे कदम लिए जा रहे हैं उसके बारे में भी हमने मुख्यमंत्री को लिखा है अधिकारियों से वो कहें कि इन सब चीजों पर उनको अपना ध्यान देना है, कोई अन्याय न हो, किसी के संग ज्यादती न हो, जो न्याय के रास्ते पे चलने वाले लोग हैं उनकी हमेशा मदद हो, और हर प्रकार से चाहे पुलिस हो, चाहे दूसरे अफसरान हों, वो जनता के मित्र बनके जाएं, अगर किसी से सच्ची भूल हुई है, तो उसकी कैसे मदद करें, उसको ठीक करने में यह समय है एक माने में जब पहले दफे झण्डा फहराया गया था यहां नहीं था, आपको याद होगा कि वो एक दूसरी जगह पर इण्डिया गेट पर फहराया था पहले दफे स्वतंत्र भारत का झण्डा। किस आशा से हमने उसको फहराया? एक हमें लगा कि नया रास्ता खुला है। मैं समझती हूँ कि उस रास्ते से अपने, क्योंकि हम परेशानियों में फंसे थे, इस अनेक समस्याओं को सुलझाने में हम फंसे थे, तो बहुत सी बुराइयाँ जो थी, आलस्य की बुराई, भ्रष्टाचार की बुराई, काम ठीक से नहीं करना, यह सब चीज, यह इसको बढ़ने का मौका मिला और शायद जितना हम रोक सकते थे वो पूरा ध्यान हम उसकी तरफ नहीं दे सके। तो एक तरफ से आज एक नया मौका हमको मिला है कि जो भूल हुए हैं, जो गलतियाँ हुई हैं, जो हम अपने रास्ते या नीति से भटक गए हैं, तो फिर से यह इस नए मौके

को हम पकड़ें और फिर से एक नये हिन्दुस्तान को बनाने के लिए हम सब जुटके मिल के आगे बढ़ें।

प्रश्न प्रत्येक देश के सामने हमेशा होते हैं, लेकिन भारत ने इन सब प्रश्नों का, इन सब समस्याओं का सामना एक धीरज से, बहादुरी से किया। चाहे लड़ाई का समय हो, चाहे शांति का समय हो। हमारे सामने बहुत से हमारे बहादुर सिपाही वायु सेना के, नव सेना के, हमारे पुलिस के भाई, वो सब यहाँ हैं। कभी लोग चर्चा करते हैं कि जैसे पुलिस उनकी दुश्मन है। लेकिन किसके बेटे हैं वो किसके भाई हैं, किसके पिता हैं सब ये जनता के लोग हैं। अगर उनसे गलती होती है तो उनको ठीक दिखाइए कि कैसे एक नया तरह का वातावरण, एक मैत्री और सहयोग का वातावरण बनाना है हमारे जो बहादुर फौज के लोग हैं उनकी बहादुरी के लिए हम सबको उन पर गौरव है, हमेशा रहा है। हमारे सीमा पर वो डट के खड़े रहते हैं, गर्मी, सर्दी, बारिश हर मौसम में, लेकिन उनको भी मालूम है कि हमारी नीति किसी पर हमला करने की नहीं है, उनको भी मालूम है कि हमारी नीति दोस्ती की है। और जब तक कोई हम पर हमला नहीं करता, तो हमको सतर्क जरूर रहना है। लेकिन हमें कोई हमला नहीं करना है। यह उनको खूब अच्छी तरह से मालूम है। आज एक नया मौका हमको मिला है, और इत्तेफाक से केवल एक दिशा में नहीं, लेकिन आर्थिक दिशा में भी अर्थव्यवस्था भी हमारी जो है वो आज तेजी से आगे बढ़ने के लिए बिलकुल तैयार है। इस वक्त जनता की सहायता मिलेगी, सहयोग मिलेगा तब यह काम और मजबूती से हो सकेगा, और इसके लिए मेरे पास तो बहुत से लोग आये हैं, विद्यार्थी आये हैं, मुझे खुशी है कि वो पढ़ाई में लगे हैं और बहुत से उनमें समाज सेवा के काम को भी उठा रहे हैं। मजदूर उत्पादन बढ़ाने में व्यस्त हैं। हमारे किसान भाई तो हमेशा से ही जबर्दस्त परिश्रम करते हैं, हमें खुशी है कि इस साल अच्छी वर्षा हुई और उनके परिश्रम के अच्छे फल मिलेंगे। दूसरे सब लोग भी जो हैं हर एक का कर्तव्य है। एक तो मैंने कहा कि अपने वर्ग को, या पेशे के लोगों को, या अपने दोस्तों को, एक तो उनके प्रति है, कि कैसे उनको आगे बढ़ाएं, कैसे उनमें एक नई चेतना लाएं, एक नई विचारधारा लाएं, लेकिन एक दूसरी

बात भी है कि प्रत्येक व्यक्ति सोचे इस समय कि मैं क्या कर सकता हूँ, या मैं क्या कर सकती हूँ केवल अपने काम में नहीं, अपना काम तो बहुत जरूरी है, लेकिन दूसरे सब काम जो हैं। सफाई का काम है, अपने घर हम साफ रखते हैं कि नहीं, घर के चारों तरफ की जगह साफ है कि नहीं, सड़कें साफ हैं कि नहीं। यह केवल सरकार या म्युनिसपॉल्टी, या किसी अधिकारी का कर्तव्य नहीं है, यह सारी जनता का कर्तव्य है, प्रत्येक नागरिक का कर्तव्य है। इसी तरह से दूसरे कार्यक्रम जो हैं कि कोई चीज जाया नहीं हो, जितना हमको चाहिए हो और जो बिलकुल आवश्यक है वही हम खरीदें, उससे ज्यादा नहीं। अगर दाम कहीं बढ़ जाते हैं तो जो गृहणी हैं वो पता लगाने की कोशिश करें कि क्यों ऐसा हो रहा है। इसको क्या वो मिलके रोक नहीं सकती? हमको मालूम है कि जब भी उनका संगठन अच्छा बना तो वो ऐसे कामों में कामयाब हुई हैं। और पेड़ लगाने हैं, अपने जंगलात को बचाना है, सब लोगों को देखना है कि परिवार नियोजन के कार्यक्रम कैसे सफल हों, इस प्रकार के अनेक कार्यक्रम हैं जो सरकारी भी कहलाएं जा सकते हैं, लेकिन जिसका असर प्रत्येक व्यक्ति पर है और भारत के भविष्य पर है। इसमें हमको सबको जुटके लग जाना है। हमारे बच्चों को एक नया रास्ता दिखाना है। मुझे खुशी है कि जब से हमने आपातकाल की घोषणा की कोई खुशी से नहीं की, जैसे मैंने आपसे कहा, लेकिन ऐसी स्थिति उत्पन्न हुई थी कि हम मजबूर हो गए। जैसे कहते हैं कि हर काले बादल के पीछे रोशनी होती है, वैसे कभी-कभी एक कठोर कदम भी लेना हो, जैसे बीमारी में कड़वी दवा भी पीनी पड़ती है। तो उससे लाभ उठाना चाहिए कि फिर से स्वस्थ हो जाएं और इस काम में आज सबको पड़ना है, कैसे देश की राजनीति को, देश की अर्थव्यवस्था को देश के हर जीवन के हर क्षेत्र में कैसे हम सफाई लाएं, सौंदर्य लाएं और एक नवीनता भी लाएं। विज्ञान से हमने बहुत कुछ सीखा है, बहुत कुछ अभी सीखना बाकी है। हम कोई दूसरे देशों से ज्यादा अच्छे नहीं हैं। हर देश के पास अपने गुण हैं और शायद कुछ बुराइयां हों, और हम भी ऐसे ही हैं। भारत की परम्परा रही है त्याग और सेवा की आदर करने की। परम्परा यहाँ की ही है, आध्यात्मिक शक्ति

उत्पन्न करने की कोशिशें करना। यह भारत की विशेषता है कि हम दूसरे देशों से भी बहुत सी बातें सीखें और सीखना भी चाहिये, किसी को कभी अपना मन बन्द नहीं करना चाहिए दूसरे विचारों से, नये विचारों से लेकिन हमारी जो जड़ें हैं, अपनी सभ्यता में, उसको हमको नहीं भूलना है, और वो यही है कि हम आध्यात्मिक और विज्ञान की शक्तियों का मिलन करें, एक नया मनुष्य बनें। यह है समय की मांग, यह है समाज की पुकार। बहुत वर्ष पहले जवाहर लाल नेहरू ने कहा आजादी खतरे में है, पूरी ताकत से उसको बचाओ। आज फिर आज से यही कहती हूँ आजादी खतरे में इसलिए नहीं पड़ती है कि कुछ लोगों को हम बोलने से बन्द रख रहे हैं, वो अच्छी बात नहीं है ओर उसको भी जाना चाहिए, ये मैं बहुत दफे पहले कह चुकी हूँ। लेकिन आजादी को खतरा तब होता है जब आजादी के माने क्या हैं, लोकतंत्र के सच्चे माने क्या हैं, देश का हित कहाँ है। इन चीजों को जब हम भूल जाते हैं तब असली आजादी को खतरा होता है। अगर हमें भारत की आजादी बचानी है तो देश में फिर से वो एकता, वो दृढ़ता वो हिम्मत लाना है जिससे कि सब मिलके पैदावार बढ़ाएं। सरकार की तो कोशिश है कि जो रुकावटें रास्ते में है उनको दूर करें, लेकिन यह भी सोचना है कि क्यों वो रुकवाटें आई, क्योंकि कुछ लोग नाजायज फायदा उठा रहे थे। अगर वो न उठाएं नाजायज फायदा तो कोई जरूरत नहीं है उनको रोकने के लिए। तो हर एक व्यक्ति को इन सब प्रश्नों पर सोचना है। सच्ची आजादी तब होगी जब हम भारत से गरीबी को हटायें। सच्चा लोकतंत्र तब होगा जब समाजवाद और सेक्यूलरिज्म पूरी तौर से देश में रहे। कुछ लोग जो इधर लोकतंत्र का नारा उठा रहे थे वो न समाजवाद में विश्वास करते थे और साम्प्रदायिक काम भी बहुत करते थे। तो यह समय है कि इन सब बातों पर हम विचार करें और यह भी हम समझें कि सरकार काम कैसे करती है? कुछ लोग कहते हैं कि सारी ताकत मेरे हाथों में है, लेकिन मैं कुछ हुकुम भी दूँ तो कैसे-कैसे वो हुकुम जाता है। पहले मिनिस्टर के पास जाएगा, फिर बड़े और छोटे अधिकारी के पास जाएगा और फिर अनेक स्तर तक एक-एक करके गाँवों में पटवारी तक जाकर पहुँचेगा या जो भी और उससे भी छोटा कोई हो। रास्ते में कभी उसमें

पूरा अमल होता है, कभी नहीं होता है, कुछ लोग भूल से उसको कुछ बदल देते हैं, कुछ लोग शायद जान के बदल लेते हैं। कुछ लोग अपना लाभ उठाते हैं उससे और कुछ लोग तो पूरा काम रोकने में ही लगे रहते हैं। यह सब बातें होती हैं और यह एक बड़ा कारण है कि जो नीतियाँ हमने घड़ी-घड़ी आपके सामने रखीं उनको पूरा नहीं कर पाये। कैसे यह ठीक हो सकता है। मैं हजारों नहीं लाखों लोगों से मिलती हूँ, दुनिया में शायद ही कोई ऐसा व्यक्ति हो जो इतने लोग इतने तबके के लोग भारत के प्रत्येक कोने-कोने के लोगों से करीब-करीब रोज मिले। बहुत सी खबरें मेरे पास पहुँचती हैं, लेकिन तब भी देश इतना विशाल है कि सब खबर नहीं पहुँच सकती। कुछ खबर देर में आती है, कुछ आती ही नहीं है। तो जो-जो जहाँ अपनी जगह पे है वो सोचेगा कि मुझे लोकतंत्र की रक्षा करनी है, मुझे देखना है कि यह गरीबी हटाने के कार्यक्रम आगे बढ़ें, चाहे बड़े से बड़े लोग उसको रोकने की कोशिश करें। मुझे देखना है कि जिस प्रकार का सुन्दर और साफ यह गाँव या यह शहर या यह गली हो, यह मेरा काम है और जितने दूसरे हमारे प्रोग्राम हैं चाहे अभी जो मैंने प्लान करें, बीस कार्यक्रम वो तो थोड़े ही से थे बीस, और बहुत से काम करते हैं, बहुत से छोटे-छोटे काम हैं और कुछ बड़े-बड़े काम हैं, लेकिन जब तक हर एक उसकी जिम्मेदारी नहीं लेगा तब तक हमेशा यह खतरा रहेगा कि रास्ते में कहीं न कहीं इसमें कुछ परिवर्तन आ जाये। तो यह सब बातें हैं। आज मैं चाहती हूँ कि ये एक नई विचारधारा हो, गहराई से सोचने की। नारेबाजी में नहीं पड़ना, आसानी से इधर से हवा आई उधर बहक गए, उधर से आई दूसरे तरफ बहक गए। यह नहीं है। पैर जमा के किस तरफ हमको चलना है उसके तरफ ध्यान उस पर आँख लगा के, पैर जमा के, आगे बढ़ने को, प्रत्येक व्यक्ति तैयार होगा तो जैसे मैंने अनेक दफे आपसे कहा कि भारत को आगे बढ़ने से कोई नहीं रोक सकता, न भारत के भीतर जो यह को कार्यक्रम नहीं चाहते हैं, न भारत के बाहर जो ऐसा देश और मजबूत भारत नहीं चाहते हैं। तो इसलिए हम सब यहाँ मिले हैं आज, यही प्रतिज्ञा करने के लिए कि जो सच्ची आजादी होती है, जो सच्चा लोकतंत्र होता है, उसके लिए हम सब मिलके परिश्रम करें, त्याग देने

की जरूरत हो तो त्याग दें, देश की सेवा करें। यह प्रतिज्ञा आप सब बच्चे बूढ़े सबको मिलके लेनी है। एक नया देश बनाना है जिसकी पुरानी आत्मा फूले और नया ज्ञान भी जो ले के उससे भी लाभ उठा सकें।

तो जो मेरे भाई और बहन में चाहे दूर आन्ध्रप्रदेश तक मेरा कार्यक्रम जा रहा है। असम में नहीं, उड़ीसा और कई ऐसे प्रान्तों में। उन सबों को भी मैं अपने तरफ से आप सबके तरफ से नमस्कार करती हूँ। क्योंकि वो और हम सब इस सेना के सिपाही हैं, स्वतंत्र भारत के सिपाही हैं। हमारे पास आहिस्ते-आहिस्ते साधन बढ़ रहे हैं, लेकिन सबसे बड़ा सवाल हमारा है हिम्मत, सबसे बड़ी ताकत है हमारा मनोबल और हमारा आत्मविश्वास इनको आप पक्का रखेंगे, तभी हम जाके जैसे हिन्दुस्तानी बनना चाहते हैं, जैसा हिन्दुस्तान बनाना चाहते हैं जैसे गरीबों को मदद करना चाहते हैं और हर एक धर्म और हर एक वर्ग के लिए अच्छी नौकरी, उसकी आवश्यकताएं पूरी करना, यह सब वादे जो हमने लिए और जो आपके स्वप्न हैं, उनको हम सब पूरा कर सकते हैं। अगर आपको भरोसा है अपने आप में, अगर आपको भरोसा है भारत के भविष्य में, तब मैं आपको दावत देती हूँ। यह रास्ता आसान नहीं है, यह रास्ता आराम का नहीं है, यह रास्ता चैन का नहीं है, कांटों से भरा हुआ, लेकिन इस रास्ते पे आप चलेंगे तब एक नई दुनिया आप देख पाएगे, एक नया सन्तोष आपके मन में आयेगा, क्योंकि आपको मालूम होगा कि हम इतिहास बना रहे हैं। हम नया भारत बना रहे हैं। आप सबको मैं धन्यवाद देती हूँ। अब मेरे संग पहले मैं और फिर बच्चे और मेरी आशा है कि आप सब मिलकर जयहिन्द का नारा बोलेंगे।

जयहिन्दः जयहिन्द! जयहिन्दः जयहिन्द! जयहिन्दः जयहिन्द!

***

भारत के माननीय राष्ट्रपतियों के सानिध्य में

डॉ. निशंक की काव्यकृति 'मातृभूमि के लिए'
का विमोचन करते हुए राष्ट्रपति डॉ. शंकर दयाल शर्मा जी

डॉ. निशंक की काव्यकृति 'देश हम जलने न देंगे'
का विमोचन करते हुए राष्ट्रपति श्री ज्ञानी जैल सिंह जी

राष्ट्रपति डॉ. ए.पी.जे. अब्दुल कलाम जी डॉ. निशंक की कृति 'ए वतन तेरे लिए' का राष्ट्रपति भवन में लोकार्पण

राष्ट्रपति श्रीमती प्रतिभा देवी सिंह पाटिल को स्मृति चिन्ह भेंट करते हुए

राष्ट्रपति श्री प्रणव मुखर्जी जी से एक आत्मीय मुलाकात

राष्ट्रपति श्री प्रणव मुखर्जी जी को अपनी पुस्तक
'युग पुरुष अटल जी' की पहली प्रति भेंट करते हुए

राष्ट्रपति श्री रामनाथ कोविंद जी को अपनी पुस्तक 'आस्था एवं अध्यात्म' की पहली प्रति भेंट करते हुए

राष्ट्रपति श्री रामनाथ कोविंद जी से एक मुलाकात

राष्ट्रपति श्रीमती द्रोपदी मुर्मू जी को अपनी स्वरचित पुस्तकें भेंट करते हुए

राष्ट्रपति श्रीमती द्रोपदी मुर्मू जी से एक मुलाकात करते हुए

भारत के माननीय प्रधानमंत्रियों के सानिध्य में

डॉ. निशंक के कहानी संग्रह 'खड़े हुए प्रश्न' का विमोचन करते हुए पूर्व प्रधानमंत्री भारत रत्न श्री अटल बिहारी वाजपेयी जी

पूर्व प्रधानमंत्री भारत रत्न श्री अटल बिहारी वाजपेयी जी से साहित्य भारती सम्मान ग्रहण करते डॉ. 'निशंक'

प्रधानमंत्री श्री मनमोहन सिंह जी से एक औपचारिक मुलाकात करते हुए डॉ. 'निशंक'

प्रधानमंत्री श्री मनमोहन सिंह जी से मुलाकात करते हुए डॉ. 'निशंक'

प्रधानमंत्री श्री नरेन्द्र मोदी जी को अपनी पुस्तक
'एम्स में एक जंग लड़ते हुए' की पहली प्रति भेंट करते हुए

प्रधानमंत्री श्री नरेन्द्र मोदी जी के साथ एक कार्यक्रम में